ACCESO GRATIS a la Lectura en la Nube

Para visualizar el libro electrónico en la nube de lectura envíe junto a su nombre y apellidos una fotografía del código de barras situado en la contraportada del libro y otra del ticket de compra a la dirección:

ebooktirant@tirant.com

En un máximo de 72 horas laborales le enviaremos el código de acceso con sus instrucciones.

DIGITALIZACIÓN Y DERECHO
Curso de Derecho digital

Procedimiento de selección de originales, ver página web:
www.tirant.net/index.php/editorial/procedimiento-de-seleccion-de-originales

DIGITALIZACIÓN Y DERECHO

Curso de Derecho digital

Juan José Montero Pascual
Coordinador

Antonio Aloisi
Moisés Barrio Andrés
Yohan Andrés Campos Martínez
Joaquín Delgado Martín
Carmen Fernández Rodríguez
Juan Francisco Rodríguez Ayuso

tirant lo blanch
Valencia, 2024

En caso de erratas y actualizaciones, la Editorial Tirant lo Blanch publicará la pertinente corrección en la página web www.tirant.com.

© TIRANT LO BLANCH
EDITA: TIRANT LO BLANCH
C/ Artes Gráficas, 14 - 46010 - Valencia
TELFS.: 96/361 00 48 - 50
FAX: 96/369 41 51
Email: tlb@tirant.com
www.tirant.com
Librería virtual: www.tirant.es
DEPÓSITO LEGAL: V-3736-2023
ISBN: 978-84-1197-690-9

Si tiene alguna queja o sugerencia, envíenos un mail a: *atencioncliente@tirant.com*. En caso de no ser atendida su sugerencia, por favor, lea en *www.tirant.net/index.php/empresa/politicas-de-empresa* nuestro procedimiento de quejas.

Responsabilidad Social Corporativa: http://www.tirant.net/Docs/RSCTirant.pdf

Índice

Sobre los autores

Antonio Aloisi es Profesor adjunto de Derecho Laboral Europeo y Comparado en IE University Law School, Madrid.

Moisés Barrio Andrés J.D., Ph.D. es Letrado del Consejo de Estado, Árbitro y Abogado.

Yohan Andrés Campos Martínez es Profesor Derecho Financiero y Tributario en la Universidad de Castilla La Mancha

Joaquín Delgado Martín es Magistrado Sala Penal de la Audiencia Nacional, Doctor en Derecho y Miembro de la Red de Especialistas en Derecho UE (REDUE).

Carmen Fernández Rodríguez es Catedrática de Derecho administrativo en la UNED. Abogada colegiada.

Juan José Montero Pascual es Catedrático de Derecho administrativo en la UNED, Part-time Professor en el European University Institute y abogado of counsel en MLAB Abogados.

Juan Francisco Rodríguez Ayuso es Profesor Ayudante Doctor de Derecho Administrativo en la UNED, y Coordinador Académico del Grado en Ciencias Jurídicas de las Administraciones Públicas.

Prefacio

La digitalización está afectando a todas las esferas humanas y, por ello también, al Derecho. La expresión "Derecho digital" se ha popularizado, englobando la normativa adoptada para hacer frente a las innovaciones derivadas del uso de las tecnologías digitales. No creemos que el Derecho digital conforme una disciplina jurídica autónoma, diferente de otras más clásicas, como el Derecho civil, el penal o el administrativo. Por el contrario, lo que se viene denominando "Derecho digital" no es sino un conjunto dinámico de normas jurídicas en el ámbito de la práctica totalidad de las disciplinas jurídicas, quizás con un cierto protagonismo del Derecho público. Esa es, precisamente, su dificultad, pues, al no conformar una disciplina autónoma, sujeta a unos principios comunes, sólo puede ser estudiada desde cada una de tales disciplinas, a partir de una sólida base en cada una de ellas, lo que requiere equipos multidisciplinares, como el que participa en la redacción de esta obra.

Este volumen se enmarca en lo que hemos denominado "Curso de Derecho digital", conformado por tres volúmenes. La vocación de este Curso es ofrecer un manual asequible para los que se adentran en el estudio de esta materia. Se pretende sistematizar el estudio de un área dispersa en las más variadas normas, compleja, dado su componente tecnológico, y enmarcada en varias disciplinas jurídicas.

Este primer volumen parte del estudio del fenómeno de la digitalización y, en particular, de la evolución de Internet, para, posteriormente, estudiar lo que, entre los autores, hemos convenido en denominar la regulación de la "infraestructura digital". La infraestructura física que da soporte a la digitalización es la conformada por las redes de telecomunicaciones, objeto de una profusa regulación desde su liberalización hace 25 años. Más allá de estas infraestructuras físicas, existe una serie de medios que dan soporte a la actividad digital, como son los servicios de identificación y de firma electrónica, la ciberseguridad y la, crecientemente relevante, inteligencia artificial. Son, estos, los medios que hacen posible la prestación de servicios digitales y, por ello, los denominamos "infraestructura digital". A estos medios se dedica la primera parte de este volumen.

Seguidamente, se estudia el impacto de la transformación digital en tres ámbitos, como son las Administraciones públicas, la tributación y las relaciones laborales. Las tecnologías digitales han exigido adaptar normas y procedimientos para adaptarse a la nueva realidad.

Al presente volumen se suma un volumen dedicado a la protección de datos, elaborado por el profesor Rodríguez Ayuso, ya publicado, y un volumen dedicado a los servicios digitales: comercio electrónico, redes sociales, aplicaciones, finanzas digitales, asistentes digitales o publicidad digital, de próxima publicación.

Desde una perspectiva puramente formal, el objetivo reside en estructurar la materia y presentarla de forma didáctica y sencilla, sin innecesarios tecnicismos. A tal fin, se pretende que el Curso de Derecho digital resulte de utilidad a estudiantes de Masters y, en general, a todos aquellos que deseen familiarizarse con esta materia.

Madrid, septiembre de 2023

Capítulo Primero

Digitalización y Derecho

JUAN JOSÉ MONTERO PASCUAL

SUMARIO: I. El proceso de digitalización II. Los orígenes de Internet. III. El ecosistema digital. IV. Las plataformas digitales. V. El Derecho digital.

I. EL PROCESO DE DIGITALIZACIÓN

1. Concepto y orígenes

La digitalización puede definirse como la conversión de información (texto, imágenes, sonido o, básicamente, cualquier tipo de información) en una serie de dígitos 0 y 1, lo que permite el tratamiento automatizado de dicha información por medio de ordenadores.

El origen de los sistemas binarios para codificar información se remonta a las tarjetas perforadas utilizadas por las máquinas semiautomatizadas de los fabricantes textiles en la primera mitad del siglo XVIII. Mediante tarjetas perforadas con una serie de posiciones, cada una de las cuales podía perforarse o no, se almacenaba información sobre los patrones de los tejidos y se proporcionaban instrucciones a las máquinas que permitían la automatización de la labor de tejido. Las tarjetas perforadas se utilizaron más tarde para grabar y ejecutar música por máquinas.

Un uso más sistematizado de las tarjetas perforadas para automatizar la gestión de la información puede remontarse a los orígenes de International Business Machines (IBM), y al uso de tarjetas perforadas para el censo estadounidense de 1890 y, posteriormente, cuando se puso en marcha la seguridad social en EE.UU. en la década de 1930 (Cortada, 2019). Las máquinas tabuladoras podían leer los datos almacenados en las tarjetas perforadas, multiplicando la velocidad de procesamiento de datos. Las tarjetas perforadas se utilizaron hasta bien entrada la década de 1950.

Los dígitos binarios, llamados bits, son la unidad básica de la información. Pueden almacenarse en tarjetas perforadas, pero también en cualquier dispositivo que admita dos estados estables: dos tensiones o niveles de corriente distintos permitidos por un circuito, dos posiciones de un interruptor eléctrico, dos niveles distintos de intensidad luminosa o dos direcciones de magnetización o polarización. La microelectrónica, desarrollada a partir de la invención del transistor, es la tecnología que aceleró la digitalización.

2. Producción, transmisión y tratamiento de los datos

Los datos son la materia prima de la economía digital y la representación digital de cualquier pieza de información que pueda ser almacenada y procesada por un ordenador. Los datos no son recursos naturales; al contrario, hay que producirlos. Más allá de la producción, a menudo será necesaria la transmisión de los datos, y el elemento clave será su tratamiento.

A) Producción de datos

Un elemento clave en el proceso de digitalización ha sido la evolución en las tecnologías utilizadas para la generación de datos. Ya en 1964, el visionario Marshall McLuhan predijo la naturaleza revolucionaria de las nuevas tecnologías en su famoso libro, *Understanding Media: The Extensions of Man,* (McLuhan 1964) donde introdujo la famosa, aunque algo desconcertante afirmación: "el medio es el mensaje. Esto significa simplemente que las consecuencias individuales y sociales de cualquier medio, es decir, de cualquiera de nuestras extensiones, resultan de la nueva escala que introduce en nuestros asuntos cualquier extensión o tecnología nueva".

La sagaz intuición de McLuhan adelantó que la paulatina introducción de cada nueva tecnología para la generación de datos supondría una inevitable transformación, no sólo por la utilización inmediata de dicha tecnología, sino por las transformaciones derivadas del uso de la tecnología, definidas por las posibilidades de la misma. Dicho de otra forma, puede estudiarse la evolución del proceso de digitalización a partir de la evolución de la tecnología dominante para la generación de datos, y su impacto conformador de nuevos ecosistemas a su alrededor. Cabe así distinguir cuatro generaciones en el proceso de digitalización.

La primera generación del proceso de digitalización corresponde a la introducción de los primeros ordenadores con **transistores en circuitos integrados** en la década de 1950. Los transistores son los componentes básicos de la electrónica, permitiendo el tratamiento automatizado de los bits y, por tanto, la digitalización. El transistor fue inventado en 1947 por John

Bardeen, Walter Brattain y William Shockley, tres investigadores que trabajaban en los Laboratorios Bell, la rama de investigación del monopolio de telefonía estadounidense, AT&T. Shockley se trasladó a la ciudad natal de su familia, Palo Alto (California), para lanzar su empresa de fabricación de transistores y atrajo a algunos de los mejores talentos del mundo para su empresa. La empresa de Shockley no tuvo éxito, pero cuando sus primeros empleados (los llamados "Ocho Traidores") iniciaron nuevas empresas, como Intel, la historia del *cluster* de Silicon Valley despegó.

Los primeros ordenadores siguieron utilizando las tarjetas perforadas para posteriormente migrar a técnicas paulatinamente más sofisticadas para la producción de datos. De hecho, los propios ordenadores se convirtieron en el principal instrumento de producción de datos, que se introducían principalmente por medio del teclado. En cualquier caso, la tecnología era extraordinariamente cara, lo que limitó su uso a grandes instituciones: el ejército, los grandes centros de investigación, las grandes sociedades mercantiles, etc.

La segunda generación corresponde a la popularización de los **ordenadores personales** (PC), a partir de los años 1980. A medida que el coste de los ordenadores se popularizó, cualquier ciudadano pudo convertirse en usuario de los mismos y empezar a generar datos a partir del uso de su ordenador personal. El volumen de los datos disponibles se multiplicó a medida que los usuarios digitalizaron sus escritos, comunicaciones (email), música, compras, etc. El medio es el mensaje y la posibilidad de que los ciudadanos pudieran generar datos amplió la esfera de la digitalización de los meros procesos internos empresariales, a la interacción entre empresas y consumidores, lo que permitió la aparición del comercio electrónico y el auge del acceso e intercambio de contenidos digitalizados: blogs, intercambio de ficheros musicales y audiovisuales, etc.

La tercera generación del proceso de digitalización puede situarse a partir de 2007, con el lanzamiento del iPhone y en general los **dispositivos móviles**. Los teléfonos inteligentes permiten no sólo la transmisión de datos, sino también su producción. Los usuarios empezaron a generar una cantidad masiva de mensajes, fotografías, videos, etc. Una vez más, el medio es el mensaje, y el uso de generadores de datos verdaderamente personales y ubicuos permitió la digitalización de la esfera más privada de la vida humana.

La cuarta generación del proceso de digitalización surge a raíz de la generalización del denominado "**Internet de la Cosas**" (*Internet of Things* - IoT), fruto de la generalización de todo tipo de generadores de datos, ya no sólo en dispositivos electrónicos usados por las personas, sino en forma de sensores instalados en todo tipo de objetos. La digitalización puede finalmente alcanzar todo tipo de procesos humanos, no sólo aquellos en los que participan personas. Se puede, de esta forma, generar auténticos "gemelos digitales" (*digital twins*) que repliquen digitalmente cualquier realidad humana, desde una máquina hasta una ciudad entera. El volumen de datos producidos cada año está creciendo rápidamente, de 2 zettabytes en 2010, a 59 zettabytes en 2020, y a una previsión de 149 zettabytes en 2024 (IDC, 2020).

La digitalización, sin embargo, no se agota con la producción de datos. Más allá, requiere una eficiente transmisión de los mismos, y sobre todo, un sofisticado tratamiento de los mismos para convertir los datos en información.

B) Transmisión de datos

Elemento clave en el proceso de digitalización es la transmisión de los datos. La evolución de los servicios de **telecomunicaciones** de transmisión de datos ha permitido no sólo incrementar el volumen de datos transportable, sino también la transmisión inalámbrica de los mismos, lo que ha facilitado la ubicuidad de los servicios.

La evolución de los servicios de telecomunicaciones ha sido paralela a la evolución de la tecnología de producción de los datos. No debe sorprender, pues gran parte de la tecnología es común: ya se señaló que la invención del transistor, elemento clave de los ordenadores, la realizó el laboratorio del monopolio de telecomunicaciones de los Estados Unidos, la AT&T, y de hecho, la primera aplicación de los transistores fue la mejora de las propias redes de telecomunicaciones. La gestión de las redes de telecomunicaciones fue uno de los primeros procesos digitalizados, al empezar a hacer uso de los transistores, y paulatinamente migrar de lo analógico a lo digital.

La primera generación en el proceso de digitalización, la fase de los grandes ordenadores utilizó el servicio de telecomunicaciones de **alquiler de circuitos** para la transmisión de datos. Los monopolios de telecomunicaciones existentes a mediados del siglo XX prestaban servicios consistentes en el suministro de una determinada capacidad de transmisión de voz y datos entre dos puntos geográficos y cuyo precio solía constar de una cuota de alta y una cuota fija periódica, que dependía de la longitud del circuito alquilado y de la capacidad contratada. Este servicio era contratado, por ejemplo, por las cadenas de televisión para transmitir la señal desde los centros de producción a las antenas emisoras de la señal. El servicio de circuitos alquilados fue prontamente contratado por los propietarios de los primeros grandes ordenadores para conectarlos entre sí. Se trataba de un servicio de precio elevado, destinado a conectar un número limitado de ordenadores operados por una misma organización.

La verdadera transformación deriva del siguiente paso, que fue conectar los ordenadores usados en diferentes organizaciones, creando redes de redes de ordenadores, redes interconectadas (INTERconnected NETworks) esto es, Internet. El germen de lo que sería la red de redes puede identificarse en 1969, cuando las autoridades militares de Estados Unidos promovieron el desarrollo de un protocolo para conectar redes de ordenadores de diferentes universidades.

El proceso de digitalización se acelera y alcanza su verdadero potencial a medida que se genera la posibilidad de compartir datos entre diversas organizaciones, reflejo de los intercambios humanos en el comercio, el gobierno, la guerra, etc. El intercambio de datos requiere la definición de protocolos comunes y estándares para dar soporte a las redes de intercambio de datos, a la interconexión de los ordenadores que tratan los datos.

La segunda generación de Internet, la que hizo uso del ordenador personal, requirió un nuevo tipo de servicio de transmisión de datos. Los ordenadores personales en las sedes empresariales siguieron conectados mediante circuitos alquilados, pero los ordenadores personales en el hogar y en la PYMES empezaron a conectarse mediante la red telefónica tradicional (**servicios *dial-up***). Los operadores de servicios de telecomunicaciones respondieron a la demanda incrementando el ancho de banda de las redes: primero mediante tecnologías **XDSL** que incrementaron la capacidad de transmisión de las redes de cobre, y luego mediante la instalación de nuevas infraestructuras de **fibra**, capaces de soportar capacidades mucho más elevadas. La interconexión de millones de ordenadores mediante un protocolo común, el protocolo TCP/IP desarrollado décadas antes por las autoridades militares, es lo que conocemos como Internet, que se popularizó a partir de 1995 creciendo exponencialmente hasta alcanzar todos los rincones del mundo.

La tercera generación, la que hizo uso de dispositivos móviles, se apoyó en nuevos servicios de **transmisión inalámbrica** que permiten la movilidad. Los originales servicios de transmisión de voz evolucionaron para transmitir datos (especialmente a partir de la introducción del 3G) y con capacidades cada vez más elevadas (4G) lo que permitió la transmisión de grandes volúmenes de datos, necesarios para soportar por ejemplo aplicaciones basadas en video, siempre utilizando el protocolo TCP/IP para la interconexión de las redes de datos.

La cuarta generación, la del denominado Internet de las Cosas, exige nuevos servicios de transmisión de datos. Las redes inalámbricas deben ser capaces de soportar grandes volúmenes de datos, lo que exige un mayor número de antenas cubriendo celdas cada vez más pequeñas (**servicios 5G**), y una red fija de alta capacidad para conectar las antenas, lo que supone la convergencia de las redes fijas y móviles.

C) Tratamiento de datos

Las tecnologías de producción y transmisión de datos, sin embargo, resultan meramente instrumentales en el proceso de digitalización, ya que lo más relevante es el tratamiento de los datos, tratamiento que tiene como objetivo prioritario la automatización de procesos, automatización en la que tiene una creciente relevancia, la Inteligencia Artificial.

El reto más fundamental de la transformación digital es la capacidad de transformar los datos en bruto en información útil que pueda aplicarse a fines específicos. Esto es especialmente difícil, ya que el tratamiento de volúmenes masivos de datos presenta deseconomías de escala. El tratamiento se hace más difícil y costoso a medida que aumenta el número de elementos que a tratar. "Los costes unitarios del tratamiento, en lugar de disminuir, aumentan" (Christian y Griffiths, 2016). El almacenamiento y el tratamiento de datos tienen que automatizarse para dar sentido al creciente volumen de datos disponibles. Este ha sido el papel de los ordenadores alimentados por transistores.

Los ordenadores fueron conceptualizados por Alan Turing en su artículo seminal "On Computable Numbers" (Turing, 1937). Ya se disponía de máquinas que podían realizar un único conjunto de cálculos. Turing propuso desarrollar programas almacenados que permitieran a las máquinas realizar cualquier tipo de cálculo. Las instrucciones reprogramables podrían almacenarse en la misma memoria utilizada para los datos. IBM desarrolló uno de los primeros ordenadores de programas almacenados en 1948, y emergió como principal operador en el mercado de ordenadores a medida que fue incorporando transistores cada vez más pequeños y aumentando la capacidad de computación de sus grandes ordenadores.

Las aplicaciones militares fomentaron la investigación en informática. En 1957, IBM empezó a desplegar ordenadores para el *Semi-Automatic*

Ground Environment (SAGE) de las Fuerzas Aéreas estadounidenses, un sistema que crearía una red sobre los datos producidos por los radares desplegados por todo el territorio para proporcionar una imagen única del espacio aéreo sobre Estados Unidos. Se podrían detectar misiles soviéticos y desencadenar automáticamente una reacción militar. Fue la primera vez que se utilizó la tecnología digital para crear una imagen especular de la realidad a gran escala (un gemelo digital).

SAGE fue un precedente de lo que permitiría la digitalización en forma de producción, almacenamiento y procesamiento de datos. El punto de partida fue la producción de datos relevantes. Éste era el papel de los radares desplegados por todo el territorio estadounidense. El radar era una tecnología desarrollada por la Oficina de Investigación Científica y Desarrollo, encargada de coordinar la investigación científica para el esfuerzo bélico, en estrecha colaboración con el MIT (Zachary, 1997). Uno de los primeros retos fue el almacenamiento de las grandes cantidades de datos que producían los radares. IBM desarrolló el ordenador AN/FSQ-7 para dar soporte a SAGE. El proyecto generó el 80% de los ingresos de IBM por ordenadores entre 1952 y 1955 (Cortada, 2019). Dos ordenadores AN/FSQ-7 (uno de reserva) ocupaban 2.000 m2, y siguen siendo los ordenadores más grandes jamás construidos. La tecnología SAGE se transfirió pronto para fines civiles. En 1960, IBM fue contratada por American Airlines para la producción de SABRE (Semi-Automated Business Research Environment), el primer sistema informático de reservas de avión.

Los transistores en circuitos integrados potenciaron los ordenadores de programa almacenado. Los transistores en circuitos integrados redujeron sustancialmente el tamaño de los componentes electrónicos de los ordenadores. La famosa Ley de Moore (llamada así por uno de los "Ocho Traidores" y cofundador de Intel) observa que el número de transistores en un circuito integrado se ha ido duplicando cada dos años. Como resultado, los ordenadores cada vez más pequeños tienen más capacidad de almacenamiento y procesamiento.

Los grandes ordenadores centrales de la era IBM dieron paso a los ordenadores personales (PC) a finales de la década de 1980 y ya en los 1990. A medida que los transistores en circuitos integrados se fueron haciendo más pequeños y, sobre todo, más baratos, fueron surgiendo nuevas empresas que desarrollaron ordenadores para uso personal, tanto en las empresas como en los hogares. Fue el caso de Apple, pero también de toda una miríada de empresas, incluyendo también al gigante IBM. Los PC reforzaron la distinción entre el hardware, producido por diferentes empresas incorporando los transistores producidos por empresas como Intel, y el software, una industria multimillonaria con un gran número de actores como Microsoft, que desarrolló el más popular sistema operativo para los PCs así como software para su uso en los PCs (como Microsoft Office), u Oracle, que empezó a producir software empresarial con gran éxito.

Las pequeñas empresas y los particulares podían ya adquirir ordenadores de pequeño tamaño y bajo coste para la gestión de sus asuntos. De este modo, nuevos procesos empresariales se digitalizaron: los documentos en papel se convirtieron en documentos electrónicos, los registros de cada empresa pudieron digitalizarse, etc. Del mismo modo, los usuarios en sus hogares empezaron a digitalizar su vida: empezaron a digitalizar escritos, música, video, etc., y casi más importante, empezaron a intercambiarlos de forma crecientemente creativa gracias a las tecnologías digitales.

La consolidación de Internet permitió la aparición de todo un nuevo ecosistema de empresas. Empresas de telecomunicaciones prestan servicios de acceso a Internet. Fabricantes de hardware proporcionan ordenadores cada vez más pequeños y potentes. Desarrolladores de software proporcionan sistemas operativos para el hardware, pero también aplicaciones con usos cada vez más variados. Se multiplicaron las páginas web, accesibles en Internet, primero para mostrar contenidos (blogs y similares), pero rápidamente para vender bienes y servicios, redes sociales, etc. Fue necesario el desarrollo de navegadores para acceder a las nuevas webs y de buscadores para identificar las webs más interesantes en el cada vez más poblado mundo digital.

El complejo ecosistema digital se funda en la interoperabilidad, en la creación de redes. Para que el ecosistema funcione, sus diferentes componentes deben garantizar una mínima interoperabilidad de sus productos: el hardware tiene que ser interoperable con el sistema operativo, con las aplicaciones, y todos deben interoperar con otros hardwares y softwares. Los productos deben abrazar protocolos comunes y estándares, funcionar en un modo abierto, integrarse en redes lo más amplias posible. Internet es el mejor ejemplo. Por otra parte, las empresas tienen la pulsión de controlar su producto, definir e imponer al resto sus protocolos, y de esta forma capturar parte del valor de las redes digitales, o incluso monopolizar segmentos de la red, lo que garantiza beneficios de enorme magnitud. El equilibrio en estas dos pulsiones es el germen de la innovación en el mundo digital.

A medida que pasó el tiempo, han ido surgiendo nuevos actores, las plataformas digitales, cuyo modelo de negocio ha sido facilitar interacciones específicas en el ámbito general de lo que es Internet, de acuerdo con sus propias reglas, con una interoperabilidad limitada con el resto del ecosistema. Se benefician del carácter abierto y plenamente interoperable de Internet, su modelo de negocio es facilitar nuevas interacciones, por ejemplo entre prestadores de servicios y consumidores de los mismos, pero se cierran a interoperar con competidores, persiguiendo la construcción de monopolios en torno a concretas interacciones en la red. Es el caso de Facebook y la interacción en las redes sociales, de Amazon y la interacción entre vendedores y compradores, de Google y la interacción entre productores de contenidos y anunciantes, o de Apple y la interacción entre desarrolladores de aplicaciones móviles y usuarios de las mismas.

Precisamente otra evolución propiciada por la Ley de Moore fue el desarrollo de dispositivos móviles como el iPhone, un dispositivo portátil con una capacidad de almacenamiento y procesamiento que multiplicaba la del ordenador AN/FSQ-7 y los primeros PC. Los smartphones aceleraron la digitalización, ya que actuaban simultáneamente como dispositivo de almacenamiento y procesamiento de datos, como dispositivo de transmisión de datos y, lo que es igual de importante, como dispositivo de generación de datos. Los teléfonos inteligentes recopilan enormes cantidades de datos sobre las actividades personales fuera de línea del usuario: la geolocalización del usuario, grabaciones de voz, fotos, vídeos, etc. Los teléfonos inteligentes han permitido la digitalización de nuestra vida cotidiana.

Al igual que los teléfonos inteligentes han digitalizado muchos servicios personales, la llamada Internet de las cosas (IoT) tiene el poder de digitalizar básicamente cualquier actividad humana. A medida que se produce una cantidad cada vez mayor de datos procedentes de todo tipo de sensores, han sido necesarias nuevas estrategias para automatizar el procesamiento de datos por ordenadores. Esta es la piedra angular de la transformación digital.

Para procesar los grandes volúmenes de datos se necesitan algoritmos sofisticados e **inteligencia artificial**. Los algoritmos permiten explotar plenamente lo que se ha denominado *big data* (Iansiti y Lakhani, 2020). El Diccionario Oxford define un algoritmo como *"un proceso o conjunto de reglas a seguir en los cálculos [...] especialmente por un ordenador"*. Se necesitan algoritmos sofisticados para poner en orden y dar sentido a las cantidades masivas de datos generados por sensores y otros dispositivos de recogida de datos, haciéndolos así relevantes.

Los algoritmos utilizan cada vez más técnicas de aprendizaje automático. No son un conjunto de órdenes rígidas fijas que conectan una entrada con una consecuencia. Al contrario, los algoritmos examinan minuciosamente los datos disponibles para aprender de experiencias anteriores y posteriormente transformar los datos brutos en nueva información y vincularla a las consecuencias. Los algoritmos se mejoran a sí mismos con cada interacción; son cada vez más predictivos (Agrawal, Gans y Goldfarb, 2018).

El reto último de la digitalización es apoyarse en la inteligencia artificial para automatizar la toma de decisiones teniendo en cuenta todos los datos disponibles. Se "trata de tomar muchos procesos tradicionales e incrustarlos en software y algoritmos" (Iansiti y Lakhani, 2020, p. 113).

La inteligencia artificial plantea retos normativos, sobre todo cuando se aplica a actividades de interés general. Las aplicaciones de IA tienen que ser sólidas y precisas, lo que requiere datos de entrenamiento de buena calidad, mantener registros de datos y algoritmos, ser capaz de proporcionar información adecuada sobre la aplicación y garantizar la supervisión humana (Comisión Europea, 2020).

3. La digitalización como proceso

La digitalización es un proceso en evolución. Cada vez se digitaliza un mayor volumen de información, y cada vez es mayor la proporción de información que puede gestionarse automáticamente.

El proceso de digitalización se remonta a hace más de un siglo, con la digitalización del censo estadounidense de 1890. La digitalización cobró impulso a finales de la década de 1960, cuando los ordenadores se hicieron cada vez más potentes y se interconectaron, permitiendo la automatización de procedimientos empresariales, como los sistemas de reserva de billetes de avión. La digitalización se aceleró en la década de 1990, cuando se generalizaron los ordenadores personales y millones de personas los interconectaron a través de Internet, lo que permitió la digitalización de las comunicaciones personales (correo electrónico) y todo tipo de procedimientos orientados al cliente y al mercado de masas. Los teléfonos inteligentes fueron la herramienta que permitió a miles de millones de individuos incorporarse al mundo digital y, lo que es aún más importante, digitalizar muchas actividades personales cotidianas. La evolución definitiva del proceso de digitalización es la automatización de sistemas complejos gracias al Internet de las cosas. Como se pueden instalar sensores en cualquier lugar, dispositivo y activo, se puede crear un "**gemelo digital**" *in silico,* lo que facilita la coordinación de sistemas complejos como las industrias basadas en infraestructuras.

Sobre la realidad física está surgiendo una **capa de datos** que la recrea virtualmente. En los activos físicos pueden instalarse sensores, cámaras, contadores y otros dispositivos que capturan y transmiten datos. Estos datos pueden recrear la realidad. A medida que las organizaciones adquieren cantidades masivas de datos sobre sus activos y actividades, se encuentran en mejor situación para gestionarlos. Los algoritmos son entonces capaces de identificar las oportunidades de mejorar la organización del sistema, aumentando así la eficiencia de los procesos. La realidad subyacente puede transformarse y mejorarse.

El impacto de la digitalización va más allá de la mera optimización de ciertas actividades gracias a la automatización de la gestión de la información. La digitalización tiene el poder de transformar la actividad empresarial, así como nuestras sociedades. La digitalización se ha comparado con el proceso de electrificación (Carr, 2008). La electrificación optimizó ciertos procesos de producción, pero tuvo un efecto transformador más profundo: la electrificación redefinió las cadenas de montaje, modificó nuestras ciudades (los ascensores eléctricos hicieron posibles edificios más altos) y modificó los ritmos de actividad humana (la luz eléctrica permitió la actividad nocturna). La digitalización tendrá un impacto más profundo, ya que afecta a un elemento más fundamental: cómo se comunican, interactúan y organizan los seres humanos en sociedades complejas.

Apenas estamos empezando a identificar las transformaciones económicas y sociales desencadenadas por la digitalización. En primer lugar, las ganancias de eficiencia derivadas de la digitalización son sustanciales. La capacidad de reunir más información permite optimizar todo tipo de procedimientos, organizaciones y sistemas. La digitalización está creando riqueza y puede crear ganancias de eficiencia mensurables en forma de reducción de costes en todo tipo de procesos y organizaciones.

En segundo lugar, la digitalización está provocando una transformación de la interacción humana, incluida la forma en que las empresas, los sistemas y los mercados se organizan e interactúan entre sí. La transformación más evidente es el creciente papel de los intermediarios en la capa de datos. Los actores de más éxito son **plataformas digitales** que organizan ecosistemas a su alrededor (mercados multilaterales) con capacidad para coordinar a un gran número de individuos, activos y empresas. Utilizan tecnologías digitales para identificar y explotar las oportunidades de optimización. Las plataformas tienen un papel que desempeñar en las industrias basadas en infraestructuras.

En tercer lugar, un pequeño número de plataformas digitales están acaparando una gran proporción del valor creado por la digitalización. Amazon, Apple, Facebook, Google y Microsoft controlan los activos de la economía digital: los sistemas operativos de dispositivos clave como los smartphones, la mayor cantidad de datos sobre la actividad humana, la tecnología de inteligencia artificial más sofisticada, etc. Están perturbando las industrias tradicionales y extrayendo una elevada cuota de valor a medida que crean, intermedian y luego organizan los ecosistemas a su alrededor. Pero demos un paso atrás y analicemos los orígenes de Internet, el ecosistema digital, y cómo surgieron las plataformas digitales.

II. LOS ORÍGENES DE INTERNET

Internet tiene un indudable protagonismo en el proceso de digitalización. La palabra "Internet" es un acrónimo de los términos en inglés "INTERconnected NETworks", esto es "redes interconectadas". En sentido estricto, Internet es simplemente un conjunto de protocolos que permiten la interconexión de redes de ordenadores. Por eso es habitual, y bien preciso, referirse a Internet como la "red de redes". No existe un control central de Internet. Internet no es una red, es un simple protocolo que permite que millones de redes individuales, cada una con su propio dueño, interaccionan y funcionan prácticamente como si fueran una única red, aunque con limitaciones derivadas de su naturaleza.

Los orígenes históricos de Internet explican los valores que conformaron la red de redes y que siguen influyendo en su gobierno hoy en día. Resulta especialmente interesante entender que, en sus orígenes, Internet no fue un proyecto mercantil. Por el contrario, en los orígenes de Internet confluyen dos culturas alejadas del mercantilismo que posteriormente ha dominado Internet. Dos culturas que pueden parecer antitéticas pero que como una doble hélice conformaron el ADN de Internet. Por una parte, el liderazgo de la Administración pública, y en concreto del Departamento de Defensa de Estados Unidos (el famoso "Pentágono"). Por otra parte, el protagonismo de unos ingenieros basados fundamentalmente en el área de San Francisco, fuertemente influidos por la contracultura de los años 1960 y 1970.

1. El gen militar

La idea de que los ordenadores debían conectarse entre sí para aumentar sus posibilidades se concibió al poco de que IBM desarrollase los primeros grandes ordenadores. En 1960, JCR Licklider, psicólogo reconvertido en informático, imaginó la creación de una red de ordenadores conectados por una infraestructura de telecomunicaciones en su artículo "*Man-Computer Symbiosis*" (Simbiosis hombre-ordenador), un breve ensayo disponible, como no, en Internet. "La imagen se amplía fácilmente hasta convertirse en una red de centros de este tipo, conectados entre sí por líneas de comunicación de banda ancha y a los usuarios individuales por servicios de circuitos alquilados. En un sistema así, la velocidad de los ordenadores estaría equilibrada, y el coste de las gigantescas memorias y los sofisticados programas se dividiría por el número de usuarios" (Licklider, 1960).

De hecho, el monopolio de telefonía, la AT&T, empezó pronto a comercializar servicios de comunicaciones para conectar ordenadores pertenecientes a una misma organización. Los circuitos alquilados que conectaban distintas ubicaciones propiedad del mismo cliente eran cada vez más populares entre los propietarios de ordenadores en distintas ubicaciones, como era el caso de universidades y centros de investigación. Cada centro fue desarrollando sus propios protocolos para interconectar sus ordenadores.

La contribución de Licklider no fue sólo teórica. En 1962 fue nombrado jefe de la Oficina de Técnicas de Procesamiento de la Información de **ARPA**, la Agencia de Proyectos de Investigación Avanzada del Departamento de Defensa de Estados Unidos, el Pentágono. La preponderancia militar en el origen de Internet resulta evidente. No sólo ARPA era un departamento del Pentágono, sino que también tenían un componente eminentemente militar los proyectos financiados por ARPA a las Universidades y Centros de Investigación cuyos ordenadores se pretendía conectar.

ARPA se crea en 1958 como parte de la respuesta al lanzamiento del Sputnik por la Unión Soviética en 1957 (Weinberger, 2017). Un comité liderado por Rowan Gaither había recomendado al Presidente Eisenhower que multiplicase el gasto militar para desarrollar un sistema de defensa contra misiles balísticos soviéticos, así como su propio programa de misiles. Más importante todavía, había recomendado que se mejorase la incorporación de conocimiento científico a los programas de defensa (Snead 1999, p. 124). ARPA se crea para evitar duplicidades entre el ejército, la marina y la fuerza aérea de los Estados Unidos, combinando sus unidades de investigación en materia de misiles balísticos (Ryan 2010, p. 24). Los transistores para el enrutamiento de los misiles y las comunicaciones del sistema de control de la red de misiles fueron elementos centrales de la investigación de ARPA, y en ambos casos la investigación más puntera se estaba realizando en el área de San Francisco.

De hecho, en agosto de 1959, el mismo Gaither creó la primera firma de *venture capital* en Palo Alto con sus socios el General William Draper y el General Frederick Anderson, ambos antiguos embajadores de los Estados Unidos ante la OTAN (Berlín 2014).Con inversores como la *family office* de los Rockefeller, comenzaron a invertir en nuevas empresas creadas para desarrollar proyectos para el Pentágono, en la línea indicada en el informe del Comité Gaither, empresas creadas por jóvenes ingenieros egresados de la Universidad de Stanford, que también se benefició enormemente de los fondos del Pentágono para investigación sobre misiles (Gillmor 2004). Se replicó el modelo de colaboración entre las universidades y el Pentágono que tanto éxito había tenido durante la Segunda Guerra Mundial con ejemplos como el desarrollo del radar en el MIT, proyecto Manhattan, etc. (Zachary, 2018).

Licklider tenía la audaz ambición de crear una red que conectara un elevado número de ordenadores, pero la semilla del proyecto fue más modesta: se empezaría conectando los ordenadores de los proyectos financiados por la propia ARPA, con el objetivo de reducir los elevados costes de los ordenadores. De hecho, el Pentágono era el principal cliente de las nacientes empresas de ordenadores, empezando por IBM. ARPA quería ahorrar recursos agrupando toda la capacidad informática de los distintos proyectos de universidades y centros de investigación financiados por la propia ARPA. El acceso remoto a los caros ordenadores de la IBM permitiría compartir su uso, y de esta forma reducir costes.

Una de las opciones de ARPA fue crear una red centralizada que conectara los ordenadores, siguiendo la estructura tradicional de la red telefónica. Se consideró establecer el punto de conmutación en Omaha, cerca del centro geográfico de EE.UU., donde las Fuerzas Aéreas estadounidenses tenían instalaciones (Hafner y Lyon, 1996).

ARPA tuvo una idea mejor: conectar los ordenadores en una red distribuida, conmutada por paquetes. Se discute el origen preciso de esta idea. Resulta incontestable que Paul Baran había publicado en 1964 un estudio para la RAND Corporation controlada por las Fuerzas Aéreas estadounidenses: "On Distributed Communications" (Baran, 1964). En lugar de centralizar la conmutación en un único nodo (red centralizada), o incluso en un número reducido de nodos (red descentralizada), Baran propuso establecer enlaces redundantes entre los distintos puntos a conectar de forma que las comunicaciones se gestionaran de punto a punto sin necesidad de conmutar en un nodo centralizado. En otras palabras, cada punto de la red tendría capacidad de conmutación, cada punto sería un pequeño nodo. Las Fuerzas Aéreas estadounidenses habían detectado que la red centralizada de AT&T colapsaría en caso de ataque con misiles nucleares, y Baran recibió el encargo de identificar una alternativa para resolver este problema. El objetivo inmediato era proteger la red de comunicaciones de la unidad de mando y control sobre los misiles. Su solución fue la red distribuida y su representación gráfica puede verse bajo. Baran pasó cinco años intentando convencer sin éxito a AT&T de que implantara una red distribuida de conmutación de paquetes para la red telefónica. Su propuesta no sólo fue desestimada, sino que se le sometió a un curso de formación con 94 ponentes para explicarle cómo funciona una red telefónica, de modo que pudiera entender por qué su idea no era viable (Hafner y Lyon, 1996).

Figura 1 Representación gráfica de las redes

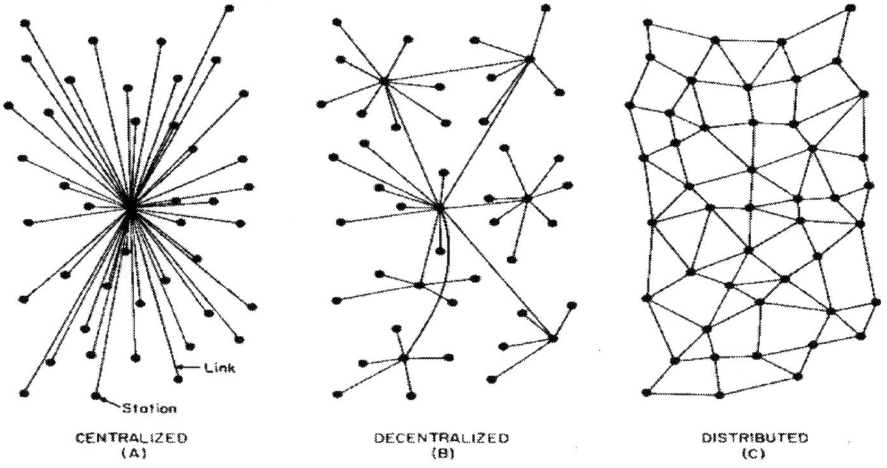

Fuente: Baran 1964.

Se discute todavía hoy si ARPA se inspiró en el estudio publicado años antes por Baran o si alcanzó similares conclusiones en base a ideas que flotaban en el ambiente. En cualquier caso, ARPA promovió una red como la propuesta por Baran: una red distribuida con conmutación por paquetes ("*packet switching*"). Siguiendo el modelo de la red distribuida del transporte por carretera, un mensaje se dividiría en pequeños bloques (paquetes), que se transportarían independientemente a través de la red distribuida, para ser reconstruidos en el lugar de destino utilizando técnicas de computación. Este modelo se diferenciaba de la tradicional conmutación por circuitos utilizada en la red telefónica, que requería dedicar una circuito permanentemente abierto para transmitir la comunicación en un único bloque, incluso cuando se producían momentos de silencio.

ARPANET, la red financiada por ARPA, demostraría que los ingenieros de AT&T estaban equivocados. El 29 de octubre de 1969 comenzó a funcionar la primera conexión experimental de ARPANET, entre la red de ordenadores de UCLA y la red de Stanford, a la que se sumarían la Universidad de California en Santa Bárbara y la Universidad de Utah, al elevado coste entonces de 563.000 dólares, financiados por ARPA (Ryan, 2010).

ARPANET no fue la única, ni siquiera la primera red que conectó ordenadores. Por el contrario, diversas redes empezaron a proliferar y a competir entre sí. El éxito de ARPANET deriva precisamente de su origen militar. Por una parte, ARPA financió la red en sus primeros años. ARPA proporcionó los 563.000 dólares del proyecto experimental para conectar los cuatro primeros nodos. Más allá, siguió aportando financiación millonaria hasta 1981 para sostener la creciente capacidad exigida por sus usuarios. La disponibilidad de fondos públicos en los primeros años de desarrollo de la red, sin necesidad de que sus usuarios asumiesen su coste, ciertamente facilitó su crecimiento.

Por otra parte, ARPA impuso a las Universidades y centros de investigación la obligación de conectar a la red los ordenadores financiados por el Pentágono. Universidades y centros de investigación eran reacios, ya que temían tener que modificar los protocolos ya instalados en sus redes internas, perder autonomía e incluso capacidad de computación. La contrapropuesta de ARPA fue financiar un pequeño ordenador, un "*router*", que se instalaría en cada centro y ejercería de "traductor" entre los protocolos de cada red, haciendo uso de nuevos protocolos compartidos por todos los participantes, diseñados en el marco del proyecto ARPA. El nuevo protocolo se denominó NCP (Network Control Protocols).

La gran innovación, y razón del éxito de ARPANET, fue la idea de no imponer un cambio de protocolo, sino crear una "red de redes" a partir de un nuevo protocolo por encima de los protocolos utilizados en cada red preexistente. Se creó un nuevo nivel sobre las distintas redes, nivel en el que se habilitaría la interacción de redes informáticas hasta entonces aisladas. No sería necesario estandarizar completamente las redes preexistentes para que pudieran interoperar. Cada red podría seguir utilizando sus propios protocolos, pero todas ellas podrían interoperar gracias al nuevo protocolo.

El papel de catalizador de ARPA fue de nuevo decisivo en 1983, cuando el protocolo NCR debió evolucionar en cuanto no podía ser utilizado en redes de radio o satelitales. Vinton Cerf y Robert Kahn lideraron el desarrollo de una nueva familia de protocolos (Transmission Control Protocol/Internet Protocol - TCP/IP) que permitirían la interconexión de un mayor número de redes. El nuevo protocolo tenía grandes ventajas, pero una vez más, la mayoría de los usuarios del viejo protocolo eran renuentes al cambio: ya interconectaban con sus iguales y tenían escasos incentivos para interconectar con redes de radio o satélite. El nuevo protocolo fue implementado por todas las entidades conectadas a ARPANET porque la Administración militar que gestionaba la red así lo impuso como obligación, bajo pena de excluir de la red a quien no lo hiciese (Ryan 2019, p. 91).

ARPA sostuvo financieramente ARPANET hasta 1981, cuando la financiación pasó a ser proporcionada mediante un contrato de cinco años por la National Science Foundation (NFS). (La NFS es una agencia independiente del Gobierno federal encargada de promover la investigación, pero a diferencia de ARPA, tenía naturaleza civil, no militar). ARPANET no fue desmantelada hasta 1990, aunque por entonces ya tenía un valor residual.

El liderazgo de la Administración militar no sólo facilitó el desarrollo de la tecnología y aceleró el desarrollo de Internet, sino que determinó su naturaleza y en concreto los siguientes rasgos: (1) Internet es una **red digital**, que se fundó siempre en la conmutación por paquetes, que circulaban por separado por la red, siendo reconstruidos en destino por ordenadores; (2) Internet es una **red distribuida** porque ARPA quería conectar ordenadores sin establecer jerarquías entre ellos, sin crear nodos centrales; (3) Internet es una **red resiliente**, porque ARPA quería garantizar la continuidad del servicio por encima de la calidad del mismo; (4) Internet es una **red "*best effort*"**, en el sentido de que no se garantiza la transmisión extremo a extremo de todos y cada uno de los paquetes (se asume la pérdida de paquetes), ni se garantiza la máxima velocidad en la transmisión (se asume un retraso en la circulación de los paquetes), ni se garantiza una gran seguridad en términos de acceso a la información; y (5) Internet es una **red sin ánimo de lucro**: los protocolos no contemplaron sistemas de medición del tráfico y de facturación del mismo entre los participantes, algo propio de una red destinada a dar soporte a la Administración militar y sus contratistas, no a prestar servicios comerciales.

2. El gen académico

Si bien el Pentágono tuvo un innegable protagonismo en el nacimiento y crecimiento de Internet, ya desde el origen, y de forma creciente, el mundo universitario tuvo también una gran influencia en el desarrollo de la red de redes. Los valores del mundo académico, y de forma muy específica de la academia de la Costa Oeste de los Estados Unidos en los años 1960 y 1970, influenciaron la gobernanza de Internet. Resulta paradójico, porque los valores de la Administración militar y de la academia de los 1960 en el área de San Francisco no pueden ser más antitéticos, aunque tienen un elemento en común: en ambas culturas el ánimo de lucro desempeñaba un papel secundario, cuando no era vilipendiado.

Si bien ARPA concibió la creación de ARPANET y proporcionó la financiación para sostener la red durante años, la efectiva constitución de la red, y en particular la definición de los protocolos, quedó en manos de terceros, y no en manos de la propia ARPA. Por ejemplo, el proyecto experimental para conectar las primeras cuatro universidades a ARPANET fue comisionado a una pequeña empresa BBN, en la que Licklider había sido Vicepresidente antes de trabajar en ARPA. Si bien BBN proporcionó los routers, el protocolo NCP fue desarrollado por investigadores de las Universidades involucradas, muchos de ellos estudiantes de grado, como por ejemplo Vinton Cerf. Los protocolos se desarrollaron por consenso entre los académicos, sin formalismos, basándose más en la autoridad del que proporcionaba soluciones efectivas que en la autoridad proporcionada por una jerarquía inexistente.

Al mismo tiempo, y de forma inesperada, surgió una comunidad entorno a los ordenadores conectados, comunidad cuyas reglas de funcionamiento estaban llamadas a tener una gran influencia en la gestión de Internet. Una comunidad de jóvenes ingenieros, muchos de ellos académicos o con vinculaciones con la Universidad, que crearon sus propias reglas. Un buen ejemplo es el origen del correo electrónico.

Ray Tomlinson, trabajando para BBN, desarrolló el software para el **correo electrónico** en ARPANET. En 1971 escribió un código para intercambiar mensajes entre ordenadores de manera estructurada. Como en cualquier sistema de comunicaciones, el primer paso fue definir la dirección para el intercambio de comunicaciones. La dirección incluiría el nombre del individuo y el nombre del sistema informático utilizado por el individuo. Tomlinson tuvo la idea de introducir el símbolo "@" para separar el nombre del individuo del nombre del sistema. Este era el signo perfecto; siendo muy raro, no se incluiría ni en el nombre del individuo ni en el del sistema informático. Así es como se creó el símbolo digital más popular. Sin embargo, la creación de este protocolo no era parte del trabajo de Tomlinson. No se le encargó que lo hiciera. Sólo pensó que sería bueno facilitar el intercambio de mensajes. Un año más tarde, el software desarrollado por Tomlinson se incluiría formalmente en los protocolos de ARPANET. El *network mail* (como se llamó originalmente al correo electrónico de ARPANET) resultó ser la aplicación más popular en la Internet original. En 1973, tres cuartas partes del tráfico en ARPANET eran correos entre los usuarios (Hafner y Lyon 1996, p. 194). Este es un buen ejemplo de cómo las redes tienden a crecer orgánicamente más allá de las expectativas de sus creadores.

La comunidad de jóvenes ingenieros, la mayoría académicos en las Universidades conectadas a ARPANET desarrolló unos usos específicos para la gestión de la red ARPANET. Para empezar, no existía jerarquía, ya que ARPA no se involucraba en el desarrollo de protocolos. Como consecuencia, los protocolos debían surgir como acuerdos entre iguales, entre los representantes de las diferentes Universidades. Estos jóvenes académicos estaban permeados por la cultura que les rodeaba, particularmente en la California de los años 1960 y 1970 por la contracultura que reaccionaba contra el formalismo de los 1950, contra el militarismo de sus universidades (el que pagaba sus sueldos), contra la guerra de Vietnam, etc. Los jóvenes ingenieros de Stanford, UCLA y el resto de Universidades no estaban particularmente politizados, ni eran líderes de los movimientos contraculturales, pero sí que estaban influidos por valores más democráticos, por una reacción contra la autoridad y la jerarquía. Valoraban más el liderazgo técnico que la jerarquía. En términos de alguno de los militares de ARPA, no dejaban de ser unos "melenudos".

Los primeros protocolos se definieron a partir de documentos denominados "Request for Comment" (RFC) propuestos por jóvenes investigadores para discusión en grupos abiertos formados por otros jóvenes investigadores de otras Universidades, bajo la supervisión en la distancia de sus profesores. Los RFC siguen siendo utilizados décadas después para trabajar en los protocolos de Internet.

El **protocolo TPC/IP** se desarrolló de forma similar. Vinton Cerf y Robert Kahn desarrollaron una primera propuesta en 1973 trabajando para ARPA. De hecho, se inspiraron en la arquitectura de la red de ordenadores que conectaba los centros de investigación franceses (red Cyclades), que atribuía a cada ordenador conectado a la red la función de responsabilizarse de la entrega de datos, de forma completamente descentralizada. La red sería completamente distribuida. El protocolo se fue mejorando de modo abierto y participativo hasta alcanzar la necesaria estabilidad con la definición del TCP/IPv4 en 1978. No obstante, a pesar de la superioridad técnica, el protocolo sólo se impuso como estándar cuando la Administración militar así lo impuso como obligación a sus contratistas en 1983. Buen ejemplo de cómo funcionaba la doble hélice del ADN de ARPANET: desarrollo colaborativo de los protocolos, imposición de los mismos por la autoridad militar.

La evolución de los protocolos estaba originalmente en manos de ARPA, en cuyo seno se creó un grupo de trabajadores formado por un reducido número de ingenieros del propio ARPA, del mundo académico y de empresas de ingeniería. En 1983 evolucionó hacia el denominado *Internet Activities Board* (IAB), que hoy en día sigue asesorando en relación con los protocolos, junto con otras organizaciones como el Internet *Engineering Task Force* (IETF) y el *WWW Consortium*, especializado en la World Wide Web (Barrio 2020). Todas estas son organizaciones de naturaleza privada, más o menos abierta, en la que ingenieros de todo el mundo proponen mejoras en los protocolos. Desde entonces, los ingenieros de estos grupos se basan en la siguiente máxima: "*We reject kings, presidents and voting. We believe in rough consensus and running code*".

La participación académica no se agotó con la definición de los protocolos, sino que se incrementó con el tiempo al entender ARPA que su red había alcanzado una masa crítica que la hacía atractiva, más allá de su red de contratistas, para el conjunto de la comunidad académica. Como ya se adelantó, en 1981 la NFS asumió la financiación de ARPANET por un plazo de cinco años. La consecuencia fue la creación de nuevas redes, separadas pero interconectadas. La NFS creó la **CSNET** (*Computer Science Network*), abierta a cualquier institución científica previo pago de una contribución por el alta en el servicio. La CSNET estaría conectada a ARPANET, que ejercería de red troncal interconectando todas las redes. En paralelo, se diferenció una red puramente militar (MILNET) conectada a ARPANET pero sólo accesible para los contratistas militares. Decisión clave fue que el tráfico de CSNET que circulase por ARPANET no quedaría sujeto al pago de ninguna cantidad.

Debe entenderse que el futuro no estaba escrito. ARPANET y su estándar TCP/IP era sólo una de las redes emergentes, en competencia con otras redes tanto en los Estados Unidos como en el resto del mundo. Por ejemplo, los operadores de telecomunicaciones desarrollaron un estándar en el marco de la Unión Internacional de Telecomunicaciones (ITU), el estándar X.25, con un primer borrador en 1974 y un texto definitivo en 1985. Los operadores de telecomunicaciones finalmente habían entendido el poder de la transmisión de datos por paquetes y la conmutación digital, pero frente al modelo abierto y distribuido de ARPANET, X.25 proponía un modelo de mayor calidad y seguridad, que permitía la facturación del tráfico, pero centralizado, de pleno control por un operador. A pesar de tener cierto éxito durante los 1980 y 1990, el protocolo X.25 ha sido finalmente sustituido por los protocolos IP, más flexibles y sencillos.

De hecho, CSNET debía competir con otras redes académicas, como por ejemplo BITNET, que desarrolló su propio protocolo para conectar ordenadores de las Universidades, especialmente en el ámbito de la humanidades, y que llegó a conectar más de 1.400 instituciones por todo el mundo a finales de los 1980. BITNET era más económica, pero ofrecía menores capacidades, por lo que su uso tendió a decrecer y finalmente se fusionó en 1989 con CSNET.

En 1988 la NFS incrementó su contribución financiera y creó la **NSFNET**, una nueva red troncal mucho más potente que ARPANET y que gradualmente la sustituyó. Como consecuencia, ARPA decidió cerrar ARPANET el 28 de febrero de 1990. El germen de lo que sería Internet había cerrado, pero su elemento central, los protocolos TCP/IP se habían impuesto universalmente como el estándar para la interconexión de redes. A principios de los 1990 era ya evidente que toda red de transmisión de datos con vocación de interoperabilidad universal debía utilizar el protocolo TCP/IP. Era cuestión de tiempo que todas las redes, no sólo en los Estados Unidos, sino más allá, asumieran el protocolo y surgiese Internet como la "red de redes" universal.

La gestión de NFS influyó de forma importante en el desarrollo de Internet: (1) Se mantuvo el carácter abierto y descentralizado de la red, al perseguir la interconexión de redes universitarias sin diferencias jerárquicas; (2) se reforzó la adopción de decisiones por consenso entre técnicos, sin existir una autoridad central; (3) se constató el interés de variadas instituciones en costear la infraestructura necesaria para interconectarse; (4) Internet siguió siendo una red no mercantil, en el sentido de que no había ánimo de lucro por parte de las entidades participantes; y (5) la gobernanza de Internet residía en los Estados Unidos, a pesar de conectar redes en todo el mundo.

El mundo académico tuvo una ulterior intervención de gran relevancia, aunque esta vez no desde Estados Unidos sino desde Europa. Internet conectaba ya un elevado número de ordenadores, pero requería un cierto conocimiento técnico. Fueron académicos en Europa los que definieron los protocolos para facilitar un interfaz de más sencillo uso, creando la **World Wide Web** y los protocolos para la creación de páginas web, para la navegación por la web y para la descarga de las páginas web por parte de otros usuarios. La propuesta la desarrolló el inglés Tim Berners-Lee mientras trabajaba en el CERN en Ginebra, y se publicó en 1991 como protocolos abiertos, no propietarios. Berners-Lee definió el lenguaje de Marcado de Hipertexto (HTML), el Lenguaje de Marcado extensible (XML) para redactar los documentos web, el protocolo de transferencia de hipertexto (HTTP) para la comunicación entre el denominado navegador de los usuarios y el servidor web donde se aloja una web, y el sistema de direcciones web (URL), que combina el nombre del ordenador que proporciona la información, el directorio donde se encuentra el nombre del archivo y el protocolo a usar para recuperar los datos.

Entrada la década de 1990 el interés en Internet y la web superó el a la postre estrecho ámbito académico. Individuos y organizaciones privadas estaban deseando no sólo conectar con la red de redes sino también participar en su gestión. El Gobierno norteamericano "privatizó" la red en dos fases. En 1991, la NSF eliminó la prohibición de que uso comercial de su red troncal NFSNET. Esto permitió que se uniesen a la red los primeros prestadores del servicio de acceso a Internet (**ISPs**), empresas con ánimo de lucro que ofertaban a los usuarios finales el acceso a Internet a cambio de un precio. Se mantuvo, sin embargo, el principio de no cobrar por el tráfico, limitándose las redes interconectas a intercambiar el tráfico recíprocamente (peering). En 1994 La NSF comisionó la gestión de cuatro puntos de Acceso a la red (NAPs) a operadores de telecomunicaciones, que gradualmente asumieron la gestión de la red troncal de la incipiente Internet, dando lugar a una red por todo el mundo de puntos de intercambio de tráfico (Internet Exchange Points – IXPs). En 1995, consolidado el nuevo modelo, NSFNET se desmanteló y el Gobierno de Estados Unidos dejó de ser el propietario de la infraestructura troncal de la red de redes.

En 1995 Internet y la web estaban preparados para dar el salto al gran público. El número de usuarios conectados a Internet y navegando por la web era de 16 millones en todo el mundo. Cualquier ciudadano del mundo podía conectar con la red de redes. Los protocolos estaban ya firmemente establecidos, eran compartidos por la generalidad de las redes de datos y permitían la navegación sencilla por la web.

El mundo empezó a especular con el impacto de Internet, y un ejército de tecno-optimistas adelantaron que Internet desencadenaría una transformación revolucionaria en las interacciones humanas: un mundo de relaciones colaborativas, desinteresadas, no jerárquicas, de igual a igual. Esto fue encapsulado en la "Declaración de la Independencia del Ciberespacio" publicada en 1996: "Crearemos una civilización de la mente en el ciberespacio. Que sea más humana y justa que el mundo que sus gobiernos han hecho antes" (Barlow 1996). Pero Internet estaba preparada para un cambio en un sentido opuesto al adelantado por los tecno-optimistas.

3. El gen mercantil

La completa privatización de Internet en 1995 fue el pistoletazo de salida para una auténtica fiebre del oro con Silicon Valley como epicentro. Lo que empezó siendo un proyecto militar para pasar a ser una red de académicos, se convirtió en poco tiempo en un territorio de frontera que ofrecía la posibilidad de construir fortunas en un tiempo récord, en una ruidosa plaza pública, en un desordenado zoco en el que vender y comprar todo lo imaginable. En un breve espacio de tiempo surgieron miles de *start-up* que en cuestión de pocos trimestre pasaban de la mente de sus fundadores a salidas a bolsa multimillonarias. La reinversión de los beneficios en nuevas *start-up* generó un círculo virtuoso que aceleró el desarrollo del ecosistema digital tal y como lo conocemos.

Silicon Valley generó sus propios mitos: historias de cómo unos emprendedores trabajando en sus garajes, a partir sólo de su inventiva y su esfuerzo, consiguieron desarrollar productos revolucionarios y alcanzar inimaginable riqueza vendiendo sus empresas o, preferiblemente, mediante una rápida salida a bolsa.

Estos mitos esconden una realidad mucho más compleja aunque no menos interesante. El *cluster* de Silicon Valley no sólo está formado por ingenieros capaces de concebir servicios innovadores gracias a su privilegiado conocimiento de la tecnología digital desarrollada en el propio valle. Igualmente sofisticada es la red de apoyo existente para acelerar las buenas ideas de los ingenieros fundadores de *start-ups*. Un exclusivo club de firmas de capital riesgo bien engrasada a lo largo de las décadas por una lado canaliza el gran capital hacia las *start-up*, y por otra parte les ofrece los conocimientos y el personal especializado en gestión, marketing, finanzas, legal etc., para acelerar su crecimiento, dominar mercados y alcanzar la exitosa salida a bolsa lo más rápido posible. Una red con décadas de experiencia que tiene su origen en la industria de los semiconductores y sus aplicaciones militares, y que se adaptó con extraordinario éxito a la Internet mercantil.

Como en toda fiebre del oro, se generó una burbuja especulativa. Inversores menos sofisticados se lanzaron a invertir en cualquier *start-up* digital, sin entender realmente si generaba valor. La fiebre acabaría en 2001 con el pinchazo de la burbuja puntocom. Veamos algunos ejemplos de *start-up* fundadas en los primeros años de la Internet mercantil a fin de subrayar lo más representativo de sus modelos de negocio y sus estrategias empresariales.

A) Las comunicaciones electrónicas

La incorporación a Internet de millones de usuarios generó nuevas necesidades y estas necesidades fueron identificadas y satisfechas por nuevas empresas con modelos de negocio radicalmente innovadores. No debe resultar sorprendente que muchas de estas empresas se centraran en productos relacionados con la propia red de redes y las posibilidades que Internet ofrecía. Un buen ejemplo fue Hotmail.

El 4 de julio de 1996 dos graduados de Stanford, Sabeer Bhatia y Jack Smith, lanzaron Hotmail, el primer servicio de "**webmail**", el correo electrónico accesible desde la web. Aunque no inventaron el correo electrónico, popularizaron el servicio, ya que ahora se podría tener una dirección de correo y enviar y recibir mensajes incluso sin tener un contrato con uno de los nuevos proveedores de servicios de acceso a Internet.

Los fundadores no eran unos jóvenes inexpertos trabajando en sus garajes. Eran ingenieros en Apple, buenos conocedores de las tecnologías digitales y su potencial. Estaban intercambiando ideas sobre la creación de su propia empresa y temían que su jefe pudiera tener acceso a sus cuentas de correo electrónico de empresa y se diera cuenta de que estaban utilizando su jornada laboral para desarrollar empresas alternativas. No podían usar su correo electrónico personal, ya que sólo podían acceder desde sus conexiones a Internet en su casa. La solución a su problema, pero también de interés para cualquier usuario, era una cuenta de correo electrónico que pudiera utilizarse desde cualquier ordenador conectado a Internet: desde el hogar, desde el trabajo o desde un cibercafé para quienes no tuvieran ningún otro acceso a Internet, una cuenta accesible desde la web.

Como hemos señalado, el éxito no surge sólo de una buena idea de unos ingenieros conocedores de la tecnología. Varias *start-up* proponían soluciones similares a la de Hotmail. Igualmente valioso fue el apoyo de la firma de capital riesgo Draper, Fisher, Jurvetson, liderada por Tim Draper, el nieto del General que fundó la primera firma de capital de Silicon Valley en 1959 (Bronson 1999). El capital riesgo proporcionó el capital para acelerar el crecimiento de la empresa, personal con conocimientos empresariales, y guió a Hotmail hasta su venta.

Hotmail construyó su base de clientes con un ingenioso truco de marketing: una línea de texto con una URL clicable que se introducía al final de cada mensaje de correo electrónico enviado con Hotmail: "Obtenga su correo electrónico gratuito en Hotmail". Cada correo electrónico se convirtió en un poderoso anuncio, prueba en sí mismo de la fiabilidad del servicio. El servicio se aceleró, añadiendo 3.000 usuarios al día. En seis meses, Hotmail alcanzó un millón de usuarios (Penenberg 2009).

Particularmente representativo de esta nueva fase mercantil es que Hotmail se construyó a partir de Internet, privatizando parte del valor de una red abierta que conectaba a todos con todos. Hotmail es el primer ejemplo de cómo se estructura una particular interacción en Internet, para apropiarse del valor generado por los efectos de red. Hotmail no habría tenido servicio que prestar sin la existencia previa de millones de usuarios conectados a Internet. El éxito de Hotmail fue crear una interacción, e intercambio de correos electrónicos basados en cuentas en la web, fundada en la previa existencia de millones de personas conectadas a la red de redes.

En diciembre de 1997, sólo 17 meses después de su lanzamiento, Hotmail fue adquirido por Microsoft por 400 millones de dólares. Tenía nueve millones de usuarios, de un total estimado de 70 millones de usuarios de Internet en todo el mundo en ese momento. Hotmail había construido esa base de clientes más rápido que cualquier otra compañía en la historia. El webmail se convirtió en uno de los servicios más populares de Internet. En 2020, el número de usuarios de correo electrónico había alcanzado 3.900 millones, el 54% de la población mundial. Outlook.com (el sucesor de Hotmail) era utilizado por 400 millones de usuarios, pero el líder del mercado es Gmail, propiedad de Google, con más de 1.500 millones de usuarios activos mensualmente.

B) El intercambio de archivos

En junio de 1999, Napster, el sitio de **intercambio de archivos de música**, fue lanzado por el estudiante de la Universidad Northeastern Shawn Fanning, su tío John Fanning y su amigo online Sean Parker, quien más tarde sería presidente de Facebook y uno de los primeros inversores en Spotify.

Napster permitió el intercambio de archivos de música en formato MP3 entre personas. El MP3 fue un conjunto de normas desarrolladas a principios de la década de 1990 en torno a algoritmos para la digitalización de grabaciones de audio de forma comprimida, reduciendo la precisión de ciertas partes de un sonido continuo que se consideran fuera de la capacidad humana. La norma fue desarrollada por ingenieros que trabajaban para compañías telefónicas, pero resultó útil para el almacenamiento de archivos de música. Paralelamente, el MP3 fue adoptado por empresas como Microsoft para Windows Media Player (1997). En 1998, se lanzaron al mercado reproductores portátiles de MP3.

A medida que Internet se fue generalizando en la década de 1990, su carácter flexible y distribuido permitió a los usuarios intercambiar no sólo mensajes de correo electrónico, sino también otros contenidos digitales, como archivos de música. Los archivos de música podían ser intercambiados de muchas maneras diferentes. Por ejemplo, los archivos de audio podían adjuntarse a un correo electrónico ya en 1992. Como las conexiones a Internet eran todavía de banda estrecha, los archivos debían comprimirse todo lo posible. El MP3 era la solución obvia.

Sin embargo, Napster llevó el intercambio de archivos a un nivel superior. Antes de Napster, las personas no tenían ningún obstáculo para intercambiar archivos de música y lo hacían, pero a pequeña escala, ya que los costes de transacción eran elevados. Era necesario ponerse en contacto con otra persona, intercambiar información sobre los archivos que cada una de ellas tenía, identificar si alguno de esos archivos era de interés para el otro, acordar las condiciones del intercambio y luego presentar los archivos. Napster creó una nueva capa para la comunicación y el intercambio de información entre pares. Mediante el desarrollo de un software específico, Napster automatizó el proceso para que los pares pudieran mostrar sus archivos disponibles, comunicar los archivos que les interesaban y emparejar a dadores y tomadores. Todo el proceso estaba automatizado, por lo que era tan perfecto que los usuarios no lo percibían realmente y a menudo suponían que estaban descargando los archivos de música de la plataforma.

A medida que el número de usuarios creció, los efectos de red se dispararon. Con un mayor número de usuarios, era más fácil encontrar cualquier aguja en un pajar cada vez más grande. La construcción de la comunidad se vio incentivada, ya que la plataforma permitió formar grupos con intereses similares y discutir sus intereses musicales. El crecimiento fue explosivo: a principios de 2000, Napster contaba con 30 millones de usuarios, y llegó a 80 millones de usuarios a mediados de 2001. Esto es particularmente impresionante, dado que Internet tenía sólo 479 millones de usuarios en ese momento en todo el mundo. Ciertamente, el acceso a la música sin coste alguno facilitó el crecimiento. No había ningún límite al número de archivos que podían descargarse, y los usuarios no eran reacios a compartir sus archivos, ya que no les costaba nada compartir copias de sus archivos existentes. Sin coste alguno, la demanda era casi ilimitada.

La fiesta fue breve. El 6 de diciembre de 1999, sólo seis meses después de que se lanzara Napster. La Recording Industry Association of America (RIIA) interpuso demandas contra Napster por infracción de los derechos de autor. Napster suspendería sus servicios el 1 de julio de 2001, sólo dos años después de su lanzamiento, pero ya nada volvió a ser como antes.

C) El comercio electrónico y más allá

En las *start-up* de esta nueva fase se centraron inicialmente en la gestión de comunicaciones y contenidos en la red, pero rápidamente se expandieron hacia el mundo físico. La privatización de Internet y la acelerada incorporación de millones de personas a la red de redes generó de forma casi inmediata la aparición de empresas dedicadas al comercio electrónico. Surgieron miles de webs dedicadas a la venta de todo tipo de bienes y servicios. Algunas de estas *start-ups* desarrollaron modelos de negocio algo más sofisticados en cuanto mejor adaptados a la naturaleza de la red de redes. Los mejores ejemplos fueron eBay y Amazon.

El 4 de septiembre de 1995, el sitio de subastas **eBay** fue lanzado por Pierre Omidyar, un ingeniero informático que había trabajado anteriormente en varias *start-ups* en Silicon Valley (Gitlin 2011). Según la narrativa desarrollada tras el éxito de la *start-up*, el primer artículo a subastar fue un puntero láser roto. El comprador era un coleccionista de punteros láser rotos, probablemente el único en el mundo.

El crecimiento de la empresa fue acelerado cuanto entró en su capital la firma de capital riesgo Benchmark Capital, que posteriormente invertiría también en Uber, Dropbox, Instagram, Snapchat y Twitter. Benchmark Capital facilitó por ejemplo la contratación de una CEO con amplia experiencia en la gestión de grandes corporaciones, Meg Whitman, que llevó la *start-up* de 30 a 15.000 empleados y una exitosa salida a bolsa en 1998 que hizo multimillonarios a su fundador, a la CEO y los inversores.

eBay no desarrolló ninguna infraestructura para la gestión de bienes. eBay no gestiona el inventario, el almacenamiento y la distribución; sólo proporciona un mercado para que los individuos realicen sus propias transacciones. El vendedor se encarga de enviar el artículo al comprador y eBay se lleva una comisión del comprador. En cambio, eBay invirtió en el desarrollo de una infraestructura blanda para gestionar las transacciones. Parte de la estrategia fue la adquisición de empresas que facilitaban la interacción entre vendedor y comprador, por ejemplo PayPal para dar soporte a los pagos, y Skype para dar soporte a las comunicaciones.

En 2002, eBay adquirió **PayPal**, una plataforma de pagos ya popular entre los usuarios de eBay. PayPal era un sistema de pagos digitales lanzado en 1998 que facilitaba los pagos entre individuos sin la intervención de un banco o una empresa de tarjetas de pago. Se inspiró en el modelo de intercambio de archivos de música entre iguales.

El CEO de PayPal, Peter Thiel, había identificado correctamente el potencial de los efectos de red, pero también el desafío del "huevo y la gallina". Un sistema de pago requiere una masa crítica de participantes. Para resolver este desafío, su solución fue centrarse en una pequeña comunidad estrechamente conectada que pudiera adoptar el nuevo servicio casi en bloque. Los grandes usuarios de eBay eran una comunidad de este tipo (Thiel 2014). PayPal creció sobre una red preexistente (eBay), que se construyó sobre otra red, Internet. Es más fácil construir una red sobre otra preexistente que empezar de cero.

PayPal salió a bolsa en febrero de 2002, alcanzando una valoración de casi mil millones de euros, para ser rápidamente adquirida por eBay ese mismo año por 1.500 millones de dólares. Los fundadores de PayPal no sólo se convirtieron en millonarios, sino que a partir de su temprano y profundo conocimiento de los efectos de red en Internet, terminaron teniendo una influencia duradera en el ecosistema digital. La "mafia de PayPal", como llegó a llamarse, formada no sólo por Peter Thiel sino por otros influyentes tecnólogos como Elon Musk, Reif Hoffman, Jawed Karim y Chad Hurley, sería clave en el desarrollo de plataformas como Facebook, YouTube, LinkedIn y Yelp.

En 2005, eBay adquirió **Skype**, la plataforma de comunicaciones, para que los vendedores y compradores pudieran comunicarse fácilmente, incluso entre países diferentes.

Skype es una aplicación que permite comunicaciones de voz en tiempo real entre usuarios registrados, fue creada en 2003 por Nikolas Zennström de Suecia y Janus Friis de Dinamarca. Zennström y Friis no eran nuevos en el mundo del intercambio de archivos. En el año 2000 habían desarrollado Kazaa, un conocido software para el intercambio de archivos de música siguiendo el modelo de Napster. Los fundadores habían comprendido el poder de las redes P2P en Internet. Sólo tenían que exportar el modelo de negocio a un servicio sin derechos de autor: la voz era el siguiente paso. Los fundadores buscaron el apoyo del capital riesgo, confiando en Draper, Fisher, Jurvetson, la misma firma que había proporcionado el capital inicial a Hotmail. Habiendo comprendido el poder de los efectos de red creados por las plataformas digitales en las comunicaciones, pasaron del correo electrónico (Hotmail) a la voz (Skype).

A medida que la banda ancha se hizo más popular a principios de la década de 2000, la VoIP estaba lista para el mercado masivo. Skype fue el primer servicio conocido de VoIP. Los usuarios descargaban el software en sus ordenadores personales, registraban una dirección específica para identificarse y después señalaban la dirección de los compañeros a los que querían llamar.

Las diferencias entre el servicio de VoIP y el servicio de la red telefónica pública conmutada eran relevantes. En primer lugar, al principio no se utilizaba ninguna numeración telefónica, por lo que la comunicación sólo era posible entre usuarios de Skype identificados con una dirección de Skype: no era universal, sino una red cerrada. En segundo lugar, no se reservaron circuitos específicos para la comunicación. Por el contrario, la voz se cortaba en pequeños paquetes, todos con la dirección de destino y se enviaba a Internet para llegar a la parte llamada, donde los paquetes se transformaban de nuevo en voz, según el modelo propuesto por Baran en 1964 y desechado por AT&T. En consecuencia, el servicio se prestaba sobre la base del mejor esfuerzo ("*best effort*"), ya que no se podía garantizar la calidad del servicio debido a la posible congestión de Internet, las fluctuaciones y los retrasos en la transmisión. En tercer lugar, no se garantizaba el acceso a los servicios de emergencia. Pero fue otra diferencia lo que hizo a Skype tan popular: era gratis. No había que pagar nada para usar Skype y los usuarios podían hablar todo el tiempo que quisieran sin coste alguno. Skype era particularmente atractivo para las llamadas internacionales, ya que éstas eran cobradas por las compañías de telecomunicaciones a tarifas particularmente altas.

En 2005, dos años después de su lanzamiento, Skype tenía 53 millones de usuarios registrados de los 938 millones de personas conectadas a Internet. Skype se hizo viral al igual que otras redes cerradas, ya que los primeros usuarios convencieron a las personas de su entorno para que se unieran a la red y así todos pudieran beneficiarse del nuevo servicio. En septiembre de 2005, Skype fue adquirido por eBay por 3.100 millones de dólares. Sin embargo, la fusión no produjo los beneficios previstos, y eBay vendió una participación mayoritaria en Skype a un grupo de inversores en septiembre de 2009 por 2.750 millones de dólares. Finalmente, Microsoft adquirió Skype por 8.500 millones de dólares en mayo de 2011. En 2020, Skype tenía más de 300 millones de usuarios activos.

4. La primera regulación de Internet

A) La regulación para un Internet abierto

Es frecuente el análisis de que Internet en sus orígenes estuvo ayuna de intervención pública, constituyendo un espacio fuera de la ley, un modelo social alternativo al de los Estados, fundado en un vago credo libertario, alérgico a toda intervención pública. No obstante, parece claro que un análisis de este tipo ignora los más evidentes hechos en la génesis de Internet.

Se ha explicado cómo Internet surge precisamente de las instituciones estatales norteamericanas, y más en concreto, del complejo militar-industrial financiado por el Pentágono, del que forman parte las Universidades (con Stanford a la cabeza) y en el que en todo momento ha participado el cluster empresarial formado en Silicon Valley. El Pentágono no sólo concibió Internet, sino que lo financió durante lustros e impuso los estándares para su universalización.

La Administración norteamericana fue plenamente consciente del potencial de Internet desde una fecha muy temprana. De hecho, antes de que se constituyese la primera conexión de ARPANET en 1969, la *Federal Communications Commission* (FCC), el regulador de las telecomunicaciones, ya había identificado la relevancia de la conexión de ordenadores mediante redes de telecomunicaciones. En 1966, la FCC lanzó una consulta premonitoria bajo el título "*In the Matter of Regulatory and Policy Problems Presented by the Interdependence of Computer and Communications Services and Facilities*". Tal y como se describía en la consulta, "El uso eficaz del ordenador [...] depende cada vez más de las instalaciones y servicios de comunicaciones de los operadores de telecomunicaciones, mediante los cuales los ordenadores y el usuario tienen acceso instantáneo entre sí" (FCC, 1966).

Como consecuencia, las autoridades norteamericanas intervinieron de forma activa para garantizar el desarrollo de la nueva tecnología digital en un entorno de competencia. Para ello se adoptó una doble estrategia. Por una parte, las autoridades de defensa de la competencia habían ya identificado el riesgo de monopolización del mercado de ordenadores por parte de IBM, y se embarcaron en la imposición de obligaciones para evitarlo, desde un temprano *Consent Decree* en 1946, hasta el inicio de un proceso judicial para dividir IBM en 1981, petición que fue finalmente desestimada por los Tribunales.

Por otra parte, la FCC adoptó reglas para asegurar que AT&T no monopolizara la prestación de los nuevos servicios de datos, obstruyendo así la innovación. En tres decisiones consecutivas (las denominadas *Computer Enquiries*). En 1970, 1976 y 1985, la FCC empezó limitando el monopolio de AT&T al servicio de telecomunicaciones de transmisión de datos y excluyendo del mismo los nuevos servicios de procesamiento de datos, servicios que quedaría abiertos a la competencia y protegidos de la entrada de AT&T mediante obligaciones de separación de actividad y prohibición de subvención cruzada desde los servicios de telecomunicaciones prestados en monopolio a los nuevos servicios prestados en competencia. El monopolio de AT&T sería finalmente desmantelado en 1981, precisamente como consecuencia de la transformación generada por los nuevos servicios de datos (Montero 2021).

Las autoridades norteamericanas identificaron en fechas muy tempranas incluso el poder disruptor que tendría Internet en otros sectores. Por ejemplo, ya en 1976 la *Office of Telecommunications* de la Casa Blanca encargó un informe a la empresa consultora Arthur D. Little a fin de calcular el impacto de Internet en el servicio de correos. El informe estimó que el 30% de todo el correo de primera clase en los Estados Unidos. se enviaría por correo electrónico en pocos años (Arthur D. Little 1978). No se puede acusar al US Postal Service (USPS) de ignorar el riesgo para sus servicios. Reaccionó rápidamente, encargando un contrato de 2,2 millones de dólares a para evaluar la viabilidad de proporcionar servicios de correo electrónico. En consecuencia, el Presidente Jimmy Carter (que comenzó a utilizar el correo electrónico durante su campaña presidencial en 1976) apoyó la propuesta de utilizar lo que se denominaría un servicio de correo híbrido. Los mensajes serían escritos por los clientes en sus ordenadores, enviados electrónicamente al USPS, que a su vez los imprimiría y los entregaría en forma impresa al destinatario.

Siempre interesadas en el desarrollo de Internet, al constatar el crecimiento de Internet y que superaba los estrechos cauces de la administración militar, las autoridades públicas norteamericanas trasladaron el protagonismo público en la tutela de Internet desde la Administración militar a la civil. Cuando la NFS tomó el relevo en la financiación del segmento troncal de Internet, en 1981, las autoridades civiles siguieron promoviendo la expansión de Internet, incluso más allá de los Estados Unidos. La tutela directa por la Administración se mantuvo hasta el año 1995 mediante la propiedad pública de la red troncal que soportaba Internet: primero ARPANET, luego NFSNET, y más allá de esa fecha, mediante un control indirecto de lo que se ha venido definiendo como la gobernanza de Internet.

B) La gobernanza de Internet

Llegado este punto, debe resultar claro que Internet no es una red centralizada, sujeta a la propiedad de una entidad, sea el gobierno federal de Estados Unidos o una empresa privada. Por el contrario, Internet es en lo fundamental una serie de protocolos para la interconexión de millones de redes autónomas. Los protocolos se definieron originalmente al amparo de ARPA, que además financió la red troncal que daba soporte a la interconexión física de las redes participantes. La NFS asumió posteriormente la financiación y gestión de la red troncal, hasta su completa privatización en 1995, fecha a partir de la cual ninguna entidad pública o privada financia o controla una red troncal, sino que coexisten redes paralelas interconectadas gestionadas por entidades privadas. Como consecuencia, no existe una entidad que gobierne Internet, porque Internet no es un bien propiedad de nadie, ni un servicio prestado por una empresa.

Sin embargo, sigue siendo necesario velar por el correcto desarrollo de los **protocolos** que constituyen la esencia de Internet. En lo fundamental, los protocolos de Internet y de la World Wide Web se desarrollaron en el siglo XX y los principios que entonces los informaron siguen plenamente vigentes. Se trata de protocolos no propietarios, abiertos, con vocación de sustentar una red igualmente abierta, distribuida, sin jerarquías. No obstante, es necesario velar por la integridad y desarrollo de los protocolos, mejorándolos con el tiempo. Dado el carácter distribuido de Internet, no existe ninguna entidad propietaria de los protocolos. La labor de mantenimiento y actualización de los protocolos sigue en manos de las entidades ya descritas, principalmente el *Internet Activities Board* (IAB), el Internet *Engineering Task Force* (IETF) y el *WWW Consortium*, especializado en la World Wide Web. Estas entidades, que no tienen naturaleza pública, sino que son meras asociaciones privadas, siguen funcionando mediante el principio del "*rough consensus*". Los técnicos van proponiendo mejoras, que de ser valoradas positivamente, van siendo asumidas paulatinamente por la comunidad y trasladándose a las redes que la forman.

Este modelo tiene importantes limitaciones. La red sigue funcionando según la regla del "*best effort*". La Internet pública tiene una calidad limitada. No se garantiza la entrega del contenido, no se garantiza la velocidad en la entrega, y existen evidentes problemas de seguridad. En la simpleza del protocolo IP está la razón de su éxito, pero también su mayor debilidad. Por eso prolifera el transporte mediante redes privadas para dar soporte a aplicaciones que requieren una mayor calidad y seguridad.

Finalmente, una inevitable colaboración es imprescindible para la definición y adjudicación de direcciones para identificar las diferentes redes y usuarios. Toda red de comunicaciones necesita identificadores para enrutar el tráfico. En Internet los identificadores, desde hace décadas, son el número o dirección IP y el nombre de dominio. La dirección IP es una etiqueta numérica que identifica un ordenador conectado a Internet según las especificaciones del protocolo IP. El nombre de dominio es un identificador alfanumérico asociado a un número IP, por ejemplo Google.com, igualmente de acuerdo con los protocolos IP.

La adjudicación de **direcciones IP y de nombres de dominio** constituye probablemente el único elemento centralizado en la red de redes, y por ello un evidente núcleo de poder en lo que, por lo demás, es una red distribuida.

Originalmente, desde 1970, la función de adjudicación de direcciones IP y nombres de dominio fue ejercida en ARPA por la Internet Assigned Numbers Authority (IANA), comisionada por ARPA a la Universidad de Southern California y en concreto a la persona de Jon Postel. A medida que ARPA redujo su protagonismo en la gestión de Internet, y la red creció universalizándose, la función del Gobierno federal de Estados Unidos como entidad encargada de la gestión de estos importantes recursos escasos empezó a cuestionarse.

En 1998, ARPA trasladó está función al Departamento de Comercio del Gobierno federal de los Estados Unidos, que procedió a cederlo contractualmente a la Internet Corporation for Assigned Names and Numbers (ICANN), una entidad de derecho privado sin ánimo de lucro constituida en el Estado de California y sujeta a sus leyes. IANA se integró en ICANN. ICANN se rige por un sistema de representación de partes interesadas en el que los Estados no participan más que en modo consultivo. Los Estados Unidos mantienen un cierto control de ICANN por diversos medios: su origen y localización en Estados Unidos, la preponderancia de sus ingenieros, universidades y empresas en sus órganos decisorios a causa de su autoridad.

Numerosos Estados han intentado modificar el modelo e integrar estas funciones en el marco de Naciones Unidas, en particular en el marco de la

Unión Internacional de Telecomunicaciones (ITU) que se viene encargando históricamente de la planificación y gestión de los números telefónicos. Así, Naciones Unidas ha realizado esfuerzos varios para asumir estas funciones (Barrio 2020). No obstante, los Estados Unidos nunca han aceptado perder el control, aunque sea parcial, de esta importante función.

III. EL ECOSISTEMA DIGITAL

1. La consolidación del ecosistema digital

A principios del siglo XXI, superada la explosión de la burbuja puntocom, cuando se separó el polvo de la paja, emergió con creciente claridad lo que podemos denominar el ecosistema digital que conocemos en la actualidad. Con la perspectiva del tiempo, pasados ya treinta años desde que se abrió Internet a la actividad mercantil, es posible describir el conjunto de bienes y servicios que, a partir de la consolidación de Internet, conforman el ecosistema digital.

Es importante subrayar la naturaleza sistémica de la economía digital. Así como Internet es una red de redes, la economía digital está formada por un conjunto abierto de actores que interaccionan de forma dinámica, actores que ocupan diversas posiciones en el sistema y que entre todos ellos colaboran en su desarrollo. El ecosistema digital está conformado por una cadena de valor que no es controlada por una única empresa, sino que por el contrario es el resultado de la interacción de múltiples empresas especializadas en la prestación de uno o varios servicios de la cadena de valor.

La relación entre las diferentes empresas debe entenderse en un entorno de colaboración pero al mismo tiempo de competencia. Diferentes empresas compiten en cada eslabón de la cadena de valor, aunque el grado de competencia es diferente en cada eslabón. Hay eslabones en los que un elevado número de empresas compiten entre sí, en los que una única empresa, o un número muy reducido de ellas, alcanza una posición preeminente, lo que le permite monopolizar una parte del enorme valor creado por el ecosistema digital y más allá, influenciar las relaciones con empresas situadas en otros eslabones de la cadena.

A) Los servicios de transmisión de datos

Unos elementos fundamentales del ecosistema digital son los servicios de telecomunicaciones que hacen posible la interconexión de ordenadores, terminales móviles y todo tipo de sensores instalados en las cosas, los denominados servicios de transmisión. Cabe distinguir entre el servicio de acceso a Internet y otros servicios de transmisión.

Todos conocemos como usuarios el servicio de acceso a Internet, un servicio de telecomunicaciones, normalmente contratado a un operador, que permite al usuario acceder a Internet, esto es, interoperar con el resto de usuarios conectados a Internet. El servicio puede prestarse con varias tecnologías.

Inicialmente, las Universidades y grandes empresas tenían acceso a Internet mediante circuitos alquilados. Posteriormente, se permitió la conexión mediante la red telefónica de par de cobre (acceso *dial-up*). Este fue el primer tipo de acceso utilizado de forma masiva por la población, pero proporcionaba un ancho de banda muy reducido (64 Kbps).

En Estados Unidos se generó una fuerte competencia en la prestación del servicio de acceso a Internet. Fruto de esa competencia fue la aparición de America Online (AOL). **AOL** fue uno de los primeros prestadores de servicios de acceso a Internet en 1991, cuando NFS permitió la prestación de servicios comerciales de acceso a Internet sobre su red. AOL creció mediante la adquisición de competidores como Compuserve, otro de los pioneros, pero sobre todo, a través de una agresiva estrategia de publicidad para dar a conocer sus servicios, y la creación de un entorno cerrado de contenidos adaptados a la conexión de banda estrecha. Para una mayoría de norteamericanos, AOL llegó a equipararse con Internet. En 1997, más de la mitad de hogares en EEUU se conectaba a Internet mediante el servicio de AOL, y su experiencia de lo que era Internet estaba mediatizada por los contenidos ofertados por AOL. La fortaleza de AOL llevó a la fusión con TimeWarner, asumiendo que el control del acceso a Internet de AOL (55% de la empresa resultante), más los contenidos de TimeWarner (45%), llevarían a dominar Internet. No fue así. La generalización de la banda ancha prestada por las tradicionales empresas de telecomunicaciones (AT&T y Verizon) liberó al usuario del "jardín vallado" (*walled garden*) construido por AOL y devolvió la apertura a Internet.

En Europa, la popularización del servicio de acceso a Internet coincidió con la liberalización de los servicios de telecomunicaciones en 1998. Los operadores históricos , como Telefónica en España, fueron los principales prestadores del servicio de acceso a Internet, gracias al control de su red telefónica que llegaba a cada hogar. No obstante, debieron competir con nuevos entrantes, a los que se garantizó regulatoriamente el acceso a la red del operador tradicional para poder replicar sus servicios. Los operadores telefónicos en Europa, como sus iguales en EEUU, respondieron a la demanda mejorando sus redes de cobre mediante la implantación de modems XDSL. La misma red de cobre, mejorada en este modo, ofreció mayores capacidades de conexión. Paulatinamente los operadores de telecomunicaciones se lanzaron, ya en el siglo XXI, a la sustitución de las redes de cobre por redes de fibra, con una capacidad muy superior.

La experiencia de AOL identificó el riesgo de que los operadores de telecomunicaciones, un sector muy concentrado, gracias al control del cuello de botella de la red de acceso a Internet acabasen controlando el nuevo ecosistema. Fruto de este temor fue la introducción de la regulación de "neutralidad de la red" (*net neutrality*) primero en Estados Unidos y luego en Europa, como se desarrollará más adelante.

En paralelo, ya en la última década del siglo XX se lanzaron las primeras redes móviles inalámbricas. Inicialmente las redes soportaban sólo el servicio telefónico, pero con la consolidación de la denominada 3G las redes móviles inalámbricas empezaron a soportar la transmisión de datos, cada vez con mayor capacidad (4G). Como consecuencia, el acceso a Internet desde terminales móviles se convirtió en el modo preferido de la población para acceder a Internet.

El servicio de acceso a Internet no es el único servicio de transmisión que prestan los operadores de telecomunicaciones. Para hacer viable este servicio existe toda una infraestructura y unos servicios prestados entre empresas. Es el caso de la infraestructura troncal, la infraestructura que tienen instalados los operadores de telecomunicaciones para agrupar el tráfico generado por sus usuarios finales y transportarlo hasta los puntos de intercambio de tráfico con otros operadores. Ese es el caso de servicios como las denominadas redes de distribución de contenidos (*content delivery networks* – CDNs), formadas por un la interconexión de un grupo de servidores repartidos en distintas zonas geográficas que aceleran la entrega del contenido web al acercarlo a los usuarios.

Los servicios de transmisión son servicios de telecomunicaciones, o en la terminología legal, servicios de comunicaciones electrónicas. Su naturaleza jurídica es de servicios de interés general prestados en régimen de competencia. Su régimen jurídico se define en la Directiva 2018/1972, por la que se aprueba el Código Europeo de Comunicaciones Electrónicas, y la Ley 11/2022, general de telecomunicaciones. Se trata de servicios regulados, sujetos al control de la Comisión Nacional de los Mercados y la Competencia (Montero 2007).

B) El hardware

Un elemento clave, aunque a menudo olvidado en el estudio del Derecho digital, es el **hardware**, voz inglesa que se usa para designar el conjunto de componentes que integra la parte material de un ordenador.

El tipo de hardware utilizado para acceder a Internet, y de modo más amplio, para producir y consumir los servicios digitales, ha conformado dichos servicios, según la máxima "el medio es el mensaje" de McLuham. Ya se describió como la evolución en el hardware, de los grandes ordenadores a los ordenadores personales y a los dispositivos móviles y finalmente a los dispositivos propios del Internet de las cosas, ha generado lo que se puede describir como varias generaciones en el desarrollo de Internet.

El primer fabricante de hardware importante fue **IBM**, pionero en la fabricación de los primeros grandes ordenadores. IBM llegó a disponer de una posición dominante en este mercado con una cuota de entorno al 70%. En 1981 las autoridades norteamericanas de competencia iniciaron procedimientos para proceder a su división, en concreto separando la actividad de fabricación de hardware de la actividad de desarrollo de software, el conjunto de programas para ejecutar tareas en un ordenador. La petición fue finalmente desestimada por los Tribunales.

El posterior desarrollo de los ordenadores personales generó una estructura de mercado bien diferente, al desarrollarse, por una parte, un mercado muy competitivo de producción de hardware y por otra parte, mercados de software. No obstante, el mercado pudo haberse desarrollado de forma muy diferente, pues de hecho uno de los pioneros, **Apple** con su ordenador Mac, insistió en vincular el ordenador personal, el hardware, con el software desarrollado por Apple para el mismo, en especial el sistema operativo, pero también aplicaciones, insistiendo en la superioridad de este modelo al generar un entorno más controlado, con plena compatibilidad entre el hardware y el software, sencillez en el uso y seguridad frente a virus.

El modelo de Apple se vio parcialmente reivindicado con el desarrollo de los terminales móviles y en particular su iPhone, a partir de 2007. Apple produce el hardware (o más bien lo diseña y subcontrata a terceros la efectiva fabricación del mismo), pero también produce software, en concreto el sistema operativo y algunas aplicaciones (ver definiciones de estos conceptos a continuación). No obstante, el modelo de negocio de Apple no es completamente cerrado, ya que permite la instalación de aplicaciones de terceros en su hardware. Una vez más, este no es el único modelo de negocio en el segmento de terminales móviles. En paralelo, existe un elevado número de empresas que fabrican terminales móviles (con Samsung a la cabeza), pero tienen una presencia limitada o inexistente en el desarrollo de software para sus terminales.

Finalmente, en los últimos años ha proliferado la fabricación del más variado hardware "inteligente", empezando por relojes, televisiones, electrodomésticos, automóviles y prácticamente cualquier objeto que pueda ser comercializado. Es frecuente que los productores del hardware intenten imitar la estrategia de Apple y apuesten por un modelo de negocio mixto, desarrollando su propio sistema operativo, y abriendo el terminal a aplicaciones desarrolladas por terceros.

C) Los sistemas operativos

El elemento clave en los ecosistemas digitales es el denominado "**sistema operativo**", definido legalmente como "un software de sistema que controla las funciones básicas del hardware o del software y permite que se ejecuten aplicaciones" (art 2.10 del Reglamento UE 2022/1925, de Mercados Digitales - RMD). El sistema operativo es un software, pero de un tipo especial, ya que su labor es hacer funcionar el hardware en el que se instala. El hardware es un mero equipo inerte. El sistema operativo es lo que hace funcional el hardware, en particular permitiendo la posterior instalación en el hardware de las concretas aplicaciones deseadas.

Por ejemplo, **Windows** de **Microsoft** es el sistema operativo de la mayoría de los ordenadores personales. **iOS** de **Apple** y **Android** de **Google** son los sistemas operativos más populares en los dispositivos móviles. Existen sistemas operativos específicos para televisiones, relojes, automóviles y prácticamente cualquier dispositivo que pueda ser calificado de "inteligente", aunque estos tienen, de momento, una penetración menor.

Los sistemas operativos son licenciables, cuando son programas de software instalables en los dispositivos producidos por la generalidad de fabricantes previo acuerdo con el desarrollador del sistema operativo. Por ejemplo, Windows de Microsoft puede instalarse prácticamente en cualquier ordenador personal, y Android de Google también tiene vocación de ser instalado en cualquier dispositivo móvil cuyo fabricante contrate la licencia con su desarrollador. Es más, Google permite incluso crear versiones modificadas del sistema operativo, que reciben el nombre de "*forks*".

En cambio, los sistemas operativos no son licenciables, cuando el software se desarrolla y sólo puede instalarse en el hardware fabricado por el propio desarrollador. Es el caso del sistema Mac en los ordenadores personales de Apple y iOS para sus teléfonos móviles iPhone. iOS es un sistema operativo no licenciable, puesto que solo funciona en los dispositivos móviles de Apple. No se puede instalar en otro hardware, ya que Apple no otorga licencias al efecto.

Desde la perspectiva de la posterior instalación de aplicaciones, los sistemas operativos son abiertos cuando permiten que el usuario instale aplicaciones en el hardware sin intervención del desarrollador del sistema operativo. Es el caso de Windows de Microsoft, que tradicionalmente permitía a los usuarios instalar en sus ordenadores personales el software de su elección sin participación de Microsoft.

Por el contrario, el desarrollador del sistema operativo puede impedir la instalación de aplicaciones de terceros (modelo cerrado), o permitir dicha instalación pero exclusivamente tras la aprobación al efecto por el desarrollador del sistema operativo (modelo mixto). El modelo mixto es el que ha proliferado en los terminales móviles y en general en los dispositivos inteligentes.

Los titulares de los sistemas operativos mixtos desarrollan las denominadas "**tiendas de aplicaciones**". Es el caso de la App Store de Apple y de la Play Store de Google. La definición legal de tienda de aplicaciones es "un tipo de servicio de intermediación en línea centrado en las aplicaciones informáticas como producto intermediado (art 2.14 RMD). Se incardina así esta figura en el complejo entramado de categorías legales creado en las normas de la Unión Europea. Los servicios de intermediación en línea son servicios de la sociedad de la información, en concreto servicios intermediarios de alojamiento de datos, y dentro de esta categoría, como se señala en la definición, son servicios de intermediación en línea. Cada categoría legal tiene definido un concreto régimen jurídico.

Los desarrolladores de aplicaciones deben solicitar al titular del sistema operativo aprobación previa para que cada aplicación (y cada actualización) esté disponible en la tienda de aplicaciones. Sólo entonces los usuarios podrán descargar la aplicación. Los titulares del sistema operativo cobran a los desarrolladores de aplicaciones por sus autorizaciones, llegando a cobrar un 30% de los pagos realizados por los usuarios a los desarrolladores de aplicaciones.

Cuando un sistema operativo se generaliza, su titular alcanza una posición de gran poder de mercado (ACM 2019). Es el caso de Windows de Microsoft, de iOS de Apple y de Android de Google, especialmente en el caso de que desarrollen un modelo mixto para la instalación de aplicaciones. Los titulares de sistemas operativos se convierten en "guardián de acceso" de forma que para que las aplicaciones lleguen a los usuarios, los desarrolladores de aplicaciones deben aceptar las condiciones impuestas por los titulares de los sistemas operativos. Incluso en los sistemas operativos abiertos, como Windows, existe la posibilidad de abusar de la posición de dominio, por ejemplo vinculando la instalación del sistema operativo a la instalación de concretas aplicaciones, en perjuicio de aplicaciones desarrolladas por terceros.

Por estos motivos, las autoridades de competencia europeas han sancionado a lo largo de los años a Microsoft por la gestión de Windows, a Google por la gestión de Android, y tienen casos abiertos contra Apple por la gestión de iOS. Más allá, la Unión Europea ha declarado el sistema operativo un servicio básico de plataforma, ha designado a Microsoft, Google y Apple guardianes de acceso en este servicio, y como consecuencia han quedado sujetos a toda una serie de obligaciones en la gestión de sus sistemas operativos y tiendas de aplicaciones (Gortazar y Montero 2023).

D) Las aplicaciones

Las **aplicaciones** han sido definidas legalmente como "cualquier producto o servicio digital que se ejecute en un sistema operativo" (art. 2.15 RMD). Si bien la palabra "aplicación" se generalizó en relación con el software instalado en terminales móviles, el término legal incluye no sólo las aplicaciones desarrolladas para terminales móviles, sino también el software desarrollado para ordenadores personales y cualquier otro hardware.

Las aplicaciones constituyen distintas clases de software que proporcionan a los usuarios un amplio abanico de servicios. Así, entran en la categoría legal de aplicaciones el software para la prestación de servicios por parte de las más variadas empresas digitales como Google Chrome, Facebook, Uber, Amazon, etc., pero también Winword, Outlook, Adobe Reader, Photoshop y cualquier otro software que pueda ser ejecutado en un sistema operativo instalado en un hardware.

Existen aplicaciones nativas y no nativas. Las primeras son aquellas que están programadas para utilizarse en un sistema operativo concreto, mientras que las segundas se pueden utilizar en una variedad de sistemas operativos. Históricamente, el sistema operativo Windows, dominante en los ordenadores personales, permitía la instalación de software desarrollado por terceros sin necesidad de intervención ninguna del desarrollador del sistema operativo (Microsoft), si bien Microsoft desarrolló toda una serie de aplicaciones nativas como un procesador de textos (WinWord), una tabla de cálculo (Excel) y un navegador (Explorer), que a menudo son preinstalados en los ordenadores personales al tiempo de instalación del sistema operativo.

La proliferación de los dispositivos móviles, por el contrario, se fundó en un modelo de negocio lanzado primero por Apple y luego replicado por Google. Los dispositivos tendrían aplicaciones preinstaladas junto al sistema operativo, a menudo desarrolladas por los propios desarrolladores del sistema operativo, por ejemplo el motor de búsqueda de Google (Google Search), o su navegador (Google Chrome), pero se confía en terceros para el desarrollo masivo de millones de aplicaciones (denominadas "apps"), que sin embargo tienen que ser aprobadas por el desarrollador del sistema operativo para ser descargadas e instaladas en el dispositivo, para lo que se exigiría a menudo el pago de un precio.

La legislación de la Unión Europea distingue algunos tipos específicos de aplicaciones para dotarlos de un régimen jurídico específico. Es el caso de las aplicaciones que prestan servicios de navegación en Internet. Es el caso también de las siguientes aplicaciones y redes sociales como: Facebook, aplicaciones de intermediación en línea como Uber, aplicaciones de intercambio de videos como YouTube, aplicaciones de comunicación interpersonal independiente de la numeración como WhatsApp.

La mayor parte de las obligaciones reseñadas prestan lo que se ha denominado "servicios de la sociedad de la información", sujetos al régimen jurídico definido en la Directiva 2000/31(CE, de comercio electrónico, y la Ley 34/2002, de servicios de la sociedad de la información y comercio electrónico (LSSI), como se desarrollará más adelante.

E) Los navegadores

Los **navegadores** constituyen un tipo de aplicación, un software que permite a los usuarios finales acceder desde sus ordenadores a contenidos alojados en servidores que están conectados a redes como Internet e interactuar con dichos contenidos, (art. 2.11 RMD). Es el caso de **Chrome** de Google, Safari de Apple o **Edge** de Microsoft (el sucesor de Explorer).

El primer navegador de uso masivo fue Netscape, lanzado en 1994 para "navegar" por la World Wide Web y que llegó a tener una cuota de mercado del 86% dos años después. Fue la primera compañía nativa de Internet que salió a bolsa alcanzando una elevada valoración haciendo millonarios a sus fundadores y a la firma de capital riesgo que invirtió en su desarrollo.

Además de permitir a los usuarios encontrar páginas web, visualizarlas y desplazarse entre ellas, un navegador suele disponer de funciones como el mantenimiento de marcadores, el registro del historial de navegación, la gestión de cookies y de páginas de inicio, y puede contar con funciones para registrar contraseñas para iniciar sesión en sitios web.

Las funcionalidades del navegador otorgan a su titular acceso a un importante volumen de información sobre el usuario, además de la capacidad de influir en la negación del usuario que tiene instalada la aplicación en su hardware. Por este motivo, Microsoft se embarcó en lo que se denominó la "guerra de navegadores" contra Netscape. Microsoft preinstaló su navegador "Internet Explorer" de forma gratuita en el omnipresente Windows. Es más, Internet Explorer dirigía al usuario por defecto, como página inicial de la navegación, al portal de Microsoft.

Las autoridades de competencia de Estados Unidos y de Europa iniciaron acciones contra Microsoft por su estrategia anticompetitiva en el mercado de aplicaciones de navegación. Estas acciones desembocaron en una gestión menos agresiva de la vinculación entre Windows e Internet Explorer, comprometiéndose con Microsoft a proporcionar al usuario de Windows la posibilidad de elegir el navegador web a instalar por defecto.

En la actualidad, el navegador más popular en todo el mundo es Google Chrome. El control del navegador permite a Google definir las condiciones de gestión de las cookies de terceros, dificultando la gestión de servicios de publicidad personalizada prestado por empresas diferentes de Google.

F) Los buscadores

La proliferación de contenido accesible en Internet, y en concreto de páginas web, creó la necesidad de desarrollar un servicio que permitiese buscar y encontrar el contenido deseado. Los **motores de búsqueda** se definen como "un servicio digital que permite a los usuarios introducir consultas para hacer búsquedas de, en principio, todos los sitios web, o de sitios web en un idioma concreto, mediante una consulta sobre un tema cualquiera en forma de palabra clave, consulta oral, frase u otro tipo de entrada, y que en respuesta muestra resultados en cualquier formato en los que puede encontrarse información relacionada con el contenido solicitado" (art. 2.5) del Reglamento P2B).

El servicio de motor de búsqueda incluye tanto servicios de búsqueda general prestados por ejemplo por **Google Search** o Bing de Microsoft, como servicios de búsqueda especializada (Google Shopping, Google Flights, etc.). No obstante, antes de que se consolidasen estos buscadores, hubo otros.

Los motores de búsqueda aparecieron a raíz de la introducción de los protocolos de la World Wide Web y como resultado de la proliferación de páginas web. Los primeros sistemas de búsqueda de información en las páginas web fueron muy rudimentarios Sólo en 1994 surgió un primer buscador algo más sofisticado, Yahoo! y en 1995 Lycos.

No obstante, todos los esfuerzos precedentes fueron superados con el lanzamiento de Google en 1998. Dos investigadores en la Universidad de Stanford, Larry Page y Sergey Brin, presentaron un trabajo que describía un modelo alternativo para gestionar las búsquedas en la web. En lugar de buscar palabras clave en las páginas web, como hacían los motores de búsqueda existentes, los estudiantes de Stanford construyeron un algoritmo que tomaría en consideración los hipervínculos para medir la relevancia de una página web.

Google Inc. se constituyó el 7 de septiembre de 1998, con un capital de 1 millón de dólares aportado por cuatro inversores: Jeff Bezos, fundador de Amazon; Ram Shriram, miembro del equipo ejecutivo de Netscape (el primer navegador que se popularizó) y más tarde vicepresidente de Amazon; y Andreas von Bechtolsheim y David Cheriton (profesor de sistemas distribuidos y redes en Stanford y mentores de Page y Brin), ambos fundadores de SUN Microsystems. Sequoia, otra de las grandes firmas de capital de riesgo, se unió durante la siguiente ronda para financiar la puesta en marcha.

Google creció rápidamente gracias a la eficacia del nuevo motor de búsquedas. A principios de 1999 gestionaba medio millón de búsquedas diarias; a principios de 2000 este número había alcanzado los siete millones y a finales de 2000 los 100 millones de búsquedas diarias, alcanzando una cuota del 40% en el mercado mundial de búsquedas (Auletta 2009).

Google se convertiría en el motor de búsqueda más popular del mundo, con una cuota de mercado superior al 90% a nivel mundial, excepto en China (donde Baidu tiene una cuota de mercado del 70%) y Rusia (donde Yandex tiene una cuota de mercado del 36%). En el mundo occidental, el único motor de búsqueda alternativo es Bing de Microsoft. Empresas como Yahoo ahora sólo revenden los resultados de búsqueda de Google (CMA 2020).

Los efectos de red en la búsqueda parecen ser tan relevantes como para inclinar el mercado a un casi monopolio: "Dada la enorme amplitud y la constante evolución de Internet, establecer y mantener un motor de búsqueda general comercialmente viable es un proceso costoso. El índice de búsqueda de Google contiene cientos de miles de millones de páginas web y tiene un tamaño de más de 100.000.000 gigabytes. El desarrollo de un índice de búsqueda general de esta magnitud, así como de algoritmos de búsqueda viables, requeriría una inversión inicial de miles de millones de dólares. Los costes de mantener un negocio de búsqueda general a gran escala pueden alcanzar cientos de millones de dólares al año". Así se describió la posición de Google en la demanda presentada contra Google por el Departamento de Justicia el 20 de octubre de 2020.

La posición de Google en el mercado de búsquedas le permite prácticamente monopolizar la modalidad de publicidad digital más atractiva, que es la "publicidad de búsqueda", que incluye enlaces normalmente de texto, aunque cada vez se usen formatos más ricos promocionados o de pago que aparecen junto a los resultados orgánicos en un motor de búsqueda. Se diferencia de la modalidad de "publicidad de *display*": anuncios que aparecen durante la navegación en una página web o en una aplicación móvil. En los mercados más maduros, los ingresos por publicidad de búsqueda son mayores que los ingresos por publicidad de *display*, ya que se produce cuando el potencial comprador ha manifestado su interés en un determinado producto, y Google acapara más del 90% de los ingresos de publicidad de búsqueda.

G) Los servicios de alojamiento de datos

El **servicio de alojamiento de datos** se define legalmente como el servicio "consistente en almacenar datos facilitados por el destinatario del servicio y a petición de este" (art. 3.g).iii) del Reglamento UE 2022/2065, Reglamento de servicios Digitales - RSD). Cabe distinguir entre varios tipos de servicios de alojamiento de datos, incluyendo diversas categorías especiales como el alojamiento web, la computación en nube, los servicios remunerados de referenciación o los servicios que permiten compartir información y contenidos en línea, incluido el almacenamiento y el intercambio de archivos.

Cuando Internet alcanzó su madurez en los últimos años del siglo XX, proliferaron los servicios de alojamiento web. En vez de mantener las webs en los servidores de cada prestador de servicios, se pasó a utilizar los servicios de un prestador profesional que agregase los servidores en sus centros de datos ("*data centers*") de forma más segura, escalable y eficiente. Los prestadores de servicios de alojamiento web dieron soporte a las crecientes necesidades de los prestadores de servicios como el web mail de Hotmail, los generadores de contenidos en forma de páginas web (como la prensa digital, video digital, etc.) y el creciente número de variadas aplicaciones web.

El servicio de alojamiento de datos evolucionó hacia soluciones más completas y sofisticadas como la computación en la nube ("***cloud computing***"). El servicio de computación en la nube se puede definir como la puesta a disposición de terceros de recursos de computación como servicios a través de Internet a demanda del destinatario del servicio. Los destinatarios del servicio pagan para acceder a un grupo virtual de recursos compartidos, incluidos servicios de computación, almacenamiento y redes, que se encuentran en servidores remotos propiedad de proveedores de servicios y gestionados por ellos.

Con el tiempo, el mercado de servicios de computación en la nube se ha concentrado en un número muy reducido de prestadores. Los líderes del mercado son **Amazon Web Services**, que lanzó su servicio en 2006 y **Microsoft Azure**, que lanzó su servicio en 2010. Entre ambos concentran cerca del 70% del mercado, seguidos a distancia por Google, que entró al mercado en 2011, pero que tiene un cuota de mercado inferior al 10%.

La competencia en el mercado es limitada por las prácticas de los grandes prestadores para erigir barreras de entrada al mercado. Por ejemplo, son habituales los incentivos para no contratar los servicios de varias prestadores al mismo tiempo, como limitaciones a la interoperabilidad, los descuentos por volumen o la imposición de precios de salida ("*egress fees*"), por la circulación de datos entre prestadores de servicio en la nube (OFCOM 2023). Son pocas las empresas que disponen de los recursos necesarios para competir en este mercado, hasta el punto de que este servicio se ha convertido en uno de los cuellos de botella en el ecosistema digital. La negativa de suministro del servicio por uno de los grandes prestadores del servicio podría llegar a excluir del mercado al prestador de una aplicación.

2. Hacia la regulación del ecosistema digital

La consolidación del ecosistema digital en los últimos años del siglo XX permitió la adopción de un marco normativo estable para regir los servicios que proliferaron a partir de la popularización de Internet. Destaca la temprana adopción en el año 2000 de la Directiva 2000/31/CE sobre el comercio electrónico, y su trasposición en la Ley 34/2002, de servicios de la sociedad de la información (LSSI), normas que siguen en vigor más de 20 años después. Estas normas crearon las categorías legales y los consiguientes regímenes jurídicos que vienen ordenando el ecosistema digital. No obstante, estas normas no dieron respuestas a la posterior evolución de los servicios digitales. La posterior proliferación de intermediarios digitales, en particular las plataformas, requirió una mejor definición del régimen de responsabilidades, que se recogió en el Reglamento UE 2022/2065, Reglamento de servicios Digitales (RSD).

Las normas introducidas a principios del siglo XXI siguen teniendo como objetivo promover el desarrollo de Internet y los servicios prestados haciendo uso de Internet. La Directiva sobre el comercio electrónico definió un régimen reforzado de libre prestación de servicios, para proteger la prestación de los nuevos servicios de restricciones impuestas por los Estados. También se estableció un régimen de exclusión de responsabilidad para los denominados servicios intermediarios (servicios de transmisión, caché y alojamiento de datos).

A) Los servicios de la sociedad de la información: libre prestación de servicios

La Unión Europea adoptó el año 2000 la decisiva Directiva 2000/31/CE sobre el comercio electrónico. Esta temprana norma, que sigue en vigor, establece el régimen jurídico general de lo que podemos denominar "servicios digitales", aunque el término legal que se utiliza es el de "**servicios de la sociedad de la información**", un término más a la moda cuando se adoptó la norma.

La definición de lo que son servicios digitales se recoge ahora en el artículo 1 de la Directiva 2015/1535/UE, incluyendo "todo servicio prestado normalmente a cambio de una remuneración, a distancia, por vía electrónica y a petición individual de un destinatario de servicios." (art. 1.1.b).

El primer requisito exigido por la normativa de la Unión Europea y española es que el servicio de la sociedad de la información sea un servicio prestado normalmente a título oneroso. El concepto de servicio debe interpretarse en la línea establecida por el TJUE en relación con el concepto de servicio tal y como se establece en el artículo 57 TFUE. Más allá, se entenderá por "a distancia" "un servicio prestado sin que las partes estén presentes simultáneamente". Como consecuencia, se excluye de la categoría de servicios de la sociedad de la información servicios prestados por medios electrónicos estando el prestador y el receptor presentes simultáneamente en el mismo espacio físico.

La Directiva 2015/1535/UE establece que se presta por vía electrónica "un servicio enviado desde la fuente y recibido por el destinatario mediante equipos electrónicos de tratamiento (incluida la compresión digital) y de almacenamiento de datos y que se transmite, canaliza y recibe enteramente por hilos, radio, medios ópticos o cualquier otro medio electromagnético." Dado que el prestador y el destinatario no están presentes simultáneamente en el mismo lugar, la comunicación entre los mismos se produce por vía electrónica. Este es el caso de servicios prestados y recibidos mediante el ordenador personal y, crecientemente, mediante teléfonos inteligentes (smartphones), pero también asistentes virtuales, televisiones inteligentes y otros interfaces.

La legislación comunitaria exige que se trate de "un servicio prestado mediante transmisión de datos a petición individual". Se exige de esta forma una cierta interactividad, que excluye así de la categoría servicios como la radiodifusión o la televisión, incluso servicios de vídeo a la carta.

La Directiva sobre el comercio electrónico estableció un régimen jurídico que en lo fundamental sujeta los servicios de la sociedad de la información al régimen de libre prestación de servicios del artículo 56 del Tratado de Funcionamiento de la Unión Europea (TFUE). Se entendió que los servicios de la sociedad de la información, dado su carácter virtual, y también disruptivo, resultarían fácilmente presa de restricciones estatales indebidas sin esta protección.

En cualquier caso, la Directiva sobre el comercio electrónico no definió el contenido esencial y un régimen jurídico para los servicios de la sociedad de la información. De hecho, en esta categoría quedan incluidos contratos bien diferentes: compraventa, arrendamiento, prestación de los más diversos servicios, como el de mediación, etc. La propia Directiva afirma que "[l]os servicios de la sociedad de la información cubren una amplia variedad de actividades económicas que se desarrollan en línea" (párrafo 18) y "la información en línea, la publicidad en línea, las compras en línea o la contratación en línea" (párrafo 19).

Por el contrario, la Directiva se limitó a crear una nueva categoría de servicios con el elemento común de ser prestados a distancia por medios electrónicos, para simplemente garantizarles un régimen reforzado de libre prestación de servicios, en desarrollo de los previsto en el artículo 56 TFUE. Cada tipo de servicio quedaría sujeto a su propio régimen jurídico específico, pero se beneficiarían del mismo régimen reforzado de libre prestación de servicios.

El punto de partida es el principio de que los servicios de la sociedad de la información se regirán por la legislación del Estado de establecimiento del prestador. Así lo confirma la jurisprudencia del Tribunal de Justicia de la Unión Europea: "someter los servicios de la sociedad de la información en principio al régimen jurídico del Estado miembro en el que está establecido el prestador del servicio." (Asunto C-161/10, eDate, de 25 de octubre de 2011). Además, la Directiva establece que el control de los servicios de la sociedad de la información debe hacerse en el origen de la actividad para garantizar que se protegen de forma eficaz los intereses generales.

La Directiva sobre el comercio electrónico prohíbe a los Estados que exijan una autorización previa para la prestación de los servicios de la sociedad de la información. Va más allá de lo dispuesto en la Directiva de servicios, que se limita a exigir que la sujeción de una actividad a autorización esté justificada por una razón imperiosa de interés general y el objetivo no se pueda conseguir mediante una medida menos restrictiva. Este juicio no es necesario en relación con los servicios de la sociedad de la información, en cuanto la Directiva ya concluye que no se justifica la exigencia de una autorización. Debe destacarse que, por el contrario, si la prestación de un determinado servicio por vías no electrónicas exige autorización, la prestación del mismo por vía electrónica puede perfectamente quedar sujeta a la misma autorización.

La principal especificidad de la Directiva es que recoge una lista cerrada de motivos que pueden justificar una excepción al principio de libre prestación de servicios. Si bien el artículo 56 TFUE o la Directiva de Servicios limitan los motivos que justifican una restricción, no llegan a definir una lista cerrada. El artículo 3.4.a) de la Directiva recoge sólo cuatro motivos pueden justificar una restricción a la libre prestación de servicios de la sociedad de la información: i) "orden público, en particular la prevención, investigación, descubrimiento y procesamiento del delito, incluidas la protección de menores y la lucha contra la instigación al odio por motivos de raza, sexo, religión o nacionalidad, así como las violaciones de la dignidad humana de personas individuales"; ii) "protección de la salud pública"; iii) "seguridad pública, incluidas la salvaguarda de la seguridad y la defensa nacionales"; y iv) protección de los consumidores, incluidos los inversores".

B) Exención de responsabilidad

La Directiva sobre el comercio electrónico estableció el año 2000 una ulterior medida de protección para las nacientes empresas digitales. Estableció como regla general una exención de responsabilidad por los contenidos transmitidos, almacenados o alojados, esto es, por la prestación de los denominados "servicios intermediarios".

Se incluye en la categoría de **servicios intermediarios**, una especie de la categoría general de servicios de la sociedad de la información, de los siguientes servicios: 1) servicios de mera transmisión, consisten en transmitir en una red de comunicaciones, datos facilitados por el destinatario del servicio o en facilitar acceso a una red de comunicaciones; 2) servicios de memoria caché, consisten en "transmitir por una red de comunicaciones información facilitada por el destinatario del servicio, que conlleva el almacenamiento automático, provisional y temporal de esta información, prestado con la única finalidad de hacer más eficaz la transmisión ulterior de la información a otros destinatarios del servicio, a petición de estos; y 3) servicios de alojamiento de datos, consisten en "almacenar datos facilitados por el destinatario del servicio y a petición de este.

De esta forma se extendió en el mundo digital la regla general de exención de responsabilidad por los contenidos de la que ya gozaban los operadores postales y de telecomunicaciones. La exención se extendió sin mayores problemas a los prestadores del servicio de telecomunicaciones de acceso a Internet, así como a los prestadores de servicios de alojamiento. Resultaba claro que en ambos casos los prestadores de los servicios no tenían control sobre los contenidos transmitidos o alojados.

No obstante, la posterior evolución de los servicios digitales provocó dificultades en la aplicación de la **regla general de exención de responsabilidad,** en especial por lo que respecta a los servicios de alojamiento. Muchas de las más exitosas empresas digitales son gestores de información que facilitan interacciones entre terceros. Un buen ejemplo fue eBay, un prestador de servicios de la sociedad de la información que facilitaba el contacto entre vendedores y compradores, pero que no vende sus propios productos. Este tipo de servicios proliferó en Internet: YouTube no crea contenidos, sino que facilita el acceso por los espectadores a los contenidos producidos por los youtubers; Facebook tampoco genera contenidos, sin que facilita la interacción entre los individuos que producen contenidos y los que los observan; Airbnb no presta servicios de alojamiento, sino que intermedia entre propietarios e inquilinos; Uber no presta servicios de transporte, sino que intermedia entre los prestadores y los pasajeros.

La cuestión era delimitar si estas empresas digitales se limitan a prestar servicios intermediarios, en concreto si se limitan al alojamiento de datos, y por lo tanto les es de aplicación la exención de responsabilidad por los contenidos alojados, o si su labor va más allá y no les debe ser de aplicación la exención establecida por la Directiva el año 2000. Los Tribunales han venido resolviendo casos, casi siempre en favor del principio de exención de responsabilidad (eBay, Airbnb), con excepciones como las de Napster y Uber.

Finalmente, el Reglamento de Servicios Digitales ha confirmado la regla general de que las plataformas prestan servicios intermediarios, y por lo tanto están exentas de responsabilidad por los contenidos, bienes y servicios intermediados. Pero a pesar de que las plataformas gestionan activamente los datos almacenados. Esto casa mal con la literalidad del término "alojamiento", que en su definición por el DRAE se limita a la acción de colocar una cosa dentro de otra, de almacenarla, lo que en principio tiene un cariz fundamentalmente pasivo. Debe entenderse que el alojamiento de datos permite una gestión activa de los mismos en forma de clasificación, búsqueda o incluso recomendación, en cuanto se realiza de forma automatizada.

Se confirma que el principio de que la exención de responsabilidad deriva de la falta de conocimiento efectivo de la ilicitud del dato almacenado. La exención de responsabilidad no se excluye por la gestión activa automatizada de los datos por la plataforma. Lo que excluye la responsabilidad es que la plataforma tenga conocimiento efectivo de la ilicitud del dato, bien o servicio mediado. Por ello, el RSD delimita en detalle en qué circunstancias debe entenderse que la plataforma ha adquirido conocimiento efectivo de la ilicitud, y por ello, se convierte en responsable. (1) las autoridades públicas pueden señalar la existencia de contenidos ilícitos y requerir su retirada; (2) los particulares pueden alertar a la plataforma de la existencia de contenido ilícito en la plataforma; (3) unos denominados "alertadores fiables" designados por las autoridades públicas tienen la potestad de identificar para la plataforma la existencia de información o actividades ilícitas, de forma que la plataforma deba entenderse responsable si realizada la notificación por estas entidades privadas, el contenido o actividad no es retirada de la plataforma.

El RSD introduce tres excepciones a la regla general de exención de responsabilidad de los prestadores de servicios de intermediación en línea. La plataforma no se beneficia de la exención de responsabilidad establecido como regla general en el Reglamento (1) cuando la plataforma presenta la información en un modo que lleva a un usuario medio a entender que la información, el producto o el servicio objeto de transacción es prestado por la plataforma; (2) cuando el prestador de servicios subyacentes actúa bajo la autoridad o control de la plataforma que presta servicios de intermediación en línea; y (3) cuando la empresa no se limite a al mero procesamiento técnico y automático de la información proporcionada por los prestadores de servicios subyacentes, sino que desarrolle un papel activo que le otorgue conocimiento o control sobre dicha información (párrafo 18). Aclarado previamente que la gestión automatizada no otorga dicho conocimiento, no queda más que concluir que la exención de responsabilidad decae cuando la plataforma gestione activamente el contenido más allá de la clasificación, búsqueda y recomendaciones automatizadas. Se abre así una cierta inseguridad sobre la interpretación de esta gestión activa. De esta forma, el Reglamento sobre Mercados Digitales ha matizado la regla general de exención de responsabilidad, introduciendo restricciones a la misma.

C) La neutralidad de red

Otro ejemplo de la política de protección del desarrollo de las empresas digitales vigente a principios del siglo XX son las medidas encaminadas a garantizar la "neutralidad de red". La expresión "neutralidad de red" fue acuñada en 2003 por el académico estadounidense Tim Wu (Wu 2003), y se predica de los operadores de telecomunicaciones, a fin de garantizar que un servicio de acceso a Internet pleno y no discriminatorio, independiente de las aplicaciones.

La cadena de valor en Internet, como se explicó, tiene cuellos de botella cuyo control podría utilizarse como palanca bien para cobrar precios excesivos, bien para hacer palanca y extender la posición de control a otros segmentos de la cadena de valor. Ya se ha explicado cómo AOL alcanzó por unos semestres el control de uno de los cuellos de botella, y lo utilizó para dirigir a los usuarios hacia sus propias webs y contenidos, o para cobrar a los titulares de webs por dirigir a los clientes hacia sus contenidos. La posición de control de AOL se erosionó rápidamente al popularizarse las ofertas de banda ancha de los operadores tradicionales de telecomunicaciones, pero el temor de las nuevas empresas digitales a ser controladas por otros eslabones de la cadena no desapareció, dando lugar a la regulación de la neutralidad de la red.

El debate fue particularmente intenso en los Estados Unidos. En 2005 la Federal Communications Commission (FCC) adoptó el denominado "Internet Policy Statement" (Declaración de política sobre Internet), en el que se esbozaron los principios sobre la forma en que se supone que los proveedores de servicios de acceso Internet debían prestar sus servicios. En agosto de 2008, cuando la FCC adoptó una decisión basada en el Internet Policy Statement que obligaba a Comcast a no bloquear las conexiones P2P, Comcast la impugnó ante la Court of Appeals de los Estados Unidos para el Distrito de Columbia. En abril de 2010 el Tribunal dictaminó que la FCC no tenía autoridad para regular las prácticas de gestión de la red y anuló la orden. En diciembre de 2010, la FCC adoptó la "Open Internet Order" (Orden de Internet Abierta), imponiendo a los proveedores de servicios de acceso a Internet obligaciones de transparencia, no bloqueo y no discriminación. La Court of Appeals de los Estados Unidos volvió a anular el contenido principal de la orden en 2014, ya que se consideró que las normas de no discriminación y las normas antibloqueo eran obligaciones propias de los "common carrier" que no podían imponerse a los servicios englobados en el Título I "servicios de información", como los servicios de acceso a Internet.

Como respuesta, la FCC insistió en adoptar la denominada Open Internet Order en 2015, que reclasificó el servicio de acceso a Internet como un servicio de common Carrier sujeto al Título II de la Ley, imponiendo prohibiciones de bloqueo, estrangulamiento y priorización de pago por parte de los ISPs. En junio de 2016, la Court of Appeals confirmó la legalidad de la orden. Una década de debates y litigios iba a concluir con una victoria para los partidarios de la neutralidad de red. Sin embargo, en 2017 la FCC revocó la Open Internet Order de 2015 y reclasificó el servicio de acceso a Internet como Título I "servicios de información". A pesar de las iniciativas legislativas, la clasificación no ha sido modificada en el Congreso.

En la Unión Europea, la legislación sobre neutralidad de red no se aprobó hasta 2015, en forma de Reglamento (UE) 2015/2120 y posteriormente se ha recogido en el Reglamento (UE) 2018/ 1972, el Código Europeo de Comunicaciones Electrónicas. Los proveedores de servicios de acceso a internet tratarán todo el tráfico de manera equitativa cuando presten servicios de acceso a internet, sin discriminación, restricción o interferencia, e independientemente del emisor y el receptor, el contenido al que se accede o que se distribuye, las aplicaciones o servicios utilizados o prestados, o el equipo terminal empleado. Se permite la gestión razonable del tráfico, siempre que sea transparente, no discriminatoria y proporcionada, y se base en requisitos técnicos, no en consideraciones comerciales.

No obstante, la evolución del ecosistema de Internet ha debilitado a los prestadores de servicios de acceso a Internet, y por el contrario ha fortalecido a otros actores en la cadena de valor, como los titulares de sistemas operativos y los desarrolladores de un pequeño número de plataformas digitales que han llegado a dominar mercados como el de búsquedas, las redes sociales, la compartición de videos o las comunicaciones.

IV. LAS PLATAFORMAS DIGITALES

1. Las grandes plataformas digitales "se lo llevan todo"

A) Una evolución ¿inesperada?

A medida que los mercados digitales fueron madurando, entrado ya el siglo XXI, se constató una evolución quizás inesperada. Los tecnólogos habían previsto que Internet, en cuanto red distribuida y descentralizada, transformaría la sociedad en la misma línea, debilitando jerarquías, expulsando intermediarios, generando una sociedad de relaciones directas entre iguales. La realidad es que con el tiempo los intermediarios tradicionales fueron desplazados por nuevos intermediarios, más grandes y con un mayor poder; las grandes plataformas digitales. Los mercados digitales han sufrido una acusada concentración, emergiendo en cada mercado unos pocos grandes operadores, y en algunos mercados un operador ha monopolizado gran parte del mercado. El ecosistema digital es dominado por una corta lista de plataformas presentes en diferentes eslabones de la cadena de valor, con capacidad no sólo para dominar sus mercados, sino también para influir en el conjunto del ecosistema.

Ya se ha descrito como Google ha llegado a monopolizar el mercado de búsquedas en Internet. Google Search goza de una cuota de mercado superior al 90% en prácticamente todo el mundo menos China y Rusia. También se ha descrito cómo los mercados de sistemas operativos están dominados por Microsoft Windows para el caso de los ordenadores personales, y por Android de Google e iOS de Apple. Del mismo modo, los mercados conformados en torno a las principales aplicaciones se han ido concentrando en torno a un número muy limitado de empresas. Es el caso de Meta en el mercado de redes sociales, de YouTube en el mercado de compartición de videos, de WhatsApp en el mercado de comunicaciones y de Amazon en el mercado de intermediación en el comercio electrónico.

Los mercados digitales han evolucionado de forma opuesta a la prevista a finales del siglo XX por sociólogos y tecnólogos. La narrativa dominante predijo que a medida que se extendiese el uso de Internet, las actividades sociales irían transformándose, adoptando los rasgos distintivos de la red de redes. La red distribuida, no jerárquica y descentralizada iría erosionando jerarquías tradicionales, generando interacciones más horizontales, entre iguales. En particular, se advirtió que llegaba el fin de los intermediarios digitales: de las grandes empresas de comunicación de masas, las grandes corporaciones e incluso de los Gobiernos. Se llegó a hablar de una "sociedad red": "la nueva estructura social de la Era de la Información, basada en redes de producción, poder y experiencia" (Castells, 1998, p. 350).

La evolución del ecosistema digital, por el contrario, ha sido la opuesta. Un pequeño número de intermediarios digitales ha alcanzado un poder sin precedentes en el ecosistema digital, convirtiéndose en las empresas más grandes y rentables del mundo. El ecosistema digital ha replicado la evolución de los sectores que tradicionalmente se conformaron como industrias en red: telecomunicaciones, transporte y energía (Montero y Finger 2021). Hay actividades en las resultan determinantes los denominados "**efectos de red**" (*network effects*): externalidad consistente en la determinación de valor de un bien en función del número de usuarios del mismo. El ejemplo más tradicional es el de las redes telefónicas. El coste de acceder a la red es el mismo independientemente del número de individuos conectados, pero el valor para cada uno de dichos individuos se incrementa a medida que el número de usuarios conectados a la red. Así lo tenían perfectamente identificado los gestores de AT&T en su Informe anual de 1908: "un teléfono sin conexión en el otro extremo de la línea no es ni siquiera un juguete o un instrumento científico. Es una de las cosas más inútiles del mundo. Su valor depende de la conexión con otros teléfonos y aumenta con el número de conexiones". Este es el que se denomina efecto de red directo.

Es bien sabido que los sectores en los que los efectos de red son importantes tienden a concentrarse en unas pocas empresas, cuando no a ser dominados por una única empresa, la que acelera el crecimiento, se desmarca de los competidores y alcanza una masa crítica que le permite ofrecer un servicio más atractivo que el de sus competidores, que acaban siendo expulsados del mercado (*winner-take-all*). Este proceso suele ser, además, acelerado por las empresas mediante todo tipo de prácticas, incluso ilegales en cuanto anticompetitivas: adquisiciones para crecer de forma inorgánica, abusos anticompetitivos como descuentos de fidelización, ventas vinculadas y, muy en especial, negativa a interconectar sus redes con las de los competidores más pequeños, para monopolizar el valor creado por los efectos de red. Un buen ejemplo fue la consolidación del monopolio de AT&T en los Estados Unidos (Mueller 1997).

Los efectos de red son consustanciales a la red de redes. Ya desde sus orígenes se entendió que el valor de la red de conexión de ordenadores residía en la conexión del mayor número de los mismos. No obstante, el gen militar y el gen académico que conformaron Internet en sus primeras décadas de vida, determinaron una red distribuida y no jerárquica, sin un dueño que capturase el valor económico de la misma. Por el contrario, cuando se abrió Internet a la explotación económica, el modelo de negocio que triunfó fue el de creación de aplicaciones que (1) diesen estructura a concretas interacciones o "mecánicas sociales" (comunicaciones, redes sociales, comercio electrónico, etc.); (2) construidas a partir de los efectos de red en Internet; (3) mediante la centralización en una empresa del control de la interacción; de forma que se monopolizase el valor creado por los efectos de red. Esta dinámica ya había sido descrita por los estudiosos de los grandes sistemas tecnológicos, a saber, las industrias en red: "[l]os inventores, organizadores y administradores de sistemas tecnológicos prefieren en su mayoría la jerarquía, por lo que los sistemas a lo largo del tiempo tienden a una estructura jerárquica" (Hughes 1987, p. 49).

Los economistas más sagaces lo vieron venir ya en el siglo XX (Shapiro y varían, 1999). Con la perspectiva del tiempo es posible concluir que la evolución no ha sido tan inesperada, sino que es la propia de mercados que presentan relevantes efectos de red. Los efectos de red requieren una masa crítica mínima, masa que a menudo requiere alcanzar una elevada cuota del mercado. Por este motivo, muchos de los mercados digitales tienden a la concentración. Además, las estrategias de las grandes plataformas han acelerado la concentración del mercado, a menudo mediante prácticas anticompetitivas. Por eso, a lo largo de los últimos años han proliferado los casos de competencia contra las plataformas.

Más allá, la regulación podría haber acelerado esta evolución. Hemos visto que desde un principio, la estrategia en EE.UU. y en Europa fue favorecer el crecimiento de las empresas digitales, impidiendo barreras erigidas por competidores como los operadores de telecomunicaciones, o por autoridades públicas (restricciones a la libre prestación de servicios), estableciendo como regla general la exención de responsabilidad, etc. Sin embargo, la regulación no contempló la posibilidad de que surgieran entre las empresas digitales posiciones de poder de mercado que distorsionasen la cadena de valor. Las autoridades públicas carecían de instrumentos específicos para monitorizar la evolución de estos mercados, no ya para intervenir en los mismos. No es de extrañar, por este motivo, que la reacción frente a la concentración de los mercados fuese lenta, y que fuese protagonizada por las autoridades de competencia, en aplicación de normativa horizontal, aplicable a todos los sectores de actividad.

A partir de 2015 se suceden los casos de competencia contra Google en el mercado de búsquedas y en el mercado de sistemas operativos móviles, contra Amazon, contra Apple, contra Amazon, contra Facebook, así como las investigaciones de mercado: sistemas operativos móviles, publicidad digital, computación en la nube... El principal fruto de las acciones de competencia ha sido un mejor conocimiento del funcionamiento de los mercados digitales, conocimiento que permitió en 2022 la adopción del Reglamento (UE) 2022/1925, de Mercados Digitales (RMD), y en particular la creación de la figura de los "guardianes de acceso", empresas prestadoras de servicios básicos de plataforma que tienen una gran influencia en el mercado interior y que controlan una puerta de acceso importante para que los usuarios profesionales lleguen a los usuarios finales.

B) Concepto de plataforma en mercado multilateral

Las grandes **plataformas digitales** explotaron un modelo de negocio innovador a fin de capturar el valor creado por los efectos de red en Internet. Las plataformas no desarrollaron grandes infraestructuras físicas, como los operadores tradicionales de comunicaciones o transportes. La infraestructura estaba ya desplegada: la red de redes. Por el contrario, se limitaron a apropiarse del valor creado por la red de redes identificando concretas interacciones entre terceros en las que las tecnologías digitales pudiesen reducir los costes de transacción, proporcionando así una estructura inexistente en la red de redes. La estructura, no obstante, supondría una centralización de funciones en la plataforma, centralización que permitiría capturar gran parte del valor generado por los efectos de red. Las plataformas se convertirían en super-intermediarios.

Los intermediarios han existido siempre. Los facilitadores de interacciones entre terceros, tanto sociales (celestinas y casamenteras) como económicos (corredores, brokers, etc.) son consustanciales a la actividad humana. También son inmemoriales estructuras más complejas para facilitar la interacción comercial entre terceros como es el caso de los mercados y las ferias. Más recientemente, la organización de los mercados bursátiles sería otro ejemplo de creación de estructuras que facilitan las transacciones entre terceros. A medida que la actividad humana, y en particular la mercantil, se fue sofisticando, proliferaron estructuras cada vez más complejas para facilitar las interacciones entre terceros. Los periódicos financiados por la publicidad existen desde el siglo XIX. Las tarjetas de pago se introdujeron en 1950. La explosión de las consolas de videojuegos tuvo lugar en la década de 1980. Todos estos son ejemplos de lo que los economistas han denominado "mercados multilaterales".

Fue a principios del siglo XXI cuando el premio Nobel Tirole y su colega Rochet publicaron su trabajo "Platform Competition in Two-Sided Markets" (Rochet y Tirole 2003). En este trabajo, siete "mini casos" fueron analizados, incluyendo medios de comunicación, tarjetas de crédito y videojuegos. En los mercados bilaterales, o multilaterales, suelen participar dos o más tipos distintos de usuarios, que interactúan a través de un tercero, al que se denomina plataforma (OCDE, 2005). Los elementos clave son, por una parte, la relevancia de los efectos de red, que deben ser lo suficientemente potentes como para afectar a la conducta comercial y la función rectora de la plataforma en la distribución de esos beneficios en todo el ecosistema de partes que interactúan, mediante la fijación de precios y otras decisiones de diseño.

La principal novedad en el análisis de los mercados de multilaterales es la identificación de que los efectos de red no se limitan a los sistemas con una sola categoría de usuarios (efectos directos). Los efectos de red pueden generarse también mediante la interacción de diferentes tipos de usuarios, como los anunciantes y los lectores de periódicos, los comerciantes y compradores que utilizan tarjetas de pago, los desarrolladores y jugadores de videojuegos. Se trata de los denominados "efectos de red indirectos".

Los efectos de red indirectos se construyen de una manera diferente a los efectos de red directos más tradicionales. La principal diferencia es que hay que alcanzar y mantener un equilibrio que tenga en cuenta los intereses de todas las partes involucradas en los mercados multilaterales. No basta con vender un bien o servicio innovador a un precio atractivo, como en las industrias tradicionales. No basta con atraer a una sola categoría de usuarios para generar los efectos directos de red. Hay que hacer una oferta atractiva a todas las partes del mercado multilateral, incluido el interés del propio intermediario. Para que un mercado multilateral tenga éxito, hay que crear efectos positivos de red dentro de cada grupo (efectos de red directos) y a través de los grupos participantes (efectos de red indirectos), y además, algunos beneficios tienen que ser capturados por la plataforma que creó el mercado y que lo gestiona para mantener el equilibrio adecuado. El papel de la plataforma es fundamental en los mercados multilaterales.

Plataforma es el nombre que dieron ROCHET y TIROLE a las estructuras que hacen posible la interacción entre los diferentes grupos en los mercados multilaterales. Los periódicos, las tarjetas de pago, y las consolas son plataformas. El término "plataforma" fue utilizado en el mundo de la informática para referirse al hardware en el que se puede ejecutar una aplicación de software. El software tiene que ser desarrollado específicamente para cada plataforma de hardware. Esto es muy claro en el caso de las consolas de videojuegos y en el caso de los sistemas operativos de los ordenadores, Cabe diferenciar dos tipos de plataformas. En primer lugar, las plataformas transaccionales. En las plataformas transaccionales los diferentes lados del mercado interactúan directamente con el otro, celebrando contratos para la prestación del servicio. En segundo lugar, se puede identificar las plataformas no transaccionales. Los diferentes grupos no concluyen transacciones entre sí, sino que las transacciones tienen lugar únicamente entre cada grupo y la plataforma. Este es el caso de los periódicos y, en general, de todas las plataformas que dependen de la publicidad para su financiación.

El punto en común de todas las plataformas es que facilitan la interacción entre terceros, esto es, son intermediarios. La interacción entre terceros puede adoptar varias formas. En ocasiones la interacción se concluirá con un pago entre los terceros. En ocasiones dicho pago entre los terceros no se producirá, siendo el prestador de bienes y servicios retribuido de forma alternativa, o incluso no será retribuido. Pero en todo caso, la plataforma facilita la interacción. Es un intermediario. En todos los casos las plataformas reducen los costes de transacción haciendo que la interacción de terceros sea más fácil, segura y barata. Algunos ejemplos de los costes de transacción reducidos por las plataformas en los mercados multilaterales son los costes de búsqueda, los costes de información, los costes de comunicación y los costes de negociación. En conclusión, al agrupar diferentes grupos, en condiciones específicas definidas por la plataforma, se reducen los costes de transacción y se genera un beneficio en forma de efectos de red directos e indirectos.

Como conclusión, las plataformas tienen un papel central en los mercados multilaterales. Pueden ser identificadas como las "coordinadoras" de un mercado multilateral, a cargo de la puesta a punto del mismo. Identifican la posibilidad de crear el mercado, Invierten para crear las estructuras que hacen posible el mercado, Invierten para atraer a grandes grupos de usuarios de todos los lados del mercado. Por último, definen el equilibrio dinámico en la distribución de los beneficios generados por el mercado multilateral.

C) La relevancia de los datos y la inteligencia artificial

Las plataformas digitales se basan en los efectos de red directos e indirectos, pero también se basan en un nuevo tipo de efectos de red: los efectos de red algorítmicos construidos a partir de grandes masas de datos. Los motores de búsqueda en Internet son un buen ejemplo. Google se basa en la enorme cantidad de búsquedas anteriores para responder a una búsqueda específica (Argenton y Prüfer, 2012). En palabras de la Comisión Europea: "debido a que un servicio de búsqueda general utiliza los datos de búsqueda para ajustar la pertinencia de sus páginas de resultados de búsqueda generales, necesita recibir un cierto volumen de consultas para poder competir de manera viable. Cuanto mayor sea el número de consultas que reciba un servicio de búsqueda general, más rápidamente podrá detectar un cambio en las pautas de comportamiento del usuario y actualizar y mejorar su pertinencia" (Decisión *Google Search (Shopping)*, párrafo 287).

Los efectos de red algorítmicos implican que un servicio mejora a medida que obtiene más datos de los usuarios: cuanto más se utiliza el servicio, más datos se capturan; y cuantos más datos se capturan y procesan, mejor es el servicio (Iansiti y Lakhani, 2020). Por esta razón, los datos han sido considerados " el nuevo petróleo" (Agrawal et al., 2020). La acumulación de datos, si se gestiona adecuadamente, puede proporcionar una poderosa ventaja competitiva. Dado que Google tiene la mayor reserva de la historia de la búsqueda en el planeta, tiene una ventaja competitiva. La tecnología de Bing puede ser tan buena como la de Google, y está a sólo "un clic de distancia", pero al estar muy por detrás de la reserva de datos de Google, no puede replicar la calidad de las búsquedas de Google. Esto es de nuevo un efecto de red, y es tan poderoso que inclina el mercado a favor del competidor más grande.

Los efectos de red algorítmicos desempeñan un papel fundamental para las plataformas digitales, ya que son la clave para superar el riesgo más relevante de cualquier red en crecimiento: la congestión. A medida que aumenta el número de usuarios de un servicio o una infraestructura, puede llegar a estar tan congestionado que se dificulte o incluso se impida su uso. La atención suele centrarse en los efectos de red positivos, pero los efectos de red negativos pueden ser igualmente relevantes y pueden contrarrestar los beneficios derivados de la suma de grandes grupos de usuarios. La congestión es el efecto de red negativo más relevante. En caso de congestión, un nuevo usuario no añade valor, sino que en realidad lo resta, ya que impide aún más el uso del servicio para el resto. Todos estamos familiarizados con la congestión de las carreteras, así como con las políticas habituales para combatirla: aumentar la capacidad, aumentar los precios por el uso del servicio para reducir la demanda, y así sucesivamente.

Las plataformas digitales siempre se han enfrentado al riesgo de congestión. No sólo es que muchas start-ups necesitaran hacer frente a la explosión de tráfico instalando en más y más servidores. De manera más fundamental, cuanto más grande es el grupo de usuarios a servir, más difícil es asegurar una interacción coherente y fructífera entre ellos. En un mercado como eBay, tener más vendedores es la clave del éxito, pero el hecho de tener millones de vendedores y aún más artículos en venta hace que sea complicado garantizar que los compradores puedan encontrar los artículos que están buscando (y aún más difícil identificar las cosas que podrían desear, pero que no están buscando activamente). En las redes sociales como Facebook, como la cantidad de usuarios alcanza los miles de millones y cada usuario está subiendo cada vez más información, es importante seleccionar qué información se muestra a los espectadores que navegan por Facebook. Lo mismo se aplica a los vídeos propuestos por YouTube, a los apartamentos mostrados por Airbnb y a los conductores emparejados por Uber.

Las plataformas utilizan **algoritmos** para automatizar las decisiones de emparejamiento que permiten la interacción entre los diferentes lados de la plataforma. El Diccionario de Oxford define un algoritmo como "un proceso o conjunto de reglas a seguir en los cálculos [...] especialmente por un ordenador". Los algoritmos están usando cada vez más la tecnología de “machine learning”. No son un conjunto de comandos rígidos fijos que predefinen los vínculos entre las partes en la plataforma; por el contrario, los algoritmos examinan detenidamente los datos almacenados para predecir el vínculo más útil entre los diferentes lados de la plataforma. Los algoritmos se mejoran a sí mismos con cada interacción (Domingos,

2015). Google, Facebook y Airbnb identifican las reacciones de los usuarios, por ejemplo, en forma de clics en uno de los resultados de búsqueda, clics en uno de los videos propuestos o calificaciones de los conductores después de usar Uber. Estas reacciones se incorporan al algoritmo para decidir sobre los futuros servicios. De esta manera, los algoritmos están en condiciones de predecir qué información será de mayor interés para los futuros usuarios. Predicen el mejor resultado de una búsqueda, qué video de YouTube será de mayor interés para un concreto espectador o qué apartamentos preferirá un huésped de Airbnb. Predicen qué conductor llegará antes para recoger a un pasajero de Uber y ofrecer el mejor servicio. Más datos hacen que las predicciones sean mejores.

Los reguladores han identificado cómo los efectos de red algorítmicos crean poder de mercado. La Comisión Europea llegó a la conclusión de que el dominio de Google en el mercado de búsqueda en Internet deriva de las barreras de entrada y de la gran inversión necesaria para crear el motor de búsqueda, pero "también necesita recibir un cierto volumen de consultas para mejorar la pertinencia de sus resultados para las consultas poco comunes ('tail queries')". [...] Cuanto mayor sea el volumen de datos que posea un servicio de búsqueda general para estas consultas más usuarios lo percibirán como un servicio que proporciona resultados más pertinentes para todo tipo de consultas". La Federal Trade Commission de los Estados Unidos ha identificado el papel de los efectos de red algorítmicos en el modelo de negocio de Facebook: "Los anunciantes pagan miles de millones - casi 70.000 millones de dólares en 2019 - para mostrar sus anuncios a 'audiencias' específicas [...] creadas por Facebook usando algoritmos propietarios que analizan la gran cantidad de datos de los usuarios que la compañía recoge en relación con sus usuarios. Esto permite a los anunciantes dirigir diferentes campañas y mensajes a diferentes grupos de usuarios" (Complaint for injunctive and other equitable relief, Diciembre de 2020, p. 34).

2. Los guardianes de acceso

En las últimas dos décadas la historia de Internet tiene como protagonistas a un número muy reducido de empresas que adoptan la forma de plataforma en un mercado multilateral. Ya vimos cómo Google ha monopolizado el mercado de búsquedas en Internet, y como los sistemas operativos de Microsoft (en los PCs), Google y Apple (para los dispositivos móviles), han monopolizado los sistemas operativos. A continuación expondremos como Meta, Google y Amazon han construido plataformas de extraordinario tamaño en otros mercados digitales como las redes sociales, el servicio de intercambio de videos, las comunicaciones interpersonales y la intermediación en línea.

A) Redes sociales

Las **redes sociales** son definidas legalmente como "una plataforma que permite que los usuarios finales se conecten y se comuniquen entre sí, compartan contenidos y descubran contenidos y a otros usuarios a través de múltiples dispositivos y, en particular, mediante chats, publicaciones, vídeos y recomendaciones" (artículo 2.7 RMD). Son redes sociales Snapchat, Twitter, Pinterest, y la más grande de todas, Meta, que suma Facebook e Instagram.

"Creo que los efectos de red no deben ser subestimados en lo que hacemos". Estas son las palabras de Mark Zuckerberg, fundador de Meta (Ammirati 2016, p. 180). El 4 de febrero de 2004, Zuckerberg activó el sitio web de **Facebook**. Facebook invitó a los usuarios a subir su propio contenido, como fotos e información básica sobre ellos mismos. También facilitó la comunicación entre los usuarios registrados, permitiéndoles invitar a sus amigos a unirse a lo que ya se denominaba la "red social". El acceso estaba limitado a personas con una dirección de correo electrónico de Harvard. En cuatro días, 650 estudiantes se habían registrado. Tres semanas después, más de 6.000 estudiantes - tres cuartos de los estudiantes de Harvard eran miembros (Kirpatrick 2010, p. 34). A finales de mes se lanzaron servicios similares en Columbia, Stanford y Yale, con un éxito similar.

Los efectos de red fueron clave. Cuantos más usuarios registrados hubiera, más valor tendría la red para cada usuario al disponer de más contenido. La estrategia de crecimiento estaba perfectamente diseñada .La mayor fuente de nuevos usuarios fue un programa que importaba los contactos de los usuarios desde el Hotmail de Microsoft: "Estaban [...] tratando de construir su red social sobre las espaldas de otros" (Levy 2020, p. 215). Facebook terminó el 2004 con un millón de usuarios registrados. Las discusiones sobre los efectos de red eran comunes en los primeros días de Facebook, así como la lectura de *Understanding Media* de McLuhan. Facebook agotó el mercado universitario de los Estados Unidos, después se trasladó a las universidades de otros países y luego a las escuelas secundarias (septiembre de 2005); sólo en septiembre de 2006 Facebook se abrió al público en general. En ese momento, ya tenía alrededor de diez millones de usuarios activos.

Facebook atrajo la atención de los primeros campeones de los efectos de red en Internet. La compañía nombró a Sean Parker como presidente en sus primeros meses. Parker había iniciado otra plataforma digital, Napster, el famoso servicio de intercambio de archivos musicales. En septiembre de 2004, Parker invitó a sus contactos de Silicon Valley a invertir los primeros 500.000 dólares de capital inicial, a cambio de un 10% de la sociedad. El principal inversor fue Peter Thiel, que había fundado y luego vendido PayPal y también había invertido en otras plataformas como LinkedIn y Spotify. Los otros inversores fueron Reif Hoffman, cofundador de PayPal y posteriormente de LinkedIn, y Mark Pincus, que también fue uno de los primeros inversores en Napster, Twitter y Snapchat. Todos estos hombres tenían un profundo conocimiento del poder de los efectos de red, y es precisamente por lo que invirtieron en Facebook.

A lo largo de los años, Facebook ha construido la mayor comunidad del mundo, alcanzando los 3.000 millones de usuarios. Facebook adquirió **Instagram**, una popular red social alternativa, así como **WhatsApp**, la mayor aplicación de mensajería instantánea del mundo. "No ganan los mejores productos. Ganan los que usa todo el mundo". Estas declaraciones en un informe interno bajo el título "The Ugly" resumen la estrategia de Facebook (Levy 2020, p. 441). Facebook crea efectos de red directos masivos, ya que el mayor grupo de usuarios intercambian su contenido, comentan, dan *likes*, y así sucesivamente.

Tener la mayor base de usuarios proporciona una gran ventaja a Meta. Una vez que los usuarios han abierto una cuenta, creado la red de conexiones, pasado horas cuidando su perfil, y años y años subiendo sus fotos y videos, están atrapados. "Hay efectos de red en torno a los productos sociales y un número finito de diferentes mecánicas sociales por inventar. Una vez que alguien gana en una mecánica específica, es difícil que otros la suplanten sin hacer algo diferente". Estas palabras de Zuckerberg se citan repetidamente en la demanda de competencia presentada por la Federal Trade Commission de Estados Unidos contra Facebook en diciembre de 2020.

Desde el principio, la publicidad fue el modelo de negocio. Así es como Meta construye efectos de red indirectos, ya que la plataforma conecta más de 3.000 millones de usuarios con millones de anunciantes, incluyendo pequeñas empresas y personas que antes estaban excluidas del mercado publicitario. Con el tiempo, Meta ha construido una plataforma no transaccional, al igual que los medios de comunicación tradicionales, pero a una escala mucho mayor y, por lo tanto, con efectos de red mucho más potentes. Los 3.000 millones de usuarios activos multiplican la audiencia de cualquier periódico, radio o televisión en el mundo. Esta es una de las razones por las que Meta obtiene más ingresos que todos los periódicos del mundo juntos.

No obstante, los datos son tan relevantes para el éxito de Meta como los efectos de red directos e indirectos. Los algoritmos alimentados por datos optimizan el emparejamiento de los usuarios y los anunciantes, potenciando así los efectos de red. Los algoritmos indican los anuncios que se mostrarán a los usuarios. Meta no sólo permite llegar a una mayor audiencia, sino que también tiene un conocimiento tan profundo de su público que los anuncios pueden ser personalizados. Es bien sabido que los anuncios pueden doblar su precio cuando son personalizados. Cuantos más datos tenga sobre su audiencia, mejor podrá personalizar los anuncios, creando los llamados efectos de red algorítmicos.

El valor creado por Meta en términos de efectos de red directos, indirectos y algorítmicos multiplica los beneficios de los medios tradicionales. En 2022, Meta superó los 115.000 millones de dólares de facturación. Ha alcanzado una cuota de mercado superior al 50% en publicidad de *display* en el mundo occidental, por ejemplo en el Reino Unido, donde la cuota de mercado de YouTube, el segundo actor más importante, es inferior al 10% (CMA 2020, p. 10). Aún más extraordinario es el resultado neto de Meta, que suele situarse en torno al 40% de sus ingresos. Los márgenes de que disfruta Meta son exorbitantes, lo que demuestra que los efectos de red de la empresa están creando mucho valor, pero también que la empresa ha logrado apropiarse de una cantidad considerable de este valor, no distribuyéndolo en su ecosistema.

B) Servicio de intercambio de video

Las aplicaciones de intercambio de videos prestan "un servicio, tal como lo definen los artículos 56 y 57 del Tratado de Funcionamiento de la Unión Europea, cuya finalidad principal propia o de una de sus partes disociables o cuya funcionalidad esencial consiste en ofrecer al público en general programas, vídeos generados por usuarios o ambas cosas, sobre los que no tiene responsabilidad editorial el prestador de la plataforma, con objeto de informar, entretener o educar, a través de redes de comunicaciones electrónicas tal como se definen en el artículo 2, letra a), de la Directiva 2002/21/CE, y cuya organización determina el prestador de la plataforma de intercambio de vídeos, entre otros medios con algoritmos automáticos, en particular mediante la presentación, el etiquetado y la secuenciación" (artículo 1.1) de la Directiva de servicios de comunicación audiovisual). La principal plataforma que presta este servicio es YouTube, propiedad de Google.

El 23 de abril de 2005, "Me at the zoo", un video que elogiaba las largas trompas de los elefantes del zoológico de San Diego, fue subido a **YouTube**. Ha sido visto más de 53 millones de veces y tiene más de un millón de "likes". El vídeo de 18 segundos fue el primer vídeo subido a YouTube, gracias a los tres fundadores de la plataforma: El CEO Chad Hurley (yerno del fundador de Netscape James H. Clark), el CTO Steve Chen, y Jawed Karim. Todos tenían menos de 30 años y se habían conocido como empleados de PayPal. Con 888 millones de usuarios de Internet en todo el mundo en ese momento, y la banda ancha cada vez más común en la mayoría de los países desarrollados, el mundo estaba listo para una plataforma de video.

YouTube no fue ciertamente la única start-up con una propuesta basada en contenido audiovisual. YouTube permitía a los individuos subir, compartir y ver videos, y resolvió el desafío técnico de hacer fácil la carga de los videos con diferentes formatos técnicos. Otras start-ups ofrecían servicios similares, pero no tuvieron tanto éxito como YouTube. Lo que hizo que YouTube tuviera éxito fue la comunidad en torno a los vídeos: hacer comentarios, expresar gustos (likes) y disgustos (dislikes), invitar a los usuarios a compartir los enlaces de los vídeos con sus amigos, añadir los vídeos a sus páginas web, etc. Basándose en la experiencia de PayPal en la creación de comunidades, los fundadores de YouTube hicieron que la plataforma se volviera viral.

El contenido generado por los usuarios fue el objetivo original de YouTube. La propuesta para los inversores era "convertirse en la principal salida del contenido generado por los usuarios en Internet, y permitir a cualquiera subir, compartir y navegar por el contenido". Los primeros videos eran sólo grabaciones personales que sólo habrían sido de interés para un público muy pequeño (como los videos de bebés para los abuelos). Desde el principio, YouTube tenía la intención de combinar los vídeos generados por los usuarios con otros más profesionales y de monetizar ambos gracias a la publicidad. YouTube se presentó a las empresas de capital de riesgo como una plataforma destinada a controlar un sofisticado mercado multilateral formado por generadores de contenidos, espectadores ("*eyeballs*") y anunciantes. Cuantos más espectadores, mayores son los pagos de los anunciantes y mayores los honorarios pagados a los generadores de contenidos, lo que desencadena el conocido ciclo virtuoso derivado de los efectos de red indirectos.

Así se presentó YouTube a la firma de capital riesgo Sequoia, liderada por el exdirector financiero de PayPal, Roelof Botha, quien invirtió 3,5 millones de dólares en YouTube. La financiación era necesaria, ya que YouTube era una red centralizada. Los videos estaban alojados en los servidores de YouTube, lo que requirió un ancho de banda significativo para administrar un volumen creciente de datos. En diciembre del mismo año, ocho meses después de su lanzamiento, se veían ocho millones de vídeos al día; en julio de 2006 esa cifra había alcanzado los 100 millones.

Google adquirió YouTube en noviembre de 2006 por 1.650 millones de dólares. YouTube era la pareja perfecta para la plataforma de búsquedas, ya que estaba atrayendo grandes audiencias y Google ya había desarrollado un exitoso modelo de negocios para rentabilizar la atención de una audiencia tan grande y creciente. YouTube era también una adición natural al modelo de negocios de Google. YouTube es una plataforma que supervisa un sofisticado mercado multilateral formado por generadores de contenido, espectadores y anunciantes.

Como "el medio es el mensaje", YouTube, un nuevo medio, creó un nuevo mensaje por sí mismo. Los individuos desarrollaron nuevas, creativas e inesperadas formas de mostrarse a sí mismos y sus intereses. A medida que los ingresos por publicidad comenzaron a llegar a los generadores de contenidos, los individuos pudieron profesionalizar sus videos y ganarse la vida - en algunos casos, una vida muy cómoda.

Las cifras de YouTube son impresionantes. En cuanto al contenido, hay más de 2.000 millones de videos disponibles. En el lado del público, YouTube alcanzó 2.000 millones de usuarios mensuales en 2019. En el lado de los anunciantes, se ha estimado que los ingresos de YouTube en 2019 fueron de alrededor de 15.000 millones de dólares. Google ha construido un mercado multilateral, ya que proporciona una amplia gama de servicios que atraen a audiencias de varios miles de millones. La publicidad en los sitios de Google, incluido YouTube, generó 134.000 millones de dólares de ingresos en 2019.

C) Comunicaciones digitales

La normativa europea ha definido una categoría de servicios de comunicación interpersonal diferente de los tradicionales servicios de telecomunicaciones, bajo la denominación de "servicio de comunicación interpersonal independiente de la numeración", que incluye todo: "servicio de comunicaciones interpersonales que no conecta a través de recursos de numeración pública asignados, es decir, de un número o números de los planes de numeración nacional o internacional, o no permite la comunicación con un número o números de los planes de numeración nacional o internacional" (art. 2.7 del Código Europeo de Comunicaciones Electrónicas). Se trata de servicios como **WhatsApp** de Meta o Skype de Microsoft (Montero y Finger 2021). Al igual que las plataformas de intercambio de videos se regulan en la Directiva de servicios de comunicación audiovisual debido a que compiten con operadores audiovisuales tradicionales y tienen un impacto considerable, los prestadores de estos servicios de comunicación compiten con los operadores tradicionales de telecomunicaciones y tienen un impacto considerable, en cuanto llegan a prestar servicios a miles de millones de usuarios.

WhatsApp fue creada en febrero de 2009 por Jam Koum. Unos meses más tarde, su antiguo colega en Yahoo, Brian Acton, aportó 25.000 dólares prestados por los empleados de Yahoo y se convirtió en cofundador. Ambos tenían unos 30 años y conocían bien la cultura de Silicon Valley. WhatsApp era una aplicación de mensajería de texto instantánea. No era un servicio radicalmente nuevo. Skype, por ejemplo, había estado proporcionando servicios de mensajería instantánea durante años. La principal diferencia era que WhatsApp se desarrolló específicamente para el iPhone, formando parte de lo que hemos denominado la tercera generación de Internet. Al igual que Skype se desarrolló para el PC (segunda generación de Internet), WhatsApp se diseñó específicamente para aprovechar la naturaleza personalizada y siempre activa del smartphone. Una vez más, el medio es el mensaje.

El servicio se lanzó en noviembre de 2009. Se proporcionó gratuitamente, siendo un sustituto de los costosos servicios de mensajes cortos (SMS) proporcionados por los operadores de telefonía móvil. El servicio se hizo viral ya que los primeros usuarios invitaron a sus contactos a unirse a la red. El deseo egoísta de utilizar el servicio gratuito con los contactos habituales ayudó a hacer crecer la red. El rápido crecimiento de WhatsApp fue posible gracias a su desarrollo sobre redes ya existentes, como ya se había observado en otros casos. Por supuesto, WhatsApp fue posible gracias a la ya universal Internet. Además, WhatsApp se construyó a partir de la lista personal de números de teléfono de la memoria del smartphone. Cada usuario podía invitar a las personas que figuraban en la lista de contactos de su smartphone. El servicio se hizo viral tan rápidamente que hubo que introducir una cuota de 0,99 dólares para que los nuevos miembros se unieran a la plataforma, para limitar la demanda.

Como de costumbre, la financiación fue proporcionada por una conocida empresa de capital de riesgo, Sequoia, que ya había invertido en varias plataformas como Google, YouTube, PayPal, LinkedIn y Airbnb. Sequoia no sólo identificó el poder de los efectos de red, sino que, más concretamente, identificó cómo WhatsApp podía aprovechar los efectos de red ya existentes: "WhatsApp es simple, seguro y rápido. No te pide que dediques tiempo a construir un nuevo gráfico de tus relaciones, sino que aprovecha el que ya existe".

Con el tiempo, WhatsApp se perfeccionó para permitir el intercambio de imágenes y mensajes de voz, así como servicios de VoIP. WhatsApp superó rápidamente a Skype como plataforma de comunicación líder, a pesar de haber sido lanzada seis años después. WhatsApp funciona en todos los sistemas operativos (iOS y Android), en todos los operadores de telefonía móvil y en todos los países. Se trata de una plataforma digital que permite la interacción de grandes grupos de usuarios en un ecosistema previamente fragmentado. Cinco años después del lanzamiento del servicio, WhatsApp tenía 450 millones de usuarios, pero sólo 55 empleados. Una estructura reducida con gastos limitados.

WhatsApp no requiere infraestructura, ya que utiliza la de los operadores de comunicaciones tradicionales permitieron que WhatsApp no dependiera de la publicidad. Esta fue una de sus principales ventajas competitivas frente a otras plataformas de mensajería instantánea. WhatsApp también se creó con un acceso limitado a los datos de los usuarios (no se puede iniciar sesión, no hay nombres ni perfiles; sólo el número de teléfono). El modelo de negocio consistía en construir el mejor servicio de comunicaciones, hacer crecer la mayor red de comunicaciones y luego venderla. WhatsApp se vendió a Facebook en febrero de 2014 por 19.000 millones de dólares. Tal y como explicó Mark Zuckerberg, "si se observa el número de cosas que han llegado a mil millones de personas, todas acaban siendo cosas increíblemente valiosas e importantes" (Levy, 2020, p. 323).

Desde la adquisición por Facebook, WhatsApp no ha incluido publicidad ni cuotas de suscripción en la plataforma. Sin embargo, Facebook ha vinculado los números de teléfono de los usuarios de WhatsApp con las identidades de los usuarios de Facebook, lo que ha aumentado su capacidad para ofrecer servicios de publicidad personalizada. La Comisión Europea impuso una multa de 122 millones de dólares a Facebook en 2017 porque, cuando Facebook notificó la adquisición de WhatsApp en 2014, había informado a la Comisión, tanto en el formulario de notificación como en una respuesta a una solicitud de información de la Comisión, de que no podría establecer de forma automatizada una correspondencia fiable entre las cuentas de los usuarios de Facebook y las de los usuarios de WhatsApp. Sin embargo, en agosto de 2016, WhatsApp actualizó sus términos de servicio y política de privacidad, incluyendo la posibilidad de vincular los números de teléfono de los usuarios de WhatsApp con las identidades de los usuarios de Facebook. La Comisión descubrió que, contrariamente a las declaraciones de Facebook en el proceso de revisión de la concentración de 2014, la posibilidad técnica de vincular automáticamente las identidades de los usuarios de Facebook y WhatsApp ya existía en 2014 y que el personal de Facebook estaba al tanto de dicha posibilidad.

En diciembre de 2020, la US Federal Trade Commission presentó una demanda de competencia contra Facebook, solicitando a los Tribunales la desinversión de WhatsApp (y también de Instagram). "La adquisición y el control de WhatsApp por parte de Facebook representa la neutralización de una importante amenaza para el monopolio de la red social Facebook Blue y el mantenimiento ilegal de dicho monopolio por medios distintos a la mera competencia. Esta conducta priva a los usuarios de los beneficios de la competencia de un WhatsApp independiente (ya sea por sí sola o adquirida por un tercero), que tendría la capacidad y el incentivo de entrar en el mercado de redes sociales personales de los Estados Unidos. Además, la especial atención de WhatsApp en la protección de la privacidad de los usuarios ofrecería una opción de gran valor para muchos usuarios, y proporcionaría una importante forma de diferenciación de producto para WhatsApp como una amenaza competitiva independiente en el ámbito de las redes sociales personales" (Complaint for injunctive and other equitable relief, Diciembre de 2020, 38.).

Con el tiempo, todas las grandes plataformas desarrollaron sus propias aplicaciones de comunicaciones. Facebook es propietario de WhatsApp (con 2.000 millones de usuarios) y Messenger (1.300 millones de usuarios), Microsoft es propietario de Skype (300 millones de usuarios) y Hotmail (ahora Outlook).

D) Intermediación en línea

Los servicios de intermediación en línea son un tipo de servicio de plataforma en línea que incluye "los servicios que cumplen todos los requisitos siguientes: a) constituyen servicios de la sociedad de la información según lo previsto en el artículo 1, apartado 1, letra b), de la Directiva (UE) 2015/1535 del Parlamento Europeo y del Consejo; b) permiten a los usuarios profesionales ofrecer bienes o servicios a los consumidores, con el objetivo de facilitar el inicio de transacciones directas entre dichos usuarios profesionales y consumidores, con independencia de dónde aquellas concluyan en última instancia; c) se prestan a los usuarios profesionales sobre la base de relaciones contractuales entre el proveedor de los servicios y los usuarios profesionales que ofrecen los bienes o servicios a los consumidores", según se define en el artículo 2.2) del Reglamento P2B.

Es esta una categoría muy amplia, que incluye servicios como los de Uber en el transporte, Airbnb en el alojamiento e incluso los servicios de Google Android e iOS de Apple como tiendas de aplicaciones informáticas. No obstante, el prestador de un servicio de intermediación que ha alcanzado una posición de mayor fortaleza en el mercado es Amazon.

Amazon se constituyó en 1994 por Jeff Bezos, para la venta por Internet. Empezó vendiendo libros y CDs de música. El hecho de que Amazon no tuviera tiendas físicas se convirtió en una ventaja competitiva ya que la falta de limitaciones físicas le permitió gestionar el inventario más grande de la Tierra (Stone 2013). Esa fue su ventaja competitiva sobre los comercios tradicionales. Posteriormente, Amazon se expandió para vender básicamente cualquier artículo vendible. La estrategia de Amazon fue la opuesta a la de eBay. El objetivo no era invertir en infraestructura blanda como comunicaciones y pagos. Al contrario, Amazon invirtió en el desarrollo de la infraestructura física para mejorar la experiencia de compra reduciendo los tiempos de entrega. Amazon ha desarrollado la red de almacenes automatizados más densa del mundo, donde se almacenan y embalan las mercancías, así como la red de entrega de paquetes más eficiente. La inversión en infraestructura resultó ser una apuesta ganadora, que permitió a Amazon superar una facturación de 500.000 millones de euros en 2022. Un tamaño tan grande, junto con la agresiva estrategia de precios de Amazon, que han suscitado críticas por potenciales violaciones de la legislación de defensa de la competencia (Kahn 2017).

En cualquier caso, el éxito de Amazon se basa en la adopción de una estrategia de mercado multilateral: Amazon puso su infraestructura a disposición de terceros comerciantes. En noviembre de 2000 Amazon lanzó el Amazon Marketplace. Amazon daría soporte a otros minoristas para que vendieran productos en la web de Amazon haciendo uso de su infraestructura física. Amazon se convirtió en una plataforma digital en un mercado multilateral, intermediando entre minoristas y compradores y explotando así efectos de red indirectos. Cuantos más minoristas hubiera, más atractiva sería la plataforma para los clientes. Cuantos más clientes hubiera, más atractivo sería el mercado para los minoristas.

Amazon Marketplace creó tensiones dentro de la empresa, ya que el departamento de venta de libros tuvo que competir con el departamento que gestionaba el mercado de venta de libros por terceros, todos en la misma página web. Sin embargo, la escala era necesaria para hacer que la red logística de almacenes y entrega de paquetes de Amazon fuera la más eficiente en el mercado del comercio electrónico.

Con el tiempo, más del 60% de los artículos vendidos en Amazon no son vendidos por Amazon, sino por terceros que usan la web de Amazon y/o sus infraestructuras de reparto: el Marketplace de Amazon. La integración vertical de Amazon siempre ha suscitado sospechas entre los usuarios de Amazon marketplace, ya que las acusaciones de discriminación y las estrategias de precios abusivos han sido frecuentes. Estos son problemas habituales cuando las plataformas digitales se integran verticalmente y empiezan a competir con sus clientes. Existen importantes desafíos para garantizar los incentivos adecuados para que terceros participen en la plataforma, pero no es imposible, como ha demostrado Amazon Marketplace. De hecho, más de la mitad de los artículos que se venden en Amazon son vendidos por terceros, no por la propia Amazon.

Sin embargo, las sospechas continúan y la Comisión Europea abrió una investigación antimonopolio contra Amazon en 2019 por "self-preferencing": Amazon aprovecharía el acceso a los datos de terceros como gestor del mercado, a fin de proporcionar una ventaja competitiva a sus propias actividades como minorista. La self-preferencing se está convirtiendo en una de las críticas más comunes que se hacen a las plataformas digitales.

3. La regulación de las plataformas

A) Hacia la regulación de las plataformas digitales

Como se ha señalado, la Directiva sobre el comercio electrónico no ordena de forma específica en las plataformas digitales, lo que ha generado conflictos sobre su régimen jurídico. De hecho, en fechas tan tardías como 2010, la Unión Europea seguía sin tomar en consideración las plataformas digitales. Así, la Agenda Digital para Europa, publicada en mayo de 2010 para alcanzar el llamado mercado único digital, no se refirió a las plataformas digitales.

El germen de la regulación europea de las plataformas digitales puede encontrarse en la actividad del Conseil National du Numérique, un órgano consultivo del Gobierno francés creado en 2011. En su primer informe de 2013, el Consejo identificó el papel central de las plataformas en la transformación digital. Inició el primer análisis organizado y sistemático de las plataformas digitales para la introducción de regulación. El resultado fue un dictamen publicado en 2014 con el título "Neutralidad de la plataforma. Creación de un entorno digital abierto y sostenible". El Conseil National du Numérique hizo varias propuestas para lograr un Internet más abierto. Algunas propuestas estaban relacionadas con el intercambio de datos así como con la transparencia de los algoritmos. Sin embargo, la propuesta más ambiciosa fue la de adoptar una regulación sobre la actividad de recomendación de la plataforma, el núcleo duro de su actividad.

Se desarrollaron otros ejercicios paralelos a nivel nacional. Los organismos de defensa de la competencia de Francia y Alemania publicaron un informe conjunto sobre el derecho de la competencia y los datos en mayo de 2016, prestando especial atención a las plataformas. Identificaron la importancia de los efectos de red algorítmicos: "[l]a relevancia de los datos como input estratégico y las oportunidades de exclusión dependen en parte de los niveles de volumen: i) en los que una empresa puede obtener los beneficios económicos de los datos; ii) más allá de los cuales esos beneficios disminuyen o dejan de existir por completo. Esos niveles variarán, según el tipo y el propósito de los datos".

Después del diagnóstico, la regulación se trasladó de Francia y el resto de Estados miembros a la Unión Europea. La regulación de las plataformas no puede tener lugar a nivel nacional. La mayoría de los Estados son demasiado pequeños para imponer obligaciones efectivas a las plataformas globales. Sin embargo, la Unión Europea suma una parte importante de la economía mundial y está en condiciones de influir eficazmente en la estrategia de las plataformas globales. Sólo después de la labor del Conseil National du Numérique en 2014, la Unión Europea introdujo la regulación de las plataformas en la estrategia del mercado único digital, ya en 2015, como demuestra el documento "Una Estrategia para el Mercado Único Digital de Europa".

Por una parte, la Comisión Europea reactivó algunos casos de competencia pendientes relacionados con plataformas digitales. Estos casos desembocaron en sanciones poco tiempo después en casos como Google

Search (Shopping) en 2017, Google Android, en 2018, y Google Adsense en 2019. En paralelo, las autoridades nacionales de competencia instruyeron casos contra Facebook, Amazon, etc. y novedad, investigaciones de mercado, que incrementaron la comprensión del modelo de negocio de las plataformas digitales, los beneficios aportados por las plataformas, pero también los riesgos para el interés general. Especialmente influyentes fueron las investigaciones de la autoridad holandesa en el mercado de los sistemas operativos móviles, de la autoridad británica en el mercado de la publicidad digital en 2020 y del mercado de la computación en línea en 2023.

Por otra parte, la Comisión Europea inició el procedimiento de adopción de legislación sobre plataformas. En 2016 la Comisión publicó una consulta sobre el entorno regulatorio de las plataformas. Como resultado, la Comisión propuso la adopción de un reglamento sobre la equidad en las relaciones entre plataformas, que en 2019 se convirtió en el Reglamento 2019/1150 para el fomento de la equidad y la transparencia para las empresas usuarias profesionales de servicios de intermediación en línea (Reglamento P2B) La Comisaria Vestager, encargada no sólo de la cartera de competencia sino también de los asuntos digitales, solicitó un informe sobre la evolución de la regulación digital. El informe Cremer de 2019 (*Competition Policy for the Digital Era*) estableció las líneas principales para la regulación de las plataformas digitales. El derecho de la competencia siempre será fundamental para impedir las estrategias anticompetitivas y se revisará para adaptarlo a los nuevos mercados digitales. Sin embargo, se llegó a la conclusión de que el derecho de la competencia tendría que complementarse con una regulación ex ante.

Un fruto de esta iniciativa fue la adopción en 2022 del Reglamento de Servicios Digitales y del Reglamento de Mercados Digitales. Estas normas han establecido un régimen pionero a nivel mundial plenamente centrado en la regulación de las plataformas digitales.

B) La nueva categoría legal de servicios de plataforma en línea

El Paquete Digital adoptado en 2022 finalmente establece como categoría legal los servicios de plataforma bajo la denominación "servicios de plataforma en línea". El artículo 3.i) del Reglamento de Servicios Digitales define el **servicio de plataforma en línea** como "un servicio de alojamiento de datos que, a petición de un destinatario del servicio, almacena y difunde información al público". La norma explicita que se trata de un servicio de alojamiento de datos, lo que implica que se trata de un servicio intermediario y por tanto, de un servicio de la sociedad de la información.

Lo que caracteriza los servicios de plataforma frente a otros servicios de alojamiento de datos es que mediante estos servicios no sólo se almacenan datos, sino que se "difunde información al público". La propia norma define esta difusión como "poner información a disposición de un número potencialmente ilimitado de terceros a petición del destinatario del servicio que ha facilitado dicha información" (art. 3.k) RSD).

El **Reglamento de Servicios Digitales** confirma que la gestión activa de los datos almacenados no excluye al gestor de la categoría de servicios de plataforma en línea y por tanto de las categorías de alojamiento de datos y servicios intermediarios: "una parte fundamental del negocio de una plataforma en línea es la manera en que prioriza y presenta la información en su interfaz en línea para facilitar y optimizar el acceso a ella por los destinatarios del servicio. Esto se hace, por ejemplo, mediante la recomendación, clasificación y priorización algorítmica de la información, la distinción de texto u otras representaciones visuales, o la organización de manera diferente de la información facilitada por los destinatarios" (considerando 70). Todas estas actividades implican una superación de la mera gestión pasiva de los datos alojados y son correctamente identificadas como una parte fundamental de la actividad de las plataformas en línea y ello sin que el prestador se vea excluido de la categoría de servicio intermediario.

Por ejemplo, parece evidente que YouTube no se limita a alojar contenidos y diseminarlos al público de forma pasiva. Por el contrario, YouTube activamente clasifica y de forma muy activa recomienda videos. Pero estas acciones son desarrolladas de forma automatizada, lo que no implica conocimiento efectivo de la posible ilicitud del contenido. Esto no impide que se considere el servicio de YouTube como un servicio de la sociedad de la información, un servicio intermediario, un servicio de alojamiento de datos (hosting), y un servicio de plataforma en línea. En la misma línea, el hecho de que Airbnb utilice algoritmos para la gestión activa de la información que aloja (rankings, búsquedas, recomendaciones), no excluye que este servicio se clasifique como servicio de intermediación en línea, servicio de plataforma en línea, servicio intermediario de alojamiento de datos y servicio de la sociedad de la información.

El Reglamento de Servicios Digitales crea una ulterior categoría, la de "plataformas en línea de gran tamaño", así como a los "motores de búsqueda de gran tamaño". La condición de plataforma de gran tamaño se alcanza tras la designación como tal por parte de la Comisión Europea cuando el promedio mensual de destinatarios del servicio activos en la Unión Europea supere los 45 millones (art. 33). La designación desencadena una serie de consecuencias jurídicas.

Por una parte, las plataformas de muy gran tamaño deben realizar una evaluación de riesgos, como la difusión de contenido ilícito o el efecto negativo sobre el discurso cívico y los procesos electorales. A partir de este análisis, deberán aplicar medidas de reducción de riesgos y en particular adaptar sus interfaces, condiciones generales de contratación, las políticas de moderación, los sistemas de recomendación, etc. Por otra parte, el Reglamento impone la obligación de que las plataformas que usen sistemas de recomendación ofrezcan al menos una opción que no se base en la elaboración de perfiles. Finalmente, el Reglamento impone obligaciones adicionales en materia de publicidad en línea.

C) La regulación de los guardianes de acceso

El **Reglamento de Mercados Digitales** va más lejos y crea la categoría legal de los "guardianes de acceso", a la que aplica un régimen regulatorio asimétrico para las plataformas que alcanzan un mayor tamaño en los principales servicios de plataforma, destinado a garantizar la disputabilidad y la equidad en estos mercados (Montero 2023).

El Reglamento de Mercados Digitales se aplica: (i) a los servicios básicos de plataforma; (ii) prestados u ofrecidos por guardianes de acceso; (iii) a usuarios finales establecidos o situados en la Unión, independientemente del lugar de establecimiento de los guardianes de acceso. Las categorías legales, tanto la de servicio básico como la de guardián son delimitadas en el Reglamento.

La categoría de servicio básico de plataforma no se define de forma abstracta, sino que el Reglamento contiene una lista cerrada de diez servicios que deberán ser considerados como tales (art. 2.1 RMD). Entre estos servicios básicos están los motores de búsqueda, las redes sociales, el servicio de intercambio de videos, las comunicaciones digitales, la intermediación en línea y los sistemas operativos.

La categoría de **guardián de acceso** es algo más compleja (Olmedo 2022). Para que una empresa sea considerada guardián de acceso, además de prestar un servicio básico de plataforma, tiene que (i) tener una gran influencia en el mercado; (ii) ser una puerta de acceso importante para que los usuarios profesionales lleguen a los finales; y (iii) tener una posición afianzada y duradera, o una previsión favorable de alcanzar dicha posición en el futuro próximo (art. 3.1 RMD). Como vemos, los requisitos son abstractos, pero el Reglamento establece una serie de presunciones *iuris tantum* para cada uno de ellos. Se presumirá que la empresa posee gran influencia de mercado cuando la empresa alcance un volumen de negocios de más de 75.000 millones anuales y preste el servicio al menos en tres Estados miembros. Se presumirá que una plataforma es una puerta de acceso importante cuando tenga más de 45 millones de usuarios finales y más de 10.000 usuarios profesionales en la Unión Europea.

El objetivo de las obligaciones es contribuir al buen funcionamiento del mercado interior estableciendo normas que garanticen la equidad y la disputabilidad de los mercados. De manera breve, la equidad hace referencia a la existencia de un equilibrio entre los derechos y obligaciones de los usuarios profesionales y los de las plataformas, mientras que la disputabilidad tiene que ver con la reducción de las barreras de entrada al mercado, para incrementar la competencia.

También es importante que cuando hablemos de obligaciones distingamos entre las obligaciones comunes a todos los servicios básicos de plataforma ofrecidos por guardianes de acceso, y las obligaciones específicas para cada servicio básico. Obligaciones comunes son, por ejemplo, las del art. 5.2 (obligación de separación de datos), art. 5.6 (libertad de presentar denuncias), art. 5.7 y 5.8 (prohibición de ventas vinculadas), art. 6.5 (clasificación transparente equitativa y no discriminatoria), art. 6.9 (portabilidad de datos), y el art. 6.13 (no obstaculización de la terminación del contrato). Especialmente relevantes en el caso de los sistemas operativos y las tiendas de aplicaciones son la obligación de no utilizar los datos generados por las aplicaciones para competir con ellas (art. 6.2 RMD), y la prohibición de self-preferencing en caso de integración vertical (art. 6.5 RMD).

V. EL DERECHO DIGITAL

A lo largo de esta páginas hemos descrito la evolución de Internet como red de redes, la consolidación del ecosistema digital formado por multitud de empresas en diferentes eslabones en la cadena de valor y la transformación del ecosistema tras la aparición de las grandes plataformas digitales. El Derecho se ha ido adaptando a la evolución tecnológica.

El Derecho tuvo un protagonismo muy limitado en la fase inicial de creación y consolidación de Internet. Internet es en lo fundamental un conjunto de protocolos para la interconexión de redes informáticas. El

Derecho no fue protagonista en la definición de los protocolos, y tampoco lo fue posteriormente en su popularización. Los protocolos de Internet no fueron impuestos por la fuerza de la ley, sino que su uso se extendió por su versatilidad y por el apoyo de las autoridades públicas de Estados Unidos, pero no porque su uso fuese sido impuesto por normas jurídicas. De hecho, las normas jurídicas no desempeñan un papel relevante en el mantenimiento de los protocolos de Internet ni en la asignación de los recursos escasos necesarios para navegar por Internet (direcciones IP, nombre de dominio, etc.). Las normas jurídicas, por el contrario, se limitaron a proteger la naciente red de redes de jugadores con poder de mercado que podrían haber capturado su desarrollo. Por eso no creemos que exista un "Derecho de Internet".

La situación cambió en los últimos años del siglo XX cuando la madurez de la red de redes permitió la prestación de servicios por medios electrónicos, la prestación de servicios "en línea". Entonces sí, el Legislador reaccionó adoptando normas para ordenar la prestación de estos servicios. Es el caso de la Directiva sobre el comercio electrónico del año 2000, que creó la categoría de "servicios de la sociedad de la información". La Directiva definió un régimen jurídico para estos servicios, pero debe entenderse que este régimen jurídico se limitó a ordenar unos principios respecto a estos servicios: la ley aplicable (la del Estado de establecimiento), un régimen de protección de la libre prestación de servicios, un régimen de responsabilidad para los servicios intermediarios, etc. Pero en ningún caso se pretendió redefinir en lo fundamental el régimen jurídico de la compraventa, del contrato de prestación de servicios, etc. por concluirse estos contratos en línea. Los regímenes de cada contrato seguirían siendo aplicables, aunque matizados por el régimen previsto para la prestación de servicios por medios electrónicos. Por este motivo no cabe en ningún caso entender que estas normas conformen una disciplina autónoma en el ámbito del Derecho. Por el contrario, nos encontramos ante meros ajustes del Derecho de la contratación, del Derecho internacional privado, de las normas de Derecho comunitario, etc.

En esta línea, la consolidación de las grandes plataformas ha provocado la proliferación de normas jurídicas como el Reglamento de Servicios Digitales y el Reglamento de Mercados Digitales. No obstante, estas normas siguen sin conformar un régimen jurídico unitario, fundado en principios autónomos y diferentes. Se ha profundizado en el régimen de contratación, pero las normas adoptadas siguen enmarcadas en el régimen del Derecho mercantil o más en general del Derecho civil. Las normas de ordenación del mercado se enmarcan en los preexistentes regímenes de intervención pública en la actividad económica, regímenes de Derecho público como el de la actividad de regulación de los mercados. No cabe hablar tampoco ahora de una disciplina autónoma. No obstante, ahora sí que empieza a existir un cuerpo normativo más sistemático, fundado en la creación de toda una serie de categorías legales con consecuencias en forma de definición de unos regímenes jurídicos bien definidos, de aplicación a los muy variados servicios que se fundan en el uso de tecnologías digitales.

Más allá, las nuevas tecnologías digitales plantean retos específicos, como son el tratamiento de los datos, la regulación de la inteligencia artificial y la ciberseguridad. Los datos son la materia prima de la sociedad digital. Por ello no es sorprendente que la regulación de los datos haya adquirido el mayor desarrollo, ya desde hace décadas. La regulación de los datos partió de la necesidad de proteger la intimidad de las personas y por ello se denominó originalmente como derecho de la protección de datos personales. Más que los datos, se pretendía proteger la intimidad de los titulares de los datos. No obstante, con el tiempo hemos entendido que hay más motivos para proteger los datos, por ejemplo la defensa de la propiedad intelectual e industrial, la defensa del secreto comercial, etc. Pero las últimas normas de la Unión Europea en materia de datos, el Reglamento de Gobernanza de Datos y el Reglamento de Datos, no señalan que la regulación de los datos va más allá de su mera protección. La regulación de los datos pretende también establecer regímenes jurídicos para su compartición, incluso en ocasiones mediante la imposición de obligaciones legales al efecto. La regulación de los datos va creciendo en su ámbito objetivo y en los valores e intereses a proteger (Rodriguez Ayuso y Montero, 2023).

La inteligencia artificial es otra rama del Derecho digital con una creciente relevancia. Empiezan a proliferar las normas jurídicas de Derecho público destinadas a ordenar el uso de tecnologías destinadas a automatizar funciones como recomendaciones, predicciones, o decisiones.

En la misma línea, van proliferando también normas jurídicas para garantizar la seguridad en los sistemas que hacen uso de tecnologías digitales, en forma de normas para garantizar la ciberseguridad. Los sistemas digitales presentan importantes vulnerabilidades. El software utilizado puede presentar puertas traseras, las conexiones a Internet pueden ser la puerta de acceso de hackers que pretenden desestabilizar los sistemas, secuestrarlos a cambio de un rescato o inutilizarlos.

Finalmente, la digitalización está teniendo un efecto transformador en prácticamente cualquier actividad humana. Se digitalizan los procesos empresariales, pero también los servicios públicos y en general, la actividad de la Administración, lo que exige adaptar el Derecho administrativo. En la misma línea, la digitalización afecta a las relaciones laborales, al pago de tributos, lo que exige adaptar el Derecho laboral y el Derecho tributario.

En los últimos años se ha popularizado la expresión "Derecho digital" para englobar el estudio de la normativa adoptada para hacer frente a las innovaciones derivadas del uso de las tecnologías digitales. No creemos que el Derecho digital confirme una disciplina jurídica autónoma, diferente de otras más clásicas como el Derecho civil, el penal o el administrativo. Por el contrario, lo que se viene denominando Derecho digital no es sino un conjunto dinámico de normas jurídicas en el ámbito de la práctica totalidad de las disciplinas jurídicas, quizás con un cierto protagonismo del Derecho público, y crecientemente de su rama que es la regulación (Montero 2023). Esa es precisamente su dificultad, pues al no conformar una disciplina autónoma, sujeta a unos principios comunes, sólo puede ser estudiada desde cada una de las disciplinas jurídicas, a partir de una sólida base en cada una de ellas, lo que requiere equipos multidisciplinares, como el que participa en la redacción de este Manual.

VI. BIBLIOGRAFÍA

AGRAWL, A., *Prediction machines. The Simple Economics of Artificial Intelligence,* Harvard Business Review Press, Boston, 2018.

ALEMMANO, A., "Data for Good unlocking privately-held data to the benefit of the many", *European Journal of Risk Regulation,* 2, 2018, pp. 183-191.

AMMIRATI, S., "*The Science of Growth*", *How Facebook Beat Friendster and How Nine Other Startups Left the Rest in the Dust,* St. Martin's Press, Nueva York, 2016.

ARGENTON, C. y PRÜFER, J., "Search Engine Competition with Network Externalities", *Journal of Competition Law & Economics, 8(*1), 2012, pp. 73-105.

AULETTA, K., *Google: The End of the World as We Know It.* Penguin Books, Nueva York, 2009.

BARAN, P., *On Distributed Communications: I. Introduction to Distributed Communications Networks,* CA: RAND Corporation, Santa Monica, 1964.

BARLOW, J. P., *Declaration of the Independence of Cyberspace,* 1996.

BARRIO ANDRÉS, M., *Fundamentos del Derecho de Internet,* Centro de Estudios Políticos y Constitucionales, Madrid, 2020, 2.ª edición.

BLANCO, F.G.B. y CHEN, H., "The implementation of building information modelling in the United Kingdom by the transport industry", *Procedia – Social and Behavioral Sciences, 138,* 2014, pp. 510–520.

BRONSON, P., *The Nudist on the Late Shift and Other True Tales of Silicon* Valley, Random House, Nueva York, 1999.

CARBALLA-SMICHOWSKI, B., "Determinants of coopetition through data sharing in MaaS", *Management and Data Science*, 2(3), 2018.

CARR, N., *The Big Switch. Rewiring the World from Edison to Google*, W.W. Norton & Company, New York, 2008.

CASTELLS, M., *The Rise of the Network Society (The Information Age: Economy, Society, Culture; v.1)*, Blackwell Publishers, Oxford, 1998.

CHRISTENSEN, C. M., *The Innovator's Dilemma. When New Technologies Cause Great Firms to Fail*, Harvard Business Review Press, Cambridge MA, 1997.

CHRISTIAN, B. y GRIFFITHS, T., *Algorithms to Live By. The Computer Science* of Human Decisions, William Collins, London, 2016.

Competition & Markets Authority, *Online platforms and digital advertising*, Report, 2020.

CORTADA, J. W., *IBM. The Rise and Fall and Reinvention of a Global Icon*, The MIT Press, Cambridge MA, 2019.

COSTA, MONTERO y ROSON, *The Impact of Disruptive Technologies on Infrastructure Networks*, 11th Meeting of the Network of Economic Regulators, OCDE, 2018.

DANESHKHAH, A., STOCKS, N. G. y JEFFRY, P., "Probabilistic sensitivity analysis of optimised preventive maintenance strategies for deteriorating infrastructure assets", *Reliability Engineering & System Safety*, 163, 2017, pp. 33–45.

DOMINGOS, P., *The Master Algorithm. How the Quest for the Ultimate Learning Machine Will Remake Our World*, Penguin Books, Nueva York, 2015.

European Commission (2020). *White Paper on Artificial Intelligence – A European approach to excellence and trust*, COM(2020) 65, 19.2.2020.

FCC (1966). *Notice of Inquiry in the Matter of Regulatory and Policy Problems Presented by the Interdependence of Computer and Communications Services and Facilities.* Docket F.C.C. No. 16979, November 9, 1966.

FINGER, M., BERT, N., KUPFER, D., MONTERO, J. J., y WOLEK, M., *Infrastructure funding challenges in the sharing economy*, Research for TRAN committee, European Parliament, 2016.

GANS, J., *The Disruption Dilemma*, The MIT Press, Cambridge MA, 2016.

GITLIN, M., *eBay. The Company and its Founders*, Editorial ABDO, Edina MI, 2011.

HAFNER, K. y LYON, M., *Where the Wizards Stay Up Late. The Origins of the Internet*, Simon & Schuster Paperbacks, New York, 1996.

HUGHES, T. P., "The Evolution of Large Technological Systems", *The Social Construction of Technological Systems. New Directions in the Sociology and History of Technology*, 2ª ed. 2012, MIT Press, Boston, 1987, pp. 49.

LANSITI, M. y LAKHANI, K. R., *Competing in the Age of AI. Strategy and Leadership when Algorithms and Networks Run the World*, Harvard University Press, Cambridge MA, 2020.

JARDINE, A. K., LIN, D., y BANJEVIC, D., "A review on machinery diagnostics and prognostics implementing condition-based maintenance", *Mechanical systems and signal processing*, *20*(7), 2006, pp. 1483–1510.

Capítulo Segundo

La regulación de las telecomunicaciones

JUAN JOSÉ MONTERO PASCUAL

I. INTRODUCCIÓN

1. *Evolución histórica: del monopolio a la competencia*

En octubre de 1877, sólo ocho meses después de las primeras demostraciones públicas de A. G. Bell, se realizaron experimentos telefónicos en la provincia española de Cuba, seguidos semanas después por ensayos en Barcelona y Madrid, estos últimos con teléfonos fabricados en España (OTERO CARVAJAL). Mientras que la red telegráfica había sido desarrollada directamente por el Estado, el desarrollo de la red telefónica inicialmente se asignó a actores privados mediante contratos de concesión.

Esta política se modificó en 1884, cuando el sector quedó reservado a las autoridades públicas. Sin embargo, en 1886, el liderazgo volvió a recaer en los operadores privados. Entre 1890 y 1925, una variedad caótica de inversores locales débiles que gozaban de concesiones gubernamentales coexisten con redes gestionadas por autoridades públicas, tanto provinciales como locales. Los concesionarios tendieron a concentrarse en torno a la *Compañía Peninsular de Teléfonos,* un operador mediano pero mal financiado, que apareció alrededor del 1915.

En agosto de 1924, la **monopolización** del mercado de telecomunicaciones españolas se llevó a cabo en el momento en que el Directorio Militar firmó un contrato concesional con la *Compañía Telefónica Nacional de España* (**Telefónica**), una empresa privada controlada por la norteamericana ITT, para la prestación monopolística de servicios telefónicos, mientras que los servicios postales y de telégrafo siguieron siendo prestados por la entidad pública, *Correos y Telégrafos* (Correos).

La decisión de delegar el desarrollo de la red en una empresa privada extranjera distingue a España de los principales países europeos, donde los gobiernos nacionales emprendieron directamente esta tarea. El retraso español y la falta de fondos públicos fueron las principales razones para la adopción de este modelo. A su vez, el flujo de capital y tecnología extranjeros impulsó el desarrollo de una red telefónica más amplia y coherente.

Los conflictos con el nuevo gobierno autoritario que llegó al poder después de la Guerra Civil, llevaron a la nacionalización de las acciones de ITT en Telefónica en 1945. Sin embargo, la sociedad mantuvo su naturaleza privada, con el Estado como accionista principal, pero siempre con accionistas privados. Esta característica, que tradicionalmente caracterizó el modelo español frente a lo habitual en otros Estados europeos, facilitó la posterior privatización y la transición a un entorno competitivo.

El desarrollo tecnológico, el fortalecimiento del mercado único europeo tras la adhesión de España a las Comunidades Europeas en 1986 y la influencia de las reformas en EEUU y Reino Unido, condujeron conjuntamente a la **liberalización** del sector de las telecomunicaciones en España. Este proceso, impulsado por las políticas de liberalización de la Comisión Europea (ALABAU), se llevó a cabo en tres fases.

La fase inicial del proceso, tanto a nivel español como europeo, tuvo lugar entre 1987 y 1998. Se caracterizó por la liberalización parcial (equipos terminales, servicios de valor añadido, servicios de telefonía móvil, servicios por satélite y por cable), así como por el debate sobre el calendario de plena liberalización en España.

La segunda fase comenzó el 1 de diciembre de 1998, tras una apertura gradual del mercado de la telefonía vocal con el establecimiento de un duopolio temporal. Esta fase se completó con la plena aplicación del paquete completo de liberalización consistente en la liberalización plena del sector, la introducción de una oferta de interconexión de referencia, y la introducción de la preselección de operador.

La fase final comenzó en 2003 con la aprobación de la nueva Ley General de telecomunicaciones de 2003 y la aplicación del nuevo marco regulador. La aprobación de las posteriores Leyes General de Telecomunicaciones en 2014 y 2022 no ha modificado sustancialmente el régimen legal.

La primera ola de liberalización fue iniciada por la Ley 31/1987,de Ordenación de las Telecomunicaciones (LOT) de 1987, aprobada unos meses después de la publicación del Libro Verde sobre Telecomunicaciones de 1987 por la Comisión Europea. La LOT 1987 había previsto las tres medidas principales que posteriormente se recogerían en las Directivas comunitarias. En primer lugar, la LOT de 1987 estableció la separación entre la regulación (en manos del Ministerio) y la gestión de los servicios de telecomunicaciones (en manos de Telefónica). En segundo lugar, abolió los derechos exclusivos existentes en los mercados de equipos terminales. En tercer lugar, abrió los mercados de servicios de valor añadido a la competencia.

Como resultado directo de la **LOT de 1987**, el Gobierno aprobó el primer Plan Nacional de Telecomunicaciones, aprobó nuevo contrato concesional con Telefónica en 1991, y abolió los privilegios fiscales hasta entonces vigentes en favor de Telefónica. Sin embargo, la liberalización de los servicios más relevantes de valor añadido (los relacionados con la transmisión de datos) no se introdujo de manera efectiva hasta finales de 1993, y sólo se permitió la reventa de la capacidad no utilizada a partir de 1995.

Las autoridades de la Unión Europea concedieron a España un plazo de hasta cinco años para retrasar la plena liberalización debido al subdesarrollo de sus redes de telecomunicaciones. Este período adicional proporcionó un margen suficiente para que las autoridades españolas fijaran su propio calendario, aunque la presión de la Comisión Europea para renunciar al período adicional, especialmente a raíz de varias alianzas estratégicas iniciadas por Telefónica, aumentaron gradualmente.

El debate sobre el calendario español fue lanzado en 1993 por la autoridad española de defensa de la competencia (Tribunal de Defensa de la Competencia, TDC) cuando publicó un informe ("Recursos políticos que favorecen la libre competencia y resolución de los daños causados por los monopolios"), impulsando las opciones políticas que favorecen el desarrollo de la competencia en los mercados de telecomunicaciones. El Gobierno adoptó posteriormente tres de las medidas básicas propuestas en este informe.

En primer lugar, el Gobierno declaró su disposición a renunciar a los períodos adicionales de aplicación previstos por la legislación comunitaria y, por lo tanto, su disposición a completar la monopolización de todos los mercados nacionales de telecomunicaciones a más tardar el 1 de enero de 1998. En segundo lugar, el Gobierno confirmó su intención de introducir la competencia en las telecomunicaciones móviles digitales (GSM) mediante la concesión de una segunda licencia antes del 1 de enero de 1995. En tercer lugar, el gobierno anunció su intención de adoptar un estatuto de las telecomunicaciones por cable para crear redes locales para la prestación de servicios de telecomunicaciones a través de redes de cable.

Aunque los dos últimos objetivos (relativos a las telecomunicaciones móviles y las telecomunicaciones por cable) se realizaron a tiempo, al igual que la liberalización del sector de satélites, la liberalización total del sector de las telecomunicaciones se retrasó finalmente hasta el 1 de diciembre de 1998.

A pesar de que la LOT de 1987 definió las comunicaciones móviles como servicio añadido, se impuso un régimen jurídico estricto que requería la concesión de una concesión para operar en el mercado. El desarrollo reglamentario de la LOT de 1987 fue aprobado en 1994. Mantuvo el derecho exclusivo de Telefónica en el mercado de la telefonía móvil analógica, al tiempo que introducía la competencia en el mercado digital (GSM) mediante la concesión de una segunda licencia. Airtel Móvil (hoy Vodafone), competidor de Telefónica en el mercado de telefonía móvil digital, comenzó sus operaciones en octubre de 1995.

Las infraestructuras de cable apenas se desarrollaron en España, debido en gran parte a la incertidumbre creada por la falta de una legislación específica (ARIÑO ET AL). Sólo en 1995 se aprobó la Ley 42/1995, de telecomunicaciones por cable. El Legislador optó por la introducción de la competencia mediante la concesión de dos concesiones para permitir la entrada de un operador en competencia con Telefónica. A estos efectos, España se dividió en pequeñas demarcaciones que abarcan entre 50.000 y 2.000.000 de habitantes, en cada una de las cuales se reservará una concesión a Telefónica, mientras que la segunda se asignaría mediante un procedimiento de licitación. La prestación de servicios a través de redes de cable por los primeros ganadores de las licitaciones comenzó a principios de 1998.

Estaba previsto que la plena liberalización tuviera lugar el 1 de diciembre de 1998 y las autoridades optaron por una transición gradual a la competencia mediante la creación de un duopolio en el mercado de la telefonía fija, seguido de la entrada de un número limitado de competidores antes de la plena liberalización. También se decidió crear una Administración reguladora independiente.

La Comisión Europea aceptó el calendario final para la plena monopolización. El acuerdo entre las autoridades españolas y la Comisión Europea incluía el compromiso de conceder una segunda licencia para la telefonía fija a una nueva entidad pública, RETEVISIÓN (luego Abertis y luego Cellnex) en 1996, la autorización para que los operadores de cable prestasen servicios telefónicos a finales de 1997, así como la concesión de una tercera licencia nacional para prestar servicios de telefonía fija en enero de

1998. España debía adoptar la nueva Ley de telecomunicaciones a finales de 1997 y el desarrollo reglamentario para julio de 1998, a fin de garantizar una plena liberalización efectiva a más tardar el 1 de diciembre de 1998.

También en este caso, las autoridades españolas, con la aprobación de la Comisión Europea, optaron por controlar la entrada de los recién llegados a través de una apertura gradual del mercado de telefonía fija. La segunda licencia para operar en estos mercados se concedió a RETEVISIÓN, una entidad pública con derechos exclusivos para el transporte de señales de televisión, que comenzó a funcionar en enero de 1998. Las autoridades españolas lograron el control del segundo operador, al tiempo que una importante fuente de ingresos para el Estado. La última reforma importante fue la creación de un organismo regulador, la Comisión del Mercado de las Telecomunicaciones (CMT), en virtud del artículo 1 del Real Decreto-ley 6/1996. Su principal tarea era controlar la transición de la monopolización a la libre y efectiva competencia en el mercado.

Los servicios por satélite son una excepción a la estrategia de las autoridades españolas. El 1 de enero de 1993, el primer sistema español de satélites, Hispasat, fue operativo. La primera Ley 35/1992, de telecomunicaciones por satélite, aprobada poco después del lanzamiento del primer satélite Hispasat, declaró que la prestación de televisión por satélite era un servicio público y, por tanto, sujeta a un marco jurídico restrictivo. Esta situación fue modificada en 1994 por la Directiva 94/46 sobre satélites. Se aprobó la nueva Ley 37/1995, de telecomunicaciones por satélite, que declaró expresamente que los servicios de telecomunicaciones prestados principalmente a través de redes de satélites no son un servicio público.

El **1 de diciembre de 1998** el sector de las telecomunicaciones quedó plenamente abierto a la competencia. Con posterioridad a dicha fecha, se adoptaron medidas tan relevantes como la adopción de la Oferta de interconexión de referencia de Telefónica, la introducción de preselección, la introducción de la portabilidad del número, y la definición de los precios máximos para los servicios de terminación en redes de operadores móviles.

Posteriormente, la aprobación de la nueva Ley 32/2003, general de telecomunicaciones de 2003 y sus decretos de aplicación adaptaron el marco jurídico a una situación más estable, una vez que se había producido la plena liberalización. La intervención pública en los mercados estaba condicionada a un análisis específico del mercado que justificaba la necesidad de dicha intervención. En 2014 se aprobó a nueva Ley 8/2014, general de telecomunicaciones, que traspuso las modificaciones a las Directivas de la UE.

Finalmente, en 2022 se ha adoptado la Ley 11/2022, General de telecomunicaciones, que traspone la Directiva (UE) 2018/1972 del Parlamento Europeo y del Consejo, de 11 de diciembre de 2018, por la que se establece el Código Europeo de las Comunicaciones Electrónicas.

2. *El marco normativo*

La Constitución de 1978 confiere al Estado la competencia exclusiva en el ámbito de las telecomunicaciones (art. 149.1.21°). Las competencias de las Comunidades Autónomas se limitan a aspectos tangenciales como planificación y gestión del territorio.

La **Ley general de telecomunicaciones** de 2022 (LGTel 22) fue adoptada el 28 de junio de 2022. La Ley establece el marco legislativo básico para el sector de las telecomunicaciones. El desarrollo reglamentario se encuentra fundamentalmente en Real Decreto 2996/2004 (Reglamento de Mercados), el Real Decreto 424/2005 (Reglamento de Servicios), y el Real Decreto 899/2009 (Reglamento de derechos de los usuarios de comunicaciones electrónicas).

Aunque la LGTel 22 se aplica a las redes de comunicaciones electrónicas, incluidas las redes utilizadas para la radio y la televisión por cable, dispone expresamente que no cubre la reglamentación del contenido audiovisual de los servicios prestados a través de esas redes, como el contenido de emisión o el control editorial de dicho contenido. Por lo tanto, los servicios de radiodifusión están exclusivamente sujetos a la Ley 13/2022, General de la Comunicación Audiovisual. Tampoco se aplica a los servicios de la sociedad de la información, objeto de la Ley 31/2002, de servicios de la sociedad de la información.

3. *El marco institucional: la CNMC*

La responsabilidad de la intervención pública en el sector de las telecomunicaciones en España es compartida entre varias entidades públicas.

El **Gobierno** elabora las líneas básicas de intervención pública a través del Ministerio de Energía, Turismo y Agenda Digital y del Ministerio de Economía, Industria y Competitividad, asesorado por el Consejo Asesor de Telecomunicaciones y de la sociedad de la información.

El Gobierno es responsable de la definición de la política de telecomunicaciones y medios de comunicación, en particular mediante la facultad de iniciar el proceso legislativo y aprobar decretos y órdenes. Dentro del Gobierno, las competencias se otorgan al Ministerio de Asuntos Económicos y Transformación Digital.

El **Ministerio** de Asuntos Económicos y Transformación Digital propone y ejecuta la política de telecomunicaciones del gobierno. Dentro del Ministerio, se otorgan competencias a la Secretaría de Estado de Telecomunicaciones e Infraestructuras Digitales. El Ministerio elabora y propone decretos y órdenes en el ámbito de las telecomunicaciones, y realiza inspecciones y acciones disciplinarias. Tiene el poder de determinar los requisitos generales de acceso al mercado y la competencia para conceder las licencias de telecomunicaciones y televisión que requieren una oferta. La definición de las normas básicas relativas a la gestión de recursos escasos, como el espectro o la numeración, así como la definición de las obligaciones de servicio universal también están dentro de la esfera de competencia del Ministerio.

Elemento fundamental en la regulación del transporte es la figura de la autoridad reguladora independiente. La discrecionalidad que caracteriza la actividad de regulación tiene un contrapeso institucional con la creación de autoridades independientes para la regulación de los mercados. Resulta de interés comprender el origen y evolución de los reguladores independientes para comprender su papel central en la regulación de los transportes según el modelo de regulación impuesto por la Unión Europea.

El origen de los reguladores independientes es tiene un claro lugar, los Estados Unidos, y un momento, la industrialización en el siglo XIX. Un primer precedente de regulador independiente para el control de la actividad económica es el creado en Rhode Island en 1844 para el transporte por ferrocarril. No obstante, no es hasta la década de los 1880 cuando se generalizaron las agencias independientes, primero en los Estados y luego ya a nivel federal, con la creación de la *Interstate Commerce Commission* en 1887, precisamente para regular el transporte.

La implantación generalizada del modelo de las *independent agencies* se produjo en la década de 1930, fruto del espíritu intervencionista del *New Deal*, en respuesta a la Gran Depresión. La respuesta política fue una mayor intervención encaminada a sustituir los mecanismos del mercado que, por una parte, eran acusados de haber provocado la depresión y, por otra, habían sufrido un colapso y eran incapaces de gobernar ciertos sectores. Se crea entonces la *Federal Power Commission* (1930), la *Federal Communications Commission* (1934) o la *Securities and Exchange Commission* (1934).

Las Administraciones independientes han ido trasplantándose a Europa, no sin dificultades. El trasplante de la actividad administrativa de regulación y su vertiente institucional se enmarca en las políticas de liberalización de la Unión Europea nacidas en la década de 1980 que ha llevado a la progresiva eliminación de los derechos exclusivos de los grandes monopolios públicos nacionales en telecomunicaciones, energía y transportes. Esta política, con claro origen en las directivas sectoriales comunitarias, ha forzado la implantación a nivel nacional tanto de instrumentos de regulación, como Administraciones independientes para la aplicación de los mismos.

La primera Administración independiente reguladora de una industria en red en España fue la Comisión del Mercado de las Telecomunicaciones (CMT), creada por el Real Decreto-ley 6/1996 (CARLÓN RUIZ). La Comisión Nacional de la Energía (CNE) se constituyó en abril de 2000 en función de lo previsto en la Ley 34/1998, del Sector de Hidrocarburos, que modifica la Ley 54/1997, del Sector Eléctrico y establece una Administración independiente con competencias en materia de electricidad, gas e hidrocarburos líquidos. Se culmina así el proceso iniciado con la constitución de la Comisión del Sistema Eléctrico Nacional (CSEN) en 1994 rebautizada en 1997 Comisión Nacional del Sector Eléctrico (CNSE), Administraciones institucionales que no llegan a constituir Administraciones independientes y cuyas competencias eran limitadas (NAVARRO RODRÍGUEZ). La Comisión Nacional del Sector Postal (CNSP), creada por la Ley 23/2007, garantizó la independencia plena entre el regulador y Correos como prestador del servicio (MONTERO 2008).

La Ley 2/2011, de economía sostenible (LES) supuso un importante espaldarazo al modelo institucional de las Administraciones independientes reguladoras. La LES reconoció formalmente la denominación de organismos reguladores y ordenó un régimen jurídico general para las Administraciones encuadradas en la categoría jurídica de organismo regulador: CMT, CNE y CNSP y posteriormente el CREA (Comité de Regulación Económica Aeroportuaria). Este régimen común cubría elementos tan relevantes como su organización, el nombramiento de sus órganos directivos, las garantías de independencia, personal y transparencia. Se introducía así un elemento vertebrador en el crecientemente populoso mundo de los reguladores sectoriales.

La **Comisión Nacional de los Mercados y la Competencia** (CNMC) fue creada por la Ley 3/2013, que atribuye a la nueva autoridad independiente la función de la aplicación de las normas de defensa de la competencia, así como las competencias de regulación de seis sectores diferentes: transporte ferroviario, transporte aéreo, servicios postales, telecomunicaciones, audiovisual y energía (MONTERO 2013). La creación de un "superrregulador" que aúna competencias en las principales industrias en red además de las de aplicación de las normas de defensa de la competencia no es un modelo habitual, aunque tampoco aislado (existe el precedente de Holanda, y parcialmente el de Alemania y su regulador de industrias en red).

La CNMC es una autoridad o administración independiente (BETANCOR RODRÍGUEZ, SALA ARQUER) de las previstas en el artículo 109 de la Ley 40/2015, que las define del siguiente modo: "las entidades de derecho público que, vinculadas a la Administración General del Estado y con personalidad jurídica propia, tienen atribuidas funciones de regulación o supervisión de carácter externo sobre sectores económicos o actividades determinadas, por requerir su desempeño de independencia funcional o una especial autonomía respecto de la Administración General del Estado, lo que deberá determinarse en una norma con rango de Ley".

Las Administraciones independientes tienen un difícil acomodo en el marco constitucional español, dado que el artículo 97 de la Constitución dispone que "el Gobierno dirige la política interna y exterior, la Administración civil y militar y la defensa del Estado. Ejerce la función ejecutiva y la potestad reglamentaria de acuerdo con la Constitución y las leyes". La Constitución parecería excluir la creación de organismos administrativos completamente independientes del Gobierno. Parte de la doctrina ha criticado las faltas de garantías derivadas de la excepción del régimen de control político al que está sujeto el Ejecutivo y en general la Administración. Resulta innegable que el control político puede ser fuente de disfunciones, pero en nuestro sistema constitucional el control político parlamentario de la actividad del Ejecutivo constituye no sólo la legitimidad del ejercicio del Poder Ejecutivo, sino también un instrumento de control, y por lo tanto de garantía para el ciudadano.

Este fenómeno resulta preocupante dado que la independencia tiene como precio la desactivación de uno de los principales controles y contrapesos en el ejercicio del Poder Ejecutivo, como es la rendición de cuentas y el control político parlamentario. La independencia de estas Administraciones reduce la capacidad de control parlamentario de su actividad.

Es cierto que los reguladores independientes han quedado formalmente adscritos a un ministerio, siguiendo el precedente francés. Se persigue así mantener un vínculo formal con el Gobierno que permitiría, aunque sólo en la forma, incardinar las Administraciones independientes en el marco constitucional. Así, el artículo 2.4 Ley 3/2013 establece que la CNMC "está adscrita al Ministerio de Economía y Competitividad, sin perjuicio de su relación con los Ministerios competentes por razón de la materia en el ejercicio de [sus] funciones."

Esta adscripción no supone, en cualquier caso, la existencia de una relación jerárquica del tipo definido para los organismos públicos vinculados o dependientes de la Administración General del Estado. De hecho, la Ley 40/2015 confirma la independencia de las autoridades independientes en relación con la Administración General del Estado. Así lo confirma el hecho de que los actos administrativos de la CNMC pongan fin a la vía administrativa y sean sólo recurribles en vía contencioso-administrativa y nunca en alzada ante el Ministerio. Por el contrario, tal y como establecía, por ejemplo, el artículo 48.1 de la Ley 32/2003, General de Telecomunicaciones, dicha adscripción está dirigida exclusivamente a garantizar la coordinación entre el regulador y la Administración General del Estado, que mantiene importantes competencias en todos los modos de transporte.

La independencia de la CNMC se construye a partir de toda una serie de instrumentos como un especial régimen de nombramiento de los miembros de su consejo (con participación parlamentaria), la inamovilidad en el cargo por un periodo prolongado y diferente de las legislaturas parlamentarias (seis años) y cierta independencia auto-organizativa.

El Presidente, el Vicepresidente y los otros ocho miembros del Consejo de la CNMC son nombrados por el Gobierno tras una audiencia en el Parlamento. El Parlamento tiene el poder de vetar los nombramientos. Tienen un mandato de seis años que no puede renovarse. No pueden ser destituidos de sus posiciones a menos que cometan un incumplimiento grave de sus obligaciones. El Consejo puede reunirse en salas o en pleno.

Por una parte, la sala de competencia se encarga de aplicar la legislación sobre la competencia; por otra parte, la sala de regulación se encarga de aplicar la normativa específica sobre telecomunicaciones y servicios audiovisuales, así como el resto de industrias en red bajo las competencias de la CNMC. Se requiere una reunión del Pleno del Consejo, de 10 miembros, presidida por el Presidente, para adoptar decisiones específicas, como las normas o decisiones internas que entrañen posiciones divergentes de ambas cámaras.

Existen cuatro direcciones generales para la investigación y preparación de las decisiones. La Dirección de Competencia se encarga de la investigación de los casos de derecho de competencia que decida la Junta. La Dirección de Telecomunicaciones y Audiovisual se encarga de la preparación de los casos específicos del sector para la decisión del Consejo. Existen otras dos direcciones para regulación específica sectorial (energía y transporte).

La CNMC es competente para:

1. Controlar la entrada a los mercados de telecomunicaciones, analizando las notificaciones de los operadores y manteniendo un registro de operadores;
2. Asignar la numeración a los operadores;
3. Definir y analizar los mercados de referencia cuyas características pueden justificar la imposición de obligaciones específicas;
4. Identificar el operador u operadores que poseen un poder significativo en el mercado cuando del análisis de los mercados de referencia se constate que no se desarrollan en un entorno de competencia efectiva.
5. Establecer, cuando proceda, las obligaciones específicas que correspondan a los operadores con poder significativo en mercados de referencia,
6. Resolver los conflictos en los mercados de comunicaciones electrónicas
7. Supervisar del cumplimiento de las obligaciones de servicio universal;
8. Asesorar al Gobierno para la elaboración de medidas legislativas y procedimientos de licitación; y

Además de sus funciones de arbitraje y asesoramiento, la CNMC tienen varios instrumentos de intervención a su disposición. Los principales instrumentos de intervención en el mercado son: 1) Resoluciones, decisiones administrativas ordinarias; y 2) Circulares, que son de carácter general y normativo.

La CNMC tienen facultades para adoptar medidas provisionales y puede solicitar garantías si un interesa solicita medidas cautelares. También tiene la facultad de realizar inspecciones en la sede de los operadores. De conformidad con el artículo 36.2 de la Ley 3/2013, las resoluciones y demás disposiciones adoptadas por la CNMC se pueden someter a recurso contencioso-administrativo antes la Audiencia Nacional. Sus sentencias pueden ser recurridas en casación ante el Tribunal Supremo.

4. El concepto de regulación

La intervención de la CNMC en los mercados de telecomunicaciones es el ejemplo más acabado de la **actividad administrativa de regulación**. En los últimos años se ha extendido el uso del término regulación para referirse a la intervención pública en sectores liberalizados como las telecomunicaciones, la energía o los transportes y, más allá, para referirse a la intervención pública en la economía. Es este un fenómeno que no se limita a un Estado o a un continente. Por el contrario, es un fenómeno generalizado en todo el mundo pero que presenta unos rasgos específicos en los países de tradición jurídica administrativa latina.

Para empezar, existe consenso al entender que en el contexto que nos ocupa el término regulación tiene un significado diferente al tradicional, referido a la normativa, al conjunto de disposiciones generales de rango legal y reglamentario que rigen una actividad o, por extensión, al régimen jurídico definido en la misma. La actividad administrativa de regulación no es la potestad normativa o reglamentaria de la Administración.

La novedad es más que terminológica. Resulta innegable la transformación de la actividad administrativa en los referidos sectores, fruto en gran medida del trasplante de instituciones y técnicas propias de la tradición norteamericana. La actividad administrativa prestacional ha sido sustituida en gran medida por una intervención administrativa que se limita a imponer obligaciones jurídicas a los actores presentes en el mercado (MONTERO 2023. La imposición de estas obligaciones, sin embargo, no se realiza en el marco de las tradicionales relaciones de especial sujeción (por ejemplo en el marco de contratos de gestión de servicio público) sino meramente a partir de normas legales de escasa concreción, que otorgan a la Administración, a menudo en forma de Administración independiente, una excepcional discrecionalidad para la imposición de las mismas.

La doctrina no ha dejado de advertir uno de los rasgos más significativos del nuevo marco, cual es el extraordinario margen de **discrecionalidad** otorgado a la Administración (MAGIDE HERRERO). Creemos que la discrecionalidad es el rasgo diferenciador que caracteriza la regulación frente a otras técnicas de intervención. Más allá, la discrecionalidad es el rasgo que justifica y exige un régimen jurídico diferenciado, destinado a incrementar las garantías a favor del ciudadano.

Entendemos la regulación como la actividad de la Administración consistente en el control continuo de un mercado mediante la imposición a sus operadores de obligaciones jurídicas proporcionales a propósitos de interés general objetivamente determinadas según la valoración que en un ámbito de extraordinaria discrecionalidad realiza la Administración.

El rasgo que principalmente diferencia la actividad reguladora de otras actividades tradicionales de la Administración y en concreto de la actividad de policía, es la extraordinaria discrecionalidad que se otorga a la Administración para la imposición de las obligaciones jurídicas.

La naturaleza, extensión y límites a la discrecionalidad de la Administración y la inseparable extensión del control jurisdiccional de la actuación discrecional de la Administración es uno de los asuntos nucleares en nuestra tradición administrativa, muy influenciada en este punto por la doctrina alemana. Su relevancia se amplifica en el caso que nos ocupa, al acaparar la discrecionalidad el protagonismo en esta forma de actividad administrativa.

El interés general está especialmente presente en los mercados que vienen siendo calificados como "servicios de interés general". Nunca resulta sencillo identificar de forma precisa el contenido del interés general. Este ejercicio conforma el núcleo duro del ejercicio del poder político. En nuestra tradición, se otorga la capacidad de identificar y proteger el interés general al Legislador, sin necesidad de justificación sobre las decisiones al efecto más allá de vagos límites constitucionales. Además, no siempre resulta sencillo, desde una perspectiva meramente técnica, transformar las declaraciones legales sobre el contenido del interés general a concretas obligaciones jurídicas destinadas a garantizar su satisfacción. El tradicional ámbito de la discrecionalidad administrativa reside, en lo fundamental, en completar para el caso concreto, el juicio sobre el interés general que se contiene en la ley.

El modelo de regulación asume el menguante protagonismo de la ley en la definición del interés general. La ley establece unos principios programáticos para posteriormente centrarse en la definición de procedimientos administrativos que garanticen la transparencia en la exposición de los diversos intereses particulares y colectivos, la definición precisa y objetiva del contenido del interés general en cada caso concreto por parte de la Administración, y la imposición de las obligaciones que, de acuerdo al juicio de proporcionalidad detalladamente motivado por la Administración, deben adoptarse para la satisfacción del interés general.

La sustancial ampliación del margen de discrecionalidad de la Administración plantea una evidente modificación del equilibrio entre el Legislativo y el Ejecutivo. El desequilibrio se hace especialmente patente si además el margen de discrecionalidad se otorga a una Administración independiente formalmente ajena a la responsabilidad política del Gobierno.

Fundamentales son en este nuevo marco las garantías a otorgar al ciudadano para la protección de sus derechos e intereses. Así, surge a necesidad de establecer específicas garantías institucionales y procedimentales, algún tipo de control político y, sobre todo un reforzamiento del control jurisdiccional sobre la actividad discrecional del regulador, al menos enjuiciando la proporcionalidad de la intervención reguladora.

II. ENTRADA AL MERCADO

La prestación de servicios de telecomunicaciones requiere el previo cumplimiento de una serie de obligaciones para la entrada al mercado.

En primer lugar, se exige realizar una comunicación previa a las autoridades. La comunicación sustituye a las tradicionales concesiones y autorizaciones. El sector de las telecomunicaciones se adelantó una década a la posterior generalización de las comunicaciones previas por la Directica 2006/123/UE, Directiva de Servicios.

No obstante, muchos servicios de telecomunicaciones requieren el uso de recursos escasos, lo que ha llevado a la definición de diferentes regímenes para el otorgamiento de los mismos a los operadores. Primero, el acceso a la numeración ha requerido el establecido un régimen jurídico específico para el otorgamiento de la misma por las autoridades públicas, en cuanto necesaria para la prestación del servicio telefónico fijo y móvil. Segundo, el uso del espectro radioeléctrico para la prestación de servicio móviles, y la escasez del mismo, ha llevado a la declaración del espectro como dominio público. Más allá, se ha construido un régimen jurídico específico para el uso del mismo, que distingue entre los tradicionales uso común general, uso especial y uso privativo, distinguiéndose como consecuencia diferentes títulos habilitantes (autorizaciones y concesiones). En los casos más acusados de escasez, se contempla la licitación para otorgar concesiones de uso privativo del dominio público radioeléctrico, caso de las comunicaciones móviles o la TDT. Tercero, se construye un régimen jurídico específico para la ocupación del dominio público y de la propiedad privada para la instalación de redes de telecomunicaciones.

1. La notificación previa

La apertura a la competencia de los servicios de telecomunicaciones exigió la definición de un nuevo régimen jurídico de entrada a los mercados de telecomunicaciones. La eliminación de los derechos especiales y exclusivos supuso el automático reconocimiento del derecho de las personas físicas y jurídicas a explotar redes de telecomunicaciones y a prestar servicios de telecomunicaciones. No obstante, la necesidad de modular el ejercicio de dichos derechos a fin de garantizar la satisfacción del interés general llevó a las autoridades comunitarias a permitir que los Estados miembros exigiesen un título habilitante para operar en el mercado. La Directiva 97/13/CE dispuso dos regímenes jurídicos diferentes. Por una parte, definió un régimen para las denominadas autorizaciones generales, y por otra parte, definió un régimen jurídico, en principio excepcional, para las denominadas licencias individuales.

La experiencia demostró que numerosos Estados, y entre ellos claramente España, agotaban todas las opciones previstas en la Directiva 97/13/CE a fin de garantizarse los máximos poderes de intervención en relación con el acceso a los mercados de telecomunicaciones.

Como reacción, la Exposición de motivos de la Directiva 2002/20 de Autorizaciones confirmó "la necesidad de que la regulación de acceso al mercado de redes y servicios de comunicaciones electrónicas esté más armonizada y resulte menos gravosa en toda la Comunidad". Más allá, considera que "[d]ebe aplicarse el sistema de autorización menos gravoso posible" y que "[l]a mejor manera de alcanzar estos objetivos es la autorización general de todas las redes y todos los servicios de comunicaciones electrónicas". La Directiva de Autorizaciones eliminó, pues, el régimen jurídico de las licencias individuales para establecer el de las autorizaciones generales como único régimen de acceso al mercado.

El Código Europeo de las Comunicaciones Electrónicas define las autorizaciones generales como "un marco jurídico establecido por el Estado miembro que otorgue derechos para el suministro de redes o servicios de comunicaciones electrónicas y establezca obligaciones específicas al sector que podrán aplicarse a todos o a determinados tipos de redes y servicios de comunicaciones electrónicas" (art. 2.22). Más allá, establece que se podrá exigir a la empresa afectada que presente una notificación, pero tras realizar la misma, la empresa podrá iniciar sus actividades sin esperar ningún tipo de acción de la Administración (ni siquiera la inscripción en ningún registro): el Estado "no podrá exigir a dichas empresas la obtención de una decisión explícita u otro acto administrativo de dicha autoridad o de otra autoridad antes de ejercer los derechos derivados de la autorización general" (art. 12.3).

Más allá de la eliminación de la figura de la licencia individual, El Código Europeo de las Comunicaciones Electrónicas mantiene la tradicional desconfianza frente a la actitud intervencionista de los Estados miembros. Prueba de ello es el mantenimiento de una lista cerrada de obligaciones que pueden ser impuestas a los titulares de autorizaciones generales (Anexo I) o las restricciones a la información que puede ser solicitada por la Administración a los operadores (art. 12).

En virtud de la LGTel 22, y de conformidad con el principio de intervención mínima, se requiere una mera **notificación** para la explotación de las redes de comunicaciones electrónicas y la prestación de servicios de comunicación electrónica a terceros. La notificación se realizará el Registro de operadores, dependiente de la CNMC, según los dispuesto en la LGTel 22 (arts. 6, 7 y 11-13) y su reglamento de aplicación en este ámbito, el Reglamento sobre servicios.

El artículo 6.1 de la LGTel 22 establece que la explotación de las redes de comunicaciones electrónicas y la prestación de servicios de comunicaciones electrónicas pueden ser realizadas por cualquier persona física o jurídica que sea nacional de la UE o de Estados amparados por tratados internacionales vinculantes para España. La segunda posibilidad es particularmente pertinente en relación con los acuerdos celebrados en el marco de la Organización Mundial del Comercio. Las personas físicas y jurídicas de otros Estados pueden solicitar al Gobierno la concesión de una excepción de carácter general o individual.

En cualquier caso, las personas físicas o jurídicas que exploten redes o presten servicios de redes de comunicaciones electrónicas a terceros estarán obligadas a designar a una persona residente en España para que actúe como representante a efectos de notificaciones.

El artículo 5 del Reglamento de Servicios define el contenido obligatorio de las notificaciones a la autoridad competente. La notificación y todos los documentos pertinentes deberán estar en español o traducidos oficialmente. En primer lugar, la notificación debe incluir los documentos que demuestren la identidad de la persona física o jurídica y su representante. La notificación deberá incluir la prueba del nombre del solicitante, su dirección, su código fiscal y su inscripción en el registro comercial pertinente (en el caso de las empresas españolas, en el Registro *Mercantil).* Además, se precisarán detalles sobre la identificación del representante, así como la acreditación de la capacidad y representación del representante.

En segundo lugar, la notificación debe incluir una serie de documentos destinados a describir la red y los servicios que la parte notificante debe explotar y las características generales de los servicios propuestos. A tal efecto, la notificación deberá incluir una descripción técnica breve de la red o del servicio. La descripción debería incluir la ingeniería y diseño de la red, cuando proceda, y una descripción de las tecnologías que se utilizarán, con especial atención a las medidas para garantizar la seguridad y la confidencialidad.

En tercer lugar, la parte notificante deberá especificar la fecha en que comenzará la instalación de la red o la fecha en que se iniciará el servicio. Es evidente que esta fecha debe ser posterior a la fecha de la notificación, aunque sólo sea un día.

En cuarto lugar, la parte notificante debe aceptar formalmente el cumplimiento de todas las obligaciones definidas en la legislación específica del sector.

El día siguiente a la notificación, la instalación de la red o la prestación del servicio pueden iniciarse. Como se prevé en el Código Europeo de las Comunicaciones Electrónicas, no se requiere una decisión expresa o un acto administrativo por parte de la autoridad nacional pertinente para el ejercicio de los derechos derivados de la autorización.

Sin embargo, esta disposición no impedirá la intervención de la autoridad competente. La autoridad competente podrá decidir que la notificación no cumple todas las condiciones necesarias y, por consiguiente, emitirá una decisión motivada en un plazo máximo de quince días hábiles, designando la notificación como no realizada. Esta decisión podrá ser recurrida en vía contencioso-administrativa. Cuando la autoridad competente considere que la notificación cumple todas las condiciones necesarias, procederá automáticamente a incluir a la entidad en el Registro de Operadores dentro de los 15 días siguientes a la recepción de la notificación.

Además, los operadores podrán exigir que se les otorgue un certificado de registro en un plazo de seis días, a fin de certificar su matriculación en el Registro de Operadores. Este certificado permite a los operadores demostrar su derecho a ocupar el dominio público o la propiedad privada. El Registro de Operadores, regulado por el artículo 7 de la LGTel 22, es un registro público bajo el control de la CNMC. Su objetivo es el registro de personas físicas o jurídicas que hayan notificado la explotación de una red o la prestación de un servicio. La inscripción en el Registro es de carácter meramente declarativo.

El operador deberá comunicar a la CNMC, en un plazo de un mes, cualquier modificación posterior en relación con la información incluida en el Registro (por ejemplo, información relativa a la empresa y a su representante, descripción de la red o de los servicios que deban prestarse). El no comunicar esta información puede dar lugar a que se imponga una sanción.

Si la explotación de la red o servicio en cuestión requiere el uso de radiofrecuencias, el operador deberá adoptar nuevas medidas. Una vez que se haya notificado la notificación y la entidad ha sido registrada por el Ministerio, el operador deberá obtener el título específico para utilizar las frecuencias, ya que dichas frecuencias se consideran dominio público según la legislación española.

Las notificaciones de explotación de las redes y la prestación de servicios no son transmisibles. Las nuevas entidades, incluso si utilizan las instalaciones transferidas por un operador o si se van a transferir los clientes, deben realizar una nueva notificación.

El Reglamento de servicios define cuatro motivos para la revocación de título para prestar servicios de telecomunicaciones: 1) La suspensión en la prestación del servicio, que debe comunicarse al Ministerio; 2) La extinción de la personalidad jurídica del operador; 3) La aprobación de una sanción para revocar el título por la autoridad administrativa pertinente; y 4) El hecho de que el explotador no haya notificado a la CNMC su intención de continuar la explotación de la red o de la prestación del servicio, como se exige tres años después de la notificación anterior. En el último caso, la CNMC iniciará automáticamente procedimientos en los que los operadores puedan confirmar su deseo de continuar su operación.

Todos los servicios de telecomunicaciones a terceros están sujetos ahora al régimen de notificación y en ningún caso al de autorización previa. Por consiguiente, no se contempla ningún acto administrativo que especifique los derechos y obligaciones legales en la prestación de un servicio. Por el contrario, las obligaciones a las que quedan sometidos los operadores notificantes se recogen en la LGTel 22 y en su desarrollo reglamentario, especialmente el Reglamento de servicios.

Cuando un operador desea prestar un servicio, debe comunicarlo a la CNMC, en cuyo contexto debe incluir una declaración responsable de cumplimiento de las condiciones requeridas. Se pueden imponer más condiciones a los operadores que utilicen recursos escasos, como las frecuencias radioeléctricas o numeración. Asimismo, la declaración de un operador que tenga un peso significativo en el mercado también conllevará nuevas obligaciones. Por lo tanto, el régimen jurídico de cada operador es consecuencia del tipo de servicio prestado, de los recursos escasos utilizados y de su poder de mercado.

El Código Europeo de las Comunicaciones Electrónicas establece límites en las obligaciones que pueden imponer los Estados miembros a los operadores. Estas limitaciones son necesarias para evitar una intervención excesiva de los Estados miembros de la UE. Primero, las condiciones deben justificarse objetivamente en relación con el servicio que se preste y deben ser no discriminatorias, proporcionadas y transparentes. Segundo, sólo puede contener condiciones específicas sectoriales. Además, no es posible duplicar las condiciones aplicables a las empresas en virtud de otra legislación nacional. Tercero, sólo es posible incluir las condiciones enumeradas en la parte A del anexo I del Código por lo que respecta a las redes, y la parte B por lo que respecta a los servicios, Se prevén dos listas suplementarias más sobre las condiciones para el uso de radiofrecuencias (parte C) y para el uso de numeración (parte D).

La LGTel 22 estipula que la explotación de redes y la prestación de servicios de comunicaciones electrónicas están sujetas a las condiciones establecidas en dicha ley y en sus normas de aplicación.

El primer grupo de obligaciones es de naturaleza económica. Los operadores están obligados a contribuir a la financiación del servicio universal y a pagar las tasas definidas en la Ley.

El segundo grupo de obligaciones está relacionado con el contenido de la comunicación y la protección de la intimidad. Estas obligaciones se refieren al tratamiento de datos personales y a la protección de la intimidad, la interceptación legal de las comunicaciones y la transmisión de contenidos ilegales.

El tercer grupo de obligaciones se refieren a la interoperabilidad de las redes y servicios y el respeto de las normas y especificaciones técnicas.

El cuarto grupo de condiciones está obligaciones con la protección del consumidor y el interés público.

El último grupo de condiciones se centra en la obligación de suministrar información a las autoridades públicas competentes.

Las obligaciones vinculadas a la explotación de la red pueden clasificarse en diversas categorías. La primera categoría se centra en las condiciones necesarias para garantizar la interoperabilidad, el acceso y la interconexión.

La segunda categoría impone condiciones relativas al impacto de las redes en el territorio, es decir, a las necesidades ambientales, urbanas y de planificación del país, así como las condiciones vinculadas a la concesión del acceso a tierras públicas o privadas o el uso de éstas, y las condiciones vinculadas a la ubicación conjunta y al reparto de las redes.

La tercera categoría se refiere a las condiciones para el mantenimiento de la integridad y seguridad de las redes. La cuarta categoría impone condiciones sobre la limitación de las emisiones electromagnéticas. La categoría final establece requisitos relativos al alcance y cobertura de las redes.

Las obligaciones relativas a redes de telefonía pública. En primer lugar, los operadores de redes telefónicas públicas deben garantizar la integridad de la red.

En segundo lugar, los operadores deben facilitar el acceso a los servicios de asistencia de los operadores, los servicios de información de directorios y el acceso a números de emergencia (el último, de forma gratuita).

En tercer lugar, los operadores deben garantizar la portabilidad del número, lo que permite a los usuarios finales conservar sus números de teléfono al cambiar de proveedor, de servicio y/o de domicilio.

Por último, los operadores deben garantizar los servicios de identificación y de identificación de líneas de llamada, cuando técnica y económicamente viable.

Las obligaciones relativas al servicio telefónico fijo. En primer lugar, se establecen las condiciones relativas al acceso a los servicios de emergencia. La información sobre la ubicación de las llamadas que se pondrá a disposición de los servicios de emergencia es de especial importancia.

En segundo lugar, se establecen las condiciones en relación con las guías telefónicas que enumeran los números de los abonados. A tal efecto, los operadores deberán proporcionar a la CNMC información sobre sus abonados. Los operadores deberán proporcionar posteriormente a sus abonados una copia de la guía telefónica.

2. *La numeración*

La numeración, al igual que ciertos instrumentos de direccionamiento y denominación, constituye un recurso escaso y por lo tanto exige una gestión eficiente que evite la escasez de números al tiempo que la introducción de nuevos servicios. Al mismo tiempo, la interoperabilidad de redes y servicios exige la coordinación en el uso de estos recursos.

La apertura a la competencia no sólo exigió una mayor disponibilidad de estos recursos escasos, y por lo tanto un mayor rigor en la gestión de los mismos. Más allá, exigió una radical reforma de los mecanismos tradicionales de gestión de estos recursos escasos a fin de garantizar la objetividad y no discriminación en la atribución de los mismos y que no se convirtieran en un obstáculo para la competencia. La tradicional estructura monopolística del mercado de las telecomunicaciones permitía la gestión de la numeración por parte del monopolista. La eliminación de los derechos exclusivos, sin embargo, exigió la participación de las autoridades públicas en la gestión del espacio de numeración de acuerdo con los principios de transparencia, no discriminación, proporcionalidad y objetividad.

A propuesta del Ministerio, el Gobierno, por medio de Real Decreto, tiene la competencia de aprobar el **Plan Nacional de Numeración**. De hecho, el Reglamento de mercados contiene el Plan Nacional de Numeración Telefónica. Los planes nacionales designan los servicios para los cuales se puedan utilizar los números, incluidas las condiciones relacionadas con la prestación de estos servicios.

La asignación de numeración se define como "la autorización concedida a un operador para utilizar determinados recursos públicos de numeración, direccionamiento o denominación en la prestación de un servicio" (anexo del Reglamento de mercados). El Reglamento de mercados define el procedimiento para la asignación de numeración pública disponible. Esta competencia corresponde a la CNMC.

El procedimiento de asignación se basa en los principios de objetividad, transparencia y no discriminación, tal como se establece en el artículo 30 de la LGTel 22. El procedimiento se inicia cuando la parte interesada formula una petición a la CNMC.

La CNMC podrá solicitar la rectificación de la solicitud o más información a la parte interesada. El plazo para tomar una decisión es de tres semanas a partir de la entrada en el Registro de la solicitud, tal como se establece en el artículo 30 de la LGTel 22. El incumplimiento por la administración de los plazos estipulados implicará una respuesta negativa.

La LGTel 22 contempla la posibilidad de seguir un procedimiento de selección competitiva o comparativa para los números de valor económico excepcional. En este caso, el plazo para la adopción de decisiones se ampliará a seis semanas.

Los operadores que se han beneficiado de la asignación de los recursos de numeración deberán comunicarlo a los demás operadores para garantizar que todos los operadores puedan realizar el enrutamiento desde y hacia los nuevos números. La activación de la nueva numeración deberá producirse dos meses después de la comunicación por el operador que se beneficie de los nuevos números.

El Código Europeo contempla expresamente la posibilidad de establecer determinadas condiciones para la asignación de numeración. No obstante, estas condiciones deben justificarse objetivamente en relación con el servicio en cuestión y no ser discriminatorias, proporcionadas y transparentes. En el anexo D del Código Europeo se establece una lista cerrada de condiciones que pueden adjuntarse a la asignación de numeración. Por ejemplo, se imponen condiciones específicas para el uso de la numeración VoIP, en particular en relación con el acceso a números de emergencia.

La asignación de numeración por la CNMC requiere el pago de una tasa anual en función del volumen y tipo de numeración asignada. Así se establece expresamente en el Anexo I de la LGTel 22. El importe de las tasas será el resultado de multiplicar la cantidad de números atribuida por el valor concedido a cada número, determinado en virtud de la Ley de Presupuestos del Estado. El valor puede ser diferente para cada tipo de número, dependiendo del número de dígitos del número (más costoso cuanto menor sea el número de dígitos, por ser más escasos) o los distintos servicios que se ven afectados. El valor puede determinarse mediante la rentabilidad que pueda lograrse mediante la explotación de los números. Este valor puede ser el resultado de los procedimientos de selección competitiva o comparativa para números de valor económico excepcional, como se ha mencionado anteriormente.

La ley española otorga al usuario el derecho a mantener su número de teléfono, es decir, a conservar el número independientemente de un cambio en el operador, servicio o ubicación física, o cuando varias de estas circunstancias coinciden. Todos los operadores de redes y servicios telefónicos públicos, fijos y móviles, están obligados a facilitar la solicitud de los abonados que deseen conservar sus números. La obligación de transferir el número sólo se produce cuando el usuario cancela el contrato con su proveedor existente y simultáneamente contrata con otro operador.

Una vez recibida una solicitud, el operador donante tiene un día hábil para adoptar todas las medidas necesarias para garantizar el mantenimiento del número. Durante el procedimiento de transferencia, el servicio sólo puede interrumpirse cuando sea estrictamente necesario. En caso de que el usuario cancele el servicio telefónico con el operador beneficiario sin ejercer su derecho a mantener el número, el operador donante recupera todos los derechos sobre el número que se le asignó.

El derecho a conservar un número genera costes significativos para los operadores. Los costes derivados de la actualización de los elementos de red y de los sistemas necesarios para mantener el mantenimiento del número operativo son sufragados por los operadores individualmente. Los costes directos generados al operador donante para los procedimientos de transferencia de un número definido darán derecho a un reembolso de la prestación por servicio prestados, a pagar por el operador receptor. Los desacuerdos sobre la fijación de un importe apropiado para el pago mencionado anteriormente deberán ser resueltos por la CNMC.

3. *El dominio público radioeléctrico*

Existe un tipo de energía electromagnética, denominada radioeléctrica que, a causa de su frecuencia y longitud, permite ser emitida en un punto y, sin necesidad de un canal físico, puede ser recibida en otros puntos distantes del primero. La energía radioeléctrica comprende ondas de diferente longitud, lo que permite la transmisión codificada de información, al tiempo que las diferentes frecuencias permiten la comunicación simultánea entre los mismos puntos sin interferencias.

La posibilidad de comunicar sin necesidad de tender canales específicos es de indudable interés, principalmente para la difusión de contenidos punto a multipunto (radio y televisión terrestre o por satélite) y para la telecomunicación entre dos puntos concretos entre los que no existe conexión mediante algún tipo de cable que permita la comunicación utilizando ondas de otras frecuencias (telecomunicaciones móviles terrestres o por satélites, en especial de órbita media o baja).

La utilidad de las radiocomunicaciones es indudable. Como consecuencia, es de creciente relevancia el riesgo de saturación de las diferentes frecuencias que permiten comunicar sin interferencias, especialmente de las frecuencias más bajas en zonas con alta densidad de población y alto desarrollo industrial. La mejora continua del aprovechamiento de las frecuencias disponibles gracias a técnicas como la digitalización y la comprensión, ha sido paralela al aumento de la demanda de frecuencias, manteniéndose e incluso empeorando el problema de frecuencias radioeléctricas. Por todo esto, ha resultado tradicionalmente necesario ordenar la utilización de este recurso escaso.

La opción más generalizada ha sido la intervención pública en la gestión del espectro de frecuencias radioeléctricas, a pesar de las críticas de determinado sector de la doctrina económica que ha señalado que el carácter de recurso escaso no justifica esta intervención, pues al fin y al cabo casi todos los recursos son escasos (la tierra por ejemplo) y esto no conlleva la exclusión de los mecanismos de mercado. Más bien al contrario, se suele confiar en los mecanismos del libre mercado para la asignación de estos recursos. En el caso del espectro de frecuencias radioeléctricas se ha optado de forma generalizada por mantener el control público sobre el recurso escaso, si bien mediante modalidades diversas. En España, por ejemplo, se ha excluido tradicionalmente el tráfico mercantil que tenga por objeto el uso de frecuencias radioeléctricas, aunque estas restricciones se han relajado.

El legislador español ha optado por calificar las frecuencias radioeléctricas como **dominio público** (FERNANDO PABLO). Así se establece en el artículo 85 LGTel 22. El régimen jurídico de la gestión del espectro radioeléctrico se determina de acuerdo con su naturaleza de dominio público. El artículo 85 vincula la calificación del espectro como dominio público a la afirmación de que los derechos de propiedad, gestión, planificación, administración y control de su propiedad pertenecen al Estado.

La gestión del dominio público de radio tiene como objetivo el establecimiento de un marco jurídico que garantice las condiciones armonizadas para su uso que permita su disponibilidad y su uso eficiente. A tal efecto, se ha adoptado legislación específica, no sólo en la LGTel 22, sino también en virtud de las normas reglamentarias de desarrollo, en particular Real Decreto 123/2017.

El artículo 5 del Reglamento 123/2013 dispone que el uso de radiofrecuencias sólo podrá realizarse en las condiciones y los usos previstos en el plan pertinente. Los planes definirán las bandas y los canales asignados a cada uno de los servicios. Concretamente, hay tres planes de ese tipo: el Cuadro Nacional de Atribución de Frecuencias, el Plan Técnico Nacional de Radiodifusión Sonora y el Plan Técnico Nacional de Televisión Digital Terrestre.

El **Cuadro Nacional de Atribución de Frecuencias** define la asignación de bandas, subbandas, frecuencias y canales entre los diferentes servicios de telecomunicaciones, incluidos los que están actualmente en vigor y los que se espera que aparezcan en un futuro próximo. El plan también define las frecuencias reservadas por el Estado para su uso militar y también por otras autoridades públicas. Uno de los elementos clave del Cuadro Nacional de Atribución de Frecuencias es la determinación del tipo de uso para cada una de las bandas. Según la clasificación tradicional del derecho administrativo, se distingue entre uso común, uso especial y uso exclusivo.

El **uso común general**, o uso común es el que pertenece indiscriminadamente a todos los ciudadanos. El uso por unos pocos no impide el uso por parte de otras partes interesadas. En virtud del artículo 19 del Reglamento sobre dominio público radioeléctrico, se destinarán al uso común del dominio público radioeléctrico: a) Aquellas bandas, subbandas o frecuencias que se señalen para dicho uso en el Cuadro Nacional de Atribución de Frecuencias. b) La utilización de aquellas bandas, subbandas o frecuencias que se señalen como tales en el Cuadro Nacional de Atribución de Frecuencias para aplicaciones industriales, científicas y médicas.

No se requiere título específico para uso común general o uso común del dominio público de radio. Como contrapartida, tampoco disfruta de protección contra interferencias. Además, el uso del dominio público de radio no está acompañado de ninguna garantía ni derecho a una disposición continua. Si se elimina el derecho a un uso común, no se generará derecho a indemnización. Ejemplo de este uso es el wifi.

El uso común especial, o **uso especial** de conformidad con el artículo 22 del Reglamento de dominio público radioeléctrico, también pertenece a todos los ciudadanos, ya que el uso por parte de algunos no impide el uso por parte de otras partes interesadas. Sin embargo, este tipo de uso entraña circunstancias especiales de riesgo o de intensidad del uso o circunstancias similares. Este es el caso del uso del espectro por los radioaficionados. Un uso común especial que requiere, de conformidad con el artículo 23 del Reglamento, el otorgamiento de una autorización.

El **uso exclusivo** del espectro excluye el uso por otras partes interesadas y, por lo tanto, requieren un título específico. A tal fin, la ley vigente prevé autorizaciones y concesiones, sujetos a diferentes procedimientos para el otorgamiento de los títulos habilitantes. Se presentará ante el Ministerio una solicitud de título específico para el uso exclusivo del espectro. La solicitud deberá ir acompañada de una descripción de la estructura de la red o del sistema que se instalará, sus características técnicas y parámetros de radio, especificando los sitios de las estaciones fijas con mapas topográficos, así como una descripción del servicio que justifique dicha instalación.

El Ministerio podrá modificar las características técnicas definidas en la solicitud. En este caso, el título específico que se haya concedido finalmente estará condicionado a la aceptación de las modificaciones por parte del solicitante. En cualquier caso, la autorización de los sitios estará condicionada a la confirmación técnica de la falta de interferencias perjudiciales con sistemas previamente autorizados. El Ministerio tiene seis semanas para decidir sobre la solicitud. El plazo podrá ampliarse cuando la autorización debe ser coordinada a nivel internacional.

El artículo 99 de la LGTel 22 define, como una de las competencias del Ministerio, la gestión de un **registro público de frecuencias** accesible a través de Internet, en el que deben figurar los titulares de las concesiones administrativas para el uso exclusivo del espectro.

La reserva de cualquier frecuencia para uso exclusivo se grava con las tasas de uso exclusivo del dominio público. Esto está expresamente previsto en el Código Europeo, que introduce ciertos límites sobre el importe de las tasas que pueden imponerse. Las entidades que se beneficien de la reserva para uso exclusivo de cualquier frecuencia del dominio público estarán sujetas a estas tasas. No obstante, las autoridades públicas que hagan uso de estas frecuencias para la prestación de servicios de interés general obligatorios están exentas de esta obligación. De igual modo, las redes y servicios estrechamente relacionados con las obligaciones de servicio público, estarán sujetos a tasas que sólo alcanzan el 75% del valor habitual.

El importe de las **tasas** que deben pagarse está vinculado al valor de mercado de la frecuencia y la rentabilidad que pueda obtener el operador. La Ley de Presupuestos anual fijará el importe mínimo que se debe pagar, así como el valor atribuido a cada unidad del espectro. El valor atribuido y las unidades reservadas a cada operador determinarán el importe de las tasas.

El otorgamiento de radiofrecuencias a las autoridades públicas adoptará la forma de afectación demanial para la explotación de redes o la prestación de servicios, pero sólo en casos de autoprestación por parte de las autoridades públicas sin pagos económicos por terceros.

Las autoridades públicas interesadas deberán presentar una solicitud al Secretario de Estado con una propuesta técnica que defina las características de la red o los servicios que tengan previsto proporcionar. Las concesiones se conceden por un período que expira el 31 de diciembre del quinto año de validez del título, pero que puede prorrogarse por períodos de cinco años. La concesión podrá ser revocada si el titular del título utiliza las frecuencias para un fin distinto de aquel indicado originalmente.

El uso especial de radiofrecuencias requiere una autorización individual. Dicha autorización se concederá mediante presentación de la solicitud, sin limitaciones distintas de las derivadas de la policía y de la buena gestión del espectro. La autorización de uso especial es de carácter personal y será válida hasta el 31 de diciembre del quinto año de validez, pero podrá prorrogarse por períodos de cinco años. La ley define diversos motivos para la revocación de la autorización para uso especial, a raíz de la aplicación de los procedimientos adecuados: 1) Utilización del espectro para un fin distinto del solicitado; 2) Impago de las tasas; 3) Violación grave de las obligaciones relativas al uso del espectro; y 4) La modificación del Cuadro Nacional de Atribución de Frecuencias.

Esta modificación no podrá generar ningún derecho de compensación, aun cuando dicha modificación requiera la cancelación de equipo.

Según el Reglamento del dominio público radioeléctrico, cuando se realiza el uso exclusivo del dominio público de radio para la prestación de servicios en régimen de autoprestación, el título requerido será una autorización y no una concesión. El régimen de solicitud, decisión del Ministerio y fecha de la aplicabilidad y transmisión coincide con las concesiones concedidas por el Ministerio.

El uso exclusivo del dominio público radioeléctrico para la prestación de servicios de telecomunicaciones a terceros siempre está sujeto a una **concesión**. El solicitante deberá certificar su condición de operador. A tal fin, toda entidad interesada en proporcionar un servicio de telecomunicaciones que requiera el uso exclusivo de la radio de dominio público debe notificar previamente la explotación de la red o servicio de telecomunicaciones y recibir el certificado del Ministerio como operador.

Sólo cuando el operador tenga el certificado de operador estará en condiciones de solicitar la concesión para el uso exclusiva de las radiofrecuencias.

Una vez que la solicitud es registrada por un operador de conformidad con el formulario general, el Ministerio tiene seis semanas para resolver. El Ministerio podrá rechazar la solicitud por razones enumeradas en el artículo 34 del Reglamento. Si el Ministerio otorga la concesión, la decisión definirá los parámetros técnicos de la operación, el momento de inicio del servicio, la zona/zona de servicio y el número de unidades de frecuencia de radio reservada.

La concesión de la concesión supone la obligación del operador de pagar el impuesto sobre transmisiones y actos jurídicos documentados. El titular deberá certificar el pago del impuesto en un plazo de un mes a partir de la notificación, de modo que la concesión pueda registrarse en el Registro 15 días siguientes. El Registro, bajo el control del Ministerio, será accesible al público por Internet. Puede exigirse una inspección de las instalaciones por el Ministerio antes de la utilización de las frecuencias concedidas, aunque la decisión de conceder la concesión puede eximir de esta obligación y sustituirlo por una simple certificación.

Las concesiones para el uso exclusivo de radiofrecuencias se conceden por un período que dura hasta el 31 de diciembre del quinto año de validez. A petición de la parte interesada, las concesiones podrán prorrogarse por períodos sucesivos de cinco años. Durante el período de validez de la concesión, el Ministerio podrá, en cualquier momento, decidir modificar las características técnicas y las bandas asignadas a fin de lograr una mayor eficiencia en la gestión del espectro o debido a obligaciones internacionales. Estas modificaciones darán lugar al pago de indemnizaciones por daños y perjuicios.

El Código Europeo contempla la posibilidad de que las autoridades nacionales limiten el número de derechos de uso del espectro para garantizar el uso eficiente de las frecuencias. Esta posibilidad se ha recogido expresamente en la LGTel 22 y en el artículo 37 del Reglamento del dominio público radioeléctrico.

Cuando resulte necesario limitar el número de concesiones para garantizar el uso eficiente del espectro, la decisión al respecto corresponde al Ministerio. El Código Europeo exige que todas las partes interesadas, incluidos los consumidores y usuarios, tengan la oportunidad de expresar sus opiniones.

El artículo 63.2 LGTel 2022 establece los elementos fundamentales del procedimiento de asignación de concesiones limitadas en número. Se realizará un proceso de **licitación** que deberá satisfacer los principios de transparencia, no discriminación y proporcionalidad.

El Ministerio deberá aprobar, mediante un orden, la convocatoria y le pliego de bases, que deben definir la cantidad de dominio público reservada, las características de su utilización, el plazo de vigencia de los títulos (que no podrán ser superiores a 20 años), y cualquier otra característica o condición para su uso efectivo).

El procedimiento de selección no podrá tardar más de ocho meses a partir de la fecha en que se haya publicado la invitación a presentar ofertas.

El Código Europeo establece límites importantes a las obligaciones que pueden imponerse a los operadores mediante condiciones vinculadas al uso de radiofrecuencias. Estas limitaciones se consideran indispensables para evitar una intervención excesiva de los Estados miembros de la UE.

El Código Europeo establece dos límites básicos. En primer lugar, las condiciones deben justificarse objetivamente en relación con el servicio en cuestión, no discriminatorias, proporcionadas y transparentes. En segundo lugar, el uso de frecuencias sólo puede estar sujeto a las condiciones establecidas en la parte B del anexo de la Directiva de autorización, que establece una lista exhaustiva de obligaciones que pueden adjuntarse al uso de radiofrecuencias.

El artículo 91 LGTel 22 permite al Gobierno español regular las condiciones de los títulos específicos para el uso de radiofrecuencias. Estas condiciones deben ser no discriminatorias, proporcionadas y transparentes.

Entre estas obligaciones se encuentran las necesarias para garantizar el uso eficaz y eficiente de las frecuencias, así como cualquier compromiso que la empresa que obtenga el derecho de uso haya hecho en el curso del procedimiento de selección competitiva.

En el artículo 96 LGTel 2022 se establece que el Ministerio tendrá competencia para la verificación técnica de emisiones radiofónicas para identificar, localizar y eliminar la interferencia dañina, las infracciones, las irregularidades y los disturbios de los sistemas de radiocomunicaciones. También corresponde al Ministerio controlar e inspeccionar a los operadores, así como iniciar procedimientos punitivos en ese ámbito.

El artículo 91 LGTel 22 prevé con carácter previo a la utilización del dominio público radioeléctrico, la aprobación del proyecto técnico y la inspección o el reconocimiento favorable de las instalaciones por la Secretaría de Estado, con el fin de comprobar que se ajustan a las condiciones previamente autorizadas. En función de la naturaleza del servicio, de la banda de frecuencias empleada, de la importancia técnica de las instalaciones que se utilicen o por razones de eficacia en la gestión del espectro, podrá sustituirse la aprobación del proyecto técnico por una declaración responsable.

La inspección también podrá realizarse en cualquier momento durante la vida del título específico para el uso de las radiofrecuencias, para verificar que el uso se ajusta a la autorización. Además, prevé inspecciones de empresas sin título específico, con el fin de examinar posibles usos no autorizados de las frecuencias de radio.

La novedad principal del Reglamento sobre el uso del dominio público radioeléctrico es la posibilidad de transmitir a un tercer operador el derecho de uso del dominio público radioeléctrico del que goza un operador. El régimen se define en los artículos 65 y siguientes del Reglamento, en desarrollo del artículo 97 LGTel 22. El Reglamento no sólo contempla la transmisión de autorizaciones y concesiones. Más allá, contempla la mutualización del derecho y la provisión de servicios mayoristas. Toda transmisión deberá ser previamente autorizada por el Ministerio. Se prohíbe la transmisión de concesiones otorgadas por licitación en el periodo de dos años desde su adjudicación.

4. *Régimen de despliegue de redes*

Si hay un campo en el que el Código Europeo de Comunicaciones Electrónicas y la LGTel 22 hayan introducido novedades es en el fomento del despliegue de redes públicas de comunicaciones electrónicas. Las Directivas sectoriales siempre incluyeron normas sobre la ocupación de dominio público con este fin, pero la necesidad de desarrollar nuevas redes como las redes de fibra o las redes inalámbricas 5G han reforzado la necesidad de facilitar el acceso al dominio público y privado para que lo operadores instalen sus infraestructuras.

En los artículos 44 a 48 de la LGTel 22 se establece que todos los operadores de redes públicas de telecomunicaciones se benefician de un régimen privilegiado de ocupación y utilización de bienes públicos y privados para el establecimiento de sus redes. De conformidad con el artículo 45, los operadores que explotan redes públicas (es decir, cuando el uso de la red no se restringe al propietario) tienen derecho a **ocupar el dominio público**.

Debe presentarse un proyecto técnico al Ministerio, que debe aprobarlo y, al mismo tiempo, emitir un informe favorable sobre la necesidad de ocupar el dominio público para el desarrollo de la red.

Una vez que el Ministerio haya aprobado el proyecto, la autoridad pública que ostente el título sobre el dominio público pertinente tiene la obligación de autorizar la ocupación, aunque puede imponer obligaciones al operador de red, que deben ser transparentes y no discriminatorias. En caso de que las autoridades locales expidan autorizaciones, la autorización se concede de conformidad con la legislación municipal.

La **ocupación de la propiedad privada** también está prevista en el artículo 44 LGTel 22, que se refiere a la legislación sobre expropiación forzosa. La aprobación por el Ministerio del proyecto técnico implica una declaración de utilidad pública que hace que la legislación en materia de expropiación sea aplicable. La construcción de redes públicas, por lo tanto, se beneficia de procedimientos para expropiar propiedades privadas o imponer servidumbres obligatorias a los particulares.

Se puede imponer la **coubicación** o uso compartido de la propiedad pública o privada a los operadores de redes para limitar las restricciones obligatorias de los derechos de propiedad así como los daños al medio ambiente. El artículo 46 LGTel 22 establece el procedimiento pertinente. Si el Ministerio considera que ese uso compartido es conveniente, el procedimiento de ocupación de bienes públicos o privados incluye una convocatoria pública a los operadores interesados en el uso compartido de los bienes en cuestión, que luego deben negociar los términos de compartir la propiedad.

Si no se puede llegar a un acuerdo privado, la CNMC establece los términos de la compartición. No es el único caso en el que la protección del medio ambiente afecta a los operadores de telecomunicaciones. Se introdujeron en una etapa temprana restricciones a la instalación de antenas de televisión para evitar la proliferación excesiva de esas antenas.

En la LGTel 22 se desarrolla una serie de técnicas para facilitar la instalación de redes públicas. Se contempla la colaboración entre la Administración del Estado y la de las CCAA y las entidades locales (arts. 49-51). Se contempla un régimen privilegiado de acceso por los operadores de redes públcias a las infraestructuras capaces de alojar redes de telecomunicaciones, no sólo a infraestructuras de otros operadores de telecomunicaciones, sino también a infraestrcturas de ga, electricidad, agua, transporte, etc. (art 52).

En la misma línea, el artículo 55 de la LGTel 22, y el desarrollo reglamentario en el Real Decreto-ley 1/1998 facilitan la instalación de infraestructuras comunes en los edificios para la recepción de servicios de televisión y telecomunicaciones.

5. *Terminales*

La política española en materia de equipos terminales ha sido determinada por la acción de la UE destinada a crear un mercado competitivo único en Europa. Las directivas de la UE han impuesto tanto la liberalización del mercado como una armonización gradual de las normas técnicas y los procedimientos de aprobación para facilitar el reconocimiento mutuo de los certificados de equipo.

La legislación española ha aplicado gradualmente las directivas comunitarias pertinentes. La LOT de 1987 liberalizó el mercado de equipos terminales y creó un procedimiento general para la definición de especificaciones técnicas, así como un procedimiento de aprobación para aquellos que desean producir o comercializar equipos de telecomunicaciones.

Los artículos 79 a 84 LGTel 22 ordenan la aprobación de equipos. El artículo 80 establece los principios básicos de los procedimientos de evaluación de equipos. A pesar de la adopción de la nueva legislación, el Reglamento sobre la homologación de los equipos de telecomunicaciones de 2000 regula todavía el procedimiento de aprobación.

La importación, fabricación y comercialización de equipos sin certificado, instalación de equipo que cause daños a la red, así como el incumplimiento continuado de las obligaciones por los laboratorios que colaboran con la administración, se consideran infracciones muy graves de la LGTel 22.

El artículo 81 LGTel 22 prevé el reconocimiento mutuo de certificados y pruebas, si se publica de acuerdo con las especificaciones técnicas comunes, por lo que se denomina «organismos notificados» de los Estados miembros de la UE. Así, el equipo podrá comercializarse en España siempre que el producto incluya las marcas pertinentes y el número de identificación del organismo notificado.

Según el artículo 84 LGTel 22, la legislación puede imponer condiciones a los instaladores. Estas condiciones se definen en el Reglamento sobre la homologación de equipos de comunicaciones de 2000.

III. ACCESO A REDES E INTERCONEXIÓN

1. Concepto y regímenes jurídicos

Uno de los rasgos más característicos del sector de las telecomunicaciones es su estructura en red. La transmisión de contenidos mediante sistemas electromagnéticos se estructura en una serie de nodos en los que se concentra tráfico recogido de los puntos de terminación de red a fin de su transporte eficiente de forma agregada hasta otros nodos a fin de ser distribuido hacia el punto de destino.

Las industrias en red tienen unas características diferenciales, entre las que destaca la necesidad de grandes inversiones para el establecimiento de las redes, el carácter de coste hundido de dichas inversiones y la existencia de decisivas economías de escala, pues cuanto más tráfico se genera, más capacidad de agregación se dispone y mayores eficiencias pueden ser alcanzadas. Por este motivo, ha sido frecuente la calificación de las industrias en red, y en concreto la industria de las telecomunicaciones, como monopolios naturales.

La evolución tecnológica y el propio desarrollo de las redes de telecomunicaciones ha llevado a la superación de la calificación de la industria como monopolio natural y desembocó a finales del siglo XX en la eliminación de los derechos especiales y exclusivos, abriéndose así el sector a la competencia.

En un entorno competitivo, las condiciones de acceso e interconexión de las redes constituyen uno de los elementos clave de articulación de la industria. En primer lugar, desde la perspectiva de los usuarios, la interoperabilidad es imprescindible. No resulta aceptable que desde la red telefónica de un operador no se pueda alcanzar a todos los usuarios del servicio telefónico, independientemente de la red a la que estén conectados.

En segundo lugar, y desde la perspectiva de los operadores, el valor de una red está determinado por lo amplia que ésta es. Una red universal tiene el máximo valor. Una red que conecta un solo punto tiene un valor cero. Como consecuencia, una de las prioridades de los nuevos operadores es interconectar sus redes con las de los tradicionales monopolistas, a fin de que sus usuarios puedan comunicar con los usuarios del tradicional monopolista, que constituyen la inmensa mayoría de los usuarios de cada Estado. Del mismo modo, los proveedores de servicios que carecen de red propia necesitan disponer de acceso a las redes existentes a fin de que los usuarios puedan disfrutar de sus servicios.

En tercer lugar, la apertura a la competencia se ha construido en gran medida sobre el acceso por los nuevos operadores a las infraestructuras desarrolladas por el operador histórico, Telefónica. Este es el caso, especialmente, de los servicios de banda ancha. La política regulatoria denominada de "escalera de inversión" (*ladder of investment*) ha proporcionado a los nuevos entrantes acceso a la red de Telefónica (MONTERO 2009).

Los operadores alternativos han evolucionado a través de diferentes grados de dependencia de la red de Telefónica para el desarrollo de sus propias redes. Primero, cabía que los operadores alternativos se limitasen a revender el producto de banda ancha de Telefónica, sin participar en la gestión física de las comunicaciones. Segundo, Telefónica puso a disposición de los operadores alternativos una oferta nacional, que permitía una cobertura nacional accediendo a su red en un único punto (denominada ADSL IP). Tercero, los operadores pudieron acceder a la red a nivel regional a través de la denominada oferta GigADSL (cobertura nacional con acceso en 109 puntos), ahora NEBA, con 50 puntos de acceso. Finalmente, los operadores alternativos pudieron acceder directamente al bucle local, el denominado "último kilómetro" (accediendo a más de 6.000 puntos para tener una cobertura nacional).

Cuanto más cercanos al cliente final están los operadores alternativos, más control tienen del servicio en términos de precio y calidades y más independientes son de Telefónica. No obstante, el acceso a la red en niveles cercanos al usuario final exige importantes inversiones en red propia a los operadores alternativos. Estas inversiones sólo son asumibles cuando se alcanza una masa crítica de clientes en cada demarcación en cuestión. Como consecuencia, lo habitual es que los operadores empezasen accediendo a la red a nivel nacional, para posteriormente, a medida que van alcanzando la necesaria masa crítica en cada demarcación, fuesen pasando a la oferta regional y más tarde al acceso directo al bucle. Este desarrollo se completaría con la construcción de infraestructuras propias hasta la sede del cliente.

Finalmente, el desarrollo de nuevas redes de fibra ha llevado al límite la figura del acceso. Ya no se trataba de regular el acceso a infraestructuras existentes en el momento de liberalización, sino de regular el acceso a nuevas infraestructuras, desarrolladas ya en competencia. De hecho, las condiciones de acceso influyen de forma importante en las decisiones de inversión en las nuevas infraestructuras. Por este motivo, los operadores históricos persiguieron una redefinición de las condiciones de acceso a estas nuevas infraestructuras, pasando de un agresivo precio orientado al coste a un precio simplemente razonable, e incluso a la desregulación del acceso a servicios mayoristas en los territorios en los que existe competencia efectiva entre varias redes paralelas de fibra, limitando el acceso a la infraestructura de obra civil que da soporte a las redes de fibra.

La legislación define el **acceso** como la puesta a disposición de otra empresa, en condiciones definidas y sobre una base exclusiva o no exclusiva, de recursos o servicios con fines de prestación de servicios de comunicaciones electrónicas (Anexo de definiciones de la LGTel 22).

Este término abarca, entre otros aspectos, los siguientes: a) el acceso a elementos de redes y recursos asociados que pueden requerir la conexión de equipos por medios fijos y no fijos (en particular, esto incluye el acceso al bucle local y a recursos y servicios necesarios para facilitar servicios a través del bucle local); b) el acceso a infraestructuras físicas, como edificios, conductos y mástiles; c) el acceso a sistemas informáticos pertinentes, incluidos los sistemas de apoyo operativos; d) el acceso a la conversión del número de llamada o a sistemas con una funcionalidad equivalente; e) el acceso a redes fijas y móviles, en particular con fines de itinerancia; f) el acceso a sistemas de acceso condicional para servicios de televisión digital; g) el acceso a servicios de red privada virtual; h) la interconexión.

La **interconexión de redes** constituye probablemente la principal modalidad de acceso. La legislación define la interconexión como la conexión física y lógica de las redes públicas de comunicaciones utilizadas por un mismo operador o por otro distinto, de manera que los usuarios de un operador puedan comunicarse con los usuarios del mismo operador o de otro distinto, o acceder a los servicios prestados por otro operador. En términos del regulador, la interconexión es "la forma en que un operador utiliza y puede utilizar la red de otro operador". "La interconexión no constituye un fin en sí misma, constituye el medio imprescindible para que los usuarios o clientes de cualquier operador de telecomunicaciones pueda hablar con cualquier usuario de otro operador cualquiera o pueda acceder a los servicios que ofrece un operador distinto del que se ofrece el acceso" (Resolución dela CMT de 11.2.1999).

El regulador determinó tempranamente la **naturaleza jurídica** de los contratos de interconexión: "[l]a relación de interconexión, como resultado de un contrato privado de arrendamiento de servicios, es de tracto sucesivo, bilateral y no está totalmente ejecutado, en cuanto genera prestaciones recíprocas todos los meses" (Resolución de la CMT de 12.12.2002). Esta calificación puede extenderse a la totalidad de los contratos de acceso, con la excepción del rasgo de bilateralidad, ya que numerosos servicios de acceso son prestados por una de las partes, la titular de la red, a otra, la que se beneficia del acceso, sin que nos encontremos necesariamente ante una prestación recíproca de servicios.

Más allá, la jurisprudencia ha aclarado que siendo los contratos de acceso e interconexión contratos privados, son sin embargo contratos que presentan un interés público, interés que justifica la intervención del regulador y de la jurisdicción contencioso-administrativa. Serían pues contratos de naturaleza privada pero sujetos a la actividad administrativa de regulación (STS de 18 de noviembre de 2008 y STS de 24 de junio de 2009).

De hecho, la jurisprudencia ha impuesto límites a la intervención del regulador sectorial en relación con los contratos de acceso, al entender que dicha intervención debe limitarse a los elementos que presenten un interés general y no estrictamente privado, como sería el caso de la exigibilidad de penas convencionales y, en general "a las consecuencias meramente patrimoniales [...]." (STS de 28 de junio de 2011). Esta línea presenta el riesgo de incumplir lo exigido por las directivas europeas, que no introducen tal límite a la potestad de intervención de los reguladores independientes.

La Ley general de telecomunicaciones de 2022, siguiendo de cerca las líneas definidas por el Código Europeo de Comunicaciones Electrónicas, establece dos regímenes jurídicos en materia de acceso e interconexión (MONTERO 2015). Establece un régimen general aplicable a todos los operadores. Este régimen jurídico define algunas obligaciones generales, principalmente para garantizar la interoperabilidad de las redes y el acceso a los servicios, y permite una intervención pública limitada, centrada en gran medida en la resolución de conflictos.

La ley establece un régimen jurídico más restrictivo para los operadores designados como con poder significativo de mercado (PSM). Esta importante posición en el mercado se deriva en gran medida de la herencia de décadas de monopolio, pero también de otras situaciones que generan una posición de gran fortaleza en el mercado, amenazando la posición de otros competidores.

La característica principal de este régimen jurídico restrictivo es su flexibilidad. No todos los operadores con un poder significativo de mercado están sujetos a las mismas obligaciones. Por el contrario, el marco regulatorio se caracteriza por la adaptación de las obligaciones impuestas a cada operador que goza de un poder significativo de mercado a las circunstancias en que se basa su poder de mercado y los efectos distorsionadores que este poder puede tener en el mercado.

El marco regulatorio contempla un método para el análisis de los mercados para determinar cuáles de las obligaciones definidas en el Código Europeo y la legislación nacional pertinente se impondrán a un operador con un poder significativo de mercado. Por lo tanto, la legislación no impone un único régimen jurídico perfectamente definido para estos operadores. Más bien lo contrario, cada operador será objeto de un régimen jurídico individual, definido de acuerdo con los procedimientos y principios establecidos en la legislación. Es este el mejor ejemplo de la actividad administrativa de regulación, caracterizada por la gran discrecionalidad del regulador independiente.

2. *Régimen general*

La LGTel 22 define una serie de obligaciones en los ámbitos del acceso y la interconexión, que se aplican por igual a todos los operadores. Estas obligaciones constituyen el régimen general en materia de acceso y la interconexión, en contraposición al régimen restrictivo asimétrico aplicable a los operadores designados como con poder significativo de mercado.

El artículo 59.1 del Código Europeo impone a los Estados miembros la obligación de garantizar que no existan restricciones que impidan a los operadores negociar acuerdos de acceso o interconexión. Esta disposición se ha incorporado a la legislación nacional mediante el artículo 14.3 LGTel 22. El artículo 59.2 del Código Europeo prohíbe a los Estados miembros mantener medidas legales o administrativas que obliguen a las empresas a ofrecer diferentes condiciones y condiciones a diferentes empresas para servicios equivalentes.

Los operadores de las redes de telecomunicaciones públicas tienen el derecho y, cuando así lo soliciten otras empresas autorizadas, la obligación, de **negociar** la interconexión entre sí con el fin de proporcionar servicios públicos y la interoperabilidad de las redes y servicios. Así se establece en el artículo 14 LGTel 22.

La obligación de negociar no presupone necesariamente la obligación de concretar un acuerdo para la interconexión directa de las redes. En principio, presupone la obligación de no excluir la interconexión y de iniciar de buena fe negociaciones con el fin de acordar las condiciones del acuerdo.

Además de la obligación general de negociar la interconexión, el artículo 14.7 LGTel 2022 contempla la posibilidad de que las autoridades nacionales de reglamentación impongan una obligación de interconexión a las empresas que controlan el acceso a los usuarios finales en la medida necesaria para garantizar conectividad final. La Ley otorga a la CNMC el poder de intervenir en las relaciones entre operadores con el fin de garantizar el acceso, interconexión e interoperabilidad eficientes de los servicios de conformidad con los objetivos generales de la política sectorial definida en su artículo 3.

Con este mismo fin, el Reglamento de mercados permite a la CNMC imponer obligaciones en materia de acceso e interconexión a los operadores que controlan el acceso a los usuarios finales para garantizar conectividad final, o garantizar a los usuarios finales el acceso a servicios específicos o a cumplir los acuerdos internacionales suscritos a nivel comunitario.

El Reglamento de mercados permite también que la CNMC, cuando se justifique, intervengan en las relaciones entre operadores con el fin de fomentar la eficiencia del acceso, interconexión e interoperabilidad de los servicios. Esta amplia potestad permite una amplia intervención de la CNMC en materia de acceso e interconexión. La única restricción de las amplias competencias otorgadas al regulador es que la obligación que se imponga sea objetiva, transparente, proporcionada y no discriminatoria.

De conformidad con el artículo 12.1.a) de la Ley 3/2013, de creación de la CNMC y el artículo 28 de la LGTel 2022, la CNMC resolverá conflictos en materia de acceso e interconexión. Tras la presentación de un conflicto por un operador, la CNMC debe comunicar la apertura del procedimiento a todas las partes interesadas y permitirles que hagan alegaciones. La CNMC dispone de cuatro meses para llegar a una decisión vinculante sobre las cuestiones que son objeto de conflicto. Además, la CNMC puede adoptar medidas provisionales.

3. *Régimen asimétrico*

El marco regulador en materia de acceso e interconexión se caracteriza por la potestad otorgada al regulador nacional para definir el régimen jurídico específico de cada operador con un poder significativo de mercado. El regulador podrá seleccionar entre las obligaciones definidas en el Código Europeo (incorporadas en la ley nacional) a fin de identificar la forma más eficaz de garantizar el logro de los objetivos generales definidos en la legislación.

El Código Europeo no sólo establece una lista de obligaciones aplicables a los operadores que tengan un poder significativo de mercado. Además, el Código define unos principios generales para ofrecer una seguridad jurídica mínima en la determinación de las obligaciones que pueden imponerse a cada uno de estos operadores.

En primer lugar, las obligaciones que se imponen a los operadores con poder significativo de mercado deben basarse en la naturaleza del fallo de mercado detectado durante el análisis del mercado pertinente. Esto es, ser necesarias y adecuadas. En segundo lugar, las obligaciones que se impongan deben ser proporcionadas. El principio de proporcionalidad requiere la intervención mínima necesaria para alcanzar los objetivos deseados. Se trata, en suma, de motivar la intervención pública de acuerdo al juicio de proporcionalidad.

La primera y más evidente obligación es la de **proporcionar acceso** a la red. La Ley define el acceso como la puesta a disposición de otro operador, en condiciones definidas y sobre una base exclusiva o no exclusiva, de recursos o servicios con fines de prestación de servicios de comunicaciones electrónicas, incluyendo cuando se utilicen para el suministro de servicios de la sociedad de información o de servicios de contenidos de radiodifusión.

El artículo 18 LGTel 22 y su desarrollo en el Reglamento de mercados contienen una lista abierta de obligaciones de acceso que pueden imponerse a los operadores con un poder de mercado significativo. Estas son las obligaciones:

1. Negociación de buena fe con las empresas que soliciten acceso;
2. Acceso a la red o a instalaciones específicas de la red;
3. No retirar el acceso a las instalaciones ya concedidas, lo que podría impedir la continuación del servicio;
4. Proporcionar a terceros acceso a elementos e instalaciones de red determinados (en particular se hace referencia expresa a un acceso desglosado al bucle local);
5. Acceso abierto a las interfaces técnicas, protocolos u otras tecnologías clave indispensables para la interoperabilidad de los servicios o servicios de red virtuales;
6. Proporcionar servicios específicos sobre una base mayorista para la reventa por terceros; y
7. Proporcionar co-ubicación u otras formas de distribución de instalaciones.

La segunda obligación es la de **no discriminación**. El artículo 18.1.b) LGTel 22 y su desarrollo reglamentario contemplan la posibilidad de que los operadores declarados como un poder significativo de mercado estén obligados a aplicar condiciones equivalentes de acceso en circunstancias equivalentes a otras empresas que presten servicios equivalentes.

Una obligación interesante derivada de la obligación de no discriminación es la obligación de proporcionar servicios e información a otros operadores en las mismas condiciones y de la misma calidad que establece para sus propios servicios o de sus filiales o asociados. Para garantizar la eficacia de esta obligación, cada acuerdo de interconexión celebrado por empresas con una potencia significativa en el mercado y sus empresas, filiales o socios debe recoger las condiciones técnicas y económicas que se aplican.

La tercera obligación es la de **transparencia**. El artículo 18.1.a) LGTel 22 permite a los reguladores nacionales imponer obligaciones en materia de transparencia. Por consiguiente, los operadores declarados con poder significativo de mercado pueden estar obligados a hacer pública la información relativa al acceso y la interconexión. Concretamente, el artículo 7 del Reglamento de mercados exige, a título de ejemplo, la publicación de información sobre las características de la red, las condiciones de suministro y la utilización, los precios y la rendición de cuentas. Corresponde a la CNMC definir el contenido exacto de estas obligaciones especificando la información precisa que se facilitará, así como la forma y frecuencia de publicación.

Las disposiciones relativas a las obligaciones de transparencia se refieren a la obligación específica de publicar ofertas de referencia. La imposición de esta obligación está condicionada por la obligación de no discriminación en la nueva legislación. Por lo tanto, sólo cuando se impongan estas obligaciones podrá imponerse la obligación de publicar una **oferta de referencia**.

Hasta la fecha, la CNMC ha impuesto a Telefónica entre otras: 1) la oferta de interconexión de referencia, tanto en su versión tradicional como IP (OIR); 2) la oferta de bucle desagregado (OBA); 3) la oferta de líneas arrendadas de referencia (ORLA); 4) la oferta del Nuevo Servicio Ethernet de banda ancha (NEBA); 5) la oferta de acceso a conductos (MARCo); y 6) la oferta de Acceso mayorista a la Línea Telefónica (AMLT). Se ha impuesto a Cellnex una oferta regulada sobre la transmisión de señal audiovisual (ORAC). No se ha considerado ninguna oferta de referencia para operadores móviles con un poder de mercado significativo.

El Reglamento de mercados define los elementos que pueden ser necesarios para su inclusión en una oferta de referencia. Además, el Reglamento establece que la oferta estará suficientemente desglosada para garantizar que las empresas no tengan que pagar las instalaciones que no sean necesarias para el servicio solicitado.

Igualmente importante es el poder otorgado a la CNMC por el Reglamento de mercados para imponer cambios a las ofertas de referencia que permitan dar efecto a las obligaciones impuestas a los operadores con un poder significativo de mercado significativo en relación con el acceso y la interconexión.

La cuarta obligación es el **control de precios**. El artículo 18.1.f) LGTel 22 y el Reglamento de mercado contemplan obligaciones en materia de precios de acceso e interconexión. El regulador podrá optar por el mecanismo tradicional de fijación de precios orientados en función de los costes. Entre las opciones a disposición de las autoridades nacionales de reglamentación figura el mecanismo de "*retaill minus*". Otra alternativa es la fijación de precios teniendo en cuenta los precios disponibles en mercados competitivos comparables. Recientemente, y en particular por lo que respecta a las redes de fibra, se viene utilizando el criterio del precio razonable, siempre que pueda ser replicado por los competidores a partir de las ofertas de acceso.

Tradicionalmente, correspondía a los reguladores nacionales la fijación de los precios de acceso en el caso de ser sujetos a regulación ex ante. El Código Europeo ha introducido la novedad de que los precios de interconexión en terminación tanto en redes fijas como en redes móviles, son fijados por la Comisión Europea para toda la Unión, como se desarrolla más adelante en relación con los mercaos de interconexión con redes fijas y móviles.

La quinta obligación es instrumental y se refiere a la contabilidad de costes. Los apartados c) del artículo 18.1 LGTel 22 y el Reglamento de mercados prevén la posibilidad de imponer la obligación de **separación de cuentas** relacionada con las actividades de interconexión y acceso a los operadores con un poder significativo de mercado. En primer lugar, el alcance y las condiciones de esta separación serán determinados por la CNMC. En segundo lugar, la CNMC tiene la facultad de exigir que las cuentas, incluidos los datos sobre los ingresos procedentes de dichos servicios de acceso e interconexión, se faciliten previa solicitud y podrán publicar dicha información.

La CNMC puede imponer a un operador con poder significativo de mercado que justifique los mecanismos contables relacionados con los métodos de cálculo de costes, incluida la obligación de utilizar los principios especificados de contabilidad de los costes en los servicios de acceso y de interconexión.

La sexta obligación es la **separación funcional**. El artículo 25- LGTel 22 prevé que la CNMC pueden imponer la separación funcional a un operador cuando se considere que el resto de obligaciones *ex ante* no garantiza una competencia efectiva. Esta obligación se considera excepcional y se define un procedimiento específico para su adopción.

De conformidad con las Directivas, la legislación nacional no prevé nuevas obligaciones que deban imponerse a los operadores que tengan un poder de mercado significativo en relación con el acceso y la interconexión. Sin embargo, esto no implica que las autoridades nacionales de reglamentación (en España la CNMC) no puedan imponer obligaciones distintas de las previstas en las Directivas o en la legislación nacional. En cualquier caso, la imposición de tales obligaciones estará sujeta a determinadas cualificaciones.

En primer lugar, sólo se pueden imponer otras obligaciones cuando las disposiciones de la LGTel 22 y el Reglamento de mercados sean insuficientes para alcanzar los objetivos de política específicos sectoriales definidos en el artículo 3 de la Ley.

En segundo lugar, estas obligaciones deben basarse en la naturaleza del problema determinado, ser proporcionadas a ella y deben justificarse. Por último, la adopción de otras obligaciones exige que el regulador siga un procedimiento de consulta, a fin de permitir que la Comisión Europea conceda su aprobación a la medida propuesta.

4. *Análisis de mercado*

La CNMC analiza, en principio cada cinco años, los diferentes mercados que la Comisión Europea identifica en una Recomendación como potencialmente con fallos de mercado. La última Recomendación de la Comisión se publicó en 2020, señalando los mercados en los que posteriormente la CNMC ha impuesto obligaciones *ex ante.*

A) Telefonía fija

En el ámbito de la telefonía fija cabe identificar varios mercados relevantes diferentes, cada uno con un régimen jurídico específico por cuanto se refiere a las obligaciones impuestas al operador histórico. Telefónica.

La CNMC decidió en enero de 2017 que no era necesario imponer a Telefónica obligaciones específicas en el mercado minorista de acceso al servicio telefónico. Como consecuencia, Telefónica sigue el régimen general en este mercado.

Se distinguen tres mercados mayoristas, esto es, mercaos de productos de interconexión en beneficio de otros operadores: interconexión en acceso (también denominada originación), interconexión en tránsito e interconexión en terminación.

El regulador concluyó ya en 2009 que no Telefónica no tienen poder significativo en el mercado mayorista de interconexión en tránsito y, por consiguiente, se levantó la restricción de precios impuesta tradicionalmente en Telefónica.

La CNMC decidió en julio de 2019 mantener la obligación impuesta a Telefónica en las anteriores rondas de análisis de prestar el servicio de interconexión en acceso (u originación), con precios orientados en función de los costes. No obstante, se decidió que la obligación de proporcionar la facilidad de selección de operador se limitaría a los supuestos de contratación del servicio mayorista a la línea telefónica (modelo de reventa de la línea). Se incluyó la obligación de prestar el servicio de interconexión en su modalidad IP.

Telefónica ha sido declarada con poder significativo en el mercado de terminación. Tiene pues obligación de proporcionar el servicio de interconexión en terminación, a precios orientados en función de los costes, y de publicar una oferta de interconexión de referencia (OIR). En octubre de 2016 se aprobó una nueva oferta de referencia para interconexión IP (OIR-IP).

El resto de los operadores activos en el mercado de telefonía fija se consideran dominantes en el mercado de terminación de llamadas en sus redes. El regulador les impuso obligaciones formales menores (no tienen que publicar una oferta de interconexión de referencia) pero impuso una regla de simetría, por la que los precios de terminación tienen que ser los mismos que los impuestos a Telefónica.

El Código Europeo ha impuesto una novedad de gran relevancia, en cuanto la fijación de los precios de terminación en redes fijas (por Telefónica, pero también por el resto de los operadores) ya no se impone por los reguladores nacionales, sino que lo define la Comisión Europea para toda la Unión (art. 75 y Anexo III). Los precios fueron fijados por la Comisión el 18 de diciembre de 2020.

Se presenta ahora la cuestión de si, asumida por la Comisión la competencia de fijar los precios de terminación, una declaración de PSM en el mercado de terminación tendría sentido, en cuanto podría llegar a dejar vacía de contenido una resolución de fijación de obligaciones ex ante. No obstante, entendemos que no es el caso, ya que resulta relevante la existencia de ofertas reguladas, cuya condición es la declaración de PSM y la imposición de obligaciones de transparencia, y en concreto de publicar una OIR y una OIR-IP.

B) Banda ancha

La CNMC modificó sustancialmente la regulación de los servicios mayoristas de acceso de banda ancha en 2016, fruto de la toma en consideración del desarrollo de nuevas redes de fibra al hogar por parte de Telefónica y otros competidores, y en esa línea siguió en el último análisis de mercados de 2021.

Por una parte, Telefónica es declarada operador con poder significativo en el mercado de acceso local al por mayor, y está obligada a proporcionar acceso a la red de cobre y fibra. Sin embargo, se excluye el acceso a la red de fibra en 696 municipios que representaban el 70% de la población. En estos municipios hay tres redes de banda ancha muy alta que compiten con una cobertura individual superior al 20%, teniendo Telefónica una cuota de mercado inferior al 50%. En esta zona, Telefónica sólo tendrá que permitir el acceso a su infraestructura de obra civil.

En el resto del territorio, Telefónica debe proporcionar acceso a la infraestructura de obra civil, a la red de cobre mientras se mantenga, y a la red de fibra, tanto a nivel local (acceso desagregado virtual a la fibra óptica) como un acceso indirecto a dicha fibra. Como excepción que se estudia más adelante, Telefónica debe proporcionar acceso indirecto a la fibra en todo el territorio nacional para un servicio de categoría empresarial, ya que se considera un mercado diferente.

Como resultado, estas son las ofertas reguladas de Telefónica: i) una oferta de referencia para el acceso a infraestructuras físicas (MARCo); ii) una oferta de referencia para el acceso directo al bucle local de cobre, que no incluye el acceso a la fibra hasta el hogar (OBA); iii) una oferta de referencia para el acceso desagregado virtual al bucle de fibra (NEBA local); y una oferta de referencia para el acceso indirecto al bucle local que incluye la infraestructura de cobre y fibra (NEBA).

C) Servicios móviles

En 2019, todos los operadores de redes de telefonía móvil que operan en el mercado y los Operadores Móviles Virtuales completos se consideraron con poder significativo de mercado en el mercado de terminación de llamadas en sus redes individuales. Si se quiere llamar a un operador móvil, la llamada la tiene que terminar necesariamente el operador que sirve al usuario final, lo que le otorga un monopolio en la prestación del servicio de terminación de llamadas en su red, por lo que se sujeta dicho servicio a regulación.

La regulación de los precios de terminación, al igual que en la terminación fija, han pasado a ser competencia de la Comisión Europea, que los fijó por vez primera en 2020, junto con los precios de terminación en redes fijas.

No obstante, nunca se ha impuesto a los operadores móviles la obligación de publicar una oferta de interconexión de referencia. Como consecuencia, tras la fijación de precios por la Comisión, la declaración PSM queda algo disminuida, ya que las obligaciones ex ante a imponer tienen un contenido más bien escaso.

Si bien el servicio de interconexión en originación en redes móviles no está sujeto a regulación ex ante (o precisamente por ese motivo), han proliferado los conflictos en relación con dichos precios. La CNMC ha venido resolviendo un elevado número de conflictos a petición de operadores de redes fijas deseosos de reducir el elevado precio impuesto por los operadores de redes móviles por el servicio de interconexión en originación en llamadas a números gratuitos y similares. Alegaban los operadores móviles que la CNMC no tenía la potestad de imponer estos precios, en cuanto no existe obligación legal, contractual o derivada de la imposición de obligaciones ex ante a operadores PSM que establezca un determinado nivel de precios para dicho servicio. El Tribunal Supremo acabó confirmando la potestad de la CNMC de imponer precios en forma de resolución de conflictos de interconexión: "La Comisión Nacional de los Mercados y la Competencia, en su posición de autoridad nacional de reglamentación especializada en la supervisión regulatoria, en el marco de la resolución de un conflicto de interconexión, está facultada para intervenir en mercados no regulados del sector de las telecomunicaciones e imponer mediante decisiones vinculantes obligaciones a un operador relativas al sistema de tarificación, siempre que se justifique su imperiosa necesidad para satisfacer el interés general y en aras de garantizar la interoperabilidad de las comunicaciones, la competencia efectiva y el beneficio de los consumidores y usuarios, y se acredite que dichas obligaciones son objetivas, transparentes, proporcionadas y no discriminatorias" (STS 1511/2022, de 20 de abril.

D) Circuitos alquilados

La CNMC ha considerado en las diversas rondas de análisis de mercado realizadas hasta la fecha que Telefónica tiene poder significativo de mercado en los mercados mayoristas de circuitos alquilados terminales, la tecnología que usan las empresas para conectar sus sedes y hacer uso de los diversos servicios de telecomunicaciones (voz, datos, acceso a Internet, etc.), incluyendo tanto la tecnología tradicional TDM como la más moderna modalidad Ethernet. Más allá, se ha incluido en el denominado mercado 2 ampliado, el mercado de acceso de alta calidad al por mayor facilitado en una ubicación fija el denominado "acceso indirecto de banda ancha empresarial", en forma de producto NEBA específicamente diseñado para el mercado empresarial. Se trata de un mercado nacional desde la perspectiva geográfica.

En la última ronda, se ha impuesto la obligación de proporcionar a otros operadores el servicio de alquiler de circuitos, con indicación de las concretas modalidades en términos de capacidad, y a precios orientados en función de los costes para los servicios con tecnología TDM, y *retail minus* para los servicios con tecnología Ethernet.

La CNMC impone a Telefónica la obligación de publicar una oferta regulada de líneas arrendadas (ORLA), incluyendo una modalidad de conexión Ethernet (ORLA-E), así como una modalidad empresarial en NEBA.

Igualmente, la CNMC ha considerado que Telefónica tiene poder significativo de mercado en la prestación de servicios mayoristas de alquiler de circuitos troncales, en concreto los que unen la península con los segmentos de rutas específicas que conectan la península con Ceuta y Melilla, así como varias de las islas de los archipiélagos canario y balear entre sí.

E) Transmisión de señal audiovisual

Cellnex ha sido confirmado en las diferentes rondas de análisis de mercados como operador con poder significativo en el mercado de transmisión de señal audiovisual (TDT). Así se confirmó por última vez en 2019.

Se le ha impuesto la obligación de ofertar precios razonables (ya no orientación de precios en función de los costes), así como la publicación de una oferta de referencia (ORAC).

IV. EL SERVICIO UNIVERSAL Y LA PROTECCIÓN DE LOS USUARIOS

1. El servicio universal y otras obligaciones de servicio público

Los servicios de telecomunicaciones, en especial el servicio telefónico, han sido tradicionalmente considerados servicio público, y como consecuencia, han sido objeto de un régimen jurídico exorbitante que excluía la competencia al establecerse derechos exclusivos para su explotación, bien directa por las autoridades públicas en la mayor parte de Europa, bien indirecta en España.

La ruptura del tradicional equilibrio entre la intervención pública de los Estados y el objetivo de la consecución de un mercado único europeo llevó a las autoridades comunitarias a declarar contraria al Tratado de la Comunidad Europea la existencia de derechos exclusivos en el sector de las telecomunicaciones. Más allá, el Legislador nacional ha optado por abandonar la calificación de servicio público y ha vuelto a regir la libertad de empresa en la prestación de servicios de telecomunicaciones.

No obstante, los servicios de telecomunicaciones se ven ineludiblemente afectados por un interés público, en cuanto resultan imprescindibles para la participación social de los individuos y para el desarrollo de sus actividades económicas. Este hecho es formalmente reconocido por el Legislador que califica estos servicios como de **interés general**. La calificación de los servicios de telecomunicaciones como de interés general legitima la intervención pública que, no obstante, debe adoptar formas diferentes a las tradicionales en este y otros sectores tradicionalmente monopolizados.

El nuevo modelo de intervención pública tiene como instrumento principal la imposición de cargas de servicio público a los operadores privados. A fin de que este modelo garantice la satisfacción del interés general al tiempo que sea compatible con las normas comunitarias, se debe realizar un ejercicio de máxima concreción en la definición del contenido del interés general, de las obligaciones a imponer a los operadores privados, de los instrumentos de financiación de las actividades impuestas a los operadores privados, y de los instrumentos de control del cumplimiento de las obligaciones.

Este esfuerzo puede llevar no sólo a que se mantenga el grado de protección de los usuarios, sino incluso a incrementar dicha protección al darle un contenido más concreto. No obstante, el incremento de la protección al usuario exige que la Administración desarrolle al máximo las posibilidades previstas en la normativa, desarrollo que requiere un alto grado de innovación, ya que las técnicas de intervención son a menudo ajenas a nuestra tradición administrativa.

La intervención liberalizadora de la Comisión Europea entre 1987 y 1998 modificó el tradicional equilibrio entre libre competencia e intervención pública. Con posterioridad, las instituciones comunitarias han perseguido recomponer el citado equilibrio. En primer lugar, el Tratado de Ámsterdam introdujo un reconocimiento específico de los servicios de interés general como uno de los valores comunes de la Unión. Más allá, el artículo 36 de la Carta de Derechos Humanos recoge expresamente una referencia a los servicios de interés general.

Como consecuencia, las autoridades comunitarias han venido elaborando en los últimos años una serie de documentos destinados a especificar el nuevo equilibrio entre libre competencia e intervención pública en relación con los servicios de interés general. Entre estos documentos destaca el Libro verde sobre servicios de interés general de 2003, en el que la Comisión define con detalle el régimen de los servicios de interés general y desarrolla el concepto de obligaciones de servicio público. Este documento pretende formalizar el debate dirigido a la adopción de una directiva al respecto, que se verá complementada con una decisión sobre ayudas estatales en forma de compensación por servicio público.

Las autoridades comunitarias, sin renunciar a su objetivo de alcanzar un mercado europeo único y competitivo, están reforzando la base jurídica que permite la intervención pública en los sectores de interés general.

La presencia directa de la Administración, modelo tradicional en Europa, o la intervención mediante contratos concesionales con el monopolista, modelo vigente en España, ha sido sustituida por un nuevo modelo de intervención pública. El nuevo modelo consiste en la imposición de cargas a los operadores privados que compiten en el mercado, cargas denominadas de servicio público.

El nuevo modelo de intervención pública en el sector de las telecomunicaciones parte de la evidencia de que toda intervención pública en el sector debe articularse de forma indirecta. Tras la privatización del tradicional monopolista, las Administraciones públicas ya no disponen de presencia directa en el sector, por lo que tan sólo pueden intervenir de forma indirecta, imponiendo obligaciones a los operadores privados presentes en el mercado.

Las obligaciones impuestas a los operadores privados tienen la naturaleza de cargas, ligadas intrínsecamente al derecho a prestar servicios de telecomunicaciones en el ámbito de la libertad de empresa, constitucionalmente protegida. La naturaleza de servicio de interés general, legalmente establecida, legitima la limitación de la libertad de empresa mediante la imposición de cargas de servicio público (SENDÍN GARCÍA).

La efectividad del nuevo modelo de intervención exige un ejercicio de concreción tanto en relación con contenido del interés general, como en relación con los medios definidos para satisfacer dicho interés. Tan sólo así las cargas de servicio universal pueden superar el juicio de proporcionalidad establecido por las autoridades comunitarias a fin de introducir excepciones a la aplicación del Tratado.

En primer lugar, resulta imprescindible definir con precisión el contenido del **interés general** a fin de que este pueda ser efectivamente protegido. Ya no resulta suficiente establecer una vaga retórica de defensa del interés general. Ahora resulta imprescindible definir objetivos concretos, cuantificables: extensión de determinados servicios, niveles de calidad, etc.

En segundo lugar, el nuevo modelo exige definir con precisión las **obligaciones** que se imponen a los operadores privados para satisfacer el interés general. Por una parte, las obligaciones deben ser precisas a fin de garantizar su cumplimiento por los operadores privados. Por otra parte, las obligaciones deben ser precisas a fin de que puedan superar el juicio de proporcionalidad sobre su necesidad, esto es, que las medidas resultan oportunas para satisfacer el interés general y que suponen la mínima injerencia en la libertad de los privados necesaria para alcanzar los objetivos de interés general.

En tercer lugar, deben ser igualmente concretos los mecanismos de **financiación** de las cargas de servicio público. Los costes generados por las cargas de servicio público pueden ser financiados de diferentes formas: asunción por el propio operador, asunción por las Administraciones, asunción por el conjunto de operadores privados mediante mecanismos específicamente creados al efecto. En cualquier caso, el modelo de financiación debe estar claramente definido, debe ser proporcional y debe ser no discriminatorio.

Por último, el carácter concreto de las cargas de servicio público permite controlar de forma efectiva su cumplimiento por parte de los operadores privados. El nuevo modelo no debe limitarse a definir obligaciones, sino que debe completarse con el establecimiento de programas de control del cumplimiento de las obligaciones y el establecimiento de sanciones para los supuestos de incumplimiento de las mismas.

Concluyendo, el nuevo modelo de intervención pública exige la concreción de los objetivos de interés general, de las cargas a imponer a los operadores privados, de los medios de financiación, y de los instrumentos de control. Esta concreción debería redundar en favor de los usuarios, que podría así reclamar con mayor efectividad sus derechos.

El nuevo modelo de intervención pública mediante la imposición de cargas de servicio público no tiene por qué constituir un retroceso frente al modelo tradicional de intervención en el sector de las telecomunicaciones. El nuevo modelo contiene mecanismos que, de ser efectivos, pueden constituir incluso un avance en la protección del interés general. No obstante, dicho avance tan sólo será efectivo en el caso de que todos los actores involucrados, y de forma especial la Administración pública, desarrollen todo el potencial que los nuevos mecanismos ofrecen.

Si bien el término **servicio universal** tiene una larga historia en los EE.UU. (MULLER), en Europa la noción de servicio universal surge a nivel comunitario a raíz de las primeras propuestas de liberalización total de los servicios de telecomunicaciones en 1992, a causa de la presión de los Estados miembros con tradición intervencionista (Francia a la cabeza) dirigida a asegurar el mantenimiento de cierta intervención pública en defensa del interés general.

Las autoridades comunitarias, conscientes de la relevancia política de la cuestión, y de su importancia para el éxito del proceso liberalizador, introdujeron un modelo de intervención pública para asegurar la universalidad de los servicios básicos de telecomunicaciones. Conscientes, igualmente, del riesgo que tal intervención entrañaba para el mismo proceso de liberalización, las autoridades comunitarias restringieron tanto los servicios incluidos en el concepto de servicio universal, como la intervención pública dirigida a garantizar su prestación universal, incluyendo los sistemas de financiación.

La intervención pública en materia de servicio universal persigue garantizar la disponibilidad de los servicios fundamentales de telecomunicaciones a todos los ciudadanos. Se imponen obligaciones a los operadores a fin de asegurar, por una parte, la accesibilidad de los servicios, es decir, que todos los ciudadanos, independientemente de su localización geográfica tengan acceso a las redes y, por otra parte, el carácter asequible de los servicios fundamentales, a fin de que el nivel de renta no impida disponer de los más básicos servicios de telecomunicaciones.

La intervención pública en materia de servicio universal persigue garantizar la disponibilidad de los servicios fundamentales de telecomunicaciones a todos los ciudadanos, con una mínima calidad y a un precio asequible (CARLÓN RUIZ).

El primer pilar de la figura del servicio universal es la **accesibilidad** geográfica de los servicios englobados en la categoría. Esto es, que los servicios considerados servicio universal deben resultar accesibles desde todo el territorio nacional, alcanzando zonas rurales o en general desfavorecidas. Esta universalidad, sin embargo, debe ser matizada por un juicio de razonabilidad, pues si bien los servicios deben resultar accesibles en todos los núcleos habitados, esto no supone que los servicios deban ser proporcionados en cualquier punto aislado en el que un usuario potencial desee instalarse. Así, el desarrollo reglamentario de la LGTel debe definir el contenido de este juicio de razonabilidad.

Más allá, la accesibilidad al servicio pasa por la existencia de condiciones de acceso al menos similares en todo el territorio, de forma que los usuarios en zonas desfavorecidas no se vean discriminados con condiciones económicas o de calidad claramente desventajosas.

El segundo pilar del concepto de servicio universal es el carácter **asequible** de los servicios considerados fundamentales. La normativa española introduce una serie de obligaciones a fin de garantizar que los servicios calificados como universales sean ofrecidos a precios asequibles para la totalidad de los ciudadanos. Se contemplan así obligaciones como la equiparación tarifaria (precios idénticos en todo el territorio), tarifas especiales para discapacitados, o mecanismos de control del gasto.

El tercer pilar del concepto de servicio universal es la **calidad** mínima del mismo. A fin de que el servicio se preste en condiciones de satisfacer las necesidades sociales, cabe imponer una calidad mínima en la prestación del servicio.

España comparte con Francia y otros países de Europa continental una tradición jurídica de intervención pública en defensa del interés público por medio de la institución del servicio público. La liberalización no ha puesto fin a la intervención pública, aunque está claro que ha modificado significativamente los mecanismos de intervención pública en los mercados de telecomunicaciones.

Los artículos 37 a 42 LGTel 22, y su desarrollo reglamentario en el Reglamento de servicios, han sido concebidos para garantizar la protección del interés general. Se regula así la figura del servicio universal.Los servicios de telecomunicaciones sujetos a obligaciones de servicio universal se definen en el artículo 37 LGTel 22 como un conjunto particular de servicios de telecomunicaciones de calidad determinada que deben ser accesibles a todos los usuarios a un precio asequible, independientemente de su ubicación geográfica.

En una fase inicial, el conjunto de servicios incluyó la prestación del servicio telefónico a través de una conexión fija, que también permite conectar un fax y un módem, así como la provisión de teléfonos de pago y servicios de guía telefónica. El servicio universal se amplió para incluir también servicios de banda ancha, con un ancho de banda mínimo de 1 Mbit y posteriormente 10 Mbit. El Gobierno está facultado para revisar el alcance de los servicios e incluir más servicios en el marco del sistema, si esto es necesario por el progreso tecnológico o la evolución del mercado.

Se prevé una licitación para la selección del operador encargado de la prestación de cada servicio incluido en la categoría de servicio universal. En caso de que no se interese ningún operador, cualquier operador con poder significativo de mercado podrá ser designado para la prestación de servicios incluidos en la categoría de servicio universal. El Reglamento de servicios establece los procedimientos para el nombramiento de operadores, así como las condiciones para proporcionar el servicio universal.

La CNMC determina si la prestación del servicio crea una carga competitiva para el operador y, cuando sea necesario, define los criterios para calcular el coste neto de la carga, que deben ser aplicados por el operador para calcular los costes.

Los costes netos de la prestación de los servicios incluidos en el servicio universal se distribuyen entre los operadores de redes públicas y los proveedores de servicios al público en general. La CNMC determina la contribución de cada operador, proporcional a su peso en el mercado. La CNMC puede excluir temporalmente a determinadas categorías de operadores de dicha obligación. Los operadores que ofrecen condiciones especiales para las personas con discapacidad pueden reducir su contribución a la financiación de los servicios universales.

En el artículo 42.5 LGTel 22 se prevé un **Fondo Nacional de Servicios Universales de Telecomunicaciones** para garantizar la financiación del servicio universal. Las contribuciones de los operadores, así como las demás contribuciones de particulares, se depositan en el Fondo, que es administrado por la CNMC.

El coste anual del servicio universal se ha reducido significativamente a lo largo de los años, situándose en los últimos años en el entorno de los 30 millones de euros.

El legislador español ha creado otra categoría de obligaciones de servicio público. Por consiguiente, las obligaciones de servicio público pueden imponerse fuera del marco de servicio universal definido a nivel de la UE.

El artículo 43 LGTel 22 contempla la posibilidad de imponer obligaciones a los operadores en materia de 1) La defensa nacional la seguridad pública; 2) Cohesión territorial; 3) Ampliación de los nuevos servicios a instituciones médicas o educativas; y 4) Llamadas a números de emergencia.

2. La confidencialidad en las telecomunicaciones

El artículo 18.3 de la Constitución garantiza el **secreto en las comunicaciones**, especialmente en las comunicaciones telefónicas (DE ASIS ROIG).

Para hacer valer este derecho, el artículo 58 LGTel 22 obliga a los operadores de redes y a los proveedores de servicios a garantizar el secreto cumpliendo los requisitos técnicos pertinentes, que suelen definirse en los reglamentos técnicos para la prestación de cada categoría de servicio.

Además, la protección penal garantiza el respeto de estas disposiciones. El artículo 197 del Código Penal establece que el que, para descubrir los secretos o vulnerar la intimidad de otro, sin su consentimiento, se apodere de sus papeles, cartas, mensajes de correo electrónico o cualesquiera otros documentos o efectos personales, intercepte sus telecomunicaciones o utilice artificios técnicos de escucha, transmisión, grabación o reproducción del sonido o de la imagen, o de cualquier otra señal de comunicación, será castigado con las penas de prisión de uno a cuatro años y multa de doce a veinticuatro meses. Cualquier persona que haga uso de la información obtenida a través de estas acciones también será castigada.

Sin embargo, el secreto de las comunicaciones puede verse restringido con un orden judicial, si puede demostrarse que se pueden obtener pruebas importantes en un procedimiento penal de esta manera. Los artículos 83 a 101 del Reglamento de Servicios definen, por primera vez en España, un procedimiento detallado de interceptación legal.

Las especificaciones técnicas para las interceptaciones legales fueron aprobadas por la Orden Ministerial ITC/110/2009. Para hacer posible la acción judicial, los operadores de redes y los proveedores de servicios que utilicen técnicas de cifrado deben proporcionar el aparato decodificador, así como los algoritmos de encriptación (si se solicita específicamente) a las autoridades públicas.

3. Protección de datos

El artículo 18.4 de la Constitución limita el uso de bases de datos informáticas para proteger la intimidad personal. La Ley Orgánica 3/2018, de Protección de Datos Personales estableció una autoridad independiente, la Agencia Española de Protección de Datos, para la protección efectiva de los datos personales.

El artículo 197.2 del Código Penal impone pena de prisión, así como una multa, a los que hacen uso indebido de los datos personales electrónicos. En estos casos, como en los relacionados con el secreto de las telecomunicaciones, es necesario que la persona afectada inicie el procedimiento.

El Reglamento de servicios desarrolla el régimen detallado de protección de datos en la prestación de servicios de telecomunicaciones definidos en los artículos 61 a 82 de la Directiva sobre la privacidad de los datos (Directiva 2002/58/CE), relativa al tratamiento de datos personales y la protección de la intimidad en el sector de las telecomunicaciones electrónicas. Los usuarios tienen derecho a restringir los datos que aparecen en las facturas, así como los datos en las guías telefónicas.

Del mismo modo, se limita la cantidad de tiempo que los operadores pueden conservar los datos personales sobre tráfico y facturación. El Reglamento de Servicios define el régimen sobre la identificación de llamadas y llama a la prohibición de acuerdo con las obligaciones definidas en la Directiva sobre privacidad de datos. Debe hacerse referencia específica a la aplicación de la Directiva 2006/24/CE sobre conservación de datos por la Ley 25/2007. Si bien la Directiva fue invalidada por el Tribunal de Justicia de la Unión Europea (STJUE de 8 de abril de 2014) por resultar contraria a los derechos fundamentales, sigue vigente su transposición a la legislación española por la Ley 25/2007, que contempla la conservación de los datos identificados en la Directiva por un período de doce meses.

4. Protección del usuario

La LGTel 22 detalle con minuciosidad los derechos de los usuarios en sus artículos 64 a 68, a lo que hay que sumar la Carta de Derechos de los

Usuarios de los Servicios de Comunicaciones Electrónicas que define las importantes obligaciones que tienen los operadores para proteger a los usuarios finales(GONZÁLEZ GARCÍA). Es importante indicar que tales obligaciones no sólo abarcan las relaciones con los consumidores, tal como se definen en la legislación sobre protección de los consumidores (principalmente, personas físicas), sino también las relaciones con las empresas que no utilizan servicios de telecomunicaciones como servicios al por mayor para la producción de sus propios servicios de telecomunicaciones.

Las obligaciones más relevantes están relacionadas con la comunicación y aprobación de los términos generales de contratación, la posibilidad de que un cliente ponga fin a la relación contractual con dos días hábiles de antelación y las normas que rigen la suspensión del servicio de telefonía pública en caso de impago del pago.

El artículo 69 de la LGTel 2022 ordena la calidad del servicio. En marzo de 2006 se aprobó una Orden que establecía condiciones mínimas de calidad para los proveedores de servicios de comunicaciones electrónicas. Estas obligaciones se impusieron principalmente en Telefónica, el operador con un poder significativo de mercado, pero los operadores alternativos también están sujetos a informes y obligaciones de auditoría externa. El Ministerio publica un informe anual sobre la calidad del servicio.

V. BIBLIOGRAFÍA

ALABAU, A., *La Unión Europea y su política de telecomunicaciones. En el camino hacia la Sociedad de la Información,* Fundación Airtel, 1998.

Ariño, De la Cuetara, y Aguilera, *Las telecomunicaciones por cable. Su regulación presente y futura,* Marcial Pons, Madrid, 1996.

Betancor Rodríguez, A., *Las Administraciones independientes,* Tecnos, Madrid, 1995.

Carlón Ruiz, M., "La Comisión del Mercado de las Telecomunicaciones", en *Revista Española de Derecho Administrativo,* núm. 102, 1999, pp. 229-255.

Carlón Ruiz, M., "Las obligaciones de servicio público en especial, el servicio universal de telecomunicaciones, Vida y De La Quadra coor. *Derecho de las telecomunicaciones, Civitas, Madrid, 2015, pp. 593 y ss.*

De Asis Roig, A., "Secreto, protección de datos y seguridad e integridad de las redes y de los servicios de comunicaciones disponibles al público", Vida y De La Quadra coor. *Derecho de las telecomunicaciones,* Civitas, Madrid, 2015, pp. 641 y ss.

Fernando Pablo, M., "La ordenación del dominio público radioeléctrico", Vida y De La Quadra coor. *Derecho de las telecomunicaciones,* Civitas, Madrid, 2015, pp. 529 y ss.

González García, J., "Protección de los usuarios de las comunicaciones electrónicas", Vida y De La Quadra coor. *Derecho de las telecomunicaciones,* Civitas, Madrid, 2015, pp. 697 y ss.

Laguna de Paz, J. C., "Acceso al mercado y ejercicio de la actividad", Vida y De La Quadra coor. *Derecho de las telecomunicaciones,* Civitas, Madrid, 2015, pp. 181 y ss.

Magide Herrero, M., *Límites constitucionales de las Administraciones independientes,* INAP, Madrid, 2000, 247 a 314.

Montero Pascual, J. J., "La Comisión Nacional del Sector Postal. Una nueva Administración independiente reguladora", en *Revista de Administración Pública,* núm. 176, 2008, pp. 311-329.

Montero Pascual, J. J., "La financiación del servicio universal de telecomunicaciones", Montero (coor.) *Financiación de las obligaciones de servicio público,* Tirant lo Blanch, Valencia, 2009, pp. 69-99.

Montero Pascual, J. J., "La regulación del acceso y la interconexión de redes de telecomunicaciones", Vida y De La Quadra coor. *Derecho de las telecomunicaciones,* Civitas, Madrid, 2015, pp. 207-245.

Montero Pascual, J. J., *Derecho de las telecomunicaciones,* Tirant lo Blanch, Valencia, 2007.

Montero Pascual, J. J., *La Comisión Nacional de los Mercados y la Competencia. Entre la actividad administrativa de regulación y el Derecho de la competencia,* Tirant lo Blanch, Valencia, 2013.

Montero Pascual, J. J., *Regulación económica. La actividad administrativa de regulación,* Tirant lo Blanch, 5ª edición, Valencia, 2023.

Navarro Rodríguez, P., *La Comisión Nacional de Energía,* Marcial Pons, Madrid, 2008.

Otero Carvajal L. E., "El teléfono. El nacimiento de un nuevo medio de comunicación, 1877–1936", Las *comunicaciones en la construcción del Estado moderno en España:* 1700–1936, MOPU, Madrid, 1993.

Sala Arquer, J. M., "El Estado neutral. Contribución al estudio de las administraciones independientes", en *Revista Española de Derecho Administrativo,* núm. 42, 1984, pp. 401-422.

Capítulo Tercero

Identificación electrónica y servicios de confianza: la relevancia de la firma electrónica

JUAN FRANCISCO RODRÍGUEZ AYUSO

SUMARIO: I. Introducción: los servicios electrónicos de confianza. II. La firma electrónica. III. Clases de firma electrónica. IV. La propuesta de Reglamento eIDAS 2. V. Bibliografía.

I. INTRODUCCIÓN: LOS SERVICIOS ELECTRÓNICOS DE CONFIANZA

El 28 de agosto del año 2014 tuvo lugar la publicación del **Reglamento eIDAS**, que, derogando el texto anterior de la DFE (artículo 50), instaura un nuevo sistema en materia de identificación electrónica y servicios de confianza. Su entrada en vigor se produce veinte días después de su publicación, si bien las disposiciones en él contenidas experimentarán, como regla general, una aplicación diferida al 01 de julio de 2016, a excepción de una serie de artículos que, contenidos en el apartado segundo del artículo 52.2 del Reglamento, comenzarán a aplicarse en un momento diferente.

Una de las principales innovaciones que trae consigo el texto radica en el instrumento jurídico utilizado: la figura del reglamento sustituye a la de la directiva. El artículo 288 TFUE, en su párrafo segundo, define el reglamento como norma de alcance general, de carácter obligatorio en todos sus elementos y directamente aplicable en cada uno de los Estados miembros, sin necesidad de acto previo e individual alguno de incorporación. En cambio, de la directiva sostiene, un párrafo después, que obligará al Estado miembro destinatario en cuanto al resultado que deba conseguirse, dejando, sin embargo, a las autoridades nacionales la elección de la forma y de los medios necesarios para alcanzarlo. De este modo, con la adopción del reglamento se persigue uniformizar, en lugar de armonizar (directiva), el Derecho sobre la materia, eliminando aquellas diferencias que no harían sino dificultar el objetivo final de interoperabilidad técnico-jurídica para el conjunto de los Estados miembros.

Se persigue, así, incrementar, a lo largo y ancho del territorio europeo, el nivel de seguridad y de confianza de todos los agentes del mercado (consumidores, empresas y Administraciones Públicas) en el entorno en línea, favoreciendo la progresiva consolidación de un espacio único digital capaz de posibilitar, de un modo verdaderamente eficaz, la realización de transacciones por vía electrónica y el desarrollo de nuevos negocios online. En concreto, el objetivo perseguido por la precitada normativa no es otro que el de «[...] garantizar el correcto funcionamiento del mercado interior aspirando al mismo tiempo a un nivel de seguridad adecuado de los medios de identificación electrónica y los servicios de confianza» (artículo 1 Reglamento eIDAS), a cuya consecución, prosigue el precepto, se encaminan tres acciones concretas: en primer lugar, establecer las condiciones en las que los Estados miembros deberán reconocer los medios de identificación electrónica de las personas físicas y jurídicas pertenecientes a un sistema de identificación electrónica notificado de otro Estado miembro; en segundo lugar, crear normas jurídicas para los servicios de confianza, en particular para la realización de transacciones electrónicas, y, en tercer lugar, configurar un marco jurídico para los documentos electrónicos, las firmas electrónicas, los sellos electrónicos, los sellos de tiempo electrónicos, los servicios de entrega electrónica certificada y los servicios de certificados para la autenticación de sitios web. En este sentido, si bien se mantiene el régimen regulatorio de la firma electrónica, se incorporan otros mecanismos, también de gran relevancia desde la óptica de la seguridad y de la confianza en el marco del comercio electrónico, como sucede con los sellos electrónicos, los sellos de tiempo electrónicos, los servicios de entrega electrónica certificada y los servicios de certificados para la autenticación de sitios web; ello responde al hecho de que, frente al modelo anterior encarnado por la Directiva, el Reglamento busca proporcionar un marco global capaz de garantizar unas transacciones electrónicas fiables, al tiempo que persigue eliminar los obstáculos existentes para el uso transfronterizo de los medios de identificación electrónica empleados en los Estados miembros como instrumentos de autenticación, al menos en los servicios públicos.

El Reglamento se estructura en un total de cincuenta y dos artículos, que se distribuyen a lo largo de seis capítulos (Capítulo I, sobre *disposiciones generales,* que comprende los cinco primeros artículos; Capítulo II, comprensivo de la *identificación electrónica* como uno de los ejes principales en torno a los cuales pivota la norma, que abarca los artículos 6 a 12; Capítulo III, para los *servicios de confianza,* el otro gran pilar de la actual regulación, dividido, a su vez, en ocho secciones –Sección 1, para las *disposiciones generales,* que contiene los artículos 13 a 16; Sección 2, para la *supervisión* por parte de los organismos de supervisión, que abarca los artículos 17 a 19; Sección 3, para los *servicios de confianza cualificados,* que se extiende desde el artículo 20 al 24; Sección 4, para la ***firma electrónica*** de personas físicas, servicio de confianza por excelencia y único existente en la DFE anterior, integrada por los artículos 25 a 34; Sección 5, para los *sellos electrónicos* de personas jurídicas, comprensiva de los artículos 35 a 40; Sección 6, para el *sello de tiempo electrónico,* artículos 41 y 42; Sección 7, para el *servicio de entrega electrónica certificada,* que estará constituida por los artículos 43 y 44, y Sección 8, para el servicio de *autenticación de sitios web,* artículo 45–; Capítulo IV, relativo a los *documentos electrónicos,* integrado por un único precepto 46; Capítulo V, sobre *delegación de poderes y disposiciones de ejecución,* que abarcará los artículos 47 y 48, y un último Capítulo VI, que concluye con las *disposiciones finales,* a lo largo de los artículos 49 a 52. Concluye el texto añadiendo cuatro anexos.

Con posterioridad, se publicaron dos **correcciones** de errores al Reglamento por parte del Parlamento Europeo y del Consejo: una primera, de 01 de noviembre de 2016 (DOUE L 296/25), y una segunda, de 20 de abril de 2017 (DOUE L 104/28). También, y fruto de la labor de desarrollo encomendada a la Comisión, ha tenido lugar la promulgación de una serie de actos de ejecución que persiguen complementar el Reglamento en aspectos concretos; destacan, por orden cronológico, los siguientes: la Decisión de ejecución (UE) 2015/296 de la Comisión de 24 de febrero de 2015 por la que se establecen las modalidades de procedimiento para la cooperación entre los Estados miembros en materia de identificación electrónica con arreglo al artículo 12, apartado 7, del Reglamento (UE) nº 910/2014 del Parlamento Europeo y del Consejo relativo a la identificación electrónica y los servicios de confianza para las transacciones electrónicas en el mercado interior (DOUE L 53/14, de 25 de febrero de 2015); el Reglamento de ejecución (UE) 2015/806 de la Comisión de 22 de mayo de 2015 por el que se establecen especificaciones relativas a la forma de la etiqueta de confianza «UE» para servicios de confianza cualificados (DOUE L 128/13, de 23 de mayo de 2015); el Reglamento de ejecución (UE) 2015/1502 de la Comisión de 8 de septiembre de 2015 sobre la fijación de especificaciones y procedimientos técnicos mínimos para los niveles de seguridad de medios de identificación electrónica con arreglo a lo dispuesto en el artículo 8, apartado 3, del Reglamento (UE) nº 910/2014 del Parlamento Europeo y del Consejo, relativo a la identificación electrónica y los servicios de confianza para las transacciones electrónicas en el mercado interior (DOUE L 235/7, de 09 de septiembre de 2015); el Reglamento de ejecución (UE) 2015/1501 de la Comisión de 8 de septiembre de 2015 sobre el marco de interoperabilidad de conformidad con el artículo 12, apartado 8, del Reglamento (UE) nº 910/2014 del

Parlamento Europeo y del Consejo, relativo a la identificación electrónica y los servicios de confianza para las transacciones electrónicas en el mercado interior (DOUE L 235/1, de 09 de septiembre de 2015); la Decisión de ejecución (UE) 2015/1505 de la Comisión de 8 de septiembre de 2015 por la que se establecen las especificaciones técnicas y los formatos relacionados con las listas de confianza de conformidad con el artículo 22, apartado 5, del Reglamento (UE) nº 910/2014 del Parlamento Europeo y del Consejo, relativo a la identificación electrónica y los servicios de confianza para las transacciones electrónicas en el mercado interior (DOUE L 235/26, de 09 de septiembre de 2015); la Decisión de ejecución (UE) 2015/1506 de la Comisión de 8 de septiembre de 2015 por la que se establecen las especificaciones relativas a los formatos de las firmas electrónicas avanzadas y los sellos avanzados que deben reconocer los organismos del sector público de conformidad con los artículos 27, apartado 5, y 37, apartado 5, del Reglamento (UE) nº 910/2014 del Parlamento Europeo y del Consejo, relativo a la identificación electrónica y los servicios de confianza para las transacciones electrónicas en el mercado interior (DOUE L 235/37, de 09 de septiembre de 2015); la Decisión de ejecución (UE) 2015/1984 de la Comisión de 3 de noviembre de 2015 por la que se definen las circunstancias, formatos y procedimientos de notificación con arreglo al artículo 9, apartado 5, del Reglamento (UE) nº 910/2014 del Parlamento Europeo y del Consejo, relativo a la identificación electrónica y los servicios de confianza para las transacciones electrónicas en el mercado interior (DOUE L 289/18, de 05 de noviembre de 2015) o la Decisión de ejecución (UE) 2016/650 de la Comisión de 25 de abril de 2016 por la que se fijan las normas para la evaluación de la seguridad de los dispositivos cualificados de creación de firmas y sellos con arreglo al artículo 30, apartado 3, y al artículo 39, apartado 2, del Reglamento (UE) nº 910/2014 del Parlamento Europeo y del Consejo, relativo a la identificación electrónica y los servicios de confianza para las transacciones electrónicas en el mercado interior (DOUE L 109/40, de 26 de abril de 2016).

Como efecto más relevante a nivel interno, la entrada en vigor del eIDAS provocó en nuestro país el desplazamiento de la LFE en todo aquello regulado por el Reglamento, haciendo necesaria la inmediata adaptación o derogación definitiva de una norma que, pese a cuanto se diga en su Exposición de Motivos, nació para incorporar la, ya derogada, DFE al ordenamiento jurídico español. En este contexto, y en aras de conseguir una mayor certeza y seguridad jurídica, tuvo lugar el 04 de abril de 2017 una propuesta legislativa que perseguía sustituir la normativa anterior en materia de firma electrónica por una nueva ley que se ajustase a la actual regulación comunitaria, «[...] eliminando los preceptos incompatibles con el Reglamento para evitar la apariencia jurídica de su vigencia y aplicabilidad, así como regulando determinados aspectos de los servicios electrónicos de confianza que el Reglamento deja al criterio de los Estados miembros» (Memoria del análisis de impacto normativo del Anteproyecto de Ley reguladora de determinados aspectos de los servicios electrónicos de confianza).

De este modo, surge, a la postre, la **LSEC**, que conforma un articulado que afecta a los prestadores (públicos y privados) de servicios electrónicos de confianza, complementando el Reglamento eIDAS (artículo 1) en relación con las obligaciones a las que estos están sometidos y las condiciones necesarias para la prestación de este tipo de servicios en el mercado nacional, promoviendo, en definitiva, la competencia sobre las bases de unas reglas comunes. Con ello, pretende, ante todo, «[...] cubrir aquellos aspectos previstos en el Reglamento (UE) 910/2014, como es el caso, entre otros, del régimen de previsión de riesgo de los prestadores cualificados, el régimen sancionador, la comprobación de la identidad y atributos de los solicitantes de un certificado cualificado, la inclusión de requisitos adicionales a nivel nacional para certificados cualificados tales como identificadores nacionales, o su tiempo máximo de vigencia, así como las condiciones para la suspensión de los certificados».

La LSEC consta de cinco títulos: el Título I (artículos 1 a 3), intitulado *disposiciones generales*, contiene el objeto y los principios generales que delimitan los ámbitos, subjetivo y objetivo, de aplicación de la Ley, así como los efectos jurídicos de los documentos electrónicos; el Título II (artículos 4 a 7), por su parte, regula el régimen aplicable a los *certificados electrónicos*; el Título III (artículos 8 a 13) recoge las *obligaciones* y el régimen de *responsabilidad de los prestadores de servicios electrónicos de confianza*, ya sean cualificados o no cualificados; el Título IV (artículos 14 a 17) dedica su contenido a disciplinar el régimen de *supervisión y control*, y, por último, el Título V (artículos 18 a 20) regula las *infracciones* (muy graves, graves y leves) a la norma, que conllevarán la imposición de las correspondientes *sanciones*. Cierran el texto un total de cuatro disposiciones adicionales (la primera, sobre *fe pública y servicios electrónicos de confianza*; la segunda, para los *efectos jurídicos de los sistemas utilizados en las Administraciones públicas*; la tercera, que centra su atención en el *Documento Nacional de Identidad y sus certificados electrónicos*, y la cuarta, sobre el *Secreto de la identidad de los miembros del Centro Nacional de Inteligencia*), dos disposiciones transitorias (que contemplan un aspecto clave, como es la *comunicación de actividad por prestadores de servicios no cualificados ya existentes* antes de la entrada en vigor de la Ley, así como el *desarrollo reglamentario del Documento Nacional de Identidad*), una disposición derogatoria y siete disposiciones finales (que abordan, por este orden, la *modificación de la Ley 56/2007, de 28 de diciembre, de Medidas de Impulso de la Sociedad de la Información*; la *modificación de la Ley 1/2000, de 7 de enero, de Enjuiciamiento Civil*; la *modificación de la Ley 34/2002, de 11 de julio, de servicios de la sociedad de la información y de comercio electrónico*; la *modificación de la Ley 17/2009, de 23 de noviembre, sobre el libre acceso a las actividades de servicios y su ejercicio*; el *título competencial*; el *desarrollo reglamentario*, y la *entrada en vigor*).

Posteriormente, la Ley 11/2023, de 8 de mayo, de trasposición de Directivas de la Unión Europea en materia de accesibilidad de determinados productos y servicios, migración de personas altamente cualificadas, tributaria y digitalización de actuaciones notariales y registrales; y por la que se modifica la Ley 12/2011, de 27 de mayo, sobre responsabilidad civil por daños nucleares o producidos por materiales radiactivos (BOE núm. 110, de 09 de mayo de 2023), introduce la disposición final décima, que introduce el artículo 19 bis y modifica el artículo 20, ambos de la LSEC.

Por lo demás, dentro del Reglamento europeo eIDAS, presenta singular importancia el concepto de **servicio de confianza**. De acuerdo con el artículo 3.16) de la norma, este servicio puede ser definido (o, más bien, enumerado) como:

> «[E]l servicio electrónico prestado habitualmente a cambio de una remuneración, consistente en:
>
> a) la creación, verificación y validación de firmas electrónicas, sellos electrónicos o sellos de tiempo electrónicos, servicios de entrega electrónica certificada y certificados relativos a estos servicios, o
>
> b) la creación, verificación y validación de certificados para la autenticación de sitios web, o
>
> c) la preservación de firmas, sellos o certificados electrónicos relativos a estos servicios».

A su vez, prosigue el apartado 17) de este mismo precepto, tendrán la consideración de servicios de confianza **cualificados** aquellos que cumplan los requisitos aplicables establecidos en el Reglamento, que se verán dotados de efectos jurídicos que los sitúan en una categoría superior respecto de los que no lo son, y lo harán desde tres perspectivas distintas: en primer lugar, ofreciendo una mayor seguridad jurídica de que el medio empleado es idóneo para cumplir con una norma de carácter imperativo, intangible para las partes, que exija el empleo de servicios de confianza; en segundo lugar, eliminando la necesidad de establecer reglas contractuales o administrativas para concretar los efectos sustantivos del servicio de confianza, y, en tercer y último lugar, favoreciendo la consecución de efectos procesales favorables, habida cuenta de la imposibilidad de que las partes creen nuevos medios de prueba.

Aun cuando nos centraremos en un concreto servicio de confianza, cual es la firma electrónica (que, por este motivo, será definida, descrita y analizada a continuación), conviene definir qué se entiende por:

En primer lugar, sello electrónico, que alude a los «datos en formato electrónico anejos a otros datos en formato electrónico, o asociados de manera lógica con ellos, para garantizar el origen y la integridad de estos últimos» y que, a diferencia de la firma electrónica en su configuración actual, está previsto para personas jurídicas, que, como equivalentes a los firmantes, reciben el nombre de "creador de un sello" [artículo 3, 24) y 25), Reglamento eIDAS].

En segundo lugar, sello de tiempo electrónico, representado por los «datos en formato electrónico que vinculan otros datos en formato electrónico con un instante concreto, aportando la prueba de que estos últimos datos existían en ese instante» [artículo 3.33) Reglamento eIDAS].

En tercer lugar, servicio de entrega electrónica certificada, que, como establece la letra 36) del precitado artículo, es «un servicio que permite transmitir datos entre partes terceras por medios electrónicos y aporta pruebas relacionadas con la gestión de los datos transmitidos, incluida la prueba del envío y la recepción de los datos, y que protege los datos transmitidos frente a los riesgos de pérdida, robo, deterioro o alteración no autorizada».

En cuarto lugar, certificado de autenticación de sitio web, que se traduce en «una declaración que permite autenticar un sitio web y vincula el sitio web con la persona física o jurídica a quien se ha expedido el certificado».

Más allá de lo anterior, de un análisis pormenorizado de la estructura de los servicios de confianza, podemos inferir una importante conclusión, cual es que forman parte del, más amplio, concepto de **servicios de la sociedad de la información**. Estos últimos son definidos en el artículo 1.1.b) de la Directiva (UE) 2015/1535 del Parlamento Europeo y del Consejo de 9 de septiembre de 2015 por la que se establece un procedimiento de información en materia de reglamentaciones técnicas y de reglas relativas a los servicios de la sociedad de la información (DOUE L 241/1, de 17 de septiembre de 2015), que, bajo el escueto término de "servicio", los singulariza mediante la enumeración (sobradamente conocida por las aportaciones de sus precedentes normativos, por ella derogados) de los elementos de los que, necesariamente, deben estar provistos: ser prestado normalmente a cambio de una remuneración [la Directiva 2000/31/CE del Parlamento Europeo y del Consejo de 8 de junio de 2000 relativa a determinados aspectos jurídicos de los servicios de la sociedad de la información, en particular el comercio electrónico en el mercado interior (Directiva sobre el comercio electrónico -DOCE L 178/1, de 17 de julio de 2000-) prevé, específicamente, la posibilidad de que determinados servicios de la sociedad de la información puedan merecer tal calificación aun cuando no sean remunerados por sus destinatarios, siempre que representen una actividad económica para el prestador de los mismos, derivada, por ejemplo, de la publicidad o de la obtención y posterior tratamiento de datos], a distancia (es decir, sin que las partes estén presentes simultáneamente), por vía electrónica [pues tienen que ser enviados desde la fuente y recibidos por el destinatario por medio de equipos electrónicos de tratamiento (incluida la compresión digital) y de almacenamiento de datos, transmitiéndose, canalizándose y recibiéndose enteramente por hilos, radio, medios ópticos o cualquier otro medio electromagnético] y a petición individual de un destinatario de servicios.

En concreto, consideramos que los servicios de confianza se ubican dentro de los conocidos como servicios de la sociedad de la información de intermediación, toda vez que facilitan «[...] la prestación o utilización de otros servicios de la sociedad de la información o el acceso a la información» [letra b) del anexo de la Ley 34/2002, de 11 de julio, de servicios de la sociedad de la información y de comercio electrónico (BOE núm. 166, de 12 de julio de 2002)]. Así, podrían considerarse añadidos a otros explícitamente previstos por la normativa, como los servicios relativos a la provisión de acceso a Internet (*Internet service providers*); los servicios que posibilitan la transmisión de datos por redes de telecomunicaciones (*mere conduit* o *routing*); los servicios relativos a la realización de copia temporal de las páginas de Internet solicitadas por los usuarios (*proxy caching* o "memoria tampón"); los servicios que permiten el alojamiento, en los propios servidores, de datos, aplicaciones o servicios suministrados por otros (*hosting*), o los servicios que proveen instrumentos de búsqueda, acceso y recopilación de datos o enlaces a otros sitios de Internet (*searching and linking*).

Atendiendo al elemento subjetivo, será prestador de estos servicios de confianza cualquier persona, física o jurídica, que preste uno o varios de los mismos, sea o no calificado [artículo 3.19) del Reglamento eIDAS]. En este sentido, será cualificado el «[...] prestador de servicios de confianza que presta uno o varios servicios de confianza cualificados y al que el organismo de supervisión ha concedido la cualificación» [artículo 3.19) del Reglamento eIDAS].

II. LA FIRMA ELECTRÓNICA

Uno de los más laudables efectos propiciados por la nueva sociedad de la información consiste en el intercambio de datos de todo tipo entre los distintos sujetos que la integran. Estas comunicaciones o transferencias electrónicas de información pueden producirse en el ámbito del sector público [entre las distintas Administraciones públicas (A2A) y entre estas con empresarios (A2B/B2A) o con administrados (A2C/C2A)] o en el del sector privado [relaciones entre empresas (B2B), entre empresarios y consumidores (B2C/C2B) o entre estos (C2C)], y tanto a nivel internacional como puramente interno. Sin embargo, la ampliación por la electrónica de los formatos en que se pueden contener los documentos constitutivos de relaciones negociales o administrativas conlleva también, como no podía ser de otra manera, la aparición de riesgos e incertidumbres, que se ven incrementados cuando las transacciones se efectúan (algo habitual) a través de la Red de redes, Internet.

En estos casos, resulta adecuado garantizar una serie de efectos que permitan inferir la confianza suficiente en quienes participen de la relación o transacción: en primer lugar, que el mensaje de datos provenga de quien dice ser (identificación autenticada); en segundo lugar, que dicho mensaje no se haya visto alterado durante el tránsito que va desde que se envía hasta que se recibe (integridad); en tercer lugar, que ni la persona que lo envía pueda negar haberlo enviado ni la persona que lo recibe pueda negar haberlo recibido (no repudio en origen y no repudio en destino, respectivamente), y, en cuarto y último lugar, que su contenido no pueda ser conocido por terceros no autorizados (confidencialidad). La firma electrónica se erige en la manifestación, por antonomasia, del importante principio de equivalencia funcional y en la solución técnica más adecuada para probar la existencia de los extremos arriba suscritos.

1. Partes del sistema de firma electrónica: estructura triangular

El funcionamiento de la firma electrónica reposa sobre la base de tres pilares o elementos subjetivos fundamentales: el firmante, el tercero que confía y el prestador del servicio de confianza.

De acuerdo con el artículo 3, apartado 9), Reglamento eIDAS, el **firmante** será la persona física que crea la firma electrónica. Es, por tanto, aquella persona que, dentro del sistema de criptografía asimétrica que analizaremos seguidamente, se encuentra en posesión de las claves, privada y pública, con las que encriptar (por él mismo, con el dispositivo de creación de firma electrónica), primero, y desencriptar (por el tercero que confía, con el dispositivo de verificación de firma electrónica), después, el mensaje de datos. Vemos reducirse, entendemos que correctamente, la redundante, extensa e innecesaria definición descriptiva contenida en el artículo 2.3) de la Directiva precedente [también, en términos prácticamente idénticos, en los artículos 2.c) RDLFE o 6.2 LFE], que entendía por tal «[...] la persona que está en posesión de un dispositivo de creación de firma y que actúa en su propio nombre o en el de la entidad o persona física o jurídica a la que representa», aspectos, todos ellos, que pueden inferirse por deducción de la definición proporcionada por el Reglamento vigente.

Por lo demás, la noción de firmante podrá verse acompañada de otros términos. Es lo que sucede en la práctica jurídica, técnica y comercial con los de "solicitante", "titular" o "suscriptor", en aquellos casos en que a la firma electrónica se añada un certificado. También, en general, con otros relacionados, como sucede con los de "poseedor de la clave", "responsable de la custodia" o "firmante material", generándose, con frecuencia, una cierta confusión derivada del empleo de múltiples denominaciones para una misma figura.

En consecuencia, y como novedad más importante en este punto, desaparece, con el Reglamento eIDAS, la mención a una posibilidad específica contemplada en la normativa anterior y que, ahora, hemos de entender suprimida. Nos estamos refiriendo a la posibilidad, supra anunciada, de que el firmante pueda ser persona jurídica, figura que se ve reemplazada por otra, hasta ahora, desconocida en el plano normativo: el conocido como "creador de un sello", es decir, la persona jurídica que crea un sello electrónico [apartado 24) del artículo 3 Reglamento eIDAS], que exigió, hasta la derogación de la LFE por la LSEC, una derogación implícita de cuantos preceptos no contemplaban esta separación [entre otros, los artículos 7 y 11.2.e) LFE].

Junto a lo anterior, hemos de detenernos en otro aspecto no menos relevante. A tenor de las definiciones proporcionadas por el Reglamento eIDAS respecto de las nociones de "firmante", de "firma electrónica" y de "identificación electrónica", podemos extraer las siguientes **conclusiones**:

En primer lugar, firmante es, como ya sabemos, la persona física que crea una firma electrónica.

En segundo lugar, parece adecuado realizar una reinterpretación de la noción de firma electrónica general que proporciona el Reglamento, en el sentido de entender que el mínimo común denominador que toda firma electrónica ha de tener es el de servir como medio de identificación electrónica del firmante, en línea con la normativa comunitaria y nacional anterior.

En tercer y último lugar, la identificación electrónica, aplicada a la firma electrónica, es definida como el proceso de utilizar los datos de identificación de una persona en formato electrónico que representan de manera única a una persona física o a una persona física que representa a una persona jurídica.

Ahora bien, no se contempla la posibilidad de que una persona física pueda representar a otra persona física (tampoco, aunque escape al objeto del presente estudio, que una persona jurídica pueda representar a otra persona jurídica, ficción que, pese a ser compleja, también resultaría factible en la práctica), opción, esta, que sí estaba expresamente prevista en las nociones de firmante del RDLFE, de la DFE y de la LFE. Este problema parece subsanarse, en nuestro país, con el artículo 5.1.a) LSEC, que, al hablar de la extinción de la vigencia de los certificados electrónicos mediante revocación, dispone, expresamente, que esta podrá producirse, entre otras, por la «[s]olicitud formulada por el firmante, *la persona física o jurídica representada por este*, un tercero autorizado, el creador del sello o el titular del certificado de autenticación de sitio web» (la cursiva es propia), previendo, pues, aun de manera indirecta, esta posibilidad, y completando, en consecuencia, aquello que el Reglamento eIDAS (no entendemos el motivo) no contempla de manera explícita. Por ello, entendemos que lo más adecuado, más allá de la promulgación en España de la LSEC, sería la modificación del Reglamento eIDAS en este punto concreto, añadiendo a los apartados 1), 3) y 4) del artículo 3 esta ampliación en los supuestos de representación, en una suerte de definiciones que podrían quedar como siguen:

1) "Identificación electrónica", el proceso de utilizar los datos de identificación de una persona en formato electrónico que representan de manera única a una persona física o jurídica, a una persona física que representa a una persona jurídica o a otra persona física o a una persona jurídica que representa a una persona física o a otra persona jurídica;

3) "Datos de identificación electrónica de la persona", un conjunto de datos que permite establecer la identidad de una persona física o jurídica, de una persona física que representa a una persona jurídica o a otra persona física o de una persona jurídica que representa a una persona física o a otra persona jurídica, y

4) "Sistema de identificación electrónica", un régimen para la identificación electrónica en virtud del cual se expiden medios de identificación electrónica a las personas físicas o jurídicas, a las personas físicas que representan a personas jurídicas o a otras personas físicas o a personas jurídicas que representan a personas físicas o a otras personas jurídicas.

Dentro del sistema triangular que, tradicionalmente, conforma la firma electrónica, la contraparte principal del firmante viene representada por la figura del **tercero que confía**. Ha sido el artículo 3.6) Reglamento eIDAS el encargado de definir, por primera vez, qué se entiende por parte usuaria, que, a los efectos que aquí interesan, sería aquella «[...] persona física o jurídica que confía en la identificación electrónica o el servicio de confianza». De este modo, pese a que, con frecuencia, se ha identificado a este sujeto con cualquier persona que confía en el certificado electrónico que integra una determinada firma electrónica, en mi opinión, esta noción ha de tener una vocación ciertamente más amplia, englobando también aquellos supuestos en los que la firma electrónica que pretende generar confianza no goza de dicho certificado (por ejemplo, firma electrónica simple). Además, podría abarcar a cualquier persona que confíe o tenga interés en confiar en la autenticidad de una firma electrónica suscrita por el firmante, aun cuando esta no constituyera o determinara el nacimiento de relación contractual alguna.

Se trata, esta, de una expresión procedente del sistema jurídico anglosajón, que no goza de tratamiento especializado y separado, si bien es cierto que, normativamente, se reconocerán ciertos efectos a los terceros que confían, como el derecho a la indemnización en los supuestos de responsabilidad del firmante cuando este asume la posición de prestador y aquel la posición de destinatario. En cualquier caso, podemos decir que este será el sujeto receptor que, dentro de la firma digital, se encargue de emplear la clave pública (a través del dispositivo de verificación de firma electrónica) del firmante para descifrar el contenido del documento electrónico y volver al mensaje en claro.

Al igual que sucede con el firmante, el tercero que confía podrá adquirir la condición de prestador o la de destinatario, y, dentro de esta última, la de consumidor. Por este motivo, y dependiendo del supuesto concreto, tendremos que tener en cuenta la aplicación cumulativa de varias normativas de forma simultánea.

Por lo que respecta a la figura del **tercero generador de confianza** como sujeto activo intermediador, el nuevo Reglamento europeo eIDAS ha supuesto una profunda transformación en la concepción y en la denominación misma de los sujetos o entidades encargados de prestar servicios de confianza en el ámbito de las transacciones electrónicas desarrolladas en el mercado interior. En efecto, con la entrada en vigor de la normativa comunitaria actual, se amplía el ámbito de aplicación de la actividad desempeñada por los conocidos como "prestadores de servicios de confianza", "autoridades de certificación", "entidades de certificación" o "proveedor de servicios de certificación", que no se reduce ya, como antaño y gracias a la expansión propia de los servicios de confianza regulados, a la firma electrónica.

Así las cosas, tal y como hemos indicado anteriormente, el apartado 19) del artículo 3 Reglamento eIDAS establece que estos prestadores vendrán personificados en aquellas personas, físicas o jurídicas, que prestan uno o más servicios de confianza. A su vez, y dependiendo de la cualificación (o ausencia de la misma) que tengan estos servicios, hablaremos de prestadores cualificados o de prestadores no cualificados de servicios de confianza. Los prestadores cualificados, repetimos, serán aquellos que presten uno o varios servicios de confianza cualificados; no obstante, a esta exigencia se añade una adicional, y es la necesidad de que el **organismo de supervisión** les haya concedido la cualificación [artículo 3.20) Reglamento eIDAS].

En cualquier caso, el prestador de servicios de confianza se erige en un elemento fundamental dentro del sistema de firma electrónica, al conferir la seguridad jurídica necesaria a aquellas comunicaciones realizadas por medios telemáticos. Para dar continuidad a esta importante figura ante el cambio de norma, el artículo 51.3 Reglamento eIDAS dispone que aquel prestador que emitiese certificados reconocidos conforme a la DFE habrá de presentar un informe de evaluación de la conformidad al organismo supervisor lo antes posible, si bien, como máximo, el 01 de julio de 2017. Hasta que presentase el citado informe y el organismo supervisor ultimase su análisis (no basta, pues, con presentarlo), dicho prestador sería considerado, según el Reglamento eIDAS, como cualificado; *sensu contrario*, de no presentar el informe en plazo, tal prestador no podría ser considerado, a los efectos del Reglamento eIDAS, como cualificado a partir del día siguiente, el 02 de julio de 2017 (artículo 51.4 del Reglamento eIDAS).

Ha sido el extenso artículo 17 del Reglamento europeo el encargado de regular la designación y funciones de este órgano. De acuerdo con este precepto, el organismo de supervisión será designado por cada Estado miembro de entre los establecidos en su territorio o, previo acuerdo mutuo con otro Estado miembro, de entre los establecidos en el territorio de este último, siendo notificados sus nombres y direcciones a la Comisión. Responsables de las funciones de supervisión dentro del Estado miembro que lo designe, disfrutarán de las competencias necesarias y de los recursos adecuados; en concreto, estas funciones se reducirán a dos (apartado tercero):

Una primera, consistente en supervisar a los prestadores cualificados de servicios de confianza que se hallen establecidos en el territorio del Estado miembro que lo designe, con el objetivo de garantizar, mediante actividades de supervisión previas y posteriores, que tales prestadores y los servicios de confianza cualificados que prestan cumplen los requisitos establecidos en el Reglamento.

Una segunda, centrada en adoptar, caso de que resulte necesario, medidas en relación con los prestadores no cualificados de servicios de confianza establecidos en el territorio del Estado miembro que lo designe, a través de actividades de supervisión posteriores y siempre que reciba la información de que dichos prestadores o los servicios de confianza no cualificados que prestan no cumplen, supuestamente, los requisitos establecidos en el Reglamento.

Prosigue el apartado siguiente estableciendo, para el cumplimiento de las funciones anteriores, y con las limitaciones establecidas, que el organismo de supervisión realizará, en particular, las siguientes **actividades**:

a) **Cooperar** con otros organismos y prestarles asistencia, de conformidad con el artículo 18 Reglamento eIDAS.

Este último precepto regula la **asistencia mutua** entre organismos de supervisión con el fin de intercambiar prácticas idóneas. En este sentido, un organismo de supervisión, previa solicitud justificada de otro, deberá prestarle asistencia con el objetivo de que las actividades de los organismos de supervisión en su conjunto puedan realizarse de manera coherente. Esta asistencia podrá incluir, en particular, las solicitudes de información y las medidas de supervisión, tales como aquellas peticiones para que se lleven a cabo inspecciones en relación con los informes de evaluación de la conformidad a que se refieren los artículos 20 y 21 Reglamento eIDAS (apartado primero). Pese a lo anterior, el organismo de supervisión al que se dirija la solicitud podrá denegarla cuando no sea competente para prestar la asistencia peticionada, cuando dicha asistencia no guarde proporción con las actividades de supervisión del organismo previstas en el artículo 17 o cuando la prestación de la ayuda fuera incompatible con el Reglamento eIDAS (apartado segundo). En cualquier caso, cuando proceda, los Estados miembros podrán autorizar a sus respectivos organismos de supervisión para que lleven a cabo investigaciones conjuntas con participación de personal de los organismos de supervisión de otros Estados miembros; los acuerdos y procedimientos para dichas actividades conjuntas serán aprobados y establecidos por los Estados miembros de que se trate de conformidad con sus legislaciones nacionales (apartado tercero).

b) **Analizar** los informes de evaluación de la conformidad a que se refieren los artículos 20.1 y 21.1 Reglamento eIDAS.

De acuerdo con el primero de estos preceptos, los prestadores cualificados de servicios de confianza serán preceptivamente **auditados**, como mínimo cada dos años, por un organismo de evaluación de la conformidad, asumiendo los gastos que ello genere. Este organismo aparece definido en el artículo 2.13) del Reglamento (CE) nº 765/2008 del Parlamento Europeo y del Consejo de 9 de julio de 2008 por el que se establecen los requisitos de acreditación y vigilancia del mercado relativos a la comercialización de los productos y por el que se deroga el Reglamento (CEE) nº 339/93 (DOUE L 218/30, de 13 de agosto de 2008), entendiendo por tal [artículo 2.13)] el «[...] organismo que desempeña actividades de evaluación de la conformidad, que incluyen calibración, ensayo, certificación e inspección»; a su vez, la evaluación de la conformidad, adiciona el apartado precedente del mismo precepto, hará referencia al «[...] proceso por el que se demuestra si se cumplen los requisitos específicos relativos a un producto, un proceso, un servicio, un sistema, una persona o un organismo».

La competencia de este organismo para realizar una evaluación de conformidad de un prestador cualificado de servicios de confianza y de los servicios que presta está acreditada en virtud del Reglamento eIDAS [artículo 3.18) Reglamento eIDAS]. La finalidad de la auditoría será confirmar que dichos prestadores y tales servicios cumplen los requisitos establecidos en el Reglamento; obtenido el informe de evaluación de la conformidad correspondiente, será enviado por el prestador al organismo de supervisión en el plazo de tres días hábiles tras su recepción (apartado primero). Sin perjuicio de lo anterior, el organismo de supervisión podrá, en cualquier momento, auditar o solicitar a un organismo de evaluación de la conformidad que realice una evaluación de la conformidad de los prestadores cualificados de servicios de confianza, que correrán con los gastos originados, a fin de confirmar que, tanto estos prestadores como los servicios de confianza cualificados que prestan, cumplen los requisitos del Reglamento eIDAS; en caso de infracción de las normas sobre protección de datos personales, el organismo de supervisión informará a las autoridades de protección de datos de los resultados de sus auditorías (apartado segundo).

En el supuesto de que, como consecuencia de la labor de comprobación realizada, el organismo de supervisión requiera a un prestador cualificado de servicios de confianza que corrija el incumplimiento de requisitos del Reglamento y este no actúe en consecuencia dentro del plazo fijado por dicho organismo, el citado organismo, teniendo en cuenta particularmente el alcance, la duración y las consecuencias del incumplimiento, podrá retirar (y, a tal efecto, así se lo comunicará) la cualificación al prestador o al servicio que presta e informar al organismo responsable del establecimiento, mantenimiento y publicación de las listas de confianza nacionales, a efectos de que se actualice la lista de confianza del artículo 22 Reglamento eIDAS (apartado tercero).

Por lo demás, la Comisión podrá, mediante actos de ejecución (a adoptar con arreglo al procedimiento de examen contemplado en el artículo 48.2 Reglamento eIDAS), establecer números de referencia de las siguientes normas: a) para la acreditación de los organismos de evaluación de la conformidad y para el informe de evaluación de la conformidad, y b) sobre las disposiciones en materia de auditoría con arreglo a las cuales los organismos de evaluación de la conformidad realizarán la evaluación de la conformidad de los prestadores cualificados (apartado cuarto).

Siguiendo los términos previstos en este precepto, el artículo 9.3.d) LSEC establece la obligación de todo prestador cualificado de servicios de confianza de enviar el informe de evaluación de la conformidad al Ministerio competente, conllevando su incumplimiento «[...] la retirada de la cualificación al prestador y al servicio que este presta, y su eliminación de la lista de confianza prevista en el artículo 22 del citado Reglamento, previo requerimiento al prestador del servicio para que cese en el citado incumplimiento».

Por su parte, el artículo 21 Reglamento eIDAS regula aquellos casos de prestadores de servicios de confianza sin cualificación que tengan la intención de **iniciar su actividad** como prestadores cualificados de servicios de confianza. En estos casos, habrán de presentar al organismo de supervisión una notificación de su intención, junto con un informe de evaluación de la conformidad expedido por un organismo de evaluación de la conformidad (apartado primero). Verificado en sentido afirmativo por el organismo de supervisión que el citado prestador y los servicios de confianza que presta cumplen los requisitos establecidos en el Reglamento eIDAS para los prestadores cualificados de servicios de confianza y servicios de confianza cualificados, concederá la cualificación al prestador y a los servicios que presta y lo comunicará al organismo responsable del establecimiento, mantenimiento y publicación de las listas de confianza nacionales, dentro de los tres meses desde la notificación de dicha conformidad; si la verificación no concluye en el plazo de tres meses, el organismo de evaluación informará de ello al prestador afectado, especificando los motivos de la demora y el plazo previsto para concluir la verificación (apartado segundo). Por lo demás, los prestadores a los que se les haya concedido la cualificación podrán comenzar a prestar el servicio de confianza cualificado una vez que la misma haya sido indicada en las listas de confianza del artículo 22 Reglamento eIDAS (apartado tercero). Por último, la Comisión podrá, mediante actos de ejecución (a adoptar con arreglo al procedimiento de examen contemplado en el artículo 48.2 Reglamento eIDAS), definir los formatos y procedimientos a efectos de cuanto se ha expuesto (apartado cuarto).

c) **Informar** a otros organismos de supervisión y al público en general de la violación de la seguridad o la pérdida de la integridad, de conformidad con el artículo 19.2 Reglamento eIDAS.

Este artículo establece que los prestadores de servicios de confianza, cualificados y no cualificados, adoptarán las medidas técnicas y organizativas necesarias para gestionar los **riesgos** para la seguridad de los servicios de confianza que, respectivamente, presten. Teniendo en cuenta los avances tecnológicos, estas medidas habrán de garantizar un nivel de seguridad proporcionado al grado de riesgo. En concreto, se adoptarán medidas para evitar y reducir al mínimo el impacto de los incidentes de seguridad e informar a los interesados de los efectos negativos de cualesquiera de los mismos (apartado primero). En cualquier caso, ambos tipos de prestadores, sin demoras indebidas y en el plazo máximo de un día tras tener conocimiento de ellas, notificarán al organismo de supervisión y, caso de que sea necesario, a otros organismos relevantes como el organismo nacional competente en materia de seguridad de la información o la autoridad de protección de datos, cualquier violación de la seguridad o pérdida de la integridad que tenga un impacto significativo en el servicio prestado o en los datos personales correspondientes. Asimismo, cuando dicha violación de la seguridad o pérdida de la integridad puedan atentar contra una persona física o jurídica a la que se ha prestado el servicio, el prestador se lo notificará también, sin demora indebida, a la persona en cuestión. Además, cuando proceda, en especial en aquellos casos en que la violación de la seguridad o la pérdida de la integridad afecte a más de un Estado miembro, el organismo de supervisión notificado informará al respecto a los organismos de supervisión de los demás Estados miembros afectados y a la ENISA (Agencia de Seguridad de las Redes y de la Información); junto a lo anterior, el organismo de supervisión informará al público o exigirá al prestador que lo haga, siempre que considere que la divulgación de la violación de la seguridad o la pérdida de la integridad reviste interés público (apartado segundo). Anualmente, el organismo de supervisión facilitará a la ENISA un resumen de las notificaciones de violación de la seguridad o pérdida de la integridad recibidas por parte de los prestadores de servicios de confianza (apartado tercero). Por último, la Comisión, mediante actos de ejecución (a adoptar con arreglo al procedimiento de examen contemplado en el artículo 48.2 Reglamento eIDAS), establecerá una mayor especificación de las medidas a que se refiere el apartado primero y la definición de los formatos y procedimientos, incluidos los plazos, aplicables a efectos del apartado segundo.

La previsión anterior, en lo concerniente a la protección de datos personales, deberá cohonestarse con lo dispuesto en los artículos 33 y 34 del Reglamento (UE) 2016/679 del Parlamento Europeo y del Consejo de 27 de abril de 2016 relativo a la protección de las personas físicas en lo que respecta al tratamiento de datos personales y a la libre circulación de estos datos y por el que se deroga la Directiva 95/46/CE (Reglamento general de protección de datos o RGPD -DOUE L 119/1, de 04 de mayo de 2016-). El primero de estos preceptos regula la obligación del responsable del tratamiento de notificar una violación de la seguridad de los datos personales a la autoridad de control competente (en España, y a nivel nacional, la Agencia Española de Protección de Datos). El segundo, por su parte, establece lo propio con el deber de comunicar dicho incidente o brecha de seguridad a los interesados afectados, siempre que «[...] sea probable que la violación de la seguridad de los datos personales entrañe un alto riesgo para los derechos y libertades de las personas físicas» (artículo 34.1 RGPD). En nuestro país, será la Ley Orgánica 3/2018, de 5 de diciembre, de Protección de Datos Personales y garantía de los derechos digitales (BOE núm. 294, de 06 de diciembre de 2018) la encargada de adaptar el ordenamiento jurídico español al RGPD y completar sus disposiciones.

d) **Informar** a la Comisión de sus actividades principales, de conformidad con el apartado sexto del presente precepto, que establece que, a más tardar el 31 de marzo de cada año, cada organismo de supervisión deberá presentar a la Comisión un informe en el que se recojan sus actividades principales del año civil precedente, al que se deberá adjuntar un resumen de las notificaciones de violación recibidas de los prestadores de servicios de confianza, de conformidad con el, antes analizado, artículo 19, apartado 2, Reglamento eIDAS. La Comisión pondrá a disposición de los Estados miembros dicho informe anual (artículo 17.7 Reglamento eIDAS).

e) Realizar auditorías o solicitar a un organismo de evaluación de la conformidad que realice una **evaluación de la conformidad** de los prestadores cualificados, con arreglo al artículo 20.2 Reglamento eIDAS, en los términos también ya descritos.

f) **Cooperar** con las autoridades de protección de datos, en particular, informándoles, sin demora indebida, de los resultados de las auditorías de los prestadores cualificados de servicios de confianza, en el caso de posible infracción de las normas (arriba apuntadas) sobre protección de datos personales.

g) **Conceder la cualificación** a los prestadores de servicios de confianza y a los servicios de confianza que presten, así como retirar esta cualificación, con arreglo a los artículos 20 y 21 Reglamento eIDAS.

h) **Comunicar** al organismo responsable del establecimiento, mantenimiento y publicación de las listas de confianza nacionales su decisión de **conceder o retirar la cualificación**, salvo en el caso en el que dicho organismo sea también el organismo de supervisión.

El artículo 22 Reglamento eIDAS, repetidamente mencionado, establece la obligación de todo Estado miembro de establecer, mantener y publicar de manera segura dichas listas, que contendrán información relativa a los prestadores cualificados de servicios de confianza de los que el Estado miembro en cuestión sea responsable, junto con la información relacionada con los servicios de confianza cualificados que aquellos presten (apartado primero). Estas listas de confianza deberán ir firmadas o selladas electrónicamente en una forma apropiada para el tratamiento automático, no estableciéndose la modalidad concreta de firma o sello electrónico que, preceptivamente, halla de incorporar (apartado segundo). Los Estados miembros deberán notificar a la Comisión, sin retrasos indebidos (concepto jurídico indeterminado, pues no se establece un plazo concreto), información sobre el organismo responsable del establecimiento, mantenimiento y publicación de las listas de confianza nacionales, así como detalles relativos al lugar en que se publiquen dichas listas, los certificados empleados para firmar o sellar las listas de confianza (lo que indica que la firma o sello electrónico habrán de ser, como mínimo, avanzados o cualificados) y cualquier modificación de los mismos (apartado tercero). A continuación, la Comisión pondrá a disposición del público, por medio de un canal seguro, la información a que se refiere el apartado anterior, en una forma firmada o sellada electrónicamente y apropiada para el tratamiento automático (apartado cuarto). Por último, se establecía como fecha máxima el 18 de septiembre de 2015 para que la Comisión, mediante actos de ejecución (a adoptar con arreglo al procedimiento de examen contemplado en el artículo 48.2 Reglamento eIDAS), especificara la información a que se refiere el apartado primero y definiera las especificaciones técnicas y los formatos de las listas de confianza, aplicables a efectos de los apartados primero a cuarto (apartado quinto); fruto de esta previsión, surge la precitada Decisión de ejecución (UE) 2015/1505.

Por lo demás, dispone el artículo 23 Reglamento eIDAS, una vez que la cualificación a que se refiere el artículo 21.2.2º Reglamento eIDAS se haya incluido en la lista de confianza a que nos referíamos, los prestadores cualificados de servicios de confianza podrán usar la etiqueta de confianza «UE» para indicar de manera simple, reconocible y clara los servicios de confianza cualificados que prestan (apartado primero). Al usar esta etiqueta, tales prestadores garantizarán que, en su sitio web, existe un enlace a la lista de confianza en cuestión (apartado segundo). Finalmente, como muy tarde el 01 de julio de 2015, la Comisión, por medio de actos de ejecución (a adoptar con arreglo al procedimiento de examen contemplado en el artículo 48.2 Reglamento eIDAS), debería elaborar especificaciones relativas a la forma y, en particular, la presentación, composición, tamaño y diseño de la etiqueta de confianza «UE» para servicios de confianza cualificados (apartado tercero); como resultado de esta previsión, nace el, también conocido, Reglamento de ejecución (UE) 2015/806.

a) Verificar la existencia y la correcta aplicación de las disposiciones relativas a los planes de **cese**, en el caso de que los prestadores de este tipo de servicios cesen sus actividades, con inclusión de la forma en que se hace accesible la información, con arreglo al artículo 24.2.h) Reglamento eIDAS. Esta letra establece la obligación de los prestadores cualificados de servicios de confianza de registrar y mantener «[...] accesible durante un período de tiempo apropiado, incluso cuando hayan cesado las actividades del prestador cualificado de servicios de confianza, toda la información pertinente referente a los datos expedidos y recibidos por el prestador cualificado de servicios de confianza, en particular al objeto de que sirvan de prueba en los procedimientos legales y para garantizar la continuidad del servicio. Esta actividad de registro podrá realizarse por medios electrónicos».

b) Requerir que los prestadores de servicios de confianza **corrijan cualquier incumplimiento** de los requisitos establecidos en el presente Reglamento.

Asimismo, los Estados miembros podrán disponer que el organismo de supervisión establezca, mantenga y actualice una infraestructura de confianza, de conformidad con las condiciones que establezca la legislación nacional (artículo 17.5 Reglamento eIDAS).

2. *Métodos de cifrado: especial relevancia de la criptografía asimétrica*

El empleo efectivo de las posibilidades de comunicación que ofrece actualmente Internet exige la presencia de mecanismos que permitan acreditar la identidad del transmitente o comprobar el origen y la integridad de los datos comunicados. En este sentido, un instrumento esencial que permite dotar de seguridad a la transmisión y al almacenamiento de los datos relativos a los documentos electrónicos que circulan a través de las redes informáticas es la criptografía. "Cifrar" (o su equivalente anglosajón "encriptar") alude al proceso en virtud del cual la información deviene ininteligible, a fin de protegerla frente a terceros de su modificación y acceso no autorizado, pudiendo volver, en cualquier momento, al estado anterior a través de un proceso de descifrado; todo ello, mediante la aplicación de los algoritmos necesarios por parte de quien se encuentre en posesión de la clave adecuada. Más específicamente, el sistema criptográfico es un sistema de tratamiento de la información que transforma el mensaje, de modo que sólo las personas en posesión de algoritmos (procedimiento matemático) y claves (conjunto de dígitos alfanuméricos) adecuados pueden acceder a su contenido de manera correcta y satisfactoria.

Cuando es bilateral y electrónica, la información contenida en un mensaje de datos es cifrada por el emisor con el objetivo de que su contenido sólo pueda ser conocido por quien resulte ser el receptor pretendido, existiendo, a tales efectos, dos escenarios ciertamente diferentes: un primer escenario, en el que la misma clave es conocida por ambas partes (**criptografía simétrica**), y un segundo, en el que cada clave es conocida sólo por la parte que la posee (**criptografía asimétrica**).

La criptografía simétrica, también conocida como "de clave compartida", "de clave secreta" o "de una sola clave", es aquella en la que la clave de cifrado utilizada por el emisor en origen y la clave de descifrado empleada por el receptor en destino para encriptar y desencriptar, respectivamente, el contenido del documento firmado electrónicamente son idénticas o, no siéndolo, una se puede deducir de la otra. Para ello, es preciso que ambas partes (cuya relación, en este tipo de casos, suele basarse, por razones evidentes, en la confianza) se pongan de acuerdo con carácter previo sobre la clave en cuestión, que se almacenará por partida doble. Como bien puede comprenderse, cuanto mayor sea la longitud de la clave [medida en *bits*, en cuanto «[u]nidad de medida de cantidad de información, equivalente a la elección entre dos posibilidades igualmente probables» (RAE)], mayor será la seguridad del sistema.

El principal impedimento de este método de seguridad de la información es el riesgo derivado de que la contraparte, conocedora de la misma clave, facilite (voluntaria o forzadamente) la clave a terceros ajenos a la operación. A ello, se añade la posibilidad de rechazo, pues tanto el emisor como el receptor, conocedores de la clave única, podrían modificar el contenido del documento y firmarlo con dicha clave, atribuyendo, después, a la otra parte la autoría de la firma electrónica; en este caso, el tercero ajeno a la relación no estaría en condiciones de poder determinar qué parte lo hizo, de modo que emisor y destinatario podrían rechazar el mensaje de datos negando su autoría (bien es cierto, no obstante, que cabría eliminar el problema del rechazo si las dos partes que desean comunicarse utilizando criptografía simétrica comparten una clave común, no entre ambas, sino con una tercera parte de confianza, a la que envían el mensaje cifrado con la respectiva clave compartida con ella). Por tanto, es preferible que cada interviniente en la relación conozca su respectiva clave para que la integridad, la confidencialidad y el no rechazo del mensaje de datos puedan quedar, en gran medida, salvaguardados.

Por los motivos expuestos, un avance considerable en el ámbito de la criptografía tuvo lugar con el desarrollo de la criptografía asimétrica o "de clave pública", que permite el intercambio de información cifrada sin necesidad de que los intervinientes compartan una clave secreta común fijada previamente. En concreto, el cifrado de **clave asimétrica pública** del receptor se fundamenta en la utilización de pares de claves para el envío de documentos firmados electrónicamente: una clave privada (también conocida como "clave de creación matemática"), tan sólo conocida por su titular y que ha de mantenerse en secreto en todo momento, a fin de evitar el riesgo de que sea utilizada por quien no es su legítimo titular (con los consiguientes problemas de responsabilidad que ello podría implicar); y una clave pública (también conocida como "clave de verificación matemática"), susceptible de ser conocida por cualquier persona, ya sea una o varias.

Pese a que ambas claves se hallan matemáticamente relacionadas, el diseño y la ejecución, en forma segura, de un criptograma asimétrico hace virtualmente imposible que las personas que conocen la clave pública puedan derivar de ella la clave privada (inderivabilidad). En estos casos, la comunicación responde a la siguiente dinámica: el emisor utiliza la clave pública del receptor (puesta a disposición por este, con carácter previo, bien de manera directa, bien facilitándola en su propio sitio web) para cifrar un documento electrónico que únicamente el receptor podrá descifrar con su correspondiente clave privada. Este proceso se asemeja con el buzón físico dotado de una ranura de correo: la abertura está expuesta y accesible al público en general (siendo el lugar en que se encuentra el equivalente, en términos electrónicos, a la clave pública), de modo que alguien que conozca la dirección en que se ubica podrá acudir y colocar un mensaje escrito en su interior, siendo sólo la persona que posee la llave (en el supuesto presente, la clave privada) la única que podrá abrirlo y leer la información en él contenida. Con ello, se consigue que el mensaje de datos no sufra cambios (y, por tanto, no se conozca) a lo largo del proceso de envío y recepción (integridad) y que tan sólo el receptor legítimo (único en posesión de la clave privada correspondiente a esa concreta clave pública, que se autentica al ejecutar el proceso de coincidencia de claves, garantizando, así, la identificación autenticada del receptor y el no repudio en destino) puede leer el contenido de dicho mensaje, no pudiendo ser descifrado, ni siquiera, por la persona que lo envió (confidencialidad).

Sin embargo, con este método no existe manera de saber si el emisor del mensaje de datos es quien dice ser (identificación autenticada del emisor). La **firma digital** viene a solucionar este problema, y lo hace partiendo del método de criptografía de clave pública antes descrito, pero del modo inverso. Ahora, el emisor cifra el documento electrónico con su propia clave privada (que genera una serie ininteligible de números y letras que representan la firma, diferente para cada documento que se firma), pudiendo ser descifrado, tan sólo, por quien se encuentre en posesión de la correspondiente clave pública, también propiedad del emisor, que está matemáticamente relacionada con la primera y a la que puede acceder cualquier persona. De este modo, si con la clave pública del emisor se consigue desencriptar el contenido del documento electrónico, eso significa que el mismo se cifró con la clave privada de dicho emisor, que tan sólo él posee. En otras palabras, aplicando el emisor la clave privada sobre el conjunto de datos a transmitir, estos son encriptados o codificados, haciéndolos incomprensibles; después, en destino, el receptor aplica la clave pública que le ha proporcionado el emisor, consiguiendo la desencriptación de los datos transmitidos y retrocediendo, pues, hasta el mensaje inicial en claro. Este método equivaldría al sellado de un sobre físico con un sello personal: el contenido del sobre (en nuestro caso, formato electrónico en el que se encuentra el mensaje de datos) puede ser abierto por cualquiera, pero la existencia del sello autentica al remitente.

Gracias a este procedimiento, nos aseguramos de que el documento no se ha visto modificado respecto de su versión original, ya que, de haberlo sido, el resultado de la validación no sería correcto (integridad), pues cualquier variación en su contenido desembocaría en una alteración del algoritmo empleado para poder cifrarlo. También comprobamos que el mensaje sólo puede ser enviado por el emisor, que se autentica en el momento en el que el receptor utiliza la clave pública adecuada (identificación autenticada del emisor y no repudio en origen), consiguiendo efectos tanto o más útiles, en términos de validez y eficacia en el comercio y en los procedimientos legales, que la firma ológrafa en soporte físico y en formato papel.

En teoría, es posible cifrar el mensaje de datos completo y enviarlo al receptor para que este lo descifre. Sin embargo, en la práctica, dada la complejidad de la tecnología de cifrado asimétrico, este sistema conllevaría un empleo excesivo de tiempo y de capacidad informática. Por ello, en procedimientos de estas características, suele optarse por el cifrado, no del mensaje en claro como tal, sino de una parte resumida del mismo; en concreto, antes del momento de envío, se aplica una función algorítmica, conocida como "*hash*", que extrae de cada mensaje de datos específico una longitud fija (habitualmente, menor que la del documento original) y representativa del mismo, sea cual sea la extensión del documento que se va a enviar. Este resumen o extracto, que se conoce como "**huella digital**", está conformado por un listado de letras y números por completo incomprensible, resultado de aplicar el algoritmo al mensaje de datos que se quiere transmitir, y que se caracteriza por su irreversibilidad (a partir de ella, no es posible acceder al mensaje de datos en claro y descifrarlo) y por su exclusividad (sólo existe una para cada mensaje de datos), de forma que, modificando tan sólo una de las letras o números que la integran, el resultado sería completamente diferente al existente con carácter previo.

Una vez obtenida la huella digital, se encripta, aplicando la clave privada del firmante (datos de creación de firma electrónica) por medio de un sistema informático (dispositivo de creación de firma electrónica) y obteniendo un mensaje de datos cifrado que se considera la firma electrónica del documento en claro, que será diferente para cada mensaje de datos, ya que depende de este. Sendos mensajes de datos (el inicial u original, total y en claro, y la huella digital cifrada) son remitidos conjuntamente por el emisor y firmante al receptor, además de la clave pública (datos de verificación o validación de firma electrónica) de la que es propietario. A continuación, el destinatario procede con la verificación de la firma electrónica, que no es sino un proceso de comprobación de la misma por referencia al documento electrónico original y a la clave pública dada, concluyendo, de esta forma, si la firma electrónica fue creada para ese concreto mensaje de datos en función de la correspondencia de claves. Para obtener este resultado, el receptor llevará a cabo dos operaciones:

En primer lugar, descodificará la huella digital cifrada y firmada con la clave privada del firmante, aplicando, a tal fin, la clave pública, también propiedad de este, y obteniendo, de nuevo, la huella digital inicial.

En segundo lugar, empleará, nuevamente, la función *hash* al documento electrónico original para obtener una nueva huella digital del mismo.

Si ambas huellas digitales coinciden, podemos concluir que el documento electrónico inicial que se envió es el mismo que el que se ha recibido (integridad y no repudio en origen) y que este ha sido firmado por el emisor con ese mismo contenido, emisor que, por ende, queda autenticado como titular de las claves, pública y privada, utilizadas para la firma electrónica (identificación autenticada). En cambio, si no coinciden, se entiende que ha habido cambios y, por ende, alguna manipulación en el proceso de la comunicación, no pudiendo confiar en el contenido del documento, bien porque este ha sido alterado, bien porque el titular de la clave privada con la que se firmó no es el mismo que el titular de la clave pública con la que se trató de descifrar. Dadas estas circunstancias, el firmante que niegue haber firmado el documento al cual se halla adjuntado una firma electrónica creada a partir del mismo con una clave privada que se corresponde con la clave pública que verifica dicha firma tendrá que probar tal circunstancia. Esta presunción se asienta sobre el hecho de que, llegado el caso, el firmante aparente tiene una mayor facilidad a la hora de aportar los medios de prueba que resulten necesarios para negar su intervención (por ejemplo, sustracción de la clave privada), en tanto que, para el receptor del mensaje de datos (partiendo de que actúa con buena fe), será mucho más difícil poder probar que el firmante aparente fue, realmente, el que firmó el documento; además, dado que, en principio, es el firmante titular del par de claves el encargado de la custodia de las mismas, parece justo que sobre él deba recaer la responsabilidad de su adecuada protección.

En definitiva, para la validez y eficacia de la firma electrónica que emplee este método de cifrado criptográfico asimétrico, resultará imprescindible que, en el proceso de generación del par de claves, se cumplan una serie de características que hagan que las mismas estén dotadas de niveles mínimos de calidad y de seguridad, evitando que sean rompibles o reproducibles (en el sentido de que, a partir de una de ellas, pueda obtenerse la otra, en lo que se conoce como "viabilidad computacional", que dependerá de factores como la longitud de la clave, los avances de la técnica, la capacidad del sistema encargado de protegerlas o el coste y el tiempo necesarios para atacar los datos que las conforman), previsibles (es decir, fácilmente conocibles por el proveedor del software o del hardware que haga posible la generación de las claves, reconstruyendo el proceso de creación), repetibles (por no introducir los correctores de aleatoriedad adecuados en los procedimientos de formación) o carentes de unicidad (por existir una misma clave para dos o más personas).

Aun expuestos de manera separada los métodos criptográficos asimétricos anteriores, en el fondo, ambos podrían realizarse de manera conjunta, a través de dos **cifrados secuenciales**. En un primer paso, el emisor cifraría el mensaje de datos con su clave privada, dando lugar a la firma electrónica, que garantizaría la identificación autenticada del firmante y la integridad y el no repudio en origen del contenido del documento, una vez descifrado este con la clave pública de la contraparte. En un segundo paso, el firmante cifraría el mensaje de datos con la clave pública del destinatario, mensaje de datos que, una vez descifrado por el receptor con su correspondiente clave privada, posibilitaría el no repudio en destino y la confidencialidad del documento.

3. Certificados de firma electrónica

Pese a que el sistema de firma digital *supra* descrito garantiza que el mensaje de datos verificado adecuadamente por el receptor mediante el empleo de la clave pública del emisor se ha firmado con la correlativa clave privada de este, no permite comprobar un extremo fundamental, como es el de la confirmación de la verdadera identidad del firmante. Y ello porque, aun cuando las claves (pública y privada, o, lo que es lo mismo, los datos de creación y de verificación o validación de firma electrónica, respectivamente), se correspondan matemáticamente, no hay asociación intrínseca con una persona física específica, no existiendo, por ende y consecuentemente, seguridad de que las claves sean titularidad del sujeto que las posee, ya que el verdadero propietario puede haber sido suplantado por un tercero que, en su nombre, lleve a cabo el empleo del par de claves para la firma electrónica de documentos.

Así, mientras que este sistema de identificación y autenticación no presenta mayores problemas en aquellos supuestos en que la clave pública es conocida ampliamente en el mercado o cuando el titular de la firma electrónica ha comunicado con carácter previo al destinatario la clave pública que se corresponde con la clave privada, de modo que este último tiene certeza de que quien firma electrónicamente es realmente quien dice ser (sería así cuando la entrega de la clave pública se ha realizado personalmente y las partes de la comunicación se conocen previamente), sí lo hará en aquellos casos en que su utilización tenga lugar en un entorno de comercio electrónico generalizado y en redes abiertas como Internet; en este último contexto, es muy probable que las partes no se conozcan con anterioridad ni que concurran en un mismo tiempo y lugar para poder identificarse e intercambiar las claves que utilizarán a partir de ese momento.

Para poner remedio a la situación de incertidumbre que, inevitablemente, genera el empleo de la firma electrónica entre partes desconocidas y geográficamente distantes, la criptografía asimétrica se hace acompañar de unos instrumentos complementarios que a aquella imprimen mayores dosis de fiabilidad: son los **certificados de firma electrónica**, que aluden a los documentos electrónicos emitidos por los prestadores o autoridades de certificación, quienes, en el contexto de lo que conocemos como "infraestructura de clave pública (PKI)", certifican y respaldan, con su propia clave privada, la identidad digital de personas y la autenticidad de las comunicaciones y documentos que estas puedan llegar a generar. Así, previa comprobación de la identidad del solicitante de la certificación (firmante), se hace constar que este es, efectivamente, el propietario de una determinada clave pública y no un tercero suplantador, generando la confianza necesaria en los terceros usuarios (también conocidos como "parte usuaria" o "terceros que confían") y asumiendo, simultáneamente, al poner de manifiesto este extremo, una serie de obligaciones y una concreta responsabilidad por la emisión, en su caso, de certificados electrónicos incorrectos (titularidad de las claves por un tercero ajeno). Los certificados electrónicos podrán ser enviados al solicitante para que este los adjunte a los mensajes electrónicos que envíe o quedar como un registro en una base de datos del prestador accesible a terceros, siendo aconsejable, de optar por esta última posibilidad, que el proceso de emisión del certificado electrónico garantice que el firmante conoce su contenido y le permita, en consecuencia, declarar (o aprobar tácitamente, con su empleo) que este es correcto.

Como podemos intuir, el método descrito garantiza la identidad de quien emite un mensaje de datos, merced a la plasmación de su clave pública, ya certificada por estar firmada con la clave privada del prestador, pero no la identidad de la persona receptora del documento electrónico que autentica dicha clave pública, que no podrá hacer constar su verdadera identidad si no es con su correspondiente certificado electrónico. Así, resulta conveniente que, para establecer una comunicación segura entre los intervinientes, ambos cuenten con sus respectivos certificados electrónicos que acrediten que, estando, *de facto*, en posesión de las claves con las que llevan a cabo la correspondiente firma electrónica de documentos, son, *de iure*, los auténticos propietarios legítimos de las mismas y, por ende, los verdaderos autorizados para obligarse por el contenido de la información que emiten.

Los certificados de firma electrónica aparecen definidos en el artículo 3.14) Reglamento eIDAS como «[...] una declaración electrónica que vincula los datos de validación de una firma con una persona física y confirma, al menos, el nombre o el seudónimo de esa persona». Son, pues, documentos electrónicos que relacionan las herramientas de firma electrónica en poder de cada usuario con su correspondiente identidad personal, dándole a conocer, en el ámbito virtual, como firmante.

Junto a la categoría general de certificado electrónico antes expuesta, la normativa diferencia otra a la que, por estar dotada de unos mayores requisitos de seguridad, atribuye una especial eficacia. Estamos hablando de los conocidos como "**certificados cualificados de firma electrónica**" (antes de la aparición del Reglamento eIDAS, "certificados reconocidos"), que, expedidos por prestadores cualificados, aportan un mayor plus de valor y seguridad, toda vez que se han emitido cumpliendo determinadas exigencias en lo que se refiere a su contenido, a los procedimientos de comprobación de la identidad del firmante y a la fiabilidad y garantías de la actividad de certificación electrónica. Más concretamente, los certificados cualificados de firma electrónica aparecen definidos en el artículo 3.15) Reglamento eIDAS, que, por tales, entiende aquellos certificados que cumplen dos requisitos básicos:

De una parte, que hayan sido expedidos por un prestador cualificado.

De otra, que cumplan determinadas condiciones recogidas en su anexo I.

La necesidad de cumplir estos requisitos por los certificados cualificados de firma electrónica es reiterada por el artículo 28.1 Reglamento eIDAS, precepto, este, que aclara, en su apartado segundo, que tales certificados no estarán sujetos a ningún requisito obligatorio que exceda de cuantos se contienen en el anexo I, pudiendo contemplar, eso sí, requisitos voluntarios, siempre que no afecten a la interoperabilidad y al reconocimiento de las firmas electrónicas cualificadas (apartado tercero).

Por su parte, el artículo 6.1 LSEC, dispone la forma en que se consignará la identidad del titular del certificado:

> «a) En el supuesto de certificados de firma electrónica y de autenticación de sitio web expedidos a personas físicas, por su nombre y apellidos y su número de Documento Nacional de Identidad, número de identidad de extranjero o número de identificación fiscal, o a través de un pseudónimo que conste como tal de manera inequívoca. Los números anteriores podrán sustituirse por otro código o número identificativo únicamente en caso de que el titular carezca de todos ellos por causa lícita, siempre que le identifique de forma unívoca y permanente en el tiempo.
>
> b) En el supuesto de certificados de sello electrónico y de autenticación de sitio web expedidos a personas jurídicas, por su denominación o razón social y su número de identificación fiscal. En defecto de este, deberá indicarse otro código identificativo que le identifique de forma unívoca y permanente en el tiempo, tal como se recoja en los registros oficiales».

4. *Datos y dispositivos de firma electrónica*

Esenciales en la conformación de la infraestructura de clave pública a la que hacíamos referencia en líneas anteriores son, además de los certificados electrónicos, los datos y dispositivos de firma electrónica. Ambos permitirán el desarrollo de aquellos aspectos que podríamos considerar más importantes, por ser imprescindibles para la implementación de la firma electrónica como esencial servicio de confianza: estamos haciendo referencia a los elementos técnicos que permitirán la creación, primero, y la verificación o validación, después, de firmas electrónicas.

El apartado 13) del artículo 3 Reglamento eIDAS aporta una definición de los **datos de creación de firma electrónica** como los datos únicos que utiliza el firmante para crear una firma electrónica. Son, por tanto, datos que, incorporados a un chip electrónico, banda magnética o disco duro de un ordenador, permiten generar la firma electrónica, evitando razonablemente (con base en criterios matemáticos o estadísticos) su duplicación. Si observamos dicho Reglamento, podemos ver que, pese a tener implícitamente presente a lo largo de su articulado que la criptografía asimétrica sigue predominando el funcionamiento actual de la firma electrónica, busca incidir más sobre el necesario principio de neutralidad tecnológica, eliminando toda referencia a la clave privada que, junto con su correspondiente clave pública, caracteriza el esquema propio de la firma digital.

Asimismo, el apartado 22) del artículo 3 Reglamento eIDAS entenderá por **dispositivo de creación de firma electrónica** el equipo o programa informático configurado que se utiliza para crear una firma electrónica. Este dispositivo estará constituido por las aplicaciones de software y de hardware necesarias para generar la firma electrónica, permitiendo, para ello, la aplicación de los datos únicos de creación de firma electrónica por parte del autor o remitente para el cifrado del mensaje de datos a enviar. Este dispositivo tendrá un mayor plus de seguridad y, por tanto, adquirirá la condición de cualificado, cuando cumpla los requisitos enumerados por el anexo II del Reglamento. Esta necesidad de satisfacer los requisitos del anexo II aparecerá reiterada en el artículo 29.1 Reglamento eIDAS; además, en su apartado segundo, se otorga a la Comisión la posibilidad de que, por medio de actos de ejecución (que se adoptarán, en su caso, con arreglo al procedimiento de examen recogido en el artículo 48.2 Reglamento eIDAS), establezca números de referencia de normas relativas a los dispositivos cualificados de creación de firmas electrónicas, presumiéndose el cumplimiento de las condiciones introducidas en el anexo II cuando un dispositivo cualificado de creación de firmas electrónicas se ajuste a dichas normas.

En cualquier caso, el artículo 30 Reglamento eIDAS regula la certificación de los dispositivos cualificados de creación de firmas electrónicas por parte de los organismos, públicos o privados, adecuados, designados por los Estados miembros, que notificarán sus nombres y direcciones a la Comisión, la cual, a su vez, deberá informar a los demás Estados miembros, pudiendo adoptar actos delegados (de conformidad con el artículo 47 del Reglamento) en relación con el establecimiento de criterios específicos que deban satisfacer los organismos designados. Esta certificación permitirá determinar la conformidad de los dispositivos cualificados de creación de firmas electrónicas con los requisitos del anexo II. Una vez certificados, los Estados miembros deberán proporcionar a la Comisión información de los dispositivos cualificados de creación de firmas electrónicas afectados, sin retrasos indebidos y, a más tardar, en el plazo de un mes desde que haya concluido la certificación. La misma información tendrán que proporcionar respecto de aquellos dispositivos cualificados de creación de firmas electrónicas cuya certificación haya expirado, siendo también de un mes el plazo para hacerlo, si bien, en este caso, a contar desde que se haya producido la expiración. Todo ello permitirá a la Comisión establecer, publicar y mantener una lista de dispositivos cualificados de creación de firmas electrónicas con certificación actualizada (artículo 31 Reglamento eIDAS).

La parte complementaria de los datos de creación de firma electrónica son los **datos de verificación o validación** de la misma, definidos, en la actualidad, en el artículo 3.40) Reglamento eIDAS como «[...] los datos utilizados para validar una firma electrónica», entendiéndose por validación, a estos efectos, el proceso de verificar y confirmar la validez de una firma electrónica [artículo 3.41) Reglamento eIDAS]. Al igual que hicimos constar en relación con los datos de creación de firma electrónica, conviene subrayar la ausencia de cualquier alusión específica por parte del Reglamento eIDAS a las claves públicas, necesarias (en su conjunción con las claves privadas) para conformar la firma digital, mecanismo criptográfico imperante a la hora de garantizar la identificación autenticada, la autenticación, la integridad y el no repudio; y ello, recordemos, en un intento por reforzar el principio de neutralidad tecnológica.

Sin embargo, el Reglamento eIDAS opta por suprimir toda referencia a los **dispositivos de verificación o validación de firma electrónica** (no así, como hemos podido ver, con los dispositivos de creación, que permanecen). En ello, la norma se diferencia de manera sustancial de su predecesora, que, entre su articulado, incorporó un artículo 2.8) DFE en el que definía los dispositivos de verificación de firma electrónica como aquellos programas o aparatos informáticos configurados que sirven para aplicar los datos de validación de firma electrónica. Estos dispositivos vendrían constituidos por aquellas otras aplicaciones de software y de hardware que sirven para verificar la firma electrónica, haciendo necesaria, como paso previo, la aplicación de los datos de verificación de firma electrónica por parte del destinatario para el descifrado del mensaje de datos a recibir.

En cualquier caso, ha de ponerse de manifiesto que el dispositivo de creación de firma electrónica empleado por el firmante y el dispositivo de verificación o validación de firma electrónica utilizado por el receptor del mensaje de datos no constituyen, a diferencia de lo que sucedía con la clave privada y con la clave pública, un par único y relacionado, de suerte que puede darse el caso de que uno y otro tengan distintos niveles de calidad y de seguridad. Tanto es así que, aun cuando tradicionalmente se han establecido una serie de requisitos que deberían garantizar los dispositivos de verificación, no se ha contemplado legalmente un procedimiento de certificación de la seguridad de los mismos.

Ahora bien, sí que establece el Reglamento las exigencias que habrá de satisfacer todo proceso que quiera confirmar la validez de una firma electrónica cualificada, no pronunciándose respecto del resto de modalidades de firma que veremos seguidamente. Estas exigencias quedan concretadas en las siguientes (artículo 32.1 Reglamento eIDAS):

a) que el certificado electrónico que respalda la firma electrónica fuera, en el momento de la firma, un certificado cualificado de firma electrónica sujeto al anexo I;
b) que el certificado electrónico cualificado fuera emitido por un prestador (se entiende, cualificado) y fuera válido en el momento de la firma;
c) que los datos de validación de la firma electrónica correspondan a los datos proporcionados a la parte usuaria;
d) que el conjunto único de datos que representa al firmante en el certificado electrónico se facilite correctamente a la parte usuaria;
e) que, en caso de que se utilice un seudónimo, la utilización del mismo se indique claramente a la parte usuaria en el momento de la firma;
f) que la firma electrónica se haya creado por medio de un dispositivo cualificado de creación de firma electrónica;
g) que la integridad de los datos firmados electrónicamente no se haya visto comprometida, y
h) que se hayan cumplido los requisitos previstos en el artículo 26 Reglamento eIDAS (requisitos de la firma electrónica avanzada) en el momento de la firma.

Además, el sistema empleado para validar la firma electrónica cualificada ofrecerá a la parte usuaria el resultado correcto del proceso de validación y le permitirá, asimismo, detectar cualquier problema que afecte a la seguridad (artículo 32.2 Reglamento eIDAS). Por último, se faculta a la Comisión para, mediante actos de ejecución (a adoptar, en su caso, con arreglo al procedimiento de examen contemplado en el artículo 48.2 Reglamento eIDAS), establecer números de referencia de normas relativas a la validación de firmas electrónicas cualificadas, presumiéndose el cumplimiento de los requisitos establecidos en el artículo 32.1 cuando la validación de una firma electrónica cualificada se ajuste a dichas normas (artículo 32.3 Reglamento eIDAS).

Tanto más, incorpora un artículo 33 (sin precedentes de ningún tipo, ni comunitarios ni nacionales) que establece los requerimientos que deberán satisfacer los **prestadores cualificados** que quieran prestar un servicio de validación cualificado de firmas electrónicas cualificadas. En concreto, se reducen a dos:

En primer lugar, que dicho prestador cualificado realice la validación cumpliendo lo dispuesto en el artículo 32.1 anterior.

En segundo lugar (y es aquí donde, se entiende, radica la nota diferencial que permite calificar el servicio como cualificado), que este mismo prestador cualificado permita que las partes usuarias reciban el resultado del proceso de validación (artículo 32.2, *ab initio*) de una manera automatizada que sea fiable, eficiente e incluya la firma electrónica avanzada o el sello electrónico avanzado del prestador de validación cualificado. También aquí se otorga a la Comisión la facultad de establecer, mediante actos de ejecución a adoptar con arreglo al procedimiento del artículo 48.2 Reglamento eIDAS, números de referencia relativos a servicios de validación cualificados, de tal suerte que, de ajustarse la firma electrónica cualificada a dichas normas, se presumirá el cumplimiento de los requisitos establecidos en el artículo 33.1.

III. CLASES DE FIRMA ELECTRÓNICA

Como regla general y en virtud del principio de libertad de forma que impera en nuestro ordenamiento jurídico, la firma, en cuanto componente accesorio, no afecta a la validez y eficacia de los contratos, que podrán existir con independencia de aquella e, incluso, del soporte físico que les confiere corporeidad. No obstante, motivos de seguridad aconsejan su utilización como medio de atribución del mensaje de datos a un sujeto concreto, así como para la determinación de los efectos jurídicos que dicho mensaje pueda llegar a desplegar; de lo contrario, tendremos que acudir a medios de prueba complementarios e indirectos, no siempre disponibles y, con frecuencia, ineficaces y complejos. Lo mismo sucede en el ámbito del *e-commerce*, donde la firma electrónica, en principio, no es preceptiva y los contratos que de ella carecen pueden ser válidos, siendo recomendable, empero, su empleo como vía de aseguramiento de la identidad de los intervinientes y de la integridad de sus declaraciones.

1. *Firma electrónica básica*

El artículo 3.10) Reglamento eIDAS define, de forma general, la **firma electrónica** como «[...] los datos en formato electrónico anejos a otros datos electrónicos o asociados de manera lógica con ellos que utiliza el firmante para firmar», o, lo que es lo mismo, cualquier método o símbolo basado en medios electrónicos utilizado o adoptado por una parte con la intención de firmar, cumpliendo todas o algunas de las funciones características de la firma autógrafa. La referencia a su utilización con la intención de firmar se corresponde con la regulación que se produce, en la actualidad, de otros servicios electrónicos de confianza que responden a fines diferentes.

La definición anterior pone de manifiesto la intención del legislador comunitario de regular las firmas electrónicas en sentido amplio, sin perjuicio de disciplinar con más detalle modalidades específicas a las que, de manera gradual, atribuye una especial eficacia jurídica (por orden ascendente, firmas electrónicas avanzadas y firmas electrónicas cualificadas). Asimismo, se trata de un concepto tecnológicamente indefinido (principio de neutralidad tecnológica), ya que no se refiere a ninguna tecnología específica a través de la cual se deba firmar, si bien es cierto que será la criptografía asimétrica propia de la firma digital, la que, de manera velada, presida el conjunto de la norma. Por lo demás, los datos que integran la firma electrónica podrán formar parte del documento electrónico o ir asociados formalmente con ellos, apareciendo como un conjunto independiente; este modo, integrado o separado, en que, en su caso, se manifieste la firma electrónica dependerá del sistema técnico seleccionado y de las aplicaciones prácticas con que cuente cada modalidad.

De acuerdo con esta noción general, firma electrónica podría ser cualquier conjunto de datos basado en medios electrónicos y utilizado por el firmante con la intención de firmar, sin especificar (en un intento, entiendo, por dejar abierta la firma electrónica a cuantas finalidades le permitan los sucesivos avances tecnológicos) el fin perseguido al hacerlo. Se incurre, de este modo, en una especie de redundancia un tanto incomprensible, que lleva a definir la firma electrónica general como aquella que utiliza el firmante para firmar.

En este punto, el Reglamento eIDAS se separa de la definición recogida por su precedente, la DFE [artículo 2.1)], que, proporcionando un concepto de firma electrónica simple (no general), circunscribía el fin común perseguido por toda firma electrónica a servir como medio de autenticación. Y ello, en una redacción, a mi juicio, discutible y generadora de confusión, ya que, por ser esta fase de autentificación posterior a la de identificación propiamente dicha, hubiera sido mejor optar por esta última; así lo hizo, precisamente, el legislador español, tanto en el originario artículo 2.a) RDLFE, como en el artículo 3.1 LFE, preceptos, ambos, que hablaban de la firma simple como medio que permite, en todo caso, identificar a quien firma en relación con unos datos (en términos análogos al rol que cumple la firma manuscrita), con independencia de que, posteriormente, se compruebe que la persona física que plasma su rúbrica sobre el documento electrónico es quien dice ser. Pese a lo anterior, bien es cierto, ni una ni otra aclaran qué ha de entenderse por autenticación y por identificación.

Comoquiera que sea, lo cierto es que, con esta nueva redacción, la norma europea genera una confusión en nada desdeñable. En efecto, si con la DFE quedaba delimitado (aun con objeciones, como hemos dejado patente) el "mínimo" que debía cumplir toda firma electrónica para ser considerada como tal a efectos jurídicos [identificación del firmante de un mensaje de datos o autenticación o acreditación de dicha identificación (no exigiéndose requisitos adicionales, como los de integridad o no repudio en origen, reservados a otras clases de firma con niveles de seguridad más elevados)], el Reglamento eIDAS, pese a la plausible intención presumiblemente perseguida, imposibilita al jurista la concreción del elemento que, satisfecho, permita saber cuándo nos hallamos en presencia de una firma electrónica, por básica o elemental que sea; en consecuencia, dentro de esta definición, tendrían cabida procedimientos múltiples de firma, algunos tan complejos como la firma digital basada en la criptografía asimétrica o la firma configurada sobre la base de sistemas biométricos (como el iris, la palma de la mano o la huella dactilar) y otros tan simples como la plasmación del nombre u otro elemento identificativo incluido al final de un mensaje electrónico, la firma manuscrita digitalizada o la existencia de una pregunta-respuesta y un PIN de acceso. Resultado de lo anterior, estamos en condiciones de afirmar que, si el fin perseguido es generar certidumbre en quienes se hallen sujetos y afectados, directa o indirectamente, por esta regulación, sería más adecuado reformular el concepto actual de firma electrónica general y reconducirlo, con matices, al tradicional de firma electrónica simple, en una definición, si se quiere, más clarificadora o completa, que podría quedar como sigue: *la firma electrónica es el conjunto de datos en formato electrónico, anejos a otros datos electrónicos o asociados de manera lógica con ellos, que son utilizados, al menos, como medio de identificación del firmante.*

2. *Firma electrónica avanzada*

Elevando las exigencias de calidad y de seguridad de la firma electrónica, el artículo 3.11) Reglamento eIDAS introduce el concepto de **firma electrónica avanzada**, entendiendo por tal la «[...] la firma electrónica que cumple los requisitos contemplados en el artículo 26».

Estos requisitos cumulativos, adiciona este último precepto, son los siguientes:

a) Estar vinculada al firmante de manera única [la vinculación única de la firma electrónica al firmante es una consecuencia lógica del control exclusivo del firmante sobre los datos de creación de firma electrónica, determinando, por tanto, la estrecha vinculación entre los requisitos de las letras a) y d) que ahora se mencionan].
b) Permitir la identificación electrónica del firmante (cabe plantearse si esta alusión añade algún matiz distintivo a la firma electrónica avanzada respecto de la firma electrónica simple, que, como sabemos, también habría de permitir la identificación del firmante).
c) Haber sido creada utilizando datos de creación de firma electrónica que el firmante puede utilizar para la creación de una firma electrónica, con un alto nivel de confianza (es indudable que, bajo el actual Reglamento europeo, el titular de la firma electrónica tiene el deber de custodiar la clave privada, pero todo estriba en que, si la clave privada cae en manos de un tercero, no se pierde la cualidad de firma electrónica avanzada, más allá de que esta circunstancia permita probar que un tercero y no el firmante aparente es el firmante real, consiguiéndose, además, una interpretación más acorde con la equivalencia entre firma manuscrita y firma electrónica, al protegerse la apariencia de que esta última está vinculada, real y exclusivamente, al firmante aparente), bajo su control exclusivo [es esto, precisamente, lo que persigue el artículo 9.1.b) LSEC cuando impide al prestador que almacene o copie los datos de creación de firma electrónica de la persona a la que presta sus servicios; en la actualidad, hay, fundamentalmente, dos tipos de firmas electrónicas cuyos medios de creación se hallan en poder exclusivo del firmante: las firmas electrónicas biométricas y las firmas digitales de clave asimétrica, siendo estas últimas mucho más utilizadas por la simplicidad de su funcionamiento y por su menor coste].
d) Estar vinculada con los datos firmados por la misma, de modo tal que cualquier modificación ulterior sea detectable.

Obsérvese que, con las tres primeras exigencias (vinculación única al signatario, identificación y creación por medios bajo su exclusivo control) se persigue garantizar la identificación autenticada del autor y evitar el rechazo en origen de los mensajes de datos. En cambio, con la última (vinculación a los datos que permite detectar cualquier alteración ulterior), se pretende salvaguardar la integridad de los documentos electrónicos.

Por lo demás, se conserva, prácticamente, la redacción que ya había caracterizado a la firma electrónica avanzada en el período de la DFE [artículo 2.2)], el inmediatamente anterior del RDLFE [artículo 2.b)] y el inmediatamente posterior (reflejo de la Directiva comunitaria) de la LFE [artículo 3.2]. En todas ellas, se opta por el principio de neutralidad tecnológica, más formal y aparente que real, dado que, en el fondo, el legislador nacional y comunitario, de antes y de ahora, está pensando en una modalidad tecnológica concreta, cual es la, ya referida, de la criptografía asimétrica de doble clave en que consiste la firma digital. Así, la firma digital podrá ser un tipo concreto de firma electrónica avanzada cuando los datos de creación y de verificación o validación de firma electrónica empleados para crearla y para verificarla o validarla, respectivamente, adopten la modalidad de doble clave (privada y pública) propiedad del emisor del mensaje de datos, ya que, de ser así, se estaría garantizando la identificación autenticada del firmante y la integridad y no repudio en origen del mensaje de datos, rasgos, estos, propios de la firma electrónica avanzada; esta misma argumentación nos llevaría a deducir la, también, posible aplicación de la firma digital como modalidad específica de la firma electrónica cualificada, habida cuenta de que, como veremos a continuación, esta no es sino una firma electrónica avanzada dotada de mayor nivel de seguridad por la confianza que ofrecen los elementos que la integran.

3. *Firma electrónica cualificada*

Por último, el artículo 3.12) Reglamento eIDAS define la **firma electrónica cualificada** (introduciendo una nueva denominación, a nivel comunitario, de aquello que, ya desde la LFE, se conocía en España como "firma electrónica reconocida") como la «[...] firma electrónica avanzada que se crea mediante un dispositivo cualificado de creación de firmas electrónicas y que se basa en un certificado cualificado de firma electrónica». De ello, se desprende la existencia de toda una suerte de posibilidades diversas en materia de firma electrónica avanzada, dependiendo de los elementos con que cuente y de la seguridad que los mismos puedan llegar a imprimir.

Este tercer y último concepto de firma electrónica, el más elevado en términos de seguridad, no tiene precedente en el RDLFE ni en la DFE, siendo introducido por primera vez en nuestro Derecho interno de la mano del artículo 3.3 LFE, que, aun con un orden inverso en su redacción («[s]e considera firma electrónica reconocida la firma electrónica avanzada basada en un certificado reconocido y generada mediante un dispositivo seguro de creación de firma»), presentaba el mismo contenido legal que el Reglamento eIDAS. En realidad, al igual que decíamos respecto del concepto de firma digital con el que se halla estrechamente ligada, se trata de una novedad más formal que real; así, el apartado III de la Exposición de Motivos de la LFE señalaba el origen, justificación y naturaleza de la firma electrónica reconocida en los siguientes términos:

> «Una de las novedades que la ley ofrece respecto del Real Decreto Ley 14/1999, es la denominación como firma electrónica reconocida de la firma electrónica que se equipara funcionalmente a la firma manuscrita. Se trata simplemente de la creación de un concepto demandado por el sector, sin que ello implique modificación alguna de los requisitos sustantivos que tanto la Directiva 1999/93/CE como el propio Real Decreto Ley 14/1999 venían exigiendo. Con ello se aclara que no basta con la firma electrónica avanzada para la equiparación con la firma manuscrita; es preciso que la firma electrónica avanzada esté basada en un certificado reconocido y haya sido creada por un dispositivo seguro de creación».

En consecuencia, más que una nueva modalidad, la firma electrónica cualificada constituye un nuevo tipo de firma electrónica avanzada que, acompañada de determinados elementos que le confieren una mayor seguridad (dispositivo cualificado de creación de firma electrónica –artículos 3.23) y 29 a 31 Reglamento eIDAS–, de una parte, y certificado cualificado de firma electrónica –artículos 3.15) y 28 Reglamento eIDAS–, de otra), tendrá «[...] un efecto jurídico equivalente al de una firma manuscrita» (artículo 25.2 Reglamento eIDAS, en una nueva manifestación del principio de equivalencia funcional). Por esta razón, se ve investida de un nuevo *nomen iuris*, con la finalidad de singularizarla de aquella otra que, por no haber sido creada mediante un dispositivo cualificado de creación de firma electrónica o por no basarse en un certificado cualificado de firma electrónica (o por no cumplir ninguno de estos dos requisitos), no tendrá efectos legales equiparables, en términos de validez y eficacia, a los de la firma autógrafa, integrándose bajo el nombre de firma electrónica avanzada. Esta última, al igual que la firma electrónica simple y que la firma electrónica avanzada basada en un certificado electrónico cualificado, no se verá privada de efectos jurídicos ni de admisibilidad como prueba en procedimientos judiciales por el mero hecho de que esté en forma electrónica o porque no cumpla los requisitos de la firma electrónica cualificada (artículos 25.1 Reglamento eIDAS), debiéndose valorar, en todo caso, cuál es la eficacia que tienen (algo que, en ocasiones, puede ser complejo y costoso).

4. *Equivalencia jurídica con la firma manuscrita*

La **firma autógrafa**, en lo que aquí nos interesa, es la forma habitual de vincular un documento a una persona concreta, mostrando con su plasmación, a quien sea su receptor, que el documento y la declaración contenida en el mismo se dan por concluidos y se asumen como propios. Sobre estos parámetros, la firma tiene claramente una función probatoria, toda vez que el signo manuscrito en que consiste formalmente es fundamental para preconstituir, desde el momento justo en que se documenta la declaración, el objeto de la prueba caligráfica, prueba que, en sede judicial, podrá fijar con gran probabilidad la autoría del signo y, con ello, de la declaración. En este sentido, resulta paradigmática la STS núm. 356/2003, de 03 de abril, que, en su Fundamento Jurídico segundo, dispone que es doctrina constante de dicho Tribunal que «[...] acreditada por cualquiera de los referidos medios la autenticidad de la firma que autoriza un documento privado, se reputa veraz y exacto su contenido, a menos que se pruebe y hasta tanto se demuestre la existencia de hechos que permitan desvirtuar tal consecuencia (Sentencia de 5 de mayo de 1958 y 20 de febrero de 1978). Dada la escritura mecanográfica, la prueba documental se transmuta en caligráfica sobre la firma del documento, por constituir reiterada doctrina jurisprudencial de que existe la presunción "iuris tantum" de [que] quien firma un documento conoce y admite su total contenido, salvo que pruebe lo contrario (Sentencia de 2 de octubre de 1980)».

Pese a ello, la firma manuscrita no aparece definida en nuestro ordenamiento jurídico. Sí que lo hace la RAE cuando define la firma manuscrita como el «[r]asgo o conjunto de rasgos, realizados siempre de la misma manera, que identifican a una persona y sustituyen a su nombre y apellidos para aprobar o dar autenticidad a un documento». También la jurisprudencia, donde la firma manuscrita fue definida por la relevante STS de 03 de noviembre de 1997, que, en su Fundamento Jurídico décimo, la describe como «[...] el trazado gráfico, conteniendo habitualmente el nombre, los apellidos y la rúbrica de una persona, con el cual se suscriben los documentos para darles autoría y virtualidad y obligarse con lo que en ellos se dice. Aunque la firma puede quedar reducida, sólo, a la rúbrica o consistir, exclusivamente, incluso, en otro trazado gráfico, o en iniciales, o en grafismos ilegibles, lo que la distingue es su habitualidad, como elemento vinculante de esa grafía o signo de su autor»; no obstante, indica la misma sentencia, «[...] la firma autógrafa no es la única manera de signar, pues hay otros mecanismos que, sin ser firma autógrafa, constituyen trazados gráficos, que asimismo conceden autoría y obligan. Así, las claves, los códigos, los signos y, en casos, los sellos con firmas en el sentido indicado»; afirmando también, que «[...] el requisito de la firma autógrafa o equivalente puede ser sustituida, por el lado de la criptografía, por medio de cifras, signos, códigos, barras, claves u otros atributos alfanuméricos que permitan asegurar la procedencia y veracidad de su autoría y la autenticidad de su contenido». De este modo, el legislador da por supuesto este concepto, limitándose a invocar su existencia como medio de prueba en el Cc y en la LECiv, al tiempo que alude, en muy contadas ocasiones, a los escritos firmados como modo de documentar diversos actos jurídicos.

Pues bien, como ya se ha dicho, el artículo 25.2 Reglamento eIDAS dispone que la firma electrónica cualificada tendrá un **efecto jurídico equivalente** al de una firma manuscrita. De nuevo, vuelve a manifestarse con fuerza el principio de equivalencia funcional, que persigue, con las adaptaciones propias y oportunas del nuevo (y complementario) medio digital en el que, cada vez con más insistencia, se desenvuelven las relaciones sociales y económicas, atribuir, en la medida de lo posible, las mismas consecuencias jurídicas a uno y otro entorno, el físico y el virtual. En consecuencia, para su plena operatividad y, por ende, para la consecución de la correspondencia prevista en el precepto, tan sólo será necesario que la firma electrónica cumpla todos y cada uno de los requisitos necesarios para tener la consideración de firma electrónica cualificada (pudiendo, ello, acreditarse con la validación del artículo 32 Reglamento eIDAS). No obstante, en ocasiones (especialmente, en caso de impugnación), este aspecto puede requerir de dificultosos informes técnicos que permitan demostrar ante el juez la existencia de tales requisitos.

Sin variaciones sustanciales, esta regla ya se contenía a nivel europeo en el artículo 5.1.a) DFE, que disponía lo que sigue:

> «Los Estados miembros procurarán que la firma electrónica avanzada basada en un certificado reconocido y creada por un dispositivo seguro de creación de firma: a) satisfaga el requisito jurídico de una firma en relación con los datos en forma electrónica del mismo modo que una firma manuscrita satisface dichos requisitos en relación con los datos en papel».

También a nivel nacional, el artículo 3.1, *ab initio*, RDLFE, antes, incluso, de la Directiva comunitaria, vino a afirmar que:

> «La firma electrónica avanzada, siempre que esté basada en un certificado reconocido y que haya sido producida por un dispositivo seguro de creación de firma, tendrá, respecto de los datos consignados en forma electrónica, el mismo valor jurídico que la firma manuscrita en relación con los consignados en papel».

No obstante, para evitar las dificultades de acreditación del cumplimiento de los requisitos de equiparación, introduce un párrafo segundo al apartado primero que dispone, literalmente, que:

> «Se presumirá que la firma electrónica avanzada reúne las condiciones necesarias para producir los efectos indicados en este apartado, cuando el certificado reconocido en que se base haya sido expedido por un prestador de servicios de certificación acreditado y el dispositivo seguro de creación de firma con el que ésta se produzca se encuentre certificado, con arreglo a lo establecido en el artículo 21».

Con ello, se establecía una **presunción de cumplimiento** de los requisitos necesarios para la equivalencia funcional con la firma manuscrita, ligada a la satisfacción de otras exigencias complementarias: certificado reconocido emitido por un prestador acreditado y dispositivo seguro de creación de firma electrónica certificado.

Después, el artículo 3.4 LFE, tan sólo con la modificación formal derivada de la introducción del concepto de firma electrónica reconocida, afirmaba categóricamente que «[l]a firma electrónica reconocida tendrá respecto de los datos consignados en forma electrónica el mismo valor que la firma manuscrita en relación con los consignados en papel». Sin embargo, desaparece, aquí, la presunción legal del artículo 3.1.2º RDLFE; y desaparece, no sólo implícitamente en este artículo 3 LFE, sino también en virtud de un pronunciamiento expreso del artículo 26.4 LFE, que disponía que «[l]a certificación de un prestador de servicios de certificación no será necesaria para reconocer eficacia jurídica a una firma electrónica». Se cumple, de esta manera, aquello que ya anunciaba la Exposición de Motivos en los siguientes términos:

> «Por otra parte, la ley modifica el concepto de certificación de prestadores de servicios de certificación para otorgarle mayor grado de libertad y dar un mayor protagonismo a la participación del sector privado en los sistemas de certificación y *eliminando las presunciones legales asociadas a la misma, adaptándose de manera más precisa a lo establecido en la Directiva*. Así, se favorece la autorregulación de la industria, de manera que sea ésta quien diseñe y gestione, de acuerdo con sus propias necesidades, sistemas voluntarios de acreditación destinados a mejorar los niveles técnicos y de calidad en la prestación de servicios de certificación» (la cursiva es propia).

En este sentido, la eliminación de esta presunción pudiera ser una consecuencia lógica de la tendencia a privatizar los sistemas de certificación, pues no siempre tendría sentido atribuir efectos legales de tal trascendencia como los contenidos en la presunción del precitado artículo 3 RDL a una simple declaración de una entidad de naturaleza privada.

La duda que surge de manera inmediata en estos casos es qué sucede si no intervienen estos procesos de certificación. A priori, la producción de efectos jurídicos en el tráfico es idéntica, de modo que, exista o no certificación del prestador y del dispositivo de creación de firma electrónica, si esta cumplía los requisitos del artículo 3.3 LFE, sería reconocida. Ahora bien, no es menos cierto que la intervención de estos procesos certificadores puede resultar esencial en el caso en el que se impugne una firma electrónica reconocida; en efecto, dos pueden ser las ventajas fundamentales que lleven al prestador a solicitar esta certificación: de un lado, generar la confianza necesaria del mercado en los productos de firma electrónica que ofrece a través de la exhibición de la certificación como sello de calidad, mayor cuanto mayor sea la fiabilidad que genere la entidad certificadora; de otro, que, a través de la certificación, pueda probarse el cumplimiento de las obligaciones que deben ser objeto de comprobación al impugnarse la firma electrónica reconocida.

Hasta aquí, todo igual. No obstante, el artículo 25.3 del Reglamento eIDAS sí que incorpora una novedad respecto del cuerpo normativo anterior, al añadir, explícitamente, una propiedad adicional a las firmas electrónicas creadas por dispositivos cualificados y basadas en certificados cualificados. Esta propiedad es la de la **equiparación comunitaria de firmas electrónicas cualificadas**, firmas que, surgidas en cualquier Estado miembro, habrán de ser reconocidas como tales en todos los demás. Algo parecido disponía la DFE en su artículo 4.2, al establecer, refiriéndose a los productos de firma electrónica (no a la firma electrónica propiamente dicha) y sin concretar a qué tipo de firma electrónica estaba aludiendo, que «[l]os Estados miembros velarán por que los productos de firma electrónica que se ajusten a lo dispuesto en la presente Directiva puedan circular libremente en el mercado interior», reforzando, de este modo, el principio de libre circulación dentro del mercado interior, distinto del principio de reconocimiento mutuo a que ahora nos referimos.

Bien podemos advertir, a la vista de lo anterior, la configuración de la firma electrónica cualificada como aquella modalidad dotada de las máximas garantías técnicas de seguridad, fiabilidad y reconocimiento por terceros, constancia, esta, que lleva a atribuirle la máxima eficacia jurídica:

la equiparación formal y funcional con la firma manuscrita. Sin embargo, cabría preguntarse qué sucede con aquellas otras modalidades de firma electrónica que no gozan de este reconocimiento pleno.

En este sentido, el, ya citado, artículo 25.1 Reglamento eIDAS dispone que no se denegarán efectos jurídicos (si bien, parece obvio que estos no serán los mismos que los que previstos para las firmas electrónicas cualificadas) a una firma electrónica (no cualificada, se sobreentiende) por el mero hecho de ser una firma electrónica (y no una firma manuscrita) o porque no cumpla los requisitos de la firma electrónica cualificada (y se trate, pues, de una firma electrónica simple o de una firma electrónica avanzada). En consecuencia, mientras que la firma electrónica cualificada cuenta con unos efectos legalmente determinados (repetimos, equivalencia legal con la firma manuscrita), toda firma electrónica que no sea cualificada podrá gozar (o no) de efectos jurídicos específicos respecto de la autoría, integridad, confidencialidad o no rechazo del documento electrónico, si bien, por razones obvias, no resultará posible determinar cuáles de estos efectos con carácter apriorístico, debiendo valorarse atendiendo a cada supuesto en concreto, valoración esta que, dependiendo del caso, puede ser compleja y costosa.

Esta misma previsión fue acogida por el artículo 5.2 DFE, que, por no incluir a la firma electrónica reconocida como tal, resultaba tanto más detallado en su redacción:

> «Los Estados miembros velarán por que no se niegue eficacia jurídica [...] a la firma electrónica por el mero hecho de que: ésta se presente en forma electrónica, o no se base en un certificado reconocido, o no se base en un certificado expedido por un proveedor de servicios de certificación acreditado, o no esté creada por un dispositivo seguro de creación de firma».

Y, así, se reflejó en el artículo 3.9 LFE que, reemplazando al artículo 3.2 RDLFE, disponía que «[n]o se negarán efectos jurídicos a una firma electrónica que no reúna los requisitos de firma electrónica reconocida en relación a los datos a los que esté asociada por el mero hecho de presentarse en forma electrónica». No obstante, en este caso la redacción era, en mi opinión, inadecuada por confusa o por desubicada, como podemos constatar gracias al análisis posterior del artículo 25.1 Reglamento eIDAS; en efecto, de este último precepto podemos concluir (apartado primero) que no podrán negarse efectos jurídicos a la firma electrónica por el mero hecho de que sea tal (de modo que reconoce la posible validez de toda firma electrónica, ya sea simple, avanzada o cualificada) o porque no cumplan los requisitos más elevados de las firmas electrónicas cualificadas (de modo que reconoce la posible validez de toda firma electrónica que sea simple o avanzada), confirmando, a continuación (apartado segundo), el efecto jurídico propio y específico de la firma electrónica cualificada.

IV. LA PROPUESTA DE REGLAMENTO EIDAS 2

Con fecha 03 de junio de 2021, la Comisión Europea, partiendo de la previsión de revisión contemplada en el artículo 49 Reglamento eIDAS, presentó la **Propuesta de Reglamento** del Parlamento Europeo y del Consejo por el que se modifica el Reglamento (UE) n.º 910/2014 en lo que respecta al establecimiento de un Marco para una Identidad Digital Europea [COM(2021) 281 final]. El fin perseguido por este nuevo instrumento jurídico reside en proporcionar, para la utilización transfronteriza, el acceso a soluciones de identidad electrónica que sean altamente seguras y fiables y la garantía de que: los servicios, tanto públicos como privados, puedan apoyarse en soluciones de identidad digital fiables y seguras; las personas, tanto físicas como jurídicas, puedan emplear soluciones de identidad digital; tales soluciones presenten un conjunto de atributos y hagan posible, tanto el intercambio selectivo de datos de identidad, limitando estos datos a las necesidades del servicio específico solicitado, como la aceptación de los servicios de confianza en la Unión Europea y de la igualdad de condiciones para su prestación.

En concreto, la Propuesta expresa los motivos de modificar el Reglamento eIDAS actual en términos tan precisos que reproducimos de manera literal:

> «En la actualidad, está emergiendo en el mercado un nuevo entorno cuyo enfoque ha pasado de estar centrado en la provisión y utilización de identidades digitales rígidas a la provisión de determinados atributos concretos relacionados con dichas identidades, así como en la confianza en esos atributos. Existe un aumento de la demanda de soluciones de identidad electrónica capaces de ofrecer estas prestaciones y de brindar una mayor eficiencia y un nivel alto de confianza en toda la UE, tanto en el sector privado como en el público. Esta demanda surge por la necesidad de identificar y autenticar a los usuarios con un nivel de seguridad elevado.
>
> La evaluación del Reglamento eIDAS puso de manifiesto que el Reglamento actual no consigue dar respuesta a estas nuevas demandas del mercado, lo que se debe, fundamentalmente, a sus limitaciones (inherentes al sector público), a las escasas posibilidades que tienen los prestadores privados en línea para conectarse al sistema (y la complejidad que presenta dicha conexión para ellos), a la disponibilidad insuficiente de soluciones de identidad electrónica en todos los Estados miembros y a la falta de flexibilidad del sistema

para admitir diversos tipos de casos de uso. Además, las soluciones de identidad que no entran dentro del ámbito de aplicación del Reglamento eIDAS, como las que ofrecen los proveedores de medios sociales y las entidades financieras, plantean cuestiones relacionadas con la privacidad y la protección de datos. Tales soluciones no pueden responder eficazmente a las nuevas demandas del mercado y carecen del alcance transfronterizo requerido para abordar necesidades sectoriales específicas, situaciones en las que la identificación resulta delicada y requiere un grado alto de certeza.

Desde la entrada en vigor de la sección del Reglamento relativa a la identidad electrónica en septiembre de 2018, tan solo catorce Estados miembros han notificado al menos un sistema de identidad electrónica. Como resultado de ello, solamente un 59 % de los residentes en la UE tienen acceso a sistemas transfronterizos de identidad electrónica fiables y seguros. Solo hay siete sistemas completamente móviles que responden a las expectativas actuales de los usuarios. Puesto que no todos los nodos técnicos establecidos para garantizar la conexión con el marco de interoperabilidad contemplado en el Reglamento eIDAS se encuentran plenamente operativos, el acceso transfronterizo es limitado; asimismo, los servicios públicos accesibles a escala nacional a los que también se puede acceder a través de la red eIDAS son muy escasos.

Si se ofreciera un **Marco para una Identidad Digital Europea** basado en la revisión del actual, al menos un 80 % de los ciudadanos deberían poder utilizar una solución de identidad digital para acceder a servicios públicos esenciales de aquí a 2030. Además, la seguridad y el control que ofrece el Marco para una Identidad Digital Europea debe proporcionar a los ciudadanos y residentes confianza plena en que dicho marco ofrecerá a todas las personas los medios necesarios para controlar quién puede acceder a su gemelo digital y a qué datos tiene acceso exactamente. Esto requerirá asimismo un nivel alto de seguridad en todos los aspectos de la provisión de la identidad digital, incluida la expedición de una cartera de identidad digital europea, y la infraestructura necesaria para la recopilación, el almacenamiento y la divulgación de datos de identidad digital.

Por otro lado, el marco actual previsto en el Reglamento eIDAS no cubre la provisión de atributos electrónicos, como certificados médicos o cualificaciones profesionales, lo que dificulta garantizar el reconocimiento legal de tales credenciales en formato electrónico a escala europea. Además, el Reglamento eIDAS no permite que los usuarios limiten el intercambio de datos personales al estrictamente necesario para la prestación de un servicio.

Pese a que la evaluación del Reglamento eIDAS muestra que el marco para la prestación de servicios de confianza ha obtenido resultados bastante satisfactorios, al proporcionar un nivel alto de confianza y garantizar la adopción y utilización de la mayoría de los servicios de confianza, es preciso continuar trabajando para lograr su armonización y aceptación plenas. Los ciudadanos, por su parte, deben poder confiar en los certificados cualificados de autenticación de sitios web y beneficiarse de la información segura y fiable que proporcionan sobre quién está detrás de un determinado sitio web, lo que reduciría el fraude.

Además, para responder a la dinámica de los mercados y a la evolución tecnológica, la presente propuesta **amplía la lista actualmente vigente de servi-**

> **cios de confianza** incluida en el Reglamento eIDAS, a saber, la prestación de servicios de archivo electrónico, los libros mayores electrónicos y la gestión de dispositivos remotos de firma electrónica y creación de sellos.
>
> Esta propuesta ofrece también un enfoque armonizado con respecto a la seguridad, tanto para los ciudadanos que utilicen una identidad digital europea con fines de representación en línea como para los proveedores de servicios en línea, que podrán confiar plenamente en las soluciones de identidad digital y aceptarlas con independencia de dónde se hayan expedido. La propuesta implica un cambio para los emisores de soluciones de identidad digital europea, al proporcionar una arquitectura técnica, un marco de referencia y normas comunes que se desarrollarán en colaboración con los Estados miembros. Es necesario adoptar un enfoque armonizado con el fin de evitar que el desarrollo de nuevas soluciones de identidad digital en los Estados miembros provoque una mayor fragmentación debido al uso de soluciones nacionales divergentes. Además, dicho enfoque fortalecerá el mercado interior, ya que permitirá que los ciudadanos, las empresas y otros residentes se identifiquen en línea de manera segura, cómoda y uniforme en toda la UE para acceder tanto a servicios públicos como privados. Los usuarios podrán utilizar un ecosistema reforzado de identidad digital y servicios de confianza, reconocido y aceptado en toda la Unión.
>
> Para evitar la fragmentación y los obstáculos derivados de la existencia de normas divergentes, la Comisión adoptará una Recomendación al mismo tiempo que la presente propuesta. Dicha Recomendación definirá un proceso dirigido a respaldar un enfoque común que permita a los Estados miembros y a otras partes interesadas pertinentes de los sectores público y privado, en estrecha coordinación con la Comisión, trabajar en pos del desarrollo de un conjunto de herramientas que eviten planteamientos divergentes e impidan que se ponga en peligro la futura implantación del Marco para una Identidad Digital Europea».

A la vista de lo anterior, parece evidente que las **novedades** más relevantes del nuevo texto descansan en el ámbito de la identidad digital, como sucede, más concretamente, con la conocida como "cartera de identidad digital europea", donde se establecen las condiciones para su emisión por los Estados miembros, ampliando el objeto descrito en el artículo 1 del Reglamento eIDAS. Definidas en el apartado 42) del artículo 3 Reglamento eIDAS y reguladas en los nuevos artículos 6 bis, 6 ter, 6 quater y 6 quinquies, estas carteras permitirán que el usuario solicite y obtenga, almacene, seleccione, combine y comparta de forma segura, transparente y rastreable, los datos de identificación de persona jurídica y la declaración electrónica de atributos imprescindibles para la autenticación, online y offline, con el objetivo de conseguir el acceso a servicios, tanto públicos como privados, en línea; de igual modo, hará posible la firma a través de firmas electrónicas cualificadas.

Más allá de lo anterior, y en lo que aquí más interesa, también se produce una relevante modificación en el texto del Reglamento, consistente en ampliar el catálogo de servicios de confianza para, así, dar respuesta a la dinámica de los mercados y a la evolución tecnológica. Esto tiene varias consecuencias, como la introducción:

En primer lugar, de la declaración electrónica de atributos, definida en el apartado 44) del artículo 3 Reglamento eIDAS como «una declaración en formato electrónico que permite la autenticación de atributos», entendidos, estos, como los rasgos, características o cualidades concernientes a una persona, física o jurídica, o a una entidad, en formato electrónico [artículo 3.43) Reglamento eIDAS].

En segundo lugar, de la prestación de servicios de archivo electrónico de documentos electrónicos. Se entenderá por archivo electrónico aquel «[...] servicio que garantiza la recepción, el almacenamiento, la eliminación y la transmisión de datos o documentos electrónicos para asegurar su integridad y la exactitud de su origen y sus características jurídicas a lo largo del período de conservación» [artículo 3.47) Reglamento eIDAS].

En tercer lugar, de la grabación de datos electrónicos en libros mayores electrónicos, libro mayor electrónico que será un «registro electrónico inviolable de datos que garantiza la autenticidad y la integridad de los datos que contiene, la exactitud de su fecha y hora y su orden cronológico» [artículo 3.53) Reglamento eIDAS].

En cuarto lugar, de la gestión de dispositivos remotos de firma electrónica y creación de sellos electrónicos.

Por tanto, un servicio de confianza pasaría a ser:

> «El servicio electrónico prestado habitualmente previo pago de un determinado importe, consistente en:
>
> a) la creación, verificación y validación de firmas electrónicas, sellos electrónicos o sellos de tiempo electrónicos, servicios de entrega electrónica certificada, declaraciones electrónicas de atributos y certificados relativos a estos servicios;
>
> b) la creación, verificación y validación de certificados para la autenticación de sitios web;
>
> c) la preservación de firmas, sellos o certificados electrónicos relativos a estos servicios;
>
> d) el archivo electrónico de documentos electrónicos;
>
> e) la gestión de dispositivos remotos de creación de firmas electrónicas y sellos electrónicos;
>
> f) la grabación de datos electrónicos en un libro mayor electrónico».

Asimismo, centrándonos, específicamente, en los **preceptos a que hemos aludido** en páginas anteriores **al analizar la firma electrónica**, debemos destacar:

En primer lugar, la definición de los certificados de firma electrónica, que se sustituye por otra que, simplemente, se limita a añadir que los certificados podrán ser, también, un «[...] conjunto de declaraciones electrónicas».

En segundo lugar, la inserción del punto 23 bis en el artículo 3 para definir el "dispositivo cualificado remoto de creación de firmas", que será «un dispositivo cualificado de creación de firmas utilizado por un prestador cualificado de servicios de confianza para generar, gestionar o duplicar los datos de creación de firmas electrónicas en nombre de un signatario».

En tercer lugar, la sustitución (coherente con la precitada ampliación de los servicios de confianza) de la definición de validación del artículo 3.41) Reglamento eIDAS por la siguiente: «[...] el proceso consistente en verificar y confirmar la validez de una firma electrónica, un sello electrónico, los datos de identificación de una persona o una declaración electrónica de atributos».

En cuarto lugar, la modificación de las letras c) y f) del artículo 17.4, de suerte que las funciones del organismo pasan a ser las de «informar a las autoridades nacionales competentes de los Estados miembros afectados, designadas en virtud de la Directiva (UE) XXXX/XXXX, de cualquier violación significativa de la seguridad o pérdida de integridad de la que tengan conocimiento en el desempeño de sus tareas; cuando la violación significativa de la seguridad o la pérdida de integridad afecte a otros Estados miembros, el organismo de control informará al punto de contacto único del Estado miembro en cuestión designado al amparo de la Directiva (UE) XXXX/XXXX» y «cooperar con las autoridades de control establecidas en virtud del Reglamento (UE) 2016/679, en particular, informándolas sin dilación indebida sobre los resultados de las auditorías de los prestadores cualificados de servicios de confianza, cuando se hayan violado las normas de protección de datos personales, así como sobre violaciones de la seguridad que constituyan violaciones de datos personales», respectivamente.

En quinto lugar, la modificación de los apartado sexto y octavo de este último precepto, con el siguiente tenor:

> «6. A más tardar el 31 de marzo de cada año cada organismo de control presentará a la Comisión un informe sobre las principales actividades que haya llevado a cabo durante el año natural anterior».

Se elimina, como principal aspecto, la obligación de presentar un resumen de las notificaciones de violación recibidas de los prestadores de servicios de confianza, de conformidad con el artículo 19, apartado 2.

> «8. En un plazo máximo de doce meses a contar desde la entrada en vigor de este Reglamento, la Comisión especificará, por medio de actos de ejecución, las tareas de las autoridades de control a que se refiere el apartado 4 y definirá los formatos y procedimientos del informe mencionado en el apartado 6. Estos actos de ejecución se adoptarán con arreglo al procedimiento de examen contemplado en el artículo 48, apartado 2».

Se añade, por tanto, un plazo concreto y se incluye la necesaria especificación de las tareas de las autoridades de control a que se refiere el apartado 4.

En sexto lugar, la modificación del artículo 18, en su título ("Asistencia mutua *y cooperación*") y en su apartado primero (que añade el siguiente texto: «[...] e información acerca de la prestación de servicios de confianza»), añadiéndose los apartados 4 y 5 siguientes:

> «4. Los organismos de control y las autoridades nacionales competentes en virtud de la Directiva (UE) XXXX/XXXX del Parlamento Europeo y del Consejo [SRI 2] cooperarán y se prestarán mutuamente asistencia para asegurar que los prestadores de servicios de confianza cumplan los requisitos establecidos en este Reglamento y en la Directiva (UE) XXXX/XXXX [SRI 2]. El organismo de control solicitará a la autoridad nacional competente en virtud de la Directiva (UE) XXXX/XXXX [SRI 2] que lleve a cabo actuaciones de control para verificar la conformidad de los prestadores de servicios de confianza con los requisitos establecidos en la Directiva (UE) XXXX/XXXX [SRI 2], exigir a los prestadores de servicios de confianza que subsanen cualquier falta de conformidad con dichos requisitos, proporcionar en los plazos previstos los resultados de cualquier actividad de control vinculada a los prestadores de servicios de confianza e informar a los órganos de control acerca de los incidentes pertinentes importantes notificados con arreglo a lo dispuesto en la Directiva (UE) XXXX/XXXX».
>
> «5. Dentro de los doce meses siguientes a la entrada en vigor de este Reglamento, la Comisión establecerá, por medio de actos de ejecución, los mecanismos de procedimiento necesarios para facilitar la cooperación entre las autoridades de control a que se refiere el apartado 1».

En séptimo lugar, la modificación del artículo 20, donde:

a) El apartado 1 se sustituye por el texto siguiente:

> «Los prestadores cualificados de servicios de confianza serán **auditados** al menos cada veinticuatro meses, corriendo con los gastos que ello genere,

por un organismo de evaluación de la conformidad. La auditoría confirmará que los prestadores cualificados de servicios de confianza y los servicios de confianza cualificados que prestan cumplen los requisitos establecidos en este Reglamento y en el artículo 18 de la Directiva (UE) XXXX/XXXX. Los prestadores cualificados de servicios de confianza presentarán el informe de evaluación de la conformidad resultante al organismo de control en el plazo de tres días hábiles a contar desde su recepción».

Donde destaca la adición del citado artículo 18.

b) En el apartado 2, la última frase se sustituye por el texto siguiente:

«En caso de posible infracción de las normas sobre protección de datos personales, el organismo de control informará a las autoridades de control en virtud del Reglamento (UE) 2016/679 de los resultados de sus auditorías».

En línea con la modificación que hace la Propuesta del "organismo de supervisión" por el "organismo de control".

c) Los apartados 3 y 4 se sustituyen por el texto siguiente:

«3. Cuando el prestador cualificado de servicios de confianza incumpla cualquiera de los requisitos que se establecen en este Reglamento, el órgano de control le exigirá subsanar dicho incumplimiento dentro de un plazo determinado, si procede.

Si el prestador no subsanase el incumplimiento dentro del plazo fijado por el organismo de control si procede, este, teniendo en cuenta en particular el alcance, la duración y las consecuencias del incumplimiento, podrá retirar la cualificación al prestador en cuestión o al servicio que preste, y requerirle para que cumpla —en un plazo establecido, si procede— los requisitos previstos en la Directiva XXXX/XXXX [SRI 2]. El organismo de control informará al órgano a que se refiere el artículo 22, apartado 3, a efectos de la actualización de las listas de confianza a las que se hace referencia en el artículo 22, apartado 1.

El organismo de control comunicará al prestador cualificado de servicios de confianza la retirada de su cualificación o de la cualificación del servicio de que se trate».

Incluyendo, como puede observarse, la posibilidad de que el organismo de control requiera al prestador para que cumpla.

«4. Dentro de los doce meses siguientes a la entrada en vigor del presente Reglamento, la Comisión establecerá, por medio de actos de ejecución, los números de referencia para las normas siguientes:

a) la acreditación de los organismos de evaluación de la conformidad y para el informe de evaluación de la conformidad a que se refiere el apartado 1;

b) los requisitos de auditoría con arreglo a las cuales los organismos de evaluación de la conformidad realizarán la evaluación de la conformidad de los prestadores cualificados de servicios de confianza a que se refiere el apartado 1;

c) los sistemas de evaluación de la conformidad que utilizarán los organismos de evaluación de la conformidad para evaluar la conformidad de los prestadores cualificados de servicios de confianza y para proporcionar el informe de evaluación de la conformidad a que se refiere el apartado 1.

Estos actos de ejecución se adoptarán con arreglo al procedimiento de examen contemplado en el artículo 48, apartado 2».

En el que se pone de relieve la especificando del plazo y la adición del apartado c).

En octavo lugar, la modificación del artículo 21, en los siguientes términos:

a) El apartado 2 se sustituye para, con carácter fundamental, añadir el párrafo segundo:

«El organismo de control verificará si el prestador de servicios de confianza y los servicios de confianza que presta cumplen los requisitos establecidos en el presente Reglamento, y en particular, los requisitos establecidos para los prestadores cualificados de servicios de confianza y para los servicios de confianza cualificados que estos prestan.

Con el fin de **verificar la conformidad** del proveedor de servicios de confianza con los requisitos establecidos en el artículo 18 de la Directiva XXXX [SRI 2], el organismo de control solicitará a las autoridades competentes en virtud de la citada Directiva que lleven a cabo actuaciones de control en ese sentido y que proporcionen información sobre los resultados de dichas actuaciones en el plazo de tres días desde su finalización.

Si el organismo de control concluye que el prestador de servicios de confianza y los servicios de confianza que este presta cumplen los requisitos a que se refiere el párrafo primero, el organismo de control concederá la cualificación al prestador de servicios de confianza y a los servicios de confianza que este presta y lo comunicará al organismo a que se refiere el artículo 22, apartado 3, a efectos de actualizar las listas de confianza a que se refiere el artículo 22, apartado 1, a más tardar tres meses después de la notificación de conformidad con el apartado 1 del presente artículo.

Si la verificación no ha concluido en el plazo de tres meses, el organismo de control informará al prestador de servicios de confianza especificando los motivos de la demora y el plazo previsto para concluir la verificación».

b) El apartado 4 se sustituye por el texto siguiente, en el que se incluye un plazo concreto:

«Dentro de los doce meses siguientes a la entrada en vigor de este Reglamento, la Comisión definirá, por medio de actos de ejecución, los formatos y procedimientos de la notificación y la verificación a efectos de lo dispuesto en los apartados 1 y 2 del presente artículo. Estos actos de ejecución se adoptarán con arreglo al procedimiento de examen contemplado en el artículo 48, apartado 2».

En noveno lugar, la adición, en el artículo 23, del apartado 2 bis siguiente:

«Los apartados 1 y 2 también serán de aplicación a los prestadores de servicios de confianza establecidos en terceros países y a los servicios que prestan, siempre y cuando hayan sido reconocidos en la Unión con arreglo a lo previsto en el artículo 14».

En décimo lugar, la sustitución (si bien, en términos prácticamente idénticos) de la letra h) del artículo 24.2, de modo que los prestadores cualificados de servicios de confianza que presten servicios de confianza cualificados:

«Registrarán y mantendrán accesible durante el tiempo que sea necesario cuando hayan **cesado** las actividades del prestador cualificado de servicios de confianza, toda la información pertinente referente a los datos expedidos y recibidos por el prestador cualificado de servicios de confianza, al objeto de que sirvan de prueba en los procedimientos legales y para garantizar la continuidad del servicio. Esta actividad de registro podrá realizarse por medios electrónicos».

En undécimo lugar, la incorporación, en el artículo 29, del siguiente apartado 1 bis:

«La creación, gestión y duplicación de datos de creación de firmas electrónicas en nombre del signatario son funciones reservadas en exclusiva a un prestador cualificado de servicios de confianza que preste un servicio de confianza cualificado para la gestión de un dispositivo cualificado remoto de creación de firmas electrónicas».

En duodécimo lugar, la introducción del artículo 29 bis siguiente:

«Requisitos que debe cumplir un servicio cualificado para la gestión de dispositivos remotos de creación de firmas electrónicas

> 1. La gestión de dispositivos cualificados remotos de creación de firmas electrónicas como servicio cualificado es una función reservada en exclusiva a un proveedor cualificado de servicios de confianza que:
>
> a) cree o gestione datos de creación de firmas electrónicas en nombre del signatario;
>
> b) sin perjuicio de lo dispuesto en el punto 1, letra d), del anexo II, duplique los datos de creación de firmas electrónicas exclusivamente con fines de copia de seguridad, siempre y cuando se cumplan los requisitos siguientes:
>
> la seguridad de los conjuntos de datos duplicados es del mismo nivel que para los conjuntos de datos originales;
>
> el número de conjuntos de datos duplicados no supera el mínimo necesario para garantizar la continuidad del servicio;
>
> c) cumple todos los requisitos identificados en el informe de certificación del dispositivo cualificado remoto específico de creación de firmas emitido en virtud del artículo 30.
>
> 2. Dentro de los doce meses siguientes a la entrada en vigor del presente Reglamento, la Comisión establecerá, por medio de actos de ejecución, las especificaciones técnicas y los números de referencia de las normas a efectos de lo dispuesto en el apartado 1».

En decimotercer lugar, la inserción, en el artículo 30, del apartado 3 bis siguiente:

> «La certificación a que se refiere el apartado 1 tendrá una **validez** de cinco años, condicionada a la realización de una evaluación periódica de las vulnerabilidades cada dos años. Cuando se identifiquen vulnerabilidades y no se subsanen, se retirará la certificación».

En decimocuarto lugar, la sustitución, en el artículo 31, del apartado 3 por el texto siguiente, a fin de incluir el plazo para que la Comisión proceda a la definición indicada:

> «Dentro de los doce meses siguientes a la entrada en vigor del presente Reglamento, la Comisión definirá, por medio de actos de ejecución, los formatos y procedimientos aplicables a efectos de lo dispuesto en el apartado 1. Estos actos de ejecución se adoptarán con arreglo al procedimiento de examen contemplado en el artículo 48, apartado 2».

En decimoquinto lugar, la modificación del artículo 32, en los siguientes términos:

a) En el apartado 1 se añade el párrafo siguiente:

«Se presumirá el cumplimiento de los requisitos establecidos en el párrafo primero cuando la validación de firmas electrónicas cualificadas se ajuste a las normas a las que se refiere el apartado 3».

b) El apartado 3 se sustituye por el texto siguiente, de nuevo, para explicitar el plazo exigible a la Comisión:

«En un plazo máximo de doce meses a contar desde la entrada en vigor del presente Reglamento, la Comisión establecerá, por medio de actos de ejecución, los números de referencia de las normas para la validación de firmas electrónicas cualificadas. Estos actos de ejecución se adoptarán con arreglo al procedimiento de examen contemplado en el artículo 48, apartado 2».

En decimosexto lugar, la aparición del artículo 48 bis, que regula las estadísticas relativas al funcionamiento de las carteras de identidad digital europea y los servicios de confianza cualificados:

«Requisitos de información

1. Los Estados miembros garantizarán la recopilación de estadísticas relativas al funcionamiento de las carteras de identidad digital europea y los servicios de confianza cualificados.

2. Las estadísticas recopiladas de conformidad con el apartado 1 incluirán las siguientes:

a) el número de personas físicas y jurídicas poseedoras de una cartera de identidad digital europea válida;

b) el tipo y cantidad de servicios que aceptan el uso de la cartera de identidad digital europea;

c) incidencias y tiempo de interrupción de la infraestructura a escala nacional que impidan utilizar las aplicaciones de cartera de identidad digital.

3. Las estadísticas a las que se refiere el apartado 2 se harán públicas en un formato abierto, de uso común y legible por máquina.

4. Cada año, a más tardar en el mes de marzo, los Estados miembros presentarán a la Comisión un informe sobre las estadísticas recopiladas de conformidad con el apartado 2».

En decimoséptimo lugar, la sustitución del artículo 49 por el texto siguiente, donde se modifica el plazo en el que la Comisión deberá llevar a efecto la obligación de revisión de la aplicación normativa y se añade el apartado 2, sobre aspectos a incluir en el informe de evaluación, relacionados con la identificación:

«1. La Comisión revisará la aplicación del presente Reglamento e informará al Parlamento Europeo y al Consejo en un plazo máximo de **veinticuatro meses**

> desde su entrada en vigor. La Comisión evaluará en particular si es apropiado modificar el ámbito de aplicación del presente Reglamento o sus disposiciones específicas, teniendo en cuenta la experiencia adquirida en la aplicación del presente Reglamento, así como la evolución tecnológica, del mercado y jurídica. Si fuera necesario, el informe irá acompañado de una propuesta de modificación del presente Reglamento.
>
> 2. El informe de evaluación incluirá una evaluación de la disponibilidad y facilidad de uso de los medios de identificación contemplados en el ámbito de aplicación del presente Reglamento, en especial las carteras de identidad digital europea, y evaluarán si todos los prestadores de servicios privados en línea que se apoyan en servicios de identificación electrónica de terceros con fines de autenticación de los usuarios tienen la obligación de aceptar el uso de los medios de identificación electrónicos notificados.
>
> 3. Asimismo, la Comisión presentará un informe al Parlamento Europeo y al Consejo cada cuatro años tras el informe mencionado en el párrafo primero sobre la marcha hacia el logro de los objetivos del presente Reglamento».

En decimoctavo lugar, la sustitución del artículo 51 por el siguiente texto:

> «1. Los dispositivos de creación de firmas seguras cuya conformidad se haya determinado con arreglo al artículo 3, apartado 4, de la Directiva 1999/93/CE, continuarán considerándose dispositivos cualificados de creación de firmas electrónicas en virtud del presente Reglamento hasta el [fecha; DO sírvase insertar el período de cuatro años tras la entrada en vigor del presente Reglamento].

Delimitando, a diferencia del texto anterior, el intervalo de vigencia de estos dispositivos, que será de cuatro años tras la entrada en vigor del Reglamento.

> 2. Los certificados cualificados expedidos a personas físicas en virtud de la Directiva 1999/93/CE seguirán considerándose certificados cualificados de firma electrónica en virtud del presente Reglamento hasta el [fecha; DO sírvase insertar el período de cuatro años tras la entrada en vigor del presente Reglamento]».

Donde, en la misma línea de concreción temporal, se establece que estos certificados ya no serán válidos hasta que caduquen, sino (al igual que en el apartado anterior) hasta que transcurran cuatro años desde la entrada en vigor del Reglamento.

Por lo demás, se eliminan los apartados 3 y 4 anteriores.

En decimonoveno y último lugar, por lo que respecta a la firma electrónica, la modificación del punto i) del anexo I (sobre requisitos de los certificados cualificados de firma electrónica) y la sustitución del anexo II (sobre requisitos de los dispositivos cualificados de creación de firma electrónica). Junto a ellos, también se modifica el punto i) del anexo III (sobre requisitos de los certificados cualificados de sello electrónico) y el punto j) del anexo IV (sobre requisitos de los certificados cualificados de autenticación de sitios web), además de añadirse el anexo V (sobre requisitos de la declaración electrónica cualificada de atributos) y el anexo VI (sobre la lista mínima de atributos).

V. BIBLIOGRAFÍA

ALAMILLO DOMINGO, I., "Identidad y firma electrónica. Nociones técnicas y marco jurídico general. Identificación y autentificación de los ciudadanos", en *Tratado de procedimiento administrativo común y régimen jurídico básico del sector público,* Tirant lo Blanch, Valencia, 2017, pp. 679 a 772.

ALAMILLO DOMINGO, I., "La nueva Ley de servicios de confianza y la firma electrónica cualificada obtenida por videoconferencia: ¿una oportunidad para el despliegue de la Administración electrónica?", *Diario La Ley*, 9740, 2020.

ALAMILLO DOMINGO, I., "Identidad digital y servicios de confianza", en *El gobierno de la función legal en las organizaciones: operaciones legales, innovación y digitalización,* Thomson Reuters Aranzadi, Cizur Menor, 2021, pp. 603-631.

ALMONACID LAMELAS, V./ALAMILLO DOMINGO, I., "Los ciudadanos en el procedimiento y su personalidad electrónica: medios de identificación y firma", en *El nuevo procedimiento administrativo local tras la Ley 39/2015*, Wolters Kluwer, Las Rozas, 2016, pp. 193-233.

BARRIO ANDRÉS, M., *Manual de Derecho digital*, Tirant lo Blanch, Valencia, 2022.

CARIPIO CARRO, M., "La firma electrónica", *Consultor de los ayuntamientos y de los juzgados: revista técnica especializada en Administración local y Justicia municipal*, 5, 2015, 495-499.

CARLONI, E., "Tendenze recenti e nuovi principi della digitalizzazione publica", *Giornale di Diritto amministrativo: mensile di legislazione, giurisprudenza, prassi e opinioni*, 2, 2015, 148-158.

DOMÍNGUEZ-MACAYA LAURNAGA, J., "Modificaciones en la firma electrónica motivadas por el paquete de nuevas directivas de contratos públicos y por el Reglamento Europeo eIDAS", *Contratación administrativa práctica: revista de la contratación administrativa y de los contratistas*, 137, 2015, 42-56.

FINOCCHIARO, G. D., "Una prima lettura del Reg. UE n. 910/2014 (c.d. eIDAS): identificazione on line, firme elettroniche e servizi fiduciari", *Le nuove leggi civili commentate*, 3, 2015, 419-428.

GÓMEZ LOZANO, M. M., "Reglamento (UE) 910/2014 del Parlamento Europeo y del Consejo, de 23 de julio de 2014, relativo a la identificación electrónica y los servicios de confianza para las transacciones electrónicas en el mercado interior y por el que se deroga la Directiva 199", *Ars iuris Salmanticensis: revista europea e iberoamericana de pensamiento y análisis de Derecho, Ciencia, Política y Criminología,* 1, 2015, 267-269.

GONZÁLEZ MORENO, M., "¿Qué se ha de tener en cuenta a la hora de implantar servicios de identificación y firma electrónica?", *Actualidad jurídica Aranzadi,* 923, 2016.

GONZÁLEZ ROBLES, A./POHLMANN, N./ENGLING, C./JÄGER, H./ERNST, E., "Doubtless identification and privacy preserving of user in cloud systems", en *Securing electronic business processes,* Springer, Berlín, 2015, pp. 98-108.

LAFUENTE SUÁREZ, M., "El 'nuevo' Reglamento UE 910/2014, relativo a la identificación electrónica y los servicios de confianza en las transacciones electrónicas en el mercado interior, tras un año desde su publicación en el DOUE", *Actualidad jurídica Aranzadi,* 911, 2015.

LEONE, C., "EU Regulation nº. 910/2014 on electronic identification and trust services: an effort towards the elimination of barriers for electronic transactions and internal market consolidation", *Rivista italiana di Diritto pubblico comunitario,* 3-4, 2015, 1045-1060.

LORENTE HOWELL, J. L., "Banca electrónica y Reglamento eIDAS", *Actualidad jurídica Aranzadi,* 927, 2017.

MERCHÁN MURILLO, A., *Firma electrónica. Funciones y problemática: especial referencia al Reglamento (UE) nº 910/2014, relativo a la identificación electrónica por la que se deroga la Directiva 1999/93/CE de firma electrónica,* Thomson Reuters Aranzadi, Cizur Menor, 2016.

MIRANDA NARANJO, D./RODRÍGUEZ BALLANO, S., "Firma electrónica y otros servicios electrónicos de confianza", en *Tecnologías disruptivas: regulando el futuro,* Thomson Reuters Aranzadi, Cizur Menor, 2019, pp. 219-244.

RODRÍGUEZ AYUSO, J. F., *Ámbito contractual de la firma electrónica,* Barcelona, Bosch, 2018.

ROJO GIL, F./ALAMILLO DOMINGO, I., "Firma y sello electrónicos: el porqué y el cómo de la implantación del nuevo reglamento europeo", *Red seguridad: revista especializada en seguridad informática, protección de datos y comunicaciones,* 74, 2016.

Capítulo Cuarto

La regulación de la ciberseguridad

JOAQUÍN DELGADO MARTÍN

SUMARIO: I. Sobre la ciberseguridad. II. La ciberseguridad en Derecho internacional. III. Respuesta de la UE frente a las ciberamenazas. IV. Derecho español de la ciberseguridad. V. Derecho penal para tutelar la ciberseguridad.

I. SOBRE LA CIBERSEGURIDAD

1. *Una necesidad en la sociedad de la información*

La digitalización de todo tipo de actividades ha ampliado el ámbito de exposición a posibles ciberataques a todos los usuarios (personas físicas y personas jurídicas) y a todo tipo de organizaciones, tanto públicas como privadas, dificultando la adecuada protección de la información y aumentando nuestra vulnerabilidad frente a los ciberataques. La magnitud y frecuencia de los ciberincidentes y del uso ilícito del ciberespacio han aumentado en los últimos años y han convertido la ciberseguridad en una prioridad de organizaciones y gobiernos (ESN21).

Son muy frecuentes las acciones que dañan, perturban o afectan desfavorablemente a las redes y los sistemas de información, así como a sus usuarios de tales sistemas, pudiendo señalarse a título de mero ejemplo (https://www.incibe.es/): Suzuki Motorcycle , el principal fabricante de motos de la India, que registró una buena cifra de ventas el mes pasado, cerró recientemente sus operaciones de producción en el país a causa de un ciberataque (publicado el 19/05/2023); la Policía Nacional ha desmantelado un entramado que bloqueaba el sistema de citas online de extranjería mediante un bot informático, con el objetivo de revenderlas posteriormente, a cambio de una contraprestación económica que oscilaba entre los 30 y los 200 euros, a pesar de ser un trámite gratuito (publicado el 12/05/2023); la corporación multinacional suiza ABB, proveedor de tecnología de automatización y electrificación, se vio afectada por un ataque de ransomware que bloqueó algunas de las operaciones de la empresa, retrasando proyectos y afectando a varias fábricas (publicado el 11/05/2023).

Según la ESN 2021, se distinguen dos tipologías generales de amenazas en el ciberespacio. Por un lado, los ciberataques, entendidos como acciones disruptivas que actúan contra sistemas y elementos tecnológicos; ejemplos de ello son los ataques de ransomware (secuestro de datos) o la denegación de servicios, entre otros. Y, por otro lado, el uso del ciberespacio para realizar actividades ilícitas, como el cibercrimen, el ciberespionaje, la financiación del terrorismo o el fomento de la radicalización.

Debemos tener en cuenta que gran parte de las actividades de nuestra vida laboral, profesional, personal y familiar se desarrollan online y mediante elementos digitales; y esta tendencia se está incrementando de forma paralela al aumento vertiginoso de la transformación digital de todos los sectores: 22.300 millones de dispositivos estarán conectados a Internet de las Cosas (IOT) de aquí a 2024 (MUÑOZ AYCUENS).

Según el informe sobre Ciberamenazas y Tendencias 2022 del Centro Criptológico Nacional, se ha observado un aumento en la sofisticación de los ataques a través de cadena de suministro, siendo las empresas de servicios software las más afectadas. La utilización de este tipo de campañas se relaciona con la confianza en las comunicaciones entre los proveedores de servicios y los clientes, además de la combinación con técnicas de ingeniería social. También destaca que, debido a la codependencia entre los diferentes actores dentro de la organización, especialmente tras la pandemia, es previsible que el número de ataques a través del compromiso de la cadena de suministro siga aumentando durante el año respecto a años anteriores.

2. *Delimitación conceptual*

¿Qué es la ciberseguridad? Se trata de todas las actividades necesarias para la protección de las redes y sistemas de información, de los usuarios de tales sistemas y de otras personas afectadas por las ciberamenazas (artículo 2.1 Reglamento UE 2019/881 relativo a ENISA-Agencia de la Unión Europea para la Ciberseguridad- y a la certificación de la ciberseguridad de las tecnologías de la información y la comunicación).

¿Qué es una ciberamenaza y un ciberataque? Este concepto hace referencia a cualquier situación potencial, hecho o acción que pueda dañar, perturbar o afectar desfavorablemente de otra manera las redes y los sistemas de información, a los usuarios de tales sistemas y a otras personas (artículo 2.1 Reglamento UE 2019/881).

Y el ciberataque puede definirse como "toda operación cibernética, tanto ofensiva como defensiva, de la que puede razonablemente esperar que cause lesiones o muerte de personas o daños o destrucciones de bienes" (Manual de Tallin 2.0).

Las modalidades de ciberamenazas y ciberataques son numerosas y heterogéneas. Siguiendo a URRUCHI, podemos destacar las siguientes: ataque de hardware, ataque de observación, ataques de penetración, ataques de software dirigidos a hardware, ataques de red, ataques contra el sistema de nombre de dominio (DNS), ataques contra el enrutamiento entre dominios del Border Gateway Protocol (BGP), ataques de software, vulnerabilidades en la gestión de la memoria, y vulnerabilidades en la generación de resultados estructurados, y ataques contra el usuario: ingeniería social y phishing.

¿Cuáles son las principales ciberamenazas? La Agencia de la Unión Europea para la Ciberseguridad (ENISA) distingue en su informe de 2022 entre ocho tipos de amenazas:

En primer lugar, **ransomware: los ciberdelincuentes toman el control de los datos de alguien y exigen un rescate para restaurar el acceso.** En 2022, los ataques de ransomware fueron una de las principales ciberamenazas. Además, cada vez son más complejos. Según una encuesta citada por Enisa que se realizó a finales de 2021 y en 2022, más de la mitad de los encuestados o sus empleados sufrieron ataques de ransomware. Los mismos datos muestran que la mayor demanda de ransomware creció de 13 millones de euros en 2019 a 62 millones de euros en 2021 y el rescate medio pagado se duplicó de 71.000 euros en 2019 a 150.000 euros en 2020. Se estima que en 2021 el ransomware mundial alcanzará los 18.000 millones de euros en daños, 57 veces más que en 2015.

En segundo lugar, **malware: software que daña un sistema.** El malware incluye virus, gusanos, troyanos y programas espía. Tras descender en todo el mundo coincidiendo con la pandemia en 2020 y principios de 2021, su difusión aumentó en gran medida a finales de 2021, cuando los trabajadores comenzaron a volver a la oficina. El aumento del malware también se atribuye al cryptojacking (el uso secreto del ordenador de una víctima para crear criptodivisas ilegalmente) y al malware del Internet de las Cosas (malware dirigido a dispositivos conectados a internet, como routers o cámaras). Según Enisa, en los seis primeros meses de 2022 se produjeron más ataques al Internet de las Cosas que en los cuatro años anteriores.

En tercer lugar, **ingeniería social: se produce al aprovechar el error humano para acceder a información o servicios.** Consiste en engañar a las víctimas para que abran documentos, archivos o correos electrónicos maliciosos, visiten sitios web y, de este modo, concedan acceso no autorizado a sistemas o servicios. El ataque más común de este tipo es el **phishing** (a través del correo electrónico); o el **smishing** (a través de mensajes de texto). Casi el 60% de los ataques en Europa, Oriente Medio y África incluyen un componente de ingeniería social, según una investigación citada por Enisa. Las principales organizaciones suplantadas por phishers pertenecían a los sectores financiero y tecnológico. Los delincuentes también se dirigen cada vez más a las bolsas de criptomonedas y a sus propietarios.

En cuarto lugar, **amenazas contra los datos: atacar las fuentes de datos para obtener acceso no autorizado y divulgación.** La economía actual produce enormes cantidades de datos de gran importancia para, entre otros, las empresas y la inteligencia artificial, lo que interesa a los ciberdelincuentes. Las amenazas contra los datos pueden clasificarse principalmente en violaciones de datos (ataques intencionados de un ciberdelincuente) y fugas de datos (divulgación involuntaria de datos). El dinero sigue siendo la motivación más común de estos ataques. En el 10% de los casos el motivo es el espionaje.

En quinto lugar, **amenazas contra la disponibilidad - denegación de servicio: ataques que impiden a los usuarios acceder a datos o servicios.** Estas son algunas de las amenazas más críticas para los sistemas informáticos y su alcance y complejidad aumentan. Una forma común de ataque es sobrecargar la infraestructura de red y hacer que un sistema no esté disponible. Los ataques de denegación de servicio afectan cada vez más a las redes móviles y a los dispositivos conectados. Se utilizan con frecuencia en la ciberguerra entre Rusia y Ucrania.

En sexto lugar, **amenazas contra la disponibilidad - amenazas contra internet.** Incluyen la toma física y la destrucción de la infraestructura de internet, como se ha visto en los territorios ucranianos ocupados desde la invasión, así como la censura activa de sitios web de noticias o medios sociales.

En séptimo lugar, **desinformación/mal uso de la información: difusión de información engañosa.** El aumento del uso de las plataformas de redes sociales y los medios de comunicación en línea ha conllevado al incremento de las campañas de difusión de desinformación (información falsificada a propósito) y desinformación (compartir datos erróneos) para causar miedo e incertidumbre. Rusia ha utilizado esta tecnología para manipular la percepción de la guerra. La tecnología Deepfake permite generar audio, vídeo o imágenes falsos que casi no se distinguen de los reales. Los robots que se hacen pasar por personas reales pueden perturbar las comunidades en línea inundándolas de comentarios falsos.

En octavo lugar, **ataques a la cadena de suministro: atacar la relación entre organizaciones y proveedores.** Se trata de una combinación de dos ataques: contra el proveedor y contra el cliente. Las organizaciones son cada vez más vulnerables a este tipo de ataques, debido a la creciente complejidad de los sistemas y a la multitud de proveedores, que son más difíciles de supervisar.

¿Qué es la ciberresiliencia? Es la capacidad de las redes y sistemas de información para prepararse, responder y recuperarse de ataques cibernéticos y violaciones de datos mientras continúa operando de manera efectiva.

¿Cuál es el objetivo de la ciberseguridad? El objetivo principal de la ciberseguridad es garantizar la seguridad de la información contenida en soportes digitales, mediante la protección de los siguientes elementos de los datos informáticos y de los sistemas de información (IKER CONAL): (1) **Disponibilidad**: posibilidad de acceder a la información en el momento en el que desee durante todo el tiempo que resulte necesario; (2) **Integridad**: mantenimiento de todas las partes de la información, su inalterabilidad y la ausencia de modificaciones indeseadas; y (3) **Confidencialidad**: garantiza que solamente accede a los datos quien debe tener acceso a los mismos, y nunca usuarios no autorizados; lo que está directamente relacionado con la protección de la privacidad.

De esta manera, las diferentes actuaciones de ciberseguridad estarán destinadas a minimizar las ciberamenazas (GUÍA PRÁCTICA DE CIBERSEGURIDAD): (1) Minimizar y gestionar los riesgos y detectar las posibles amenazas; (2) Garantizar la adecuada utilización de los recursos y de las aplicaciones del sistema; (3) Limitar los problemas de funcionamiento del sistema y conseguir recuperar adecuadamente el sistema en caso de incidente de seguridad; y (4) Cumplir el marco regulatorio vigente.

Para cumplir las anteriores finalidades, las entidades deben contemplar cuatro campos en su actuación: (1) **Técnico**: tanto a nivel físico como en el plan lógico (Lógico: conjunto de medidas de seguridad y herramientas informáticas de control de acceso a los sistemas informáticos, Físico: controles externos al dispositivo electrónico, que tienen como finalidad protegerlo contra amenazas de naturaleza física como incendios, inundaciones; (2) **Legal**: cumplir el marco regulatorio; (3) **Humano**: formación y sensibilización de trabajadores, directivos y mandos intermedios; adecuada definición de funciones y obligaciones del personal; y (4) **Organizativo**:

descripción e implantación de políticas de seguridad, planes, normas, procedimientos, y buenas prácticas de actuación.

3. *Ciclo de vida de la ciberseguridad*

La ciberseguridad es un proceso que implica prevención, detección y respuesta (FUNDACIÓN TELEFÓNICA):

A) Primera fase: prevención

La prevención, que ha de ser abordada tanto por la entidad que presta el servicio digital como por el propio usuario, cuenta con tres elementos esenciales: control de accesos y gestión de identidades; prevención de fugas de datos; y seguridad de la red.

Control de accesos y gestión de identidades. Se trata de dos conceptos muy relacionados y que se refieren al control de los accesos a los sistemas, tanto físicos como informáticos. La gestión de identidades consiste en asignar a una identidad concreta un rol o una serie de permisos o credenciales para acceder a ciertos sistemas o recursos, especialmente a las aplicaciones críticas y zonas restringidas; sobre todo para proteger información confidencial o de gran importancia. Se trata, asimismo, de establecer un sistema organizado para conseguir que cada una de las personas de la entidad tenga sus credenciales en tiempo y forma. Los principales componentes son los siguientes: servicio de directorios, metadirectorios, directorios virtuales, gestión de identidades, gestión de los roles, los tockens, el control de acceso discrecional y el control de acceso obligatorio.

Prevención de fugas de datos. Incluye tanto medidas técnicas (soluciones antimalware, seguridad perimetral y protección de las comunicaciones, copias de seguridad, controles de acceso e identidad...) como medidas organizativas (políticas de seguridad, códigos de buenas prácticas, procedimientos de clasificación de la información, establecimiento de roles...)

Seguridad de la red. Integra todas aquellas actuaciones destinadas a proteger una red de sistemas o dispositivos electrónicos, y los recursos de acceso a la red. Se trata esencialmente de proteger el uso de las redes, el grado de fiabilidad, así como la integridad y seguridad de las redes y de los datos que se transmiten a través de ellas; incluyendo tanto medidas de software como de hardware.

En definitiva, una adecuada actuación en este campo ha de incluir tres pasos: definición de una política de seguridad, implementación de la misma, y un sistema de auditoría continua.

B) Segunda fase: detección

Nos referimos a la detección de incidencias, mientras se está produciendo el ataque o pasado un tiempo desde su inicio. Sus dos principales elementos son la gestión de vulnerabilidades (visión continua de las debilidades en el entorno TIC y sus riesgos) y la monitorización continua.

C) Tercera fase: respuesta

En caso de producirse un ataque con resultados negativos contra los equipos o los sistemas, es necesaria una respuesta en el campo técnico y en el campo legal (interposición de denuncia y/o ejercicio de las correspondientes acciones legales). A los anteriores efectos, resulta necesario contar con sistemas de recuperación (para al equipo o sistema afectado a su estado anterior al ataque) y la recolección de evidencias digitales (cualesquiera datos en formato digital que pueda ser utilizado como prueba en un proceso judicial).

II. LA CIBERSEGURIDAD EN DERECHO INTERNACIONAL

1. *Ciberdefensa en el panorama internacional*

La realidad transnacional de la ciberdelincuencia exige una respuesta coordinada de los Estados mediante mecanismos de cooperación internacional. Sin embargo, son limitadas las normas de Derecho Internacional en este sector

Los Estados o grupos de Estados pueden establecer dos modalidades de medidas (LÓPEZ-JACOISTE): (1) **Ciberdefensa pasiva**: agrupa todas aquellas medidas destinadas a detectar las ciberamenazas y combatir el mal funcionamiento del sistema; y (2) **Ciberdefensa activa**: integra medidas más ofensivas que permitan perseguir a los atacantes en sus propias redes para recuperar la información obtenida, borrar los datos robados o impedir su distribución; así como inutilizar las redes, servidores y otros elementos responsables del ataque. Esta línea de está abriendo paso cada vez más en los países (por ejemplo, Estados Unidos, China, Rusia, Israel, Irán, Corea del Norte)

2. *Ciberataque por un Estado contra otro*

NIETO FERNÁNDEZ afirma que los actores más probables y peligrosos que realizarán ciberataques serán los Estados y no tanto los grupos terroristas. En estos casos, resulta aplicable el Derecho Internacional, incluido el uso de la fuerza de conformidad con esta normativa y la jurisprudencia de la Corte Internacional de Justicia.

Puede dar lugar una responsabilidad de un Estado por hecho ilícito propio o de un actor no estatal: es necesario que el Estado haya actuado a través de sus órganos, o bien lo haya realizado mediante instrucciones a un grupo no estatal (Manuel de Tallin 2.0). En definitiva, que exista un control efectivo por parte del Estado.

Frente a dicho ataque, el Derecho Internacional contempla contramedidas (actos ilícitos que se fundamentan en un ataque ilícito previo) en relación con la concurrencia de estado de necesidad o de legítima defensa; debiendo respetar el principio de proporcionalidad. En todo caso, no son admisibles las que afecten a derechos fundamentales y las que estén prohibidas por el derecho internacional humanitario.

III. RESPUESTA DE LA UE FRENTE A CIBERAMENAZAS

BARRIO establece cuatro etapas en la Unión Europea: una primera, que se enmarcaba dentro de la lucha contra la delincuencia transnacional en la UE; una segunda, se centra en la amenaza que supone para el mercado interior; una tercera, caracterizada por una política transversal interna, que afecta al Mercado Único Digital como consecuencia de los rasgos del ciberespacio, que existe asimismo una ciberdiplomacia y una firma política exterior de la UE en la materia; y una cuarta, caracterizada por un reforzamiento de la ciberresiliencia de las entidades críticas (tanto privadas como públicas) y por una intensificación de la ciberdefensa.

En la actualidad se estructura en torno a la idea de una **Europa ciberresiliente**. En este sentido, en octubre de 2020, los dirigentes de la UE pidieron que se mejorara la capacidad de la UE para: protegerse contra las ciberamenazas; proporcionar un entorno de comunicación seguro, especialmente mediante la encriptación cuántica; y garantizar el acceso a los datos a efectos judiciales y policiales. En este último punto destaca la propuesta de normativa sobre las órdenes europeas de entrega y conservación de pruebas electrónicas a efectos de enjuiciamiento penal.

Las principales normas de la UE en esta materia son las siguientes (MUÑOZ AYCUENS):

- ENISA: Reglamento (UE) 2019/881 del Parlamento Europeo y del Consejo, de 17 de abril de 2019, relativo a la ENISA (la Agencia de la Unión Europea para la Ciberseguridad) y a la certificación de la ciberseguridad de las tecnologías de la información y la comunicación
- DORA: Reglamento (UE) 2022/2554 del Parlamento Europeo y del Consejo, de 14 de diciembre de 2022, sobre la resiliencia operativa digital del sector financiero
- CRA (Cibersecurity Resilience Act): ciberseguridad para los productos con elementos digitales
- CER: Directiva 2022/2557 de 14 de diciembre de 2022 sobre resiliencia de las entidades críticas
- NIS- Directiva 2016/1148 relativa a las medidas destinadas a garantizar un elevado nivel común de seguridad de las redes y sistemas de información en la Unión
- NIS2-Directiva 2022/2555 sobre seguridad de las redes y los sistemas de información

1. Reglamento ENISA

El Reglamento (UE) 2019/881 regula dos elementos fundamentales en las políticas de ciberseguridad de la UE: la Agencia de la Unión Europea para la Ciberseguridad; y el marco europeo de certificación de la ciberseguridad.

La **Agencia de la Unión Europea para la Ciberseguridad** (ENISA), creada en 2004 y reforzada por el Reglamento 2019/881, tiene los siguientes objetivos:

- Asistir a las instituciones, órganos y organismos de la Unión, así como a los Estados miembros, en la elaboración y aplicación de políticas de la Unión relativas a la ciberseguridad, en particular políticas sectoriales sobre ciberseguridad.

- Prestar su apoyo a la creación de capacidades y a la preparación en toda la Unión, asistiendo a las instituciones, órganos y organismos de la Unión, así como a los Estados miembros y las partes interesadas públicas y privadas a fin de incrementar la protección de sus redes y sistemas de información, desarrollar y mejorar la ciberresiliencia y la capacidad de respuesta y desarrollar las capacidades y competencias en el ámbito de la ciberseguridad.
- Fomentar la cooperación, en particular el intercambio de información, y la coordinación a nivel de la Unión entre los Estados miembros, las instituciones, órganos y organismos de la Unión y las partes interesadas pertinentes, públicas y privadas, sobre las cuestiones relacionadas con la ciberseguridad.
- Contribuir a incrementar las capacidades de ciberseguridad a nivel de la Unión para apoyar las acciones de los Estados miembros en la prevención y respuesta a las ciberamenazas, especialmente en caso de incidentes transfronterizos.
- Promover el uso de la certificación europea de ciberseguridad, con vistas a evitar la fragmentación del mercado interior. ENISA contribuirá a la creación y al mantenimiento de un marco de certificación europea de la ciberseguridad de conformidad con el título III del presente Reglamento, con el fin de aumentar la transparencia de la garantía de ciberseguridad de los productos, servicios y procesos de TIC y reforzar así la confianza en el mercado interior digital y su competitividad.
- Promover un alto nivel de sensibilización sobre ciberseguridad, en particular ciberhigiene y ciberalfabetización de los ciudadanos, organizaciones y empresas

El segundo gran elemento que aborda el Reglamento es la creación del **marco europeo de certificación de la ciberseguridad** que persigue un planteamiento armonizado de esquemas europeos de certificación de la ciberseguridad en la UE, con el objetivo de crear un mercado único digital para los productos, servicios y procesos de TIC.

Este marco europeo de certificación define un mecanismo para establecer esquemas europeos de certificación de la ciberseguridad, y para confirmar que los productos, servicios y procesos de TIC que hayan sido evaluados con arreglo a dichos esquemas cumplen los requisitos de seguridad especificados con el objetivo de proteger la disponibilidad, autenticidad, integridad o confidencialidad de los datos almacenados, transmitidos o procesados o las funciones o servicios que ofrecen, o a los que permiten acceder, dichos productos, servicios y procesos durante todo su ciclo de vida

2. Directiva NIS

En agosto de 2016 entró en vigor la primera versión de la Directiva NIS: Directiva (UE) 2016/1148 del Parlamento Europeo y del Consejo relativa a las medidas destinadas a garantizar un elevado nivel común de seguridad de las redes y sistemas de información en la Unión. Su objetivo radica en estandarizar las medidas de seguridad de los miembros de la Unión Europea.

La propia Directiva establece que sus objetivos son los siguientes (artículo 1.2): (1) establecer obligaciones para todos los Estados miembros de adoptar una **estrategia nacional de seguridad** de las redes y sistemas de información; (2) crear un **Grupo de cooperación** para apoyar y facilitar la cooperación estratégica y el intercambio de información entre los Estados miembros y desarrollar la confianza y seguridad entre ellos; (3) crear una red de equipos de respuesta a incidentes de seguridad informática (en lo sucesivo, «**red de CSIRT**», por sus siglas en inglés de «computer security incident response teams») con el fin de contribuir al desarrollo de la confianza y seguridad entre los Estados miembros y promover una cooperación operativa rápida y eficaz; (4) establecer requisitos en materia de **seguridad y notificación** para los **operadores de servicios esenciales** y para los **proveedores de servicios digitales**; y (5) establecer obligaciones para que los Estados miembros designen **autoridades nacionales competentes, puntos de contacto únicos y CSIRT** con funciones relacionadas con la seguridad de las redes y sistemas de información.

3. Directiva NIS2 (1)

El 27 de diciembre de 2022 se publicó en el DOUE la nueva Directiva (UE) 2022/2555 relativa a las medidas destinadas a garantizar un elevado nivel común de ciberseguridad en toda la Unión (en adelante, Directiva NIS 2), cuyo objetivo es mejorar las medidas destinadas a garantizar un adecuado nivel común de ciberseguridad. Su plazo de transposición se fijó en el 17 de octubre de 2024.

A) Ámbito de aplicación

¿Qué entidades se encuentran afectadas por Directiva NIS2? En un primer acercamiento, puede afirmarse que las afectadas son las **entidades medianas y grandes de los sectores más críticos para la economía y la sociedad**. Y cabe recordar que incluye a entidades públicas de sectores críticos: en España de la Administración General del Estado, de Comunidades Autónomas y de la Administración Pública a nivel local

Profundizando en las concretas entidades afectadas, el ámbito de aplicación de la Directiva NIS2 se construye en torno a tres elementos: (1) Tamaño; (2) Carácter público o privado; y (3) Desarrollo de la actividad en determinados sectores.

Tamaño. Entidades que superen unos límites de tamaño que se especifican. Y a los siguientes casos (independientemente del tamaño) cuando:

a) los servicios son prestados por: (i) proveedores de redes públicas de comunicaciones electrónicas o servicios de comunicaciones electrónicas disponibles para el público; (ii) prestadores de servicios de confianza; (iii) registros de nombres de dominio de primer nivel y proveedores de servicios de sistema de nombres de dominio;
b) la entidad sea el único proveedor en un Estado miembro de un servicio esencial para el mantenimiento de actividades sociales o económicas críticas;
c) una perturbación del servicio prestado por la entidad pudiera tener repercusiones significativas sobre la seguridad pública, el orden público o la salud pública;
d) una perturbación del servicio prestado por la entidad pudiera inducir riesgos sistémicos significativos, en particular para los sectores en los que tal perturbación podría tener repercusiones de carácter transfronterizo;
e) la entidad sea crítica a la luz de su importancia específica a nivel nacional o regional para el sector o tipo de servicio en concreto o para otros sectores interdependientes en el Estado miembro;

Carácter público o privado. Entidades privadas y entidades públicas. Sin embargo, no se aplicará a las entidades de la Administración pública que lleven a cabo sus actividades en los ámbitos de la seguridad nacional, la seguridad pública, la defensa o la garantía del cumplimiento de la ley, incluidas la prevención, la investigación, la detección y el enjuiciamiento de infracciones penales.

Desarrollo de la actividad en determinados sectores. Tenemos que acudir a los Anexos de la Directiva NIS 2: el Anexo I (Sectores de alta criticidad) y el Anexo II (Otros Sectores Críticos). Y en todo caso se aplicará a las siguientes: entidades que se identifiquen como entidades críticas con arreglo a la Directiva (UE) 2022/2557 (DORA), y entidades que presten servicios de registro de nombres de dominio

B) Entidades esenciales e importantes

Más allá, la Directiva distingue entre entidades esenciales e importantes. Regula un régimen jurídico (obligaciones, responsabilidades y sanciones) de ambos tipos de entidades. Establece medidas de supervisión y ejecución relativas a entidades esenciales (artículo 32). Y recoge medidas de supervisión y ejecución en relación con entidades importantes (artículo 33).

Son **entidades esenciales** las siguientes:

a) entidades de alguno de los tipos mencionados en el anexo I que superen los límites máximos previstos en el artículo 2, apartado 1, del anexo de la Recomendación 2003/361/CE para las medianas empresas;
b) prestadores cualificados de servicios de confianza y registros de nombres de dominio de primer nivel, así como proveedores de servicios de DNS, independientemente de su tamaño;
c) proveedores de redes públicas de comunicaciones electrónicas o de servicios de comunicaciones electrónicas disponibles para el público que sean consideradas medianas empresas con arreglo al artículo 2 del anexo de la Recomendación 2003/361/CE;
d) entidades de la Administración pública a que se refiere el artículo 2, apartado 2, letra f) inciso i);
e) cualquier otra entidad de uno de los tipos mencionados en los anexos I o II que un Estado miembro identifique como entidad esencial en virtud del artículo 2, apartado 2, letras b) a e);
f) entidades identificadas como entidades críticas con arreglo a la Directiva (UE) 2022/2557 a que se refiere el artículo 2, apartado 3, letra f), de la presente Directiva;
g) si así lo dispone el Estado miembro, las entidades identificadas por dicho Estado miembro antes del 16 de enero de 2023 como operadores de servicios esenciales de conformidad con la Directiva (UE) 2016/1148 o el Derecho nacional.

Son **entidades importantes** el resto de actividades incluidas en el ámbito de aplicación de la Directiva NIS2.

Los Estados miembros deben elaborar una **lista** de las entidades esenciales e importantes, así como de las entidades que prestan servicios de registro de nombres de dominio. Posteriormente, los Estados miembros revisarán la lista con regularidad, al menos cada dos años, y si procede, la actualizarán.

C) Régimen jurídico

¿Cuál es el **régimen jurídico** aplicable a estas entidades? Se puede esquematizar de la siguiente forma

A. Obligaciones para las entidades afectadas a. Medidas para la gestión de riesgos de ciberseguridad b. Notificación de incidentes c. Reglas de gobernanza para las entidades d. Régimen de responsabilidad y sanciones
B. Obligaciones de supervisión y ejecución para los Estados miembros a. Para garantizar el cumplimiento por las entidades
C. Estructura organizativa contemplada por la propia Directiva a. Para el cumplimiento y efectividad del contenido de NIS2
D. Reglas de gobernanza a. Responsabilidad órganos de dirección b. Obligaciones de formación

4. *Directiva NIS2 (2)*

A) Medidas para la gestión de riesgos de ciberseguridad

Recoge una obligación de **postura proactiva** de la entidad para gestionar su ciberseguridad, que se concreta en los siguientes elementos:

Evaluación (diagnóstico) de los concretos riesgos que afectan a la entidad: es un "enfoque basado en todos los peligros que tenga por objeto proteger los sistemas de redes y de información y el entorno físico de dichos sistemas frente a incidentes" (art. 21.2)

Adopción de medidas adecuadas en función de los riesgos detectados en la evaluación (medidas específicas para cada entidad): medidas técnicas, operativas y de organización adecuadas y proporcionadas para gestionar los riesgos que se planteen para la seguridad de los sistemas de redes y de información que utilizan dichas entidades en sus operaciones o en la prestación de sus servicios y prevenir o minimizar las repercusiones de los incidentes en los destinatarios de sus servicios y en otros servicios (art. 20.1,1°). Garantizarán un nivel de seguridad de los sistemas de redes y de información adecuado en relación con los riesgos planteados (art. 20.1,2°). Al evaluar la proporcionalidad de dichas medidas, se tendrá debidamente en cuenta el grado de exposición de la entidad a los riesgos, el tamaño de la entidad y la probabilidad de que se produzcan incidentes y su gravedad, incluidas sus repercusiones sociales y económicas (art. 20.1,2°).

Estas medidas deben incluir unos mínimos (art. 20.2): (1) las políticas de seguridad de los sistemas de información y análisis de riesgos; (2) la gestión de incidentes; (3) la continuidad de las actividades, como la gestión de copias de seguridad y la recuperación en caso de catástrofe, y la gestión de crisis; (4) la seguridad de la cadena de suministro, incluidos los aspectos de seguridad relativos a las relaciones entre cada entidad y sus proveedores o prestadores de servicios directos; (5) la seguridad en la adquisición, el desarrollo y el mantenimiento de sistemas de redes y de información, incluida la gestión y divulgación de las vulnerabilidades; (6) las políticas y los procedimientos para evaluar la eficacia de las medidas para la gestión de riesgos de ciberseguridad; (7) las prácticas básicas de ciberhigiene y formación en ciberseguridad; (8) las políticas y procedimientos relativos a la utilización de criptografía y, en su caso, de cifrado; (9) la seguridad de los recursos humanos, las políticas de control de acceso y la gestión de activos; y (10) el uso de soluciones de autenticación multifactorial o de autenticación continua, comunicaciones de voz, vídeo y texto seguras y sistemas seguros de comunicaciones de emergencia en la entidad, cuando proceda.

B) Reacción ante los incidentes (obligaciones de notificación)

Las medidas citadas han de contemplar expresamente la gestión de los incidentes. Pero la Directiva también establece unas obligaciones de notificación, que se exponen a continuación.

Notificación a su CSIRT o, en su caso, a su Autoridad competente (art. 23), con el siguiente contenido: cualquier **incidente significativo** (1) Si ha causado o puede causar graves perturbaciones operativas de los servicios o pérdidas económicas para la entidad afectada; (2) Si ha afectado o puede afectar a otras personas físicas o jurídicas al causar perjuicios materiales o inmateriales considerables; y **sin demora indebida:** (1) alerta temprana en plazo de 24 horas; (2) mayor información en el plazo de 72 horas; (3) un informe intermedio con las actualizaciones; y (4) un informe final detallado (un mes a más tardar).

Notificación a los destinatarios (art. 23.2), cuando proceda, las entidades afectadas notificarán, sin demora indebida, a los destinatarios de sus servicios los incidentes significativos susceptibles de afectar negativamente a la prestación de dichos servicios

Información al público (art. 23.7); cuando el conocimiento del público sea necesario para evitar un incidente significativo o hacer frente a un incidente significativo en curso, o cuando la divulgación del incidente significativo redunde en el interés público, el CSIRT de un Estado miembro o, si procede, su autoridad competente y, en su caso, los CSIRT o las autoridades competentes de otros Estados miembros afectados, podrán informar al público, después de consultarlo con la entidad afectada, del incidente significativo o exigir a la entidad que lo haga.

C) Estructura institucional contemplada por la Directiva

La Directiva contempla una estructura organizativa con una doble finalidad: la gestión de las notificaciones; y el intercambio de información. Las **autoridades competentes** tendrán como cometido la supervisión de las entidades a través de inspecciones, análisis de seguridad o auditorías. La designación corresponde a los Estados miembros en la transposición de la directiva, aunque ya se anticiparon con la Directiva NIS.

En relación con los proveedores de servicios esenciales se contempla la siguiente distribución de competencias: (1) Operadores críticos: Secretaría de Estado de Seguridad, del Ministerio del Interior, a través del Centro Nacional de Protección de Infraestructuras y Ciberseguridad (CNPIC). (2) Operadores no críticos: la autoridad sectorial correspondiente. (3) Proveedores de servicios digitales: la Secretaría de Estado de Digitalización e Inteligencia Artificial del Ministerio de Asuntos Económicos y Transformación Digital.

Estrategia nacional de ciberseguridad. Cada Estado miembro adoptará una estrategia **nacional** de ciberseguridad en la que se establecerán (1) los objetivos estratégicos; (2) los recursos necesarios para alcanzar esos objetivos; y (3) y las medidas políticas y normativas adecuadas, con objeto de alcanzar y mantener un elevado nivel de ciberseguridad.

Equipos de respuesta a incidentes de seguridad informática (CSIRT). Cada Estado miembro designará o establecerá uno o varios CSIRT. Cada Estado miembro designará a uno de sus CSIRT como coordinador a efectos de la divulgación coordinada de las vulnerabilidades.

La finalidad será: (1) Prestar asistencia a las entidades esenciales e importantes afectadas por cualquier incidente; (2) Difundir alertas, avisos e información sobre ciberamenazas, vulnerabilidades e incidentes entre las entidades implicadas en la Directiva NIS 2.

La Directiva contempla una **Red de CSIRTs**, que estará formada por representantes de los CSIRTs y el Equipo de Respuesta a Emergencias Informáticas de las instituciones, órganos y organismos de la Unión (CERT-EU), para el intercambio de información de incidentes, cuasincidentes, ciberamenazas, etc. Se contempla igualmente un **punto de contacto único**, designado por el Estado miembro para asegurar la cooperación transfronteriza entre todas las Autoridades Competentes designadas en dicho Estado; y un **Grupo de Cooperación** formado por representantes de los Estados miembro, la Comisión y ENISA, que proporcinará a las autoridades competentes orientación con la transposición y aplicación de la Directiva, desarrollo y ejecución de políticas sobre divulgación coordinada de vulnerabilidades, intercambio de buenas prácticas e información relacionada con la aplicación de la Directiva, ciberamenazas, vulnerabilidades, etc. Finalmente, se contempla una **Red europea de organizaciones de enlace para la crisis de ciberseguridad (EU-CyCLONe)** que estará formada por la Autoridades de Gestión de Crisis de Ciberseguridad de los Estados miembro y la Comisión, para respaldar la gestión coordinada de los incidentes y crisis de ciberseguridad a gran escala.

D) Reglas de gobernanza de las entidades

La Directiva establece una **responsabilidad de los órganos de dirección**: aprobarán las medidas para la gestión de riesgos de ciberseguridad; y supervisarán su puesta en práctica, ya que en el caso de incumplimiento de la presente Directiva serán quienes respondan por ello. Asimismo, recoge **obligaciones de formación**, tanto de los órganos de dirección como de los empleados (alentados por los primeros)

IV. DERECHO ESPAÑOL DE LA CIBERSEGURIDAD

Se caracteriza por una fuerte dispersión de las normas reguladoras de los distintos aspectos de la ciberseguridad (BARRIO ANDRÉS): Código Penal, Ley 11/2022 General de Telecomunicaciones, Ley 34/2002 de Servicios de la Sociedad de la Información y Comercio Electrónico…; así como diferentes normas administrativas y de funcionamiento del sector público por medios electrónicos.

1. Seguridad Nacional. Estrategia Nacional de Ciberseguridad

Según el artículo 10 de la Ley 36/2015, de 28 de septiembre, de Seguridad Nacional, se considerarán ámbitos de especial interés de la Seguridad Nacional aquellos que requieren una atención específica por resultar básicos para preservar los derechos y libertades, así como el bienestar de los ciudadanos, y para garantizar el suministro de los servicios y recursos esenciales; y el mismo precepto señala, entre otros, la ciberseguridad. En este ámbito cabe destacar la Orden PRA/33/2018, de 22 de enero, por la que se publica el Acuerdo del Consejo de Seguridad Nacional, por el que se regula el Consejo Nacional de Ciberseguridad; y la Orden PRA/116/2017, de 9 de febrero, por la que se publica el Acuerdo del Consejo Seguridad Nacional de implementación de los mecanismos para garantizar el funcionamiento integrado del Sistema de Seguridad Nacional.

También cabe destacar la **Estrategia de Seguridad Nacional (ESN) 2021**, aprobada por el Consejo de Ministros el día 28 de diciembre de 2021, que actualiza la del año 2017. Describe el contexto actual de seguridad en el mundo e identifica cuatro dinámicas de transformación global: una mayor competición geopolítica; un entorno socio-económico marcado por las consecuencias de la COVID-19; la aceleración del ritmo de transformación provocada por la tecnología; y, por último, el proceso de transición ecológica. Pues bien, su tercer capítulo recoge los riesgos y las amenazas a la Seguridad Nacional, cuyas principales características son su interrelación y dinamismo; y afirma que la tecnología y las estrategias híbridas son elementos transversales al conjunto de riesgos y amenazas a la Seguridad Nacional.

Y de manera específica, resulta relevante la **Estrategia Nacional de Ciberseguridad 2019**, aprobada por el Consejo de Seguridad Nacional en su reunión del día 12 de abril de 2019 y que se publica por Orden PCI/487/2019, de 26 de abril. Desarrolla las previsiones de la Estrategia de

Seguridad Nacional de 2017 en el ámbito de la ciberseguridad y se estructura en cinco capítulos.

Primero, "**El ciberespacio, más allá de un espacio común global**": proporciona una visión de conjunto del ámbito de la ciberseguridad, los avances realizados en materia de ciberseguridad desde la aprobación de la Estrategia de 2013, las razones que afianzan la elaboración de la Estrategia Nacional de Ciberseguridad 2019, así como las principales características que impulsan su desarrollo.

Segundo, "**Las amenazas y desafíos en el ciberespacio**": determina las principales amenazas del ciberespacio, que derivan de su condición de espacio global común, de la elevada tecnificación y de la gran conectividad, que posibilita la amplificación del impacto ante cualquier ataque. Clasifica estas amenazas y desafíos en dos categorías: por un lado, las que amenazan a activos que forman parte del ciberespacio; y por otro, aquellos que usan el ciberespacio como medio para realizar actividades maliciosas e ilícitas de todo tipo.

Tercero, "**Propósito, principios y objetivos para la ciberseguridad**": aplica los principios rectores de la Estrategia de Seguridad Nacional 2017 (Unidad de acción, Anticipación, Eficiencia y Resiliencia) a cinco objetivos específicos que se identifican para la ciberseguridad nacional.

Cuarto, "**Líneas de acción y medidas**": se establecen siete líneas de acción, y se identifican las medidas para el desarrollo de cada una de ellas. Dichas líneas de acción se dirigen a: reforzar las capacidades ante las amenazas provenientes del ciberespacio; garantizar la seguridad y resiliencia de los activos estratégicos para España; impulsar la ciberseguridad de ciudadanos y empresas; reforzar las capacidades de investigación y persecución de la cibercriminalidad, para garantizar la seguridad ciudadana y la protección de los derechos y libertades en el ciberespacio; impulsar la ciberseguridad de ciudadanos y empresas; potenciar la industria española de ciberseguridad, y la generación y retención de talento, para el fortalecimiento de la autonomía digital; contribuir a la seguridad del ciberespacio en el ámbito internacional, promoviendo un ciberespacio abierto, plural, seguro y confiable, en apoyo de los intereses nacionales y desarrollar una cultura de ciberseguridad de manera que se contribuya al Plan Integral de Cultura de Seguridad Nacional.

Quinto, "**La ciberseguridad en el Sistema de Seguridad Nacional**": define la estructura orgánica de la ciberseguridad. Bajo la dirección del Presidente del Gobierno, la estructura se compone de tres órganos: el Consejo de Seguridad Nacional, como Comisión Delegada del Gobierno para la

Seguridad Nacional; el Consejo Nacional de Ciberseguridad, que apoya al Consejo de Seguridad Nacional y asiste al Presidente del Gobierno en la dirección y coordinación de la política de Seguridad Nacional en el ámbito de la ciberseguridad, y fomenta las relaciones de coordinación, colaboración y cooperación entre Administraciones Públicas y entre estas y el sector privado, y el Comité de Situación que, con el apoyo del Departamento de Seguridad Nacional, gestionará las situaciones de crisis en cualquier ámbito, que por su transversalidad o dimensión, desborden las capacidades de respuesta de los mecanismos habituales. Se complementa este sistema con la Comisión Permanente de Ciberseguridad, que facilita la coordinación interministerial a nivel operacional en el ámbito de la ciberseguridad, siendo el órgano que asistirá al Consejo Nacional de Ciberseguridad sobre aspectos relativos a la valoración técnica y operativa de los riesgos y amenazas a la ciberseguridad; las autoridades públicas competentes y CSIRT (Computer Security Incident Response Team) de referencia nacional, y se incorpora la creación de un elemento novedoso de colaboración público privada, el foro Nacional de Ciberseguridad. Asimismo, en este último capítulo, se exponen a modo de conclusión, unas consideraciones finales y se concretan los mecanismos para la actualización y evaluación de la Estrategia.

Asimismo, cabe destacar el **Plan Nacional de Ciberseguridad de 31 de marzo de 2022**, que contiene cerca de 150 iniciativas en los próximos tres años, entre las que destaca la creación de la plataforma nacional de notificación y seguimiento de ciberincidentes y amenazas y el impulso a la puesta en marcha del Centro de Operaciones de Ciberseguridad de la Administración General del Estado.

En el ámbito de la Administración Pública, hay que señalar el Real Decreto 311/2022, de 31 de mayo, por el que se regula del Esquema Nacional de Seguridad.

2. *Infraestructuras críticas*

Se consideran infraestructuras críticas las infraestructuras estratégicas cuyo funcionamiento es indispensable y no permite soluciones alternativas, por lo que su perturbación o destrucción tendría un grave impacto sobre los servicios esenciales (servicios necesarios para el mantenimiento de las funciones sociales básicas, la salud, la seguridad, el bienestar social y económico de los ciudadanos, o el eficaz funcionamiento de las Instituciones del Estado y las Administraciones Públicas).

El cuerpo normativo para la protección de estas infraestructuras críticas está compuesto por la **Ley 8/2011, de 28 de abril por la que se establecen medidas para la protección de las infraestructuras críticas**; y por el Reglamento de esta Ley aprobado por Real Decreto 704/2011, de 20 de mayo

Esta Ley tiene por objeto (artículo 1) establecer las estrategias y las estructuras adecuadas que permitan dirigir y coordinar las actuaciones de los distintos órganos de las Administraciones Públicas en materia de protección de infraestructuras críticas, previa identificación y designación de las mismas, para mejorar la prevención, preparación y respuesta de nuestro Estado frente a atentados terroristas u otras amenazas que afecten a infraestructuras críticas. Para ello se impulsará, además, la colaboración e implicación de los organismos gestores y propietarios de dichas infraestructuras, a fin de optimizar el grado de protección de éstas contra ataques deliberados de todo tipo, con el fin de contribuir a la protección de la población.

La estructura de protección de este tipo de infraestructuras cuenta con dos piezas fundamentales. Por una parte, el **Catálogo Nacional de Infraestructuras Estratégicas** (artículo 4 de la Ley): el Ministerio del Interior, a través de la Secretaría de Estado de Seguridad, será el responsable del Catálogo Nacional de Infraestructuras Estratégicas, instrumento que contendrá toda la información y valoración de las infraestructuras estratégicas del país, entre las que se hallarán incluidas aquellas clasificadas como Críticas o Críticas Europeas, en las condiciones que se determinen en el Reglamento que desarrolle la presente Ley. La competencia para clasificar una infraestructura como estratégica, y en su caso, como infraestructura crítica o infraestructura crítica europea, así como para incluirla en el Catálogo Nacional de Infraestructuras Estratégicas, corresponderá al Ministerio del Interior, a través de la Secretaria de Estado de Seguridad, incluidas las propuestas, en su caso, del órgano competente de las Comunidades Autónomas y Ciudades con Estatuto de Autonomía que ostenten competencias estatutariamente reconocidas para la protección de personas y bienes y para el mantenimiento del orden público en relación con las infraestructuras ubicadas en su demarcación territorial

Por otra parte, el **Centro Nacional para la Protección de las Infraestructuras Críticas (CNPIC)**. Es un órgano ministerial encargado del impulso, la coordinación y supervisión de todas las actividades que tiene encomendadas la Secretaría de Estado de Seguridad en relación con la protección de las Infraestructuras Críticas en el territorio nacional; depende orgánicamente de la Secretaría de Estado de Seguridad, y sus funciones son las que reglamentariamente se establezcan; asimismo, corresponderá al CNPIC la realización de altas, bajas y modificaciones de infraestructuras en el Catálogo, así como la determinación de la criticidad de las infraestructuras estratégicas incluidas en el mismo

3. Transposición de la Directiva NIS

En agosto de 2016 entró en vigor la primera versión de la Directiva NIS (Directiva (UE) 2016/1148 del Parlamento Europeo y del Consejo relativa a las medidas destinadas a garantizar un elevado nivel común de seguridad de las redes y sistemas de información en la Unión, cuyo objetivo era estandarizar las medidas de seguridad de los miembros de la Unión Europea. A partir de ella, se realizó la transposición de la Directiva NIS en España a través del **Real Decreto-ley 12/2018**, de 7 de septiembre, de seguridad de las redes y sistemas de información, y posteriormente se publicó el desarrollo reglamentario de la misma a través del Real Decreto 43/2021, de 26 de enero. Recientemente se ha aprobado la Directiva NIS2. Ambas Directivas se han analizado con anterioridad.

Estarán sometidos a este Real Decreto-ley 12/2018 los **operadores de servicios esenciales establecidos en España**: cuando su residencia o domicilio social se encuentren en territorio español, siempre que éstos coincidan con el lugar en que esté efectivamente centralizada la gestión administrativa y la dirección de sus negocios o actividades. Así mismo, este real decreto-ley resulta de aplicación a los servicios esenciales que los operadores residentes o domiciliados en otro Estado ofrezcan a través de un establecimiento permanente situado en España. También los **proveedores de servicios digitales que tengan su sede social en España** y que constituya su establecimiento principal en la Unión Europea, así como los que, no estando establecidos en la Unión Europea, designen en España a su representante en la Unión para el cumplimiento de la Directiva (UE) 2016/1148.

Este real decreto-ley no se aplica a los operadores de redes y servicios de comunicaciones electrónicas y los prestadores de servicios electrónicos de confianza que no sean designados como operadores críticos en virtud de la Ley 8/2011, de 28 de abril, ni a los proveedores de servicios digitales cuando se trate de microempresas o pequeñas empresas.

A continuación, nos centramos en las **autoridades públicas competentes** en España designadas en desarrollo de la Directiva NIS:

Para los operadores de servicios esenciales: 1.º En el caso de que éstos sean, además, designados como operadores críticos conforme a la Ley

8/2011, de 28 de abril, y su normativa de desarrollo, con independencia del sector estratégico en que se realice tal designación: la Secretaría de Estado de Seguridad, del Ministerio del Interior, a través del Centro Nacional de Protección de Infraestructuras y Ciberseguridad (CNPIC). 2.º En el caso de que no sean operadores críticos: la autoridad sectorial correspondiente por razón de la materia, según se determine reglamentariamente.

Para los proveedores de servicios digitales: la Secretaría de Estado de Digitalización e Inteligencia Artificial del Ministerio de Asuntos Económicos y Transformación Digital.

Para los operadores de servicios esenciales y proveedores de servicios digitales que no siendo operadores críticos se encuentren comprendidos en el ámbito de aplicación de la Ley 40/2015, de 1 de octubre, de Régimen Jurídico del Sector Público: el Ministerio de Defensa, a través del Centro Criptológico Nacional.

Por último, cabe destacar que el Consejo de Seguridad Nacional, a través de su comité especializado en materia de ciberseguridad, establecerá los mecanismos necesarios para la coordinación de las actuaciones de las autoridades competentes.

Son **equipos de respuesta a incidentes de seguridad informática (CSIRT)** de referencia en materia de seguridad de las redes y sistemas de información, los siguientes:

En lo concerniente a las relaciones con los operadores de servicios esenciales: 1.º El CCN-CERT, del Centro Criptológico Nacional, al que corresponde la comunidad de referencia constituida por las entidades del ámbito subjetivo de aplicación de la Ley 40/2015, de 1 de octubre. 2.º El INCIBE-CERT, del Instituto Nacional de Ciberseguridad de España, al que corresponde la comunidad de referencia constituida por aquellas entidades no incluidas en el ámbito subjetivo de aplicación de la Ley 40/2015, de 1 de octubre. El INCIBE-CERT será operado conjuntamente por el INCIBE y el CNPIC en todo lo que se refiera a la gestión de incidentes que afecten a los operadores críticos. 3.º El ESPDEF-CERT, del Ministerio de Defensa, que cooperará con el CCN-CERT y el INCIBE-CERT en aquellas situaciones que éstos requieran en apoyo de los operadores de servicios esenciales y, necesariamente, en aquellos operadores que tengan incidencia en la Defensa Nacional y que reglamentariamente se determinen.

En lo concerniente a las relaciones con los proveedores de servicios digitales que no estuvieren comprendidos en la comunidad de referencia del CCN-CERT: el INCIBE-CERT. El INCIBE-CERT será, así mismo, equipo de respuesta a incidentes de referencia para los ciudadanos, entidades de derecho privado y otras entidades no incluidas anteriormente.

Los CSIRT de referencia se coordinarán entre sí y con el resto de CSIRT nacionales e internacionales en la respuesta a los incidentes y gestión de riesgos de seguridad que les correspondan. En los supuestos de especial gravedad que reglamentariamente se determinen y que requieran un nivel de coordinación superior al necesario en situaciones ordinarias, el CCN-CERT ejercerá la coordinación nacional de la respuesta técnica de los CSIRT.

Cuando las actividades que desarrollen puedan afectar de alguna manera a un operador crítico, los CSIRT de referencia se coordinarán con el Ministerio del Interior, a través de la Oficina de Coordinación Cibernética del Centro Nacional de Protección de Infraestructuras y Ciberseguridad (CNPIC), de la forma que reglamentariamente se determine.

El **Centro Criptológico Nacional (CCN)** ejercerá la coordinación nacional de la respuesta técnica de los equipos de respuesta a incidentes de seguridad informática (CSIRT) en materia de seguridad de las redes y sistemas de información del sector público comprendido en la Ley 39/2015, de 1 de octubre, del Procedimiento Administrativo Común de las Administraciones Públicas, y en la Ley 40/2015, de 1 de octubre, de Régimen Jurídico del Sector Público.

Los CSIRT de las Administraciones Públicas consultarán, cuando proceda, con los órganos con competencias en materia de seguridad nacional, seguridad pública, seguridad ciudadana y protección de datos de carácter personal y colaborarán con ellos en el ejercicio de sus respectivas funciones.

El CCN ejercerá la función de enlace para garantizar la cooperación transfronteriza de los CSIRT de las Administraciones Públicas con los CSIRT internacionales, en la respuesta a los incidentes y gestión de riesgos de seguridad que les correspondan.

También contiene un **régimen sancionador** que recae sobre los operadores de servicios esenciales y los proveedores de servicios digitales comprendidos en el ámbito de aplicación de este real decreto-ley. Establece tanto las infracciones como las sanciones que pueden imponerse. Por otra parte, cuando las infracciones fuesen cometidas por órganos o entidades de las Administraciones Públicas, el órgano sancionador dictará una resolución estableciendo las medidas que procede adoptar para que cesen o se corrijan los efectos de la infracción; y el órgano sancionador podrá proponer también la iniciación de actuaciones disciplinarias, si procedieran

4. Redes y servicios de comunicación de quinta generación

Nos referimos a las «Redes 5G» o «redes basadas en la tecnología 5G», es decir, el conjunto integrado de elementos o infraestructuras de red, ya sean hardware o software, sistemas de transmisión, equipos de conmutación o encaminamiento y demás recursos, incluidos los recursos asociados e infraestructuras digitales, que permitan el transporte de señales con los que proporcionar conectividad móvil e inalámbrica y, a través de ella, prestar servicios de comunicaciones electrónicas e inalámbricas a usuarios y empresas con características avanzadas, que incorporen las funciones y capacidades y respondan a los casos de utilización recogidos en la Recomendación UIT-R M.2083, de la Unión Internacional de Telecomunicaciones, o en el estándar técnico de la organización 3GPP (3rd Generation Partnership Project: Proyecto de Colaboración para la Tercera Generación).

La pieza normativa clave es el **Real Decreto-Ley 7/2022**, de 29 de marzo, sobre requisitos para garantizar la seguridad de las redes y servicios de comunicaciones electrónicas de quinta generación; que trata de desarrollar un entorno confiable para el despliegue de estas redes y servicios, que genere la confianza necesaria entre los usuarios respecto a su funcionamiento y protección ante potenciales fugas o manipulaciones de datos; así como de establecer las medidas con las que afrontar los riesgos de seguridad a los que están expuestos las nuevas redes y servicios 5G.

Este real decreto-ley persigue los siguientes objetivos (artículo 2):

- Impulsar una seguridad integral del ecosistema generado por la tecnología 5G.
- Reforzar la seguridad en la instalación y operación de las redes de comunicaciones electrónicas 5G y en la prestación de los servicios de comunicaciones móviles e inalámbricas que se apoyen en las redes 5G.
- Promover un mercado de suministradores en las redes y servicios de comunicaciones electrónicas 5G suficientemente diversificado en aras de garantizar la seguridad basada en razones técnicas, estratégicas y operativas y evitar, por dichas razones, la presencia de suministradores con una calificación de alto riesgo o de riesgo medio en determinados elementos de red o ámbitos.

- Reforzar la protección de la seguridad nacional.
- Fortalecer la industria y fomentar las actividades de I+D+i nacionales en ciberseguridad relacionadas con la tecnología 5G.
- El Decreto-Ley 7/2022 recoge las obligaciones de análisis de riesgos (artículos 6 y ss) y de **gestión de los riesgos** (artículos 11 y ss) de tres sujetos diferentes: los operadores 5G; los suministradores 5G; y los usuarios corporativos 5G que tengan otorgados derechos de uso del dominio público radioeléctrico para instalar, desplegar o explotar una red privada 5G o prestar servicios 5G para fines profesionales o en autoprestación.
- También regula el **Esquema Nacional de Seguridad de redes y servicios 5G**, que llevará a cabo un tratamiento integral y global de la seguridad de las redes y servicios 5G, considerando las aportaciones al alcance de cada agente de la cadena de valor de 5G para garantizar un funcionamiento continuado y seguro de la red y los servicios 5G.En este Esquema se efectuará un análisis de riesgos a nivel nacional sobre la seguridad de las redes y servicios 5G así como identificará, concretará y desarrollará medidas a nivel nacional para mitigar y gestionar los riesgos analizados.

Por último, recoge que se atribuye la aplicación y supervisión de esta normativa al Ministerio de Asuntos Económicos y Transformación Digital, a quien concede facultades de inspección; y establece un régimen sancionador.

V. DERECHO PENAL PARA TUTELAR LA CIBERSEGURIDAD

1. *Papel del Derecho Penal en la ciberseguridad*

En la sociedad actual, resulta estrictamente necesaria la efectiva **protección de la información** contenida en los dispositivos tecnológicos, mediante la realización a aquellas actividades destinadas a proteger las redes y los sistemas de información frente a las ciberamenazas. Los ataques pueden tener esencialmente una triple finalidad: económica, a través de la venta de información en el mercado negro; publicidad y notoriedad, especialmente en supuestos de ciberterrorismo; y causar daño a la imagen de un tercero, a través ataques dirigidos a la competencia o a un tercero. Y en este ámbito, cabe destacar la necesidad de **protección de las infraestructuras digitales** (especialmente las críticas), más allá de proteger la privacidad y/o el patrimonio. De esta manera, podemos establecer las siguientes afirmaciones.

Primero, la ciberseguridad (seguridad cibernética) es un bien jurídico digno de protección por el Derecho penal.

Segundo, este bien jurídico tiene una doble dimensión: por un lado, individual, centrada en la protección del sistema de información propio de cada persona); y, por otro lado, colectiva, para garantizar el correcto funcionamiento de elementos necesarios para la vida en la sociedad actual, tanto en el ámbito público como en el privado. Nos formulamos una pregunta: ¿se trata de un bien jurídico autónomo frente a otros bienes jurídicos protegidos por el Derecho Penal?

Tercero, cabe reflexionar, por último, si nos encontramos con un bien jurídico colectivo o de naturaleza supraindividual

Establecidos los anteriores parámetros, el papel del Derecho Penal tiene una doble finalidad. En primer lugar, para fortalecer la intervención del sistema penal frente a **daños ya producidos**. Sin embargo, el propio riesgo efectivo ya es muy comprometido para las redes y sistemas de información (FERNÁNDEZ GARCÍA), lo que nos sitúa en la segunda finalidad.

En segundo lugar, se debe utilizar el Derecho Penal para reforzar la **efectiva prevención de ciberataques** (especialmente frente a infraestructuras críticas); porque el daño efectivo (una vez causado) tiene una enorme gravedad social. En este segundo ámbito, cabe establecer una doble posibilidad. (1) Para castigar penalmente **determinadas conductas que supongan un peligro grave** para la seguridad de la información, mediante un adelantamiento de las barreras de protección; y (2) Para reforzar el cumplimiento de las **obligaciones de gestión de la ciberseguridad** impuestas a las entidades fortaleciendo la **ciberresiliciencia** (especialmente por Directiva NIS2), mediante un sistema de cumplimiento (compliance) directamente ligado a una cultura de la ciberseguridad.

La posibilidad de que el Derecho Penal tenga un rol para reforzar el cumplimiento de las obligaciones de gestión de la ciberseguridad impuestas a las entidades, públicas y privadas, ha de partir de un doble presupuesto: la obligación de adoptar medidas para la gestión de riesgos de ciberseguridad; y la imposición de obligaciones a los órganos de dirección de dichas entidades en relación con dichas medidas, cuyo incumplimiento puede generar responsabilidad (incluidas sanciones de Derecho Administrativo sancionador o de Derecho Penal).

La Directiva NIS2 dispone que los órganos de dirección (PÉREZ BES) aprobarán las medidas para la gestión de riesgos de ciberseguridad, y supervisarán su puesta en práctica (artículo 20). Pues bien, el Derecho Nacional ha de contemplar una responsabilidad por incumplimiento de estas obligaciones (artículo 21). Dentro de este régimen de responsabilidad, cabe reflexionar sobre qué sanciones han de contemplarse en casos de falta de cumplimiento; y también sobre qué concreto ámbito hay que reconocer al Derecho Penal.

Este papel del Derecho Penal resulta especialmente relevante para las denominadas entidades esenciales y entidades importantes por la Directiva NIS2, dado que esta norma contempla un régimen reforzado de supervisión y ejecución: los Estados miembros tienen la obligación de garantizar el cumplimiento de las obligaciones impuestas, estableciendo medidas de supervisión o ejecución que sean efectivas, proporcionadas y disuasorias; concreta determinados elementos que debe cumplir las funciones de supervisión por las autoridades competentes (que establezcan los EM en la transposición); y concreta determinados elementos que deben cumplir las funciones de ejecución que establezcan los Estados miembros (imposición de obligaciones y sanciones).

2. *Ciberdelitos*

Son diferentes las clasificaciones de los distintos ciberdelitos. En este Módulo vamos a utilizar la contenida en el Convenio sobre la Ciberdelincuencia, hecho en Budapest el 23 de noviembre de 2001, que distingue cuatro modalidades: (1) Delitos contra la confidencialidad, la integridad y la disponibilidad de los datos y sistemas informáticos; (2) Delitos informáticos; (3) Delitos relacionados con el contenido (especialmente los delitos relacionados con la pornografía infantil); y (4) Delitos relacionados con infracciones de la propiedad intelectual y de los derechos afines. Las dos primeras categorías tienen más relación con la seguridad de la información.

A) Delitos contra la confidencialidad, la integridad y la disponibilidad de los datos y sistemas informáticos

- **Acceso ilícito**. El acceso deliberado e ilegítimo a la totalidad o a una parte de un sistema informático.
- **Interceptación ilícita**. La interceptación deliberada e ilegítima, por medios técnicos, de datos informáticos comunicados en transmisio-

nes no públicas efectuadas a un sistema informático, desde un sistema informático o dentro del mismo.

- **Interferencia en los datos**. La comisión deliberada e ilegítima de actos que dañen, borren, deterioren, alteren o supriman datos informáticos.
- **Interferencia en el sistema**. Obstaculización grave, deliberada e ilegítima del funcionamiento de un sistema informático mediante la introducción, transmisión, provocación de daños, borrado, deterioro, alteración o supresión de datos informáticos.
- **Abuso de los dispositivos**. La comisión deliberada e ilegítima de los siguientes actos: a) La producción, venta, obtención para su utilización, importación, difusión u otra forma de puesta a disposición de: i) Un dispositivo, incluido un programa informático, diseñado o adaptado principalmente para la comisión de cualquiera de los delitos previstos en los puntos anteriores; ii) Una contraseña, un código de acceso o datos informáticos similares que permitan tener acceso a la totalidad o a una parte de un sistema informático, con el fin de que sean utilizados para la comisión de cualquiera de los delitos contemplados en los puntos anteriores; y b) la posesión de alguno de los elementos contemplados en los anteriores apartados a.i) o ii) con el fin de que sean utilizados para cometer cualquiera de los delitos previstos en los puntos anteriores.

B) Delitos informáticos

- **Falsificación informática.** cuando se cometa de forma deliberada e ilegítima, la introducción, alteración, borrado o supresión de datos informáticos que dé lugar a datos no auténticos, con la intención de que sean tenidos en cuenta o utilizados a efectos legales como si se tratara de datos auténticos, con independencia de que los datos sean o no directamente legibles e inteligibles.
- **Fraude informático.** los actos deliberados e ilegítimos que causen un perjuicio patrimonial a otra persona mediante: a) Cualquier introducción, alteración, borrado o supresión de datos informáticos; b) cualquier interferencia en el funcionamiento de un sistema informático, con la intención fraudulenta o delictiva de obtener ilegítimamente un beneficio económico para uno mismo o para otra persona

C) Acciones para atacar seguridad informática protectora de privacidades (197 bis CP)

- **Acceso ilegal a sistema de información**- 197 bis.1: El que por cualquier medio o procedimiento, vulnerando las medidas de seguridad establecidas para impedirlo, y sin estar debidamente autorizado, acceda o facilite a otro el acceso al conjunto o una parte de un sistema de información o se mantenga en él en contra de la voluntad de quien tenga el legítimo derecho a excluirlo.
- **Interceptación ilegal de transmisiones de datos entre sistemas**- 197 bis.2: El que mediante la utilización de artificios o instrumentos técnicos, y sin estar debidamente autorizado, intercepte transmisiones no públicas de datos informáticos que se produzcan desde, hacia o dentro de un sistema de información, incluidas las emisiones electromagnéticas de los mismos. Se trata del diálogo automático entre máquinas o dispositivos, debiendo destacarse la relevancia de IOT.

D) Abuso de dispositivos, adelantamiento barreras de protección (197 ter CP)

Será castigado con una pena de prisión de seis meses a dos años o multa de tres a dieciocho meses el que, sin estar debidamente autorizado, produzca, adquiera para su uso, importe o, de cualquier modo, facilite a terceros, con la intención de facilitar la comisión de alguno de los delitos a que se refieren los apartados 1 y 2 del artículo 197 o el artículo 197 bis: (1) un programa informático, concebido o adaptado principalmente para cometer dichos delitos; o (2) b) una contraseña de ordenador, un código de acceso o datos similares que permitan acceder a la totalidad o a una parte de un sistema de información.

E) Daños informáticos, Cracking (art. 264 CP)

Tipo básico: El que por cualquier medio, sin autorización y de manera grave borrase, dañase, deteriorase, alterase, suprimiese o hiciese inaccesibles datos informáticos, programas informáticos o documentos electrónicos ajenos, cuando el resultado producido fuera grave.

Tipo agravado 1: se contemplan varios supuestos. Cabe destacar el siguiente: 4ª.- Los hechos hayan afectado al sistema informático de una infraestructura crítica o se hubiera creado una situación de peligro grave para la seguridad del Estado, de la Unión Europea o de un Estado Miembro de la Unión Europea. A estos efectos se considerará infraestructura crítica un elemento, sistema o parte de este que sea esencial para el mantenimiento de funciones vitales de la sociedad, la salud, la seguridad, la protección y el bienestar económico y social de la población cuya perturbación o destrucción tendría un impacto significativo al no poder mantener sus funciones

Tipo agravado 2: utilización ilícita de datos personales de otra persona para facilitarse el acceso al sistema informático o para ganarse la confianza de un tercero.

F) Denegación de servicio, Denial of Service-DoS (art. 264 bis CP)

Tipo básico: El que por cualquier medio, sin autorización y de manera grave borrase, dañase, deteriorase, alterase, suprimiese o hiciese inaccesibles datos informáticos, programas informáticos o documentos electrónicos ajenos, cuando el resultado producido fuera grave.

Tipo agravado 1: varios supuestos. Cabe destacar 4ª.- Los hechos hayan afectado al sistema informático de una infraestructura crítica o se hubiera creado una situación de peligro grave para la seguridad del Estado, de la Unión Europea o de un Estado Miembro de la Unión Europea. A estos efectos se considerará infraestructura crítica un elemento, sistema o parte de este que sea esencial para el mantenimiento de funciones vitales de la sociedad, la salud, la seguridad, la protección y el bienestar económico y social de la población cuya perturbación o destrucción tendría un impacto significativo al no poder mantener sus funciones

Tipo agravado 2: utilización ilícita de datos personales de otra persona para facilitarse el acceso al sistema informático o para ganarse la confianza de un tercero

G) Adelantamiento barreras de protección penal (art. 264 ter CP)

El que, sin estar debidamente autorizado, produzca, adquiera para su uso, importe o, de cualquier modo, facilite a terceros, con la intención de facilitar la comisión de alguno de los delitos a que se refieren los dos artículos anteriores: a) un programa informático, concebido o adaptado principalmente para cometer alguno de los delitos a que se refieren los dos artículos anteriores; o b) una contraseña de ordenador, un código de acceso o datos similares que permitan acceder a la totalidad o a una parte de un sistema de información.

H) Responsabilidad penal de las personas jurídicas

Por delitos de los artículos 197, 197 bis y 197 ter CP: artículo 197 quinquies.

Por delitos de artículos 264, 264 bis y 264 ter CP: artículo 464 quater

3. Sobre el ciberterrorismo

Internet puede utilizarse con fines terroristas como la difusión de propaganda (incluido el reclutamiento, la radicalización y la incitación al terrorismo), la financiación del terrorismo, el entrenamiento de terroristas, la planificación de ataques terroristas (incluso a través de la comunicación secreta y la información de fuente abierta), la ejecución de ataques terroristas y los ciberataques (UNODC). Las ciberamenazas terroristas son elevadas. Y es necesario que la normativa reguladora, así como las leyes penales, están atentas a los cambios constantes de las amenazas (PONS GAMÓN).

Según el informe "Evaluación de Amenazas del Crimen organizado en internet IOCTA" (2021) de Europol, la utilización de ransomware (malware que cifra los ficheros solicitando un rescate para recuperarlos), aprovechando cada vez más el teletrabajo generalizado, sigue siendo una de las principales amenazas, junto a otras como el clásico escaneo de redes en busca de conexiones inseguras. El informe destaca que los cibercriminales también han aprovechado el aumento de las compras en línea con la pretensión de engañar a sus víctimas para que descarguen software malicioso, robar sus credenciales o perpetrar diferentes formas de fraude. Por otro lado, afirma que los troyanos bancarios para dispositivos móviles se han convertido en una amenaza notable debido a la creciente popularidad de la banca online. Por otra parte, destaca que los delincuentes han seguido utilizando narrativas COVID-19 para la venta en línea de productos médicos falsificados y para robar credenciales de acceso a través del vishing: una práctica fraudulenta que consiste en el uso de la línea telefónica convencional y de la ingeniería social para obtener informaciones delicadas, como puede ser la financiera o los datos de identidad. Resalta que los ataques conocidos como denegación de servicio distribuida (DDoS) podrían reproducirse debido a una mayor dependencia de los servicios en la red. Afirma que es preocupante el aumento de captación de menores en la red debido al incremento del tiempo que están conectados, y también por el hábito de producir y compartir material para ganar reputación o dinero. Y destaca también que las acciones con ransomware se centran cada vez más en ataques contra grandes organizaciones y sus cadenas de suministro.

Cabe señalar que "*los ataques contra los sistemas de información y, en particular, los ataques vinculados a la delincuencia organizada, son una amenaza creciente en la Unión y en el resto del mundo, y cada vez preocupa más la posibilidad de ataques terroristas o de naturaleza política contra los sistemas de información que forman parte de las infraestructuras críticas de los Estados miembros y de la Unión*" (Considerando 3 de la Directiva 2013/40/UE del Parlamento Europeo y del Consejo de 12 de agosto de 2013, relativa a los ataques contra los sistemas de información).

¿Qué es el ciberterrorismo? No existe una definición universalmente aceptada de ciberterrorismo. Cabe hablar de una concepción amplia que se refiere a cualquier forma de actividad terrorista online, y que incluye dos ámbitos.

En primer lugar, el **terrorismo a través de Internet** (VELASCO NÚÑEZ). El uso de Internet como instrumento o medio del que se vale una organización terrorista para estructurar parte de sus actividades encaminadas a sus objetivos de perturbación de la paz social o la subversión del sistema político que ataca. Hay que destacar las posibilidades que la Red aporta a cualquier grupo estructurado para comunicarse clandestinamente y procurar la planificación y ejecución de sus objetivos, y las actividades -más públicas- que realiza a través de ella, como son la publicidad, propaganda, reclutamiento de miembros y difusión de postulados, obtención de financiación, etc.

En segundo lugar, el **ciberterrorismo en sentido estricto**. Se trata del ciberdelito perpetrado con objetivos políticos para provocar miedo, intimidar o coaccionar a un Gobierno o población objetivo y causar o amenazar con causar daño (BARRIO ANDRÉS).

Con carácter general, los ciberdelitos reúnen una serie de características que dificultan su persecución penal: se cometen fácilmente; requieren escasos recursos en relación con el perjuicio que causan; pueden cometerse en una jurisdicción sin estar físicamente presente en el territorio sometido a la misma; se benefician de las lagunas de punibilidad que pueden existir en determinados. En materia de ciberterrorismo, es necesario tener presente que los terroristas al poder operar desde lugares remotos estarían minimizando el riesgo de detección, que sí se crearía al viajar o preparar un ataque en el país de destino; asimismo, se están beneficiando del modelo CaaS (crimen como servicio), proporcionándoles las herramientas, servicios y vectores de ataque necesarios, es decir, el propio acceso a los mercados ilícitos de alta tecnología. Los sujetos activos pueden ser grupos terroristas, pero también Estados (NIETO FERNÁNDEZ).

A) Terrorismo a través de Internet

Dentro de esta categoría cabe destacar que Internet aporta a cualquier organización o grupo terrorista elementos que facilitan tanto la comunicación secreta entre la dirección/coordinación y sus miembros, y entre estos últimos, como la planificación y ejecución de sus objetivos. Y, por otro lado, Internet también puede ser utilizada por estos grupo con finalidad de propaganda y publicidad de sus fines y postulados, para incrementar el reclutamiento de miembro, así como para facilitar obtención de financiación. En relación con los ataques informáticos con fines de publicidad y/o propaganda (GORJÓN BARRANCO) cabe señalar los siguientes ejemplos:

- 2015. La cadena francesa de televisión TV5 Monde sufrió un ciberataque a mando del autodenominado CiberCalifato vinculado a Daesh,que bloqueó la emisión de la señal de la televisión satélite de esta cadena, así como su web y redes sociales.
- 2016. Ataques a la cuenta de Twitter del cantante Justin Bieber publicando un video titulado: "Un mensaje al Islam de occidente" cuyo contenido consistía en un llamamiento a los fieles de unión a la causa islámica, y en la que se veía la ejecución de cuatro hombres.
- Ciberejército yihadista, el diseño de la aplicación móvil Dawn of Glad Tidings que enlaza con tuits a través de sus cuentas personales, ayudando al grupo a conseguir más seguidores.
- Grupo CyberCaliphate afiliado a Dáesh, que atacó y tomó el control de las cuentas de Twitter y Youtube del US central Command.

B) Concepción estricta de ciberterrorismo

En esta concepción estricta, también denominadas por algunos "ciberterrorismo puro", cuenta con dos elementos. Primero, es un **ciberdelito**, es decir, es un delito cometido a través de internet o de las tecnologías de la información o la comunicación). Segundo, que se comete con uno de los siguientes **objetivos** (art. 3.2 Directiva 2017/541): intimidar gravemente a una población; obligar indebidamente a los poderes públicos o a una organización internacional a realizar un acto o a abstenerse de hacerlo; desestabilizar gravemente o destruir las estructuras políticas, constitucionales, económicas o sociales fundamentales de un país o de una organización internacional.

En esta concepción estricta se incluyen las acciones ofensivas contra los sistemas informáticos y/o redes de telecomunicaciones, que sustentan el normal funcionamiento de las denominadas infraestructuras críticas y estratégicas, o de cualquier otro servicio esencial para la ciudadanía: redes de aeropuertos, tráfico rodado en grandes ciudades, centrales nucleares, juzgados, hospitales, ministerios, empresas telecomunicación, etcétera.

Los actos de terrorismo contra los sectores de infraestructura crítica, como el transporte (por ejemplo, aéreo y marítimo), nuclear y los sectores gubernamentales están prohibidos en virtud de ciertas disposiciones de las siguientes convenciones y protocolos internacionales de las Naciones Unidas (UNODC):

- Convenio sobre las Infracciones y Ciertos Otros Actos Cometidos a Bordo de las Aeronaves de 1963 y su Protocolo suplementario de 2014;
- Convenio para la Represión del Apoderamiento Ilícito de Aeronaves de 1970 y su Protocolo suplementario de 2010;
- Convenio para la Represión de Actos Ilícitos contra la Seguridad de la Aviación Civil de 1971;
- Convención sobre la Prevención y el Castigo de Delitos contra Personas Internacionalmente Protegidas de 1973;
- Convención sobre la Protección Física de los Materiales Nucleares de 1980;
- Convenio para la Represión de Actos Ilícitos contra la Seguridad de la Navegación Marítima de 1988;
- Protocolo para la Represión de Actos Ilícitos contra la Seguridad de las Plataformas Fijas Emplazadas en la Plataforma Continental de 1988;
- Protocolo para la Represión de Actos Ilícitos de Violencia en los Aeropuertos que Presten Servicio a la Aviación Civil Internacional, suplementario al Convenio para la Represión de Actos Ilícitos contra la Seguridad de la Aviación Civil de 1988;
- Convenio Internacional para la Represión de los Atentados Terroristas Cometidos con Bombas de 1997;

- Enmiendas a la Convención sobre la Protección Física de los Materiales Nucleares de 2005;
- Convenio Internacional para la Represión de los Actos de Terrorismo Nuclear de 2005;
- Protocolo para la Represión de Actos Ilícitos contra la Seguridad de las Plataformas Fijas Emplazadas en la Plataforma Continental de 2005;
- Protocolo relativo al Convenio para la Represión de Actos Ilícitos contra la Seguridad de la Navegación Marítima de 2005;
- Convenio para la Represión de Actos Ilícitos Relacionados con la Aviación Civil Internacional de 2010.

¿Cuál es la respuesta de la UE frente al ciberterrorismo? Las piezas fundamentales de esta respuesta se encuentran, en primer lugar, en la Directiva 2013/40/UE del Parlamento Europeo y del Consejo de 12 de agosto de 2013, relativa a los ataques contra los sistemas de información (sustituye la Decisión marco 2005/222/JAI del Consejo); su transposición tuvo lugar mediante Ley Orgánica 1/2015, de 30 de marzo, por la que se modifica la Ley Orgánica 10/1995, de 23 de noviembre, del Código Penal; y, en segundo lugar, en la Directiva 2017/541 del Parlamento Europeo y del Consejo, de 15 de marzo de 2017, relativa a la lucha contra el terrorismo; cuya transposición se produjo mediante la Ley Orgánica 1/2019, de 20 de febrero, por la que se modifica la Ley Orgánica 10/1995, de 23 de noviembre, del Código Penal.

Cabe recordar que el artículo 3.1 de la Directiva 2017/541 de lucha contra el terrorismo establece lo siguiente: "*Los Estados miembros adoptarán las medidas necesarias para garantizar que los siguientes actos intencionados, tipificados como delitos con arreglo al Derecho nacional, que, por su naturaleza o contexto, pueden perjudicar gravemente a un país o a una organización internacional, se tipifiquen como delitos de terrorismo cuando se cometan con uno de los fines enumerados en el apartado 2:*.....d) *destrucciones masivas de instalaciones estatales o públicas, sistemas de transporte, infraestructuras, sistemas informáticos incluidos, plataformas fijas emplazadas en la plataforma continental, lugares públicos o propiedades privadas, que puedan poner en peligro vidas humanas o producir un gran perjuicio económico*".

¿Cómo se enfrenta el sistema penal español al ciberterrorismo? Por un lado, el Código Penal contiene un **concepto legal** de ciberterrorismo, esto es, son delitos de terrorismo los delitos informáticos tipificados en los artículos 197 bis y 197 ter y 264 a 264 quater (573.2 CP) cuando los hechos se cometan con alguna de las finalidades (573.1 CP): (1) Subvertir el orden constitucional, o suprimir o desestabilizar gravemente el funcionamiento de las instituciones políticas o de las estructuras económicas o sociales del Estado, u obligar a los poderes públicos a realizar un acto o a abstenerse de hacerlo; (2) Alterar gravemente la paz pública; (3) Desestabilizar gravemente el funcionamiento de una organización internacional; y (4) Provocar un estado de terror en la población o en una parte de ella.

En segundo lugar, establece una **mayor penalidad** en estos supuestos: la pena superior en grado a la respectivamente prevista en los correspondientes artículos (573 bis.3)

Por último, se refiere a la **responsabilidad penal de las personas jurídicas** (art. 580 bis CP). Cuando de acuerdo con lo establecido en el artículo 31 bis una persona jurídica sea responsable de los delitos recogidos en este Capítulo, se le impondrán las siguientes penas: (1) Multa de dos a cinco años, o del doble al cuádruple del perjuicio causado cuando la cantidad resultante fuese más elevada, si el delito cometido por la persona física tiene prevista una pena de más de dos años de privación de libertad; (2) Multa de seis meses a dos años, o del doble al triple del perjuicio causado si la cantidad resultante fuese más elevada, en el resto de los casos.

Atendidas las reglas establecidas en el artículo 66 bis, los jueces y tribunales podrán asimismo imponer las penas recogidas en las letras b) a g) del apartado 7 del artículo 33

VI. BIBLIOGRAFÍA

BARRIO ANDRÉS, M., *Delitos 2.0. Aspectos penales, procesales y de seguridad de los ciberdelitos,* La Ley Wolters Kluwer, 2018, páginas 182 y ss.

BARRIO ANDRÉS, M., *Manual de Derecho Digital,* 2ª edición, Tirant Lo Blanch, 2022

CÁRDENAS, M., "La historia del ciberterrorismo a través de casos reales", 5 de agosto de 2022; https://www.lisanews.org/seguridad/la-historia-del-ciberterrorismo-a-traves-de-casos-reales

CONAL, I., *Ciberseguridad y Derecho Penal,* Thomson Reuters Aranzadi, 2022.

DELOITTE, "Directiva NIS2", 2023; https://www2.deloitte.com/es/es/pages/risk/articles/directiva-nis-2.html

FERNÁNDEZ GARCÍA, E., "Derecho de la ciberseguridad en las infraestructuras críticas: más allá de la perspectiva penalista", *Revista Jurídica de Castilla y León,* número 56, enero 2022.

FERREIRA, R., "Navegar por la Directiva NIS2 para mejorar la resiliencia de la ciberseguridad", Tribuna 25-04-2023; https://elderecho.com/navegar-por-la-directiva-nis2-para-mejorar-la-resiliencia-de-la-ciberseguridad

Fundación Telefónica, "Ciberseguridad, la protección de la información en un mundo digital", editorial Ariel, 2016.

GORJÓN BARRANCO, M. C., "Sabotaje informático a infraestructuras críticas: análisis de la realidad criminal recogida en los artículos 264 y 264 bis del Código Penal. Especial referencia a su comisión con finalidad terrorista", Revista de Derecho Penal y Criminología, UNED, Núm. 25 (2021), páginas 77 y ss.

"Guía Práctica de Ciberseguridad", Thomson Reuters Aranzadi, 2019

LÓPEZ-JACOISTE DÍAZ, E., "Ciberseguridad: una visión jurídica internacional y Unión Europea", dentro del libro "Tratado de Derecho Digital", coordinadores Eduardo Valpuesta Gastaminza y Juan Carlos Hernández Peña, La Ley Wolters Kluwer, 2021, páginas 369 y ss.

MUÑOZ AYCUENS, C., "Panorama normativo europeo en materia de ciberseguridad", dentro de la obra "Marco normativo de la UE para la transformación digital, La Ley, mayo 2023, páginas 123 y ss

NAVA GARCÉS, A. E., "Ciberdelitos", libro coletivo, Tirant lo Blanch, 2018

NIETO FERNÁNDEZ, I., "La letalidad del ciberterrorismo", https://armada.defensa.gob.es/archivo/rgm/2018/07/rgm072018cap11.pdf

PONS GAMÓN, V., "Internet, la nueva era del delito: ciberdelito, ciberterrorismo, legislación y ciberseguridad", URVIO, *Revista Latinoamericana de Estudios de Seguridad*, núm. 20, pp. 80-93, 2017.

SEGURA SERRANO, A., libro colectivo, "*El desafío de la Ciberseguridad Global*", Tirant lo Blanch, 2023

URRUCHI MOHÍNO, D., "Ciberseguridad", dentro del libro colectivo dentro del libro "Tratado de Derecho Digital", coordinadores Eduardo Valpuesta Gastaminza y Juan Carlos Hernández Peña, La Ley Wolters Kluwer, 2021, páginas 349 y ss.

VELASCO NÚÑEZ, E., "Delitos tecnológicos", La Ley Wolters Kluwer, 2021, páginas 317 y ss.

VELASCO NÚÑEZ, E., "Los delitos informáticos", en La reforma del Código Penal a debate (XII Jornadas de Derecho penal en homenaje a José María Lidón), Colección: Cuadernos Digitales de Formación; volumen 33; año 2015

Otros documentos

Estrategia de Seguridad Nacional (ESN) 2021

https://www.dsn.gob.es/es/documento/estrategia-seguridad-nacional-2021

Estrategia Nacional de Ciberseguridad 2019

https://www.dsn.gob.es/es/documento/estrategia-nacional-ciberseguridad-2019

Agencia de la Unión Europea para la Ciberseguridad (ENISA). Informe 2022

ENISA Threat Landscape 2022 — ENISA (europa.eu)

Informe sobre Ciberamenazas y tendencias 2022 del Centro Criptológico Nacional, páginas 35 y 39. Disponible en web:

https://www.ccn-cert.cni.es/informes/informes-ccn-cert-publicos/6786-ccn-cert-ia-24-22-ciberamenazas-y-tendencias-edicion-2022-1/file.html

Informe "Evaluación de Amenazas del Crimen organizado en internet IOCTA" (2021) de Europol

https://www.europol.europa.eu/publications-events/main-reports/internet-organised-crime-threat-assessment-iocta-2021

Oficina de las Naciones Unidas contra la Droga y el Delito (UNODC), "Módulos sobre Delitos Cibernéticos"

https://www.unodc.org/e4j/es/cybercrime/module-14/key-issues/cyberterrorism.html

"Manual de Tallin 2.0 sobre Derecho Internacional aplicable a las operaciones cibernéticas" (2017); elaborado por Grupo de Expertos invitados por NATO Cooperative Cyber Defence Centre of Excellence

https://assets.cambridge.org/97811071/77222/frontmatter/9781107177222_frontmatter.pdf

Capítulo Quinto

Inteligencia artificial, Internet de las cosas y blockchain

MOISÉS BARRIO ANDRÉS

SUMARIO: I. Introducción. II. Inteligencia artificial: bases tecnológicas. III. Inteligencia artificial: regulación jurídica. IV. Internet de las cosas. V. *Blockchain*.

I. INTRODUCCIÓN

La revolución tecnológica de las últimas décadas comporta un impacto social y económico inédito en la historia de la civilización desde la generalización de Internet entre los ciudadanos, lo cual tuvo lugar a principios de 1990. Se trata de un verdadero cambio de era que, como sostienen muchos autores, supera el efecto y significado que tuvo la primera revolución industrial del siglo XVIII o incluso la propia revolución francesa de 1789. La rapidez con la que está sucediendo, su propia dimensión, así como las implicaciones que conlleva, suponen una transformación de una profundidad desconocida, que afecta directamente a la persona humana como tal y a su papel como protagonista en la historia de nuestra civilización. Todo esto se proyecta directamente sobre los derechos fundamentales de la persona, tal y como los conocemos actualmente, por lo que el Derecho tiene que intervenir específicamente para garantizar que el progreso no menoscabe los fundamentos del orden político y de la paz social, utilizando la terminología de nuestro constituyente (art. 10.1 CE).

Siguiendo a HOFFMANN-RIEM, en este nuevo milenio, el **progreso tecnológico** es un proceso continuo, permanente e incuestionable, cuya esencia retrata la propia naturaleza humana para potenciar los intereses individuales y colectivos, así como para resolver, de forma cada vez más eficiente, sus necesidades. Pero esta transformación tecnológica, de la misma forma que plantea oportunidades, también genera nuevas necesidades y nuevas formas de infracción en los distintos ámbitos sociales, económicos y jurídicos, y por tanto habilita nuevos espacios o escenarios de relación y conflicto. Por esta razón, es necesario garantizar que los derechos humanos y fundamentales sigan conservado la posición central en los procesos de transformación digital en los cuales estamos incursos, en particular frente a la utilización de las principales tecnologías disruptivas, a saber, inteligencia artificial (IA), Internet de las cosas (IoT) y cadena de bloques o *blockchain*, protagonistas de este capítulo. No se olvide que, en los últimos años, estas tecnologías están adquiriendo una importancia creciente —hoy en día, podemos decir que cardinal— para todos los actores de la sociedad. Las principales tareas y funciones que permiten el mantenimiento de la vida cotidiana de Estados, sociedades, personas, instituciones y organizaciones —nacionales e internacionales, gubernamentales y no gubernamentales—, se llevan a cabo utilizando estas herramientas.

Comenzaremos nuestra exposición con el estudio de la inteligencia artificial en el próximo epígrafe.

II. INTELIGENCIA ARTIFICIAL: BASES TECNOLÓGICAS

1. Introducción

La «inteligencia artificial» (IA) promete ser uno de los motores clave en el proceso de transformación digital en el que nos encontramos inmersos. Con la progresiva digitalización de los activos y procesos físicos, la formidable disponibilidad de fuentes de datos debido al incremento de la conectividad y la cada vez mayor potencia de cálculo y procesamiento, nos enfrentamos al reto de adaptación a este nuevo escenario.

Los efectos positivos de la inteligencia artificial son innumerables. Tanto para el sector privado como para el público. La IA está mejorando las organizaciones, así como su gestión y procesos internos. Aparecen nuevos modelos de negocio, productos y servicios. Y también para los Estados: predecibilidad de las decisiones administrativas y de las sentencias judiciales; sistemas objetivos de selección de empleados públicos; incremento de la protección policial; identificación de delincuentes; predictibilidad de defraudaciones e incumplimientos con la Hacienda Pública o la Seguridad Social, etc. Pero también se han pronosticado efectos negativos: cualquiera de las ventajas enunciadas puede afectar a derechos individuales como la intimidad, la protección de datos, la igualdad y la no discriminación, o provocar la destrucción de puestos de trabajo, la confusión entre inocentes y delincuentes con un mal uso de la biométrica, o incrementar la discriminación por diferentes circunstancias personales.

La inteligencia artificial apunta así a un escenario de liberación del ser humano respecto de los trabajos rutinarios susceptibles de ser prestados por algoritmos y nuevas oportunidades de actividad, negocio y especialización. Considerando las ventajas y, sobre todo, los riegos que generan los sistemas de inteligencia artificial, son varias las iniciativas desarrolladas por organismos internacionales para adecuar su utilización a principios éticos, y más recientemente a normas jurídicas que aseguren el respeto a los derechos fundamentales que se conjugan en esta tecnología.

De este modo, hemos pasado de la simple regulación ética a la regulación jurídica, que Europa quiere liderar por medio de la Propuesta del Reglamento del Parlamento Europeo y del Consejo por el que se establecen normas armonizadas en materia de inteligencia artificial (Reglamento de inteligencia artificial o *Artificial Intelligence Act*, RIA) y se modifican determinados actos legislativos de la Unión, publicada en Bruselas el 21 de abril de 2021 y actualmente en tramitación final.

Así las cosas, antes de examinar su regulación jurídica debemos comenzar precisando qué es la inteligencia artificial.

La **inteligencia artificial** (IA), o para ser más exactos, el conjunto de tecnologías agrupadas bajo este supraconcepto (*oberbegriff*), es notoriamente difícil de definir, y este rasgo ha sido tanto una ventaja como una rémora. La amplitud del término ha permitido que un conjunto muy extenso y dispar de técnicas sean agrupadas en esta disciplina, desde técnicas de aprendizaje automático con uso intensivo de datos (el popular *machine learning*), como las redes neuronales, hasta lógicas de deducción basadas en modelos. También se han incluido técnicas muy heterogéneas, que comprenden desde la estadística hasta el uso de modelos psicológicos de la mente.

Esta amalgama de tecnologías ha estimulado muchos debates sobre el concepto y capacidades de la IA. Aunque en algunos contextos estos debates son fructíferos, también han originado bastante confusión, especialmente en ámbitos no tecnológicos. En ocasiones, han llevado a algunas voces y a muchos ciudadanos a albergar expectativas o a expresar preocupaciones sobre la IA que no se basan en lo que la tecnología es capaz de hacer actualmente o en lo que podemos decir con seguridad que se logrará en los próximos decenios, sino en extrapolaciones que se asientan ante todo en creencias y presentimientos.

Por tanto, y teniendo en cuenta mi doble faceta como programador desde mis nueve años y jurista, quiero destinar estas líneas a desentrañar el sentido y alcance real de la inteligencia artificial aportando luz en una materia particularmente atractiva a la par que difícil.

2. Origen y desarrollo

La inteligencia artificial es una **tecnología *vintage***. Sus fundamentos académicos datan de mediados del siglo pasado. En concreto, el 31 de agosto de 1955, un grupo de investigadores de Estados Unidos redactó un breve documento en el que solicitaban financiación para un proyecto de investigación de verano para el curso siguiente. El proyecto generó grandes expectativas y sus proponentes predijeron que sería posible crear una máquina tan inteligente como un humano antes de finales de siglo. Además, en dicho documento se sentaron las bases científicas de esta disciplina.

Sin desconocer lo ambicioso y exagerado de sus pretensiones, no podemos olvidar que el grupo de científicos en cuestión sin duda era excepcional. La propuesta fue firmada por cuatro informáticos muy influyentes: Claude Shannon, el padre de la teoría de la información; Marvin Minsky, uno de los primeros en construir una red neuronal aleatoria; Nathaniel Rochester, el responsable de diseño del IBM 701, el primer ordenador comercial de propósito general; y John McCarthy, al que se atribuye la acuñación del propio término de «inteligencia artificial» y creador del lenguaje de programación Lisp.

Esta reunión en Dartmouth se considera el acta fundacional de la IA. En ella se cimentaron las bases académicas de esta disciplina, enunciando las cuestiones que debían resolverse para crear máquinas que mostraran inteligencia. Además, generó mucho entusiasmo y revuelo, y consiguió financiación para varios años de estudios, en buena medida gracias a la confianza que se tenía en personas de la talla de sus promotores para obtener avances significados en la disciplina. Esos años dorados (en un sentido casi literal) allanaron científicamente el camino de la IA. Desde 1955 hasta principios de la década de 1970, se crearon toda una serie de subcampos y se enunciaron los problemas y sus retos, incluyendo las diferentes formas de razonar, el inicio de la comprensión del lenguaje natural o los esbozos de las primeras redes neuronales. Por ejemplo, en 1966 se presentó el programa Eliza, cuyo objetivo era ser capaz de mantener una conversación de texto coherente con un usuario y que constituye el precursor de los actuales *chatbots* o robots conversacionales como ChatGPT.

Sin embargo, como también ha sucedido con otras tecnologías disruptivas, **la expectación y el entusiasmo inicial no fueron acompañados de los resultados esperados**, dado que sus cultivadores no pudieron abordar la mayoría de los problemas del mundo real. Ello fue debido tanto a las limitaciones del hardware y el software de la época, como, sobre todo, a la complejidad de las operaciones de cálculo necesarias y la capacidad de computación requerida. Este fracaso condujo a lo que se conoció como el ***primer invierno de la IA***. La comunidad, al principio deslumbrada por las afirmaciones grandilocuentes de sus promotores, acabó por desilusionarse con la inteligencia artificial y perdió la esperanza en su capacidad de producir resultados. La IA fue dejada de lado, la financiación se redujo y la atención se centró en otras cuestiones de la informática. Ahora bien, es importante remarcar que la investigación en IA no se detuvo totalmente durante este periodo. Es cierto que fue menos visible y que los recursos generales se redujeron, pero el interés se mantuvo, y discretas investigaciones siguieron tratando de resolver los mismos problemas.

Pero, por fortuna, en los años ochenta del siglo pasado hubo un resurgimiento, liderado por Estados Unidos y Japón. La IA había encontrado un problema que podía resolver para las empresas de una manera posible y donde los beneficios eran claros. Por aquel entonces, varios grupos de investigación, pero en particular el Proyecto de Programación Heurística de la Universidad de Stanford, llegaron a la conclusión de que, en lugar de intentar crear solucionadores de problemas generales, podían centrarse en ámbitos restringidos que requerían conocimientos expertos. Estos **sistemas expertos** o *expert systems* utilizaron toda la investigación realizada en las décadas anteriores sobre cómo codificar el conocimiento y razonar sobre él, y la aplicaron a casos de uso específicos dentro de campos restringidos (por ejemplo, la evaluación del rendimiento de trabajadores, la tasación de inmuebles o la detección de virus informáticos).

A grandes rasgos, podemos describir los sistemas expertos como la combinación de la codificación del conocimiento como un conjunto de reglas y la creación de un motor de inferencia que puede tomar una descripción del estado de las cosas y derivar algunas conclusiones. De modo general, supone codificar una colección de reglas del tipo «si la temperatura es inferior a 18 grados, ponte un abrigo», y relaciones como «un plumas es un tipo de abrigo». Combinando un gran número de reglas y relaciones de este tipo, los sistemas expertos pueden reflejar los conocimientos altamente complejos de un experto humano en un campo específico y actuar como un asistente automático. A mediados de la década de 1980 ya existía toda una industria de empresas dedicadas a suministrar tecnología para ejecutar sistemas expertos. Estos gigantes del software utilizaban lenguajes de programación como Lisp para codificar los conocimientos, y empleaban máquinas especializadas para poder procesar las reglas, como el Symbolics 3600 o el Lambda 3x3.

Uno de estos sistemas de los años 80 era el XCON (el eXpert CONfigurer), construido para el fabricante de hardware Digital Equipment Corporation (DEC). La misión del XCON consistía en ayudar a realizar los pedidos de ordenadores DEC. Las entradas del sistema eran los requisitos del cliente y las salidas eran los componentes hardware necesarios para construir el producto. XCON se programó basándose en los conocimientos de los especialistas de DEC y tenía unas 2.500 reglas. Acabó ahorrando hasta 25 millones de dólares al año porque procesaba los pedidos con un mayor nivel de precisión que los técnicos humanos (en concreto, entre el 95 % y el 98 %), reduciendo así el número de componentes adicionales que DEC tenía que enviar tras una configuración errónea de un trabajador.

Con los sistemas expertos, la IA volvía a estar en auge y tuvo un éxito relativo para diversas aplicaciones como el diagnóstico de fallos de sistemas industriales, la evaluación de riesgos, la planificación de acciones de vehículos autónomos, el mando de procesos en tiempo real, el control de misiones de un transbordador espacial o el diagnóstico médico, entre otras. Sin embargo, una vez más, la exageración se apoderó del sector. Se hicieron grandes afirmaciones y, aunque se construyó mucho software útil que se utilizó de forma efectiva en los sectores privado y público, de nuevo las expectativas se situaron demasiado altas. El resultado fue, otra vez, la caída de la industria y la desaparición de varias empresas del sector. La IA volvió a estar en crisis, y entonces se inauguró el ***segundo invierno de la inteligencia artificial***.

Ante esta nueva crisis, los investigadores de la disciplina idearon una estrategia de supervivencia diferente. En lugar de declarar que se dedicaban a la IA, se centraron en hablar del subcampo específico en el que trabajaban. De este modo, a partir de la década de 1990 surgieron toda una serie de ramas diferentes, como los sistemas multiagente, la gestión del conocimiento, la gestión de reglas empresariales, el aprendizaje automático (el señalado *machine learning*), la planificación y otros más. Estas subdisciplinas van a seguir intentando construir máquinas con el objetivo de resolver los problemas de una manera mejor, pero sin insistir en el rasgo de inteligencia. Incluso los investigadores que se centraban directamente en la tarea más difícil de todas, la de utilizar ordenadores para entender o recrear el comportamiento humano, bautizaron su campo como «computación cognitiva» o «ciencias cognitivas», en lugar de llamarlo investigación «en inteligencia artificial». Con esta operación de *restyling* van a conseguir nueva financiación y dejar atrás los prejuicios asociados al término IA.

A este **nuevo progreso** hay que sumar las relevantes mejoras en el hardware de los ordenadores comenzando con la generalización del ordenador personal (el PC), que han facilitado la progresiva aplicación de modelos matemáticos intensivos, con especial relevancia de los métodos de la teoría de la probabilidad y la decisión como son las redes bayesianas, la modelización estocástica, la optimización clásica y otros como los algoritmos genéticos y las redes neuronales. Dichos modelos matemáticos son la base de un sinfín de aplicaciones actuales como la traducción automática, el reconocimiento de voz, los sistemas de recomendación o clasificación crediticia, el coloreado de películas en blanco y negro, los vehículos autónomos, la creación por software de obras plásticas o musicales, el diagnóstico médico, los videojuegos, los metaversos, las aspiradoras autónomas, el hogar inteligente, la robótica, la fabricación inteligente, etc.

Por último, la evolución de estos métodos y la disponibilidad de grandes cantidades de datos y potencia de procesamiento **han allanado el camino a técnicas de aprendizaje automático que apenas eran viables anteriormente**. La idea básica subyacente consiste en alimentar un sistema con grandes cantidades de datos para que, con algún algoritmo, normalmente basado en métodos estadísticos, pueda derivar («aprender») algunos patrones sobre los datos. Una vez identificados estos patrones, es posible hacer una predicción o tomar una decisión con nuevos datos. Ejemplos de estos sistemas son los perfiles de los usuarios que las grandes empresas van construyendo mientras navegamos por la Web, de manera que es posible predecir qué información debe ser mostrada, fundamentalmente en forma de anuncios o de contenidos digitales afines.

Desde finales de la década de 2000 hasta ahora, el entusiasmo por la IA parece haber alcanzado un punto álgido, pero la historia nos demuestra que deberá atemperarse una vez más, dadas las cuestiones técnicas aún no resueltas. Pero la conjunción de la inteligencia artificial con la robótica, el Internet de las cosas (IoT), el *big data*, la computación en la nube y las tecnologías de registro distribuido a las que pertenece *blockchain*, hace que el panorama sea distinto. A mi juicio, podemos atisbar una etapa de crecimiento a largo plazo de la IA, y ésta se ha convertido ya en una necesidad permanente. La IA está dejando de ser una aplicación novedosa que se introduce puntualmente en algunos productos más avanzados (o *smart*). En su lugar, **es uno de los pilares fundamentales estructurales de todas las tecnologías que hacen posible el mundo digital**. El ejemplo de los *smartphones* es muy representativo, dado que ya incorpora de serie hardware dedicado para procesar las operaciones de IA. Si se desconectaran estos componentes, no podríamos ni siquiera desbloquear los terminales (al imposibilitar el reconocimiento dactilar o facial).

A todo lo anterior debemos sumar un hito reciente, el de la democratización tecnológica de la inteligencia artificial. Hasta noviembre de 2015, era bastante costoso y caro acceder a estas herramientas. Sin embargo, ese mes Google publicó Tensor Flow como herramienta de código abierto. Tensor Flow es la plataforma de este gigante tecnológico para crear aplicaciones de aprendizaje automático. Desde entonces, el espacio de código abierto de herramientas de IA se ha disparado. Hoy tenemos un nivel de acceso sin precedentes a servicios sofisticados de aprendizaje automático a través de interfaces de programación de aplicaciones simplificadas (las API). Amazon, Microsoft, Google, Facebook/Meta, OpenAI, IBM y muchos otros colosos tecnológicos ofrecen acceso a sus herramientas, permitiendo a las organizaciones y *startups* cargar datos, entrenar modelos y desplegar soluciones dentro de sus propias aplicaciones y sistemas.

A la postre, la amplia disponibilidad de estas tecnologías de IA como soluciones en la nube no sólo rebaja el nivel de conocimientos necesarios para implementar una aplicación basada en inteligencia artificial, sino que también reduce el tiempo que se tarda en pasar de la idea al prototipo, y posteriormente al despliegue a nivel de producción.

3. *Concepto*

El término inteligencia *artificial* implica una distinción con respecto a la inteligencia *natural*, la propia de los seres humanos, y se refiere a que el origen de la inteligencia es el resultado de un esfuerzo informático intencionado, en lugar de la inteligencia de una persona.

Como hemos expuesto en la evolución histórica, principalmente existen **dos enfoques básicos** para la IA:

a) La **IA basada en el conocimiento** (*knowledge-based AI*), que trabaja con una representación simbólica explícita del conocimiento. En esta dirección, sus tecnologías utilizan un conocimiento extraído a partir de expertos humanos o documentos y lo representan de manera explícita y formal (por medio de ontologías, bases de conocimiento, modelos conceptuales...), de manera que se crea un algoritmo para razonar e inferir soluciones a problemas o consultas en un ámbito particular. Un ejemplo típico de este enfoque son los indicados sistemas expertos basados en reglas de los años 80 del siglo pasado.

b) La **IA basada en datos** (*data-driven AI*), más conocida como aprendizaje automático (el *machine learning*), se centra en el aprendizaje a partir de ejemplos o de la experiencia en el uso del sistema. Los datos observados representan información incompleta sobre los acontecimientos, y los algoritmos de aprendizaje tratan de generalizar esa información para hacer predicciones sobre los sucesos conocidos. No existe una representación explícita del conocimiento como en la dirección anterior. No utilizan causalidad, sino probabilidad. Sólo recientemente han sido viables porque requieren enormes cantidades de datos y recursos informáticos para ser eficaces, lo cual ha sido posible gracias a Internet y a la computación en la nube. Y es que el auge del *big data* está ligado al desarrollo actual del aprendizaje automático.

Cada enfoque tiene sus propias ventajas y limitaciones. El aprendizaje automático es bastante apropiado en operaciones que requieren la identificación de patrones, como sucede en la visión artificial, reconocimiento del habla, robótica o detección de virus, entre otras. La IA basada en el conocimiento sigue siendo útil para tareas en campos específicos en los que el conocimiento y el razonamiento pueden estar bien sistematizados, como la resolución de problemas por parte de expertos (así, son los empleados por las bases de datos de jurisprudencia y legislación). No obstante, en la práctica muchos sistemas inteligentes suelen utilizar diversos componentes provenientes de ambos enfoques, lo que se conoce como sistemas multiagente (los *multi-agent systems* o MAS).

Por tanto, podemos comparar la IA a los elementos químicos sintéticos de la tabla periódica. Como es sabido, los elementos sintéticos son aquellos que han sido creados artificialmente. En consecuencia, no vamos a encontrar en la naturaleza el laurencio o el californio. Sin embargo, lo importante, tanto para estos elementos químicos sintéticos como para la IA, es que una vez creados no son ni más ni menos reales que los elementos (o la inteligencia) que se pueden encontrar en la naturaleza. En otras palabras, lo artificial se refiere al proceso de llegar a la inteligencia, no al resultado final.

Los ordenadores pueden realizar cálculos de modo mucho más rápido y exacto que los humanos, pero algunas tareas sencillas para nosotros, como reconocer una cara, comprender un chiste o caminar con dos piernas, han sido muy difíciles de llevar a cabo por las máquinas. Hoy en día se han cosechado avances en muchas de estas tareas, pero aún está lejos el día en el que una máquina esté en condiciones de realizarlas todas sin problemas como nosotros. La IA ha evolucionado hasta crear máquinas que pueden ganar el campeonato del mundo de ajedrez o del juego milenario go, pero no son capaces de hacer tan bien todas las demás tareas que los humanos realizamos a diario. Es decir, la IA puede tener éxito para objetivos muy especializados, pero no para todos al mismo tiempo. Tener esta capacidad de lidiar con el mundo real como lo hacen los seres humanos es lo que se denomina inteligencia artificial general (IAG), que es el objetivo declarado de esta disciplina científica pero aún no se ha logrado.

A la hora de **definir** la inteligencia artificial, no existe una definición aceptada de forma unánime o mayoritaria. Ello es consecuencia de su historia turbulenta, en la que, como quedó expuesto en el epígrafe anterior, se sucedieron épocas de auge y de recesión. Como sabemos, entre los años 90 y 2000 el término no estaba muy bien considerado en la academia. La situación cambió a raíz de la generalización de la subdisciplina del aprendizaje automático (el *machine learning*) y la necesidad de construir objetos inteligentes o *smart*.

En síntesis, la «inteligencia artificial» es ***un* tipo de software** (que puede ser integrado en un robot o en una máquina más sencilla) que es, hasta cierto punto, inteligente. El Diccionario de la RAE la define del siguiente modo:

> *"Disciplina científica que se ocupa de crear programas informáticos que ejecutan operaciones comparables a las que realiza la mente humana, como el aprendizaje o el razonamiento lógico".*

A mi juicio, no es tan importante la distinción entre los robots (o máquinas inteligentes) y los sistemas de inteligencia artificial. A medida que avanza la innovación, la diferenciación entre estos dos tipos de tecnologías puede ser mucho menos importante para el Derecho de lo que parece en la actualidad. Todavía no conocemos si los límites entre estas dos tecnologías se desdibujarán cada vez más o, por el contrario, se separarán gradualmente. Como hemos desarrollado detenidamente en el libro "*Derecho de los Robots*" (Editorial Wolters Kluwer, 2.ª ed.), no existirá una distinción útil entre ambos tipos de ingenios, que se fundirán en una única categoría (los robots inteligentes). Así ha sucedido en el Derecho de Internet con la propia red telefónica e Internet, donde hoy la telefonía se ha transformado en la VozIP, que es un servicio más de Internet (como el correo electrónico, el intercambio de archivos P2P o los metaversos) y que nuestro operador de telecomunicaciones nos entrega en el *router*, junto con el acceso a la Red de redes.

Una forma de comprender la IA es compararla con el software tradicional. Por ejemplo, prácticamente todos los operadores jurídicos escribimos textos mediante un programa informático de tratamiento de textos, como Microsoft Word, OpenOffice o Google Docs. Para comenzar se debe seleccionar la opción de crear un nuevo archivo, luego se escribe el texto, se va formateando con su encabezado y pie de página, negritas, cuadros de texto, etc. Por último, es preciso guardar el documento confeccionado en el archivo deseado. De este modo, es el usuario el que determina las acciones y el software tradicional ejecuta, en consecuencia, las rutinas y los procedimientos necesarios en cada opción del programa de tratamiento de textos.

Por el contrario, en un sistema de IA es el *propio* software quien toma todas las decisiones en lugar del usuario. La IA es quien confeccionaría todo el documento sin intervención de la persona. Así ya sucede en los sistemas automáticos de recomendación de contenidos presentes en la mayoría de las plataformas digitales. Sus programas han analizado los contenidos de la plataforma, han elaborado un perfil de cada usuario (que incluye sus gustos, hábitos y nivel de renta) y por ello son capaces de proporcionar directamente un contenido de interés. Así ocurre también en herramientas tipo ChatGPT y sus competidores.

De este modo, aquí encontramos el rasgo distintivo entre un software tradicional y un software que utiliza IA: *quien* decide. En el software tradicional decide el usuario, pero en el software que utiliza IA lo hace directamente el programa informático. Este software inteligente es quien, de forma directa y automática, adopta la decisión para actuar. Tomar decisiones implica la capacidad de razonar. Y como el software que utiliza IA toma decisiones, puede fallar igualmente. Por lo tanto, un programa de IA tiene que gestionar la realización de acciones con éxito, pero también hacer frente a los fallos. Por eso, y para mejorar su rendimiento, los programas informáticos que utilizan IA aprenden de sus fracasos y de sus éxitos. A la postre, podemos concluir que el razonamiento y el aprendizaje son características distintivas de la IA.

En este sentido, **la IA intenta emular algunas capacidades de los humanos que van más allá del procesamiento de tareas repetitivas** (por ejemplo, los cálculos). Se trata, por lo general, de la capacidad de reconocer patrones que describen objetos, situaciones o emociones, y de encaminar sus acciones hacia algún objetivo (que puede describirse como un patrón deseado). El reconocimiento de patrones es, por tanto, una capacidad fundamental de la IA, y puede aplicarse a diferentes fines: imágenes, sonido, voz, vídeo, texto, minería de datos, virus informáticos, ciberataques, mensajes

SPAM, etc. De hecho, los recientes avances con técnicas de aprendizaje automático para el reconocimiento de patrones logrados por los grandes gigantes tecnológicos como Microsoft, Google, Amazon o Facebook han contribuido en gran medida a las expectativas que la IA ha generado en la actualidad.

A largo plazo, la IA pretende dotar a las máquinas de capacidades más avanzadas, como la creatividad y la inteligencia interpersonal. De momento, aunque es posible hacer que un sistema inteligente funcione muy bien en un aspecto, **la IA está todavía lejos de emular la capacidad de los seres humanos de moverse por el mundo, interactuar de muchas maneras diferentes con distintos tipos de personas, animales y objetos, definir nuevas metas y preguntarse por el sentido de la vida**. En esta dirección, la distinción que cuenta con más consenso diferencia entre IA débil e IA fuerte:

a) La **IA «débil»**, que es la actualmente disponible, tiene la capacidad de resolver problemas específicos, normalmente mejor que los humanos. Al igual que los sistemas expertos de principios de los años 80, con sus miles de reglas, el objetivo de estos sistemas de IA débil es resolver problemas delimitados. Lo que difiere de los años 80 es que ahora contamos con la potencia de cálculo, los datos y las técnicas pertinentes para construir sistemas que puedan resolver problemas sin que sea preciso articular explícitamente todas las reglas.
b) La **IA «fuerte»,** también conocida como inteligencia artificial «general» (IAG), significa que la IA puede conseguir la capacidad de realizar cualquier objetivo al menos tan bien como lo hacen los humanos. Del mismo modo que las personas, puede examinar una situación y hacer el mejor uso de los recursos a su alcance para lograr sus objetivos. Ahora bien, por el momento no existe. Una IA fuerte igualaría o excedería la inteligencia humana, y se define como la capacidad de *«razonar, representar el conocimiento, planificar, aprender, comunicarse en lenguaje natural e integrar todas estas habilidades hacia un objetivo común»*. Para lograr un estatus de IA fuerte, un sistema tiene que ser capaz de llevar a cabo estas habilidades. Si surgirá o no una IA fuerte es algo muy discutido en la comunidad científica y cuyo examen pormenorizado excede los contornos de este capítulo.

4. *Algunos claroscuros*

Las organizaciones emplean sistemas de IA para adoptar decisiones de contratación, despido y promoción profesional. Los bancos evalúan la elegibilidad de los prestatarios y el riesgo crediticio mediante algoritmos. Las redes sociales, en buena parte, descansan en ellos para moderar y organizar sus contenidos. Los algoritmos de recomendación nos empujan hacia noticias, informaciones, productos y entretenimiento.

Ahora bien, el grado de decisión autónoma del software es variable: algunas decisiones están totalmente automatizadas, mientras que otras están ayudadas por la tecnología. Esta distinción la encontramos también en nuestro Derecho: mientras que el artículo 41 de la Ley 40/2015, de 1 de octubre, de Régimen Jurídico del Sector Público permite incluso automatizar por entero todo un procedimiento administrativo incluyendo la resolución final, la futura Ley de Medidas de Eficiencia Digital del Servicio Público de Justicia lo limita a un borrador total o parcial de documento complejo que *«puede constituir fundamento o apoyo de una resolución judicial o procesal»* (art. 57.1 Proyecto de Ley).

Con todo, los investigadores han demostrado que estos sistemas de IA son **arriesgados**. En otro trabajo me he ocupado también de los «absurdos algorítmicos». Dado que los sistemas de IA basados en aprendizaje automático realizan predicciones probabilísticas sobre el futuro, estos programas pueden cometer errores sobre las situaciones ambiguas que intentan predecir. Del mismo modo, las probabilidades son necesariamente generalizadas y los casos excepcionales son sistemáticamente ignorados. Los estudios también han demostrado que las capacidades de predicción de la IA pueden ser exageradas. La opacidad de la IA hace que los sistemas algorítmicos sean difíciles de auditar y responsabilizar. Los sistemas de IA también incentivan la vigilancia y la recopilación desmesurada de datos porque necesitan grandes conjuntos de información para el entrenamiento y el funcionamiento de los modelos. Esto auspicia prácticas que invaden la intimidad y erosionan las normas de protección de datos. Por último, los sistemas de IA tienen sesgos. Operan sobre la base del *corpus* de datos en el que han sido programados y, por lo tanto, los datos que están sesgados en origen, por ejemplo, según la raza, la nacionalidad, el sexo o las brechas socioeconómicas, conducirán a resultados discriminatorios en las decisiones de la IA.

Por eso, la doctrina en todos los sistemas jurídicos nos venimos ocupando de juridificar la IA y establecer garantías en sus herramientas, especialmente cuando atentan o menoscaban los derechos fundamentales. Se han apuntado así la transparencia en el uso de estos sistemas, las evaluaciones de impacto, las declaraciones de conformidad, los sistemas de auditoría y supervisión pública externa, la determinación *ex lege* de usos prohibidos y de instrumentos frente a la discriminación algorítmica, la implantación de mecanismos de explicabilidad de las decisiones, la accesibilidad del código fuente, los entornos controlados de pruebas o *sandboxes*, el control humano (*human-in-the-loop*), la instauración de procedimientos de impugnación y revisión de las decisiones, entre otras salvaguardas.

Buena parte de estas garantías están recogidas en la todavía Propuesta de Reglamento del Parlamento Europeo y del Consejo por el que se establecen normas armonizadas en materia de inteligencia artificial (Reglamento de inteligencia artificial o *Artificial Intelligence Act*, RIA) y se modifican determinados actos legislativos de la Unión, que veremos seguidamente.

III. INTELIGENCIA ARTIFICAL: REGULACIÓN JURÍDICA

1. *El Reglamento europeo de inteligencia artificial*

El RIA contempla el establecimiento de un **marco regulatorio horizontal** –es decir, no limitado a sectores concretos–, y pretende dar una respuesta proporcional al riesgo generado por los sistemas de IA. Propone así técnicas y garantías para intentar evitar que los sistemas de IA produzcan efectos dañosos, por lo que su objetivo es preventivo, no correctivo. De este modo, se limita a regular aquellos sistemas que generan riesgos relevantes, sin establecer normas vinculantes para el resto, respecto de los que trata de favorecer la adopción de códigos de conducta, como ya adelantó el Libro Blanco que sirvió de base a su redacción y presentado el 19 de febrero de 2020.

El RIA ha supuesto **la primera regulación jurídica de la IA de carácter global**, y es directamente aplicable en todos los Estados miembros de la Unión Europea (UE) sin necesidad de normas de transposición, como sí requieren en cambio las directivas. Al mismo tiempo, aspira a tener una eficacia universal, como ya ha sucedido con el Reglamento General de Protección de Datos (RGPD). Es decir, más allá de la UE, pues la norma se aplica a sistemas IA que funcionan como componentes de productos o que son productos en sí mismos que se pretenden comercializar o poner en servicio en el mercado de la UE.

Del mismo modo, esta norma pretende desarrollar un ecosistema de confianza mediante el establecimiento de un marco jurídico destinado a lograr que la IA sea fiable y respete el Derecho. El Reglamento se basa en los **valores y derechos fundamentales de la Unión Europea** y tiene por objeto inspirar confianza a los ciudadanos y otros usuarios para que adopten soluciones basadas en la IA, al tiempo que se trata de animar a las empresas a que desarrollen este tipo de soluciones. La IA debe ser un instrumento para las personas y una fuerza positiva en la sociedad, y su fin último debe ser incrementar el bienestar humano.

El RIA afirma en su Preámbulo que el uso de la inteligencia artificial con sus características peculiares (por ejemplo, opacidad, complejidad, dependencia de datos, comportamiento autónomo) puede tener repercusiones negativas para múltiples derechos fundamentales consagrados en la Carta de los Derechos Fundamentales de la Unión Europea. Y esta norma del Derecho de la Unión garantiza un elevado nivel de protección para dichos derechos fundamentales, así como hace frente a diversas fuentes de riesgo.

Con esta finalidad, el RIA impone exigencias y obligaciones que afectan a todos los que operen la inteligencia artificial, para la protección de los derechos salvaguardados por la Carta europea; en especial: el derecho a la dignidad humana (artículo 1), el respeto de la vida privada y familiar y la protección de datos de carácter personal (artículos 7 y 8), la no discriminación (artículo 21) y la igualdad entre hombres y mujeres (artículo 23). Su objetivo es evitar un efecto paralizante sobre los derechos a la libertad de expresión (artículo 11) y de reunión (artículo 12), garantizar el derecho a la tutela judicial efectiva y a un juez imparcial, la presunción de inocencia y los derechos de la defensa (artículos 47 y 48), así como el principio general de buena administración.

Asimismo, al ser aplicable en determinados ámbitos, la norma tiene efectos positivos sobre los derechos de diversos grupos, como los derechos de los trabajadores a unas condiciones de trabajo justas y equitativas (artículo 31), un elevado nivel de protección de los consumidores (artículo 28), los derechos del niño (artículo 24) y la integración de personas discapacitadas (artículo 26). El derecho a un nivel elevado de protección del medio ambiente y la mejora de su calidad (artículo 37) también es pertinente, en particular en lo que respecta a la salud y la seguridad de las personas.

Además, las obligaciones relativas a la realización de pruebas *ex ante*, la gestión de riesgos y la vigilancia humana facilitarán el respeto de otros derechos fundamentales, ya que contribuirán a **reducir al mínimo el riesgo de adoptar decisiones asistidas por IA erróneas o sesgadas** en esferas críticas como la educación y la formación, el empleo, la aplicación del Derecho y el poder judicial. En caso de que se sigan produciendo violaciones de los derechos fundamentales, la transparencia y trazabilidad garantizadas en los sistemas de IA, unidas a unos controles *ex post* sólidos, permiten ofrecer a las personas afectadas una compensación efectiva.

En la medida en que los sistemas de inteligencia artificial pueden afectar a los derechos fundamentales (igualdad, dignidad, intimidad...), debe llevarse a cabo una **evaluación del impacto** sobre los mismos. Esta evaluación ha de preceder a la implantación de cualquier sistema de inteligencia artificial. El control humano se refiere a la intervención de seres humanos durante el diseño del sistema y el seguimiento de su funcionamiento. Supone este mando humano la capacidad de supervisar el sistema, incluidas sus consecuencias jurídicas, económicas y éticas.

Por ello, **el RIA regula los sistemas de inteligencia artificial basándose en el riesgo y diferencia** los sistemas de inteligencia artificial separando los prohibidos (porque generan riesgos inadmisibles y contravienen los valores de la Unión, incluida la vulneración de los derechos fundamentales), distinguiéndolos de los de riesgo alto, limitado o mínimo:

a) Los ***sistemas prohibidos*** son los que eluden la voluntad de los usuarios, los que llevan a cabo el reconocimiento facial o identificación biométrica remota, en tiempo real, en espacios públicos (aunque establece excepciones por razones de seguridad terrorista o control de delitos o de protección de la infancia), y los sistemas que permiten la puntuación social por parte de las autoridades públicas.
b) Los **sistemas de *riesgo alto*** son los destinados a ser utilizados como componentes de seguridad de productos –incluyendo los productos sometidos a la legislación de armonización de salud y seguridad del Derecho de la Unión Europea (juguetes, productos sanitarios, vehículos...)–, o en sistemas independientes. Aquí se incluyen los empleados en infraestructuras críticas que pueden poner en peligro la vida o la salud de los ciudadanos (como transportes, suministro de agua, gas, calefacción y electricidad); los que llevan a cabo la selección de empleados, servicios públicos y privados esenciales, como la puntuación crediticia o la solvencia de personas físicas que pueden determinar el acceso de esas personas a los recursos financieros o servicios esenciales, la vivienda, la electricidad o los servicios de telecomunicaciones; los que pueden producir la discriminación de personas o grupos y perpetuar patrones históricos de discriminación, basados, por ejemplo, en orígenes raciales, discapacidad, edad, orientación sexual; la formación educativa o profesional que pueda determinar el acceso a la educación o a la carrera profesional, para evaluar a personas en pruebas; la aplicación del Derecho y la Ad-

ministración de Justicia, que pueden ser justos y discriminatorios o conducir a la vigilancia de la libertad de las personas o al derecho a un juicio justo o al derecho de defensa, etc.

c) Los **sistemas de *riesgo limitado*** son los que tienen básicamente disposiciones específicas de información y transparencia, por ejemplo, los robots de conversación (los *chatbots*), donde los usuarios deben ser conscientes de que están interactuando con una máquina para que puedan tomar la decisión de continuar o no. El RIA quiere asegurarse de que estas personas estén debidamente informadas de que tratan una IA.

d) Los **sistemas de *riesgo bajo o mínimo*** sólo requerirán obligaciones mínimas de información para su desarrollo y utilización en la Unión Europea.

Las últimas versiones de la Propuesta tienen en cuenta los **sistemas de «modelo fundacional»**, es decir, que se entrenan con datos a gran escala, se diseñan para una generalidad de resultados y pueden adaptarse a una amplia gama de tareas distintas (art. 3.1.c) RIA), como son ChatGPT, Bing Chat, Bard o LLaMA, y los «**sistemas de IA de uso general**», que pueden aplicarse y adaptarse a una amplia gama de aplicaciones para las que no fueron específicamente diseñados (art. 3.1.d) RIA).

Los sistemas de IA se pueden plasmar como un sistema de software independiente, o bien ser integrados en un producto físico (embebido), como sería por ejemplo un coche autónomo. Asimismo, se pueden utilizar para dar respuesta a una funcionalidad de un producto físico sin que esté integrado en él (no integrado), como un sistema de analítica de vídeo que detecta a un intruso en un sistema de videovigilancia. En fin, los sistemas de IA se pueden utilizar como un componente de IA de un sistema mayor. Si este sistema mayor es un sistema que no puede funcionar sin el componente de IA en cuestión, todo este sistema mayor debe considerarse como un solo sistema de IA en virtud de lo que establece el reglamento.

Se imponen obligaciones varias a los sistemas de inteligencia artificial de alto riesgo para vigilar sus efectos. Entre ellas, el establecimiento de un sistema de gestión de riesgos que funcione como proceso iterativo continuo a lo largo de todo el ciclo de vida del sistema de IA, así como la de someterse a un procedimiento de evaluación de conformidad que debe servir para que los proveedores redacten una declaración UE de conformidad. La certificación comprueba que se cumplen los requisitos exigidos. Un «marcado CE» indicará que el producto en cuestión cumple con todas las prescripciones de la legislación europea. En algunos supuestos se exige la valoración de conformidad certificada por un tercero (un organismo notificado), es decir entidades que son independientes a las empresas cuyos productos verifican. También es requisito registrar el sistema en la base de datos de la Unión Europea, lo que será garantía de que la inteligencia artificial de alto riesgo cumple con los requisitos jurídicos establecidos. Otra herramienta son las certificaciones, cuya regulación se contempla en el artículo 16 del Reglamento.

El deber de dar cumplimiento a estos requisitos, así como a todo un conjunto de obligaciones que especifica el Reglamento, se distribuye entre los **diversos sujetos implicados en la cadena de valor** del sistema de IA. Aunque de modo principal las obligaciones recaen sobre el proveedor del sistema –esto es, la persona que lo desarrolla (o para quien se haya desarrollado) con vistas a introducirlo en el mercado o ponerlo en servicio bajo su nombre o marca, de modo remunerado o gratuito–, son también destinarios de distintos deberes los fabricantes de productos que incorporen el sistema de IA, los distribuidores e importadores del sistema de IA, así como a los usuarios.

A los nuevos modelos fundacionales y sistemas de IA de uso general que, como el **ChatGPT**, suponen un desarrollo disruptivo y de rápida evolución en el campo de la IA, se les exigirá que garanticen una protección sólida de los derechos fundamentales, la salud, la seguridad, el medio ambiente, la democracia, el estado de derecho y los derechos que del él derivan. Para su despliegue, se tendrán que evaluar y mitigar los riesgos, cumplir con los requisitos de diseño, información y ambientales y registrarse en la base de datos de la UE. Del mismo modo, se han introducido obligaciones de forma escalonada en función del nivel de riesgo que representen. La mayor parte de las obligaciones recaerán sobre las empresas que integren estos sistemas en una aplicación que sea considerada de alto riesgo. Además, los modelos básicos generativos, como ChatGPT, tendrán que cumplir con requisitos de transparencia adicionales, como revelar que el contenido fue generado por IA, diseñar el modelo para evitar que genere contenido ilegal y publicar resúmenes de datos protegidos por derechos de autor utilizados para entrenar el sistema.

Esta regulación jurídica de la inteligencia artificial **deja a salvo todas las previsiones de la legislación de protección de datos**, que como sabemos tiene la consideración de derecho fundamental en la Carta de Derechos Fundamentales de la Unión Europea, el Tratado de Funcionamiento, el artículo 18.4 de la Constitución Española de 1978 y la normativa de desarrollo del Derecho de la Unión, especialmente en el Reglamento (UE)

2016/679 del Parlamento Europeo y del Consejo, de 27 de abril de 2016, relativo a la protección de las personas físicas en lo que respecta al tratamiento de datos personales y a la libre circulación de estos datos y por el que se deroga la Directiva 95/46/CE (RGPD) y en nuestra Ley Orgánica 3/2018, de 5 de diciembre, de Protección de Datos Personales y garantía de los derechos digitales (LOPDGDD).

2. *Las propuestas de directivas para regular la responsabilidad por daños de los sistemas de inteligencia artificial*

Mientras no exista una regulación europea que establezca un régimen de responsabilidad específico para el resarcimiento de los daños causados por los sistemas de IA, deberá acudirse a las **reglas generales de responsabilidad civil de cada uno de los Estados miembros**. Ello puede dar lugar a soluciones muy dispares, no solo por la diversidad de regulaciones sustantivas sino también por las dificultades que plantea en estos casos la prueba de algunos de los presupuestos de la responsabilidad civil.

Por eso, con fecha 28 de setiembre de 2022 la Comisión Europea publicó dos Propuestas de Directiva.

La primera propuesta, «Propuesta de Directiva del Parlamento Europeo y del Consejo relativa a la **adaptación de las normas de responsabilidad civil extracontractual** a la inteligencia artificial (Directiva sobre responsabilidad en materia de IA)», pretende facilitar la prueba de la culpa y de la relación de causalidad en el caso de daños causados por sistemas de inteligencia artificial que deban resolverse de acuerdo con las respectivas legislaciones nacionales de responsabilidad por culpa.

Esta primera directiva tiene por objeto establecer normas uniformes para facilitar el acceso a la información necesaria para probar los presupuestos de la responsabilidad extracontractual por culpa en los casos de daños causados por sistemas de inteligencia artificial y para facilitar la prueba, especialmente de la culpa y de la relación de causalidad, mediante el uso de presunciones y de otros elementos de facilitación probatoria (art. 1.1, letras a) y b), PD-RIA). Esta Propuesta, en cambio, no altera las reglas nacionales de la distribución de la carga de la prueba ni del estándar probatorio. Dado que las reglas que establece se vinculan a numerosas disposiciones del RIA, resulta imprescindible para su tramitación que se apruebe previamente dicho reglamento.

En concreto, esta directiva proyectada establece normas comunes relativas a la exhibición de pruebas relativas a sistemas de IA de alto riesgo con la finalidad de permitir a los demandantes fundamentar sus demandas de responsabilidad civil extracontractual subjetiva por daños y perjuicios. También fija las normas comunes para la carga de la prueba en estos casos de responsabilidad subjetiva interpuestas ante los tribunales nacionales por daños y perjuicios causados por sistemas de IA. Es importante subrayar que se centra en los usos IA de alto riesgo, de ahí su forzosa aplicación conjunta con el nuevo RIA. La presunción refutable de relación de causalidad en caso de culpa se establece en el artículo 4, en el que se presume el nexo causal entre la culpa del demandado y los resultados producidos por el sistema de inteligencia artificial, pero deberán de cumplirse una serie de condiciones que se listan: demostración de la existencia de culpa en el demandado o de una persona de cuyo comportamiento sea responsable aquel, consistente en el incumplimiento de un deber de diligencia debido; que se pueda considerar razonablemente probable que la culpa ha influido en los resultados producidos por el sistema de inteligencia artificial; y que el demandante demuestre que la información de salida producida por el sistema de inteligencia artificial o la no producción de una información de salida ha causado los daños.

La segunda, «Propuesta de Directiva del Parlamento Europeo y del Consejo sobre **responsabilidad por los daños causados por productos defectuosos**», tiene por objeto sustituir la vigente Directiva 85/374/CEE del Consejo, de 25 de julio de 1985, relativa a la aproximación de las disposiciones legales, reglamentarias y administrativas de los Estados Miembros en materia de responsabilidad por los daños causados por productos defectuosos, por una regulación adaptada a las nuevas necesidades de la IA y, de paso, de la economía circular.

De este modo, esta segunda directiva va más allá del contenido de la Directiva 85/374/CEE para comprender tanto las peculiaridades de los productos que incorporan sistemas de IA, como las de la llamada economía circular, que pretende limitar el consumo de usar y tirar, y aprovechar los recursos para reciclar y reutilizar todo aquello que ahora se desecha, para dar así una segunda vida a los productos. Aunque también incluye aspectos procesales de facilitación de la prueba del defecto y de la relación de causalidad, no se limita a reglar dichos aspectos, sino que establece un Derecho sustantivo propio para toda la UE, que tiene por objeto sustituir por entero a la Directiva 85/374/CEE vigente.

3. Derecho español

En España, la **Ley 15/2022, de 12 de julio, integral para la igualdad de trato y la no discriminación**, contiene la primera regulación positiva del uso de la inteligencia artificial por las administraciones públicas y las empresas en nuestro país. Lo hace con el objetivo de prevenir, eliminar y corregir toda forma de discriminación, directa o indirecta, en los sectores público y privado (art. 1.1), dado que esta ley «*tiene la vocación de convertirse en el mínimo común normativo que contenga las definiciones fundamentales del derecho antidiscriminatorio español y, al mismo tiempo, albergue sus garantías básicas*», tal y como explicita su Exposición de Motivos.

Concretamente, la Ley regula en su artículo 23 la inteligencia artificial y mecanismos de toma de decisión automatizados, señalando en primer lugar que «[e]*n el marco de la Estrategia Nacional de Inteligencia Artificial, de la Carta de Derechos Digitales y de las iniciativas europeas en torno a la Inteligencia Artificial, las administraciones públicas favorecerán la puesta en marcha de mecanismos para que los algoritmos involucrados en la toma de decisiones que se utilicen en las administraciones públicas tengan en cuenta criterios de minimización de sesgos, transparencia y rendición de cuentas, siempre que sea factible técnicamente*».

En estos mecanismos, añade el apartado 1 del precepto, «*se incluirán su diseño y datos de entrenamiento, y abordarán su potencial impacto discriminatorio*». Para lograr este fin, «*se promoverá la realización de evaluaciones de impacto que determinen el posible sesgo discriminatorio*». El apartado 2 prevé que las administraciones públicas priorizarán la transparencia en el diseño y la implementación y la capacidad de interpretación de las decisiones adoptadas por los algoritmos. En el apartado 3, la Ley establece que las administraciones públicas y las empresas promoverán «*el uso de una Inteligencia Artificial ética, confiable y respetuosa con los derechos fundamentales, siguiendo especialmente las recomendaciones de la Unión Europea en este sentido*». Por último, el apartado 4 del artículo 23 concluye fomentando un sello de calidad de los algoritmos.

A mi juicio, la Ley podría haber introducido garantías más ambiciosas, como es el derecho a recurrir la decisión automática ante un operador humano. Con todo, constituye la **primera norma jurídica que en nuestro ordenamiento señala cómo el sector público y privado deberán diseñar e implantar los algoritmos utilizados en esa toma de decisiones**. Y va más allá de la tímida garantía que ofrece el artículo 22 del Reglamento General de Protección de Datos (RGPD), que nació en 2016 ya obsoleto a la hora de encajar la IA.

Este precepto del RGPD impone restricciones a las entidades que emplean algoritmos sin intervención humana para tomar decisiones que tienen efectos significativos sobre las personas, pero únicamente cubre la utilización de datos personales. Las organizaciones pueden proceder siempre que adopten «*medidas adecuadas para salvaguardar los derechos y libertades y los intereses legítimos del interesado*», que podrán incluir, al menos, «*el derecho a obtener intervención humana por parte del responsable, a expresar su punto de vista y a impugnar la decisión*». Otras disposiciones del RGPD también afectan a los sistemas de toma de decisiones algorítmicas. Aunque no podemos analizarlas ahora, todas ellas plantean un denominador común: se basan únicamente en mecanismos procesales para proteger los derechos individuales, pero desconocen las precitadas garantías y límites específicos para esta tecnología, primero desarrolladas por la doctrina y luego positivizadas en buena medida por el RIA.

4. *El entorno controlado de pruebas (sandbox) español para el ensayo de sistemas de inteligencia artificial*

El marco sustantivo regulador general de España se completa con el **Real Decreto 817/2023, de 8 de noviembre, que establece un entorno controlado de pruebas para el ensayo del cumplimiento de la propuesta de Reglamento del Parlamento Europeo y del Consejo por el que se establecen normas armonizadas en materia de inteligencia artificial**.

El objeto de esta norma reguladora del ***sandbox*** **español de IA** es doble: por una parte, establece un entorno controlado de pruebas (o *sandbox* por su denominación habitual en inglés) para ensayar el cumplimiento de ciertos requisitos por parte de algunos sistemas de inteligencia artificial que puedan suponer riesgos para la seguridad, la salud y los derechos fundamentales de las personas; por otra, regula el procedimiento de selección de los sistemas y entidades que participarán en dicho entorno controlado de pruebas.

En virtud de la norma, **España se anticipa a la entrada en vigor del RIA**: el Gobierno de España, con la colaboración de la Comisión Europea, ha puesto en marcha el primer entorno controlado de pruebas para comprobar la forma de implementar los requisitos aplicables a los sistemas de inteligencia artificial de alto riesgo del futuro RIA. Como explica el preámbulo de la norma, esta iniciativa, inspirada por la Carta de Derechos Digitales de España, pretende dar una forma concreta y práctica al compromiso español de «*establecer un marco ético y normativo que refuerce la protección de los* *derechos individuales y colectivos*», al avanzar la hoja de ruta establecida por dicha Carta para guiar la transformación digital humanista de España.

El Real Decreto 817/2023 es de **aplicación** tanto a las administraciones públicas y entidades del sector público institucional, como a entidades privadas seleccionadas para participar en el entorno controlado de pruebas. La participación en el *sandbox* está abierta a aquellos proveedores IA y usuarios residentes en España, o que tengan un establecimiento permanente en España, o bien sean parte de una agrupación de entidades donde el representante de la agrupación o apoderado único, siendo integrante de ésta, sea la entidad solicitante y cuyo domicilio o establecimiento principal se encuentre necesariamente en territorio español a los efectos del artículo 9 del texto refundido de la Ley de Sociedades de Capital, aprobado por Real Decreto Legislativo 1/2010, de 2 de julio.

Podrán **acceder** este entorno, en calidad de usuario participante, las personas jurídicas privadas y administraciones públicas y entidades del sector público institucional que hagan uso de un sistema de inteligencia artificial de alto riesgo, sistemas de propósito general o modelos fundacionales, conforme se definen en el artículo 3, siempre que el correspondiente proveedor IA acceda conjuntamente al entorno con el usuario participante. El proveedor IA solicitante presentará su solicitud de participación con uno o varios sistemas de IA y podrá presentar una o varias propuestas de sistema de inteligencia artificial de alto riesgo, de propósito general o modelo fundacional.

Los proveedores y los usuarios participantes en el entorno controlado de pruebas **deberán asimismo cumplir** con lo previsto en el RGPD, en la LOPDGDD y, en lo que resulte de aplicación, en la Ley Orgánica 7/2021, de 26 mayo, de protección de datos personales tratados para fines de prevención, detección, investigación y enjuiciamiento de infracciones penales y de ejecución de sanciones penales, así como en el resto de la normativa sectorial aplicable, debiendo quedar todos los datos personales que se traten en los sistemas privados de los proveedores participantes o, en su caso, de los usuarios participantes según corresponda para comprobar los requisitos incluidos bajo dicha protección. Ello sin perjuicio de que alguno de los sistemas de alto riesgo indicados en el anexo II del real decreto que puedan participar en el entorno controlado de pruebas deban tener un análisis previo de la licitud del tratamiento (art. 16.1).

De este modo, el *sandbox* pretende **generar directrices de buenas prácticas y guías que preparen y sensibilicen a las empresas,** especialmente a pymes y *startups*, para facilitar el cumplimiento del RIA. Para ello, este piloto estudiará la operatividad de los requisitos del futuro reglamento europeo, así como las evaluaciones de conformidad o las actividades posteriores a la comercialización. Así, se documentarán tanto las obligaciones que deben cumplir los proveedores de sistemas de IA y el modo de implementarlas, como el método de control y seguimiento adecuado para las autoridades nacionales de supervisión. En suma, por medio de este instrumento se pretende estudiar la operatividad de los requisitos que se establezcan en el RIA, así como el hecho de proceder a llevar a cabo las evaluaciones de conformidad y las actividades posteriores a la comercialización. De manera complementaria, este entorno de pruebas posibilita además la cooperación entre los usuarios, las administraciones públicas y los proveedores de IA.

5. La Agencia Española de Supervisión de la Inteligencia Artificial (AESIA)

En este marco del Derecho digital europeo, la creación de la Agencia Española de Supervisión de la Inteligencia Artificial (AESIA) se proyecta como una de las medidas destinadas a afrontar los desafíos de una tecnología que se está desarrollando con gran rapidez en todo el mundo y que presenta indudables beneficios pero también importantes riesgos derivados de un mal uso de la misma. De ahí la supervisión pública que instituye el RIA, y que en España se llevará a cabo por medio de esta Agencia.

La disposición adicional séptima de la **Ley 28/2022, de 21 de diciembre, de fomento del ecosistema de las empresas emergentes**, ha creado en nuestro ordenamiento jurídico la misma, al establecer lo siguiente:

> *«Uno. De acuerdo con lo previsto en el artículo 91 de la Ley 40/2015, de 1 de octubre, de Régimen Jurídico del Sector Público, se autoriza la creación de la Agencia Española de Supervisión de Inteligencia Artificial, como organismo público con personalidad jurídica pública, patrimonio propio, plena capacidad de obrar y potestades administrativa, inspectora y sancionadora que se le atribuyan en aplicación de la normativa nacional y europea en relación con el uso seguro y confiable de los sistemas de inteligencia artificial.*
>
> *Dos. La actuación de la Agencia responderá a los siguientes fines:*
>
> *a) La concienciación, divulgación y promoción de la formación, y del desarrollo y uso responsable, sostenible y confiable de la inteligencia artificial.*
>
> *b) La definición de mecanismos de asesoramiento y atención a la sociedad y a otros actores relacionados con el desarrollo y uso de la inteligencia artificial.*
>
> *c) La colaboración y coordinación con otras autoridades, nacionales y supranacionales, de supervisión de inteligencia artificial.*
>
> *d) El fomento de entornos reales de prueba de los sistemas de inteligencia artificial, para reforzar la protección de los usuarios.*

> *e) La supervisión de la puesta en marcha, uso o comercialización de sistemas que incluyan inteligencia artificial y, especialmente, aquellos que puedan suponer riesgos significativos para la salud, seguridad y los derechos fundamentales.*
>
> *Tres. La Agencia estará adscrita a la Secretaría de Estado de Digitalización e Inteligencia Artificial del Ministerio de Asuntos Económicos y Transformación Digital. Se regirá por lo establecido en su estatuto orgánico y por lo dispuesto en la Ley 40/2015, de 1 de octubre, de Régimen Jurídico del Sector Público.*
>
> *Cuatro. La asistencia jurídica, consistente en el asesoramiento y la representación y defensa en juicio de la Agencia, corresponderá a los Abogados del Estado integrados en el Servicio Jurídico del Estado».*

Por último, el régimen se completa con el **Estatuto de la Agencia Española de Supervisión de la Inteligencia Artificial**, que ha sido aprobado por Real Decreto 729/2023, de 22 de agosto.

Como establece el artículo 4 del Estatuto, corresponde a la Agencia llevar a cabo tareas de **supervisión, el asesoramiento, la concienciación y la formación** dirigidas a entidades de derecho público y privado para la adecuada implementación de toda la regulación nacional y europea en torno al adecuado uso y desarrollo de los sistemas de inteligencia artificial, más concretamente, de los algoritmos. Además, la AESIA ostenta la función de **inspección, comprobación, sanción** y demás que le atribuya la normativa europea que le resulte de aplicación y, en especial, en materia de inteligencia artificial (incluyendo naturalmente al RIA ya examinado).

La Agencia, dentro del ámbito de competencias correspondientes al Estado, tiene por objeto la minimización de los riesgos que puede suponer el uso de esta tecnología, el adecuado desarrollo y la potenciación de los sistemas de inteligencia artificial. En el ámbito de la competencia estatal, ejercerá las funciones de autoridad responsable de la supervisión y, en su caso, sanción, de los sistemas de inteligencia artificial con el objeto de eliminar o reducir los riesgos asociados a la integridad, intimidad y demás derechos fundamentales que pueden verse afectados por el mal uso de los sistemas de IA.

IV. INTERNET DE LAS COSAS

A diferencia de la inteligencia artificial, el Internet de las cosas (IoT) y la cadena de bloques no necesitan de una regulación sustantiva propia, ya que **se trata aquí de aplicaciones de Internet** (como la web, el correo electrónico o los metaversos), aunque con determinadas particularidades técnicas y jurídicas. Fundamentalmente, los temas jurídicos que suscitan son los relativos a la protección de datos, ciberseguridad, Derecho de contratos y responsabilidad.

Proseguiremos nuestro estudio con el Internet de las cosas, también denominado Internet de los objetos, si bien la denominación más usual es la primera (IoT por sus siglas inglesas de *Internet of things*).

1. *Concepto*

El «Internet de las Cosas» (IoT) hace referencia a una tecnología basada en la **conexión de objetos cotidianos a Internet** que intercambian, agregan y procesan información sobre su entorno físico para proporcionar servicios de valor añadido a los usuarios finales. También reconoce eventos o cambios, y tales sistemas pueden reaccionar de forma autónoma y adecuada. Su finalidad es, por tanto, brindar una infraestructura que supera la barrera entre los objetos en el mundo físico y su representación en los sistemas de información.

Esta integración de sensores y dispositivos en objetos cotidianos que quedan conectados a Internet a través de redes alámbricas e inalámbricas ha alumbrado, como apunta entre nosotros PUYOL MONTERO, un **nuevo modo de interacción** en el mundo físico, inspirado en la idea de ubicuidad y facilitado por el desarrollo de las TIC y la industria electrónica. Se crea así una malla de conexiones en el planeta que establecería una suerte de «sistema nervioso mundial», donde Internet alcanza a los objetos cotidianos.

El **término** Internet de las Cosas (IoT) fue acuñado por primera vez por el pionero de la tecnología británica Kevin Ashton en una presentación que realizó en 1999 para la multinacional Procter & Gamble, donde describía un sistema en el cual los objetos en el mundo físico podrían conectarse a Internet a través de sensores para automatizar la recogida de datos, proponiendo su aplicación en la cadena de suministro añadiéndoles etiquetas RFID (o identificación por radiofrecuencia, *Radio Frequency Identification*), tecnología que he examinado con detalle en otro libro ("*Internet de las Cosas*", Ed. Reus, 2022, 3.ª edición, p. 43 y ss.).

Concretamente, el padre del término destacaba cómo, hasta esa fecha, la información en la cadena de suministro era introducida de forma manual por las personas, con los consiguientes retrasos y posibles errores. Sin embargo, si **la información provenía directamente de los objetos**, entonces se podría hacer un seguimiento en tiempo real de su utilización, sus características, su vida útil, la necesidad de nuevos aprovisionamientos, su estado de funcionamiento, etc., lo cual se traduciría en aumentos de productividad y consiguiente reducción de costes.

En la actualidad, además de los sistemas de etiquetas, tarjetas y transpondedores RFID, los datos también se recaban mediante los sensores *wireless*, las *cookies* así como otras tecnologías de seguimiento y captación de datos. Así, en su origen, el IoT nace como una forma de facilitar información, en la cadena de suministro, de bienes a las empresas. Pero, con posterioridad, se extiende a *todo tipo* de objetos –físicos y digitales–, a los animales, a las personas y a los entornos o ambientes.

A diferencia de otras tecnologías emergentes, como es el caso de la IA, sí **existe un cierto consenso a la hora de definir su concepto**. Como tal, la noción se ha convertido en «*un término popular para describir escenarios en los que Internet, la conectividad y la capacidad de procesamiento de información se extienden a una variedad de objetos, dispositivos, sensores y elementos cotidianos*» (BARRIO ANDRÉS), incluyendo –como quedó apuntado– automóviles, edificios, termostatos, monitores de salud y rendimiento deportivo o carreteras. De este modo, el IoT incorpora la dimensión de *cualquier* cosa a las TIC, que ya ofrece capacidades de operación en todo momento y en cualquier lugar, y transforma así objetos tradicionales (pasivos) en inteligentes (y activos).

Existen varias definiciones del IoT en atención a la perspectiva empleada para conceptuar el fenómeno, si bien no se dispone por el momento de una definición universalmente aceptada.

Nosotros, en el precitado libro *Internet de las Cosas*, lo hemos **definido** como:

> *"Red de objetos físicos, sistemas y software conectados a Internet o una red privada. Es una tecnología transversal que puede aplicarse prácticamente a cualquier caso de uso".*

Otra de las definiciones más extendidas es la propuesta por la Unión Internacional de Telecomunicaciones (UIT), organismo especializado en telecomunicaciones de la Organización de las Naciones Unidas (ONU), según la cual el IoT es:

> *"Una infraestructura global para la Sociedad de la Información que permite servicios avanzados interconectando cosas (físicas y virtuales) basadas en tecnologías de información y comunicación interoperables existentes y en evolución".*

Nótese que la definición de la UIT se centra principalmente en el atributo de interconexión, sin ninguna referencia a Internet.

Además, el IoT generalmente implica el **tratamiento de los datos** que se refieren a personas físicas identificadas o identificables, y por tanto constituyen «datos personales» en el sentido del artículo 4 del Reglamento (UE) 2016/679 del Parlamento Europeo y del Consejo, de 27 de abril de 2016, relativo a la protección de las personas físicas en lo que respecta al tratamiento de datos personales y a la libre circulación de estos datos y por el que se deroga la Directiva 95/46/CE (el Reglamento General de Protección de Datos europeo, en adelante RGPD).

En definitiva, como subraya CASSIMALLY, debe existir «*algún tipo de intercambio de información para que esos objetos representados por la palabra «cosas» trabajen en el mundo de los datos*». Es decir, no se trata de que un objeto cotidiano, por ejemplo un electrodoméstico, cuente con un software integrado, sino que, lo que lo convierte en parte del mundo del Internet de las cosas, es que recopila información sobre el uso que se efectúa de ese objeto y la transforma en datos que procesa y envía a Internet (o a una red privada basada generalmente en el mismo protocolo TCP/IP de Internet).

En cualquier caso, en los últimos años se ha extendido el alcance del IoT y ahora abarca un amplio espectro de tipos de dispositivos y objetos que se utilizan en diversos entornos y ámbitos como, entre otros, el cuerpo humano, los hogares, el comercio, la energía, la salud, el transporte o el medio ambiente. De hecho, a mi juicio **no hay ningún sector ajeno** al IoT.

La realización más conocida del IoT se basa en la señalada tecnología RFID (dispositivo de identificación por radiofrecuencia) que tiene como objetivo prevenir el hurto de mercancías. Sin embargo, otras aplicaciones como por ejemplo rastrear piezas a través de procesos de fabricación o recopilar variables de medición –tales como temperatura y humedad en una instalación de almacenamiento– son también aplicaciones que llevan décadas en uso.

De este modo, y en términos de su importancia, unánimemente la doctrina suele poner de relieve **las implicaciones de largo alcance y el potencial de disrupción masivo** que posee el IoT. En este sentido, esta tecnología abarca industrias y aplicaciones tan esenciales como la salud inteligente (p. ej., la vigilancia de los pacientes), el transporte inteligente (p. ej., los automóviles sin conductor), o también el hogar inteligente (p. ej., con electrodomésticos inteligentes que realizan sus tareas sin intervención del usuario), los edificios inteligentes (p. ej., con sistemas de climatización inteligentes), la energía inteligente (p. ej., red eléctrica inteligente), la industria inteligente (p. ej., control inteligente de procesos industriales) e incluso las ciudades inteligentes (p. ej., control de la congestión del tráfico o de la iluminación en una *smart city*).

Por todo lo anterior, se destaca cómo el IoT tiene la capacidad de transformar la vida de las personas en buena medida, ayudando a simplificar la existencia humana en crecientes aspectos: por ejemplo, controlando el aprovisionamiento doméstico, monitorizando la salud o incrementando la seguridad de los trabajadores, etc. Sin embargo, los ya grandes volúmenes de datos producidos, procesados y analizados por los sistemas informáticos aumentarán drásticamente con los datos originados por el IoT, con el consiguiente impacto directo en el conjunto de derechos que garantizan la intimidad, la protección de datos y la seguridad, al tiempo que generan nuevas preocupaciones a las que el Derecho debe dar respuesta.

Una vez expuesto lo anterior, dedicaremos los próximos apartados a analizar sus características esenciales y riesgos principales.

2. *Caracteres*

Actualmente, los sistemas IoT emplean un conjunto disperso de redes diferentes y con distintos fines. En ocasiones, se trata de plataformas que utilizan redes privadas virtuales (VPN) que se activan por encima de Internet. En otras, los objetos se conectan directamente a la propia Internet.

A medida que el IoT evolucione y se perfeccione, estas plataformas y redes dispondrán de mayores capacidades de seguridad, análisis y administración. Este progreso permitirá que el Internet de las cosas sea una herramienta aún más poderosa, y consiguientemente que adquiera una gran importancia, porque se trata de la primera evolución real de Internet (un salto que **está conduciendo a aplicaciones revolucionarias** con el potencial de mejorar drásticamente la manera en que los ciudadanos viven, aprenden, trabajan y se entretienen, desde los metaversos al coche autónomo por ejemplo).

De hecho, el IoT es ya **sensorial** (procesa ya temperatura, presión, vibración, luz, humedad, estrés…), lo que se traduce en ganancias tangibles de mayor proactividad (y consiguiente menor reactividad). Y es también **ubicuo**: el hecho de que Internet esté presente en todas partes gracias a las tecnologías inalámbricas (3G, 4G, 5G, 6G, *wifi*, *wimax*, conexiones satelitales, etc.) permite que su implantación masiva sea más asequible. Dado su tamaño y su coste, los sensores son en la actualidad fácilmente integrables en toda clase de lugares públicos o privados (o incluso en prendas de vestir o marcapasos).

En consecuencia, como ha quedado apuntado, **cualquier objeto es susceptible de ser incorporado al IoT**, por lo que todo objeto puede ser una fuente de datos pero también un posible vector de ataque. Estas propiedades están empezando a transformar la forma de hacer negocios, la organización del sector público y los hábitos de millones de personas. Sin embargo, sus consecuencias son, a día de hoy, en gran parte desconocidas e insospechadas, ya que el IoT aumenta el riesgo de que se abuse de la información, que se obtenga acceso no autorizado a los dispositivos, que los dispositivos sean perturbados o dañados o, en fin, que faciliten los ataques a otros sistemas al ser utilizados sus componentes como puerta de acceso a éstos.

Por su parte, y como punto de partida para abordar la tarea de la regulación jurídica del IoT, hay que apuntar sus **características singulares**:

a) **Comunicación y cooperación**. Los objetos tienen la capacidad de estar conectados en red con otros, o incluso con recursos de Internet, hacer uso de los datos y servicios, así como actualizar su estado. La tecnologías inalámbricas como 3G, 4G, 5G, 6G, *wifi*, *wimax*, *bluetooth*, *zigbee* y varios otros estándares de red inalámbricas, especialmente los relativos a redes inalámbricas privadas, tanto de área doméstica como de área empresarial, son de primordial importancia.
b) **Identificación**. Los objetos son identificables de forma única. RFID (*Radio Frequency Identification*), NFC (*Near Field Communication*) y los códigos de barras ópticamente legibles son ejemplos de tecnologías que habilitan esta identificación singular, incluso si son objetos pasivos que no tienen recursos energéticos integrados (en este caso con la ayuda de un «mediador», como un lector de RFID o un teléfono móvil). La identificación permite que los objetos estén ligados a información asociada con el bien concreto y que se pueda recuperar de un servidor, siempre que el objeto (o mediador) esté conectado a una red.
c) **Direccionamiento**. Los objetos pueden ser ubicados y dirigidos a través de servicios de investigación, búsqueda o nombres de dominio (como ONS, EPC o DNS) y, por lo tanto, remotamente interrogados o configurados.
d) **Detección**. Los objetos recopilan información sobre su entorno con sensores, graban, reenvían datos o reaccionan directamente sobre aquel.

e) **Actuación**. Los objetos contienen actuadores para manipular físicamente su entorno (por ejemplo, transformando las señales eléctricas en movimiento mecánico). Estos actuadores pueden utilizarse para controlar de forma remota procesos reales a través de Internet (para encender las luces o subir una persiana a través de nuestro *smartphone* por ejemplo).

f) **Procesamiento de información integrado**. Los objetos inteligentes cuentan con una capacidad técnica de un procesador o microcontrolador, y además con espacio de almacenamiento. Este hardware puede utilizarse, por ejemplo, para procesar e interpretar información del sensor, o almacenar históricos en su memoria de cómo se han utilizado. Así lo hacen por ejemplo las aspiradoras inteligentes como la Roomba.

g) **Localización y rastreo**. Los objetos inteligentes son conocedores de su ubicación física, o pueden ser geográficamente ubicados. Mediante tecnologías como el GPS (*Global Positioning System*), el análisis del tráfico de Internet o de las celdas de telefonía móvil, es posible localizar y rastrear un dispositivo. Estas tecnologías, si bien son previas al IoT, revisten especial importancia aquí ya que son utilizadas con gran intensidad en sus aplicaciones.

h) **Interfaces de usuario**. Los objetos inteligentes pueden comunicarse con los usuarios de manera adecuada (directa o a distancia, por ejemplo a través de un *smartphone*). Del mismo modo, los llamados «paradigmas de interacción innovadores» son aquí aplicables, tales como interfaces de usuario tangibles, pantallas flexibles basadas en polímeros, métodos de reconocimiento de voz, imagen o gestos, así como sistemas de realidad virtual o asistentes inteligentes (como Echo de Amazon o Google Home).

Finalmente, y como cierre a este segundo bloque del capítulo, concluiremos el mismo con una referencia a los principales riesgos que plantea esta tecnología disruptiva del IoT que venimos examinando.

3. Riesgos y desafíos jurídicos

Son diversas las voces en la doctrina que hemos expuesto los **graves riesgos** que lleva consigo el Internet de las cosas. Aquí apuntaremos un cuadro general de los peligros que se pueden derivar de su uso. Serían los siguientes:

a) **Perfilamiento**. Pretende inferir los intereses de las personas creando su perfil mediante la correlación de datos con otros perfiles y datos. Estas actividades, a partir del perfilamiento, atentan contra la intimidad y la protección de datos y generan discriminaciones arbitrarias de precios, publicidad, e incluso decisiones automáticas erróneas en operaciones de calificación crediticia, por ejemplo. El IoT agrava este problema ya que conduce a una explosión de las fuentes de datos a medida que más y más cosas se conectan (aspecto cuantitativo), y, por otra parte, se recogen datos de la vida privada de las personas que antes eran inaccesibles (aspecto cualitativo).
b) **Cruce de información personal**. Mediante la confluencia de información personal que se encuentra en distintas bases de datos, se revela información (veraz o errónea) que el sujeto no dio a conocer a los titulares de las referidas bases de datos consideradas aisladamente. La vulneración a la privacidad se consuma, por ejemplo, cuando datos que se encontraban disociados, mediante este cruce, se vuelven personales, o cuando la información que ha sido revelada inicialmente con una determinada finalidad, tras el cruce se desvirtúa o se pierde. A este respecto, esta amenaza se agrava debido a la existencia de diversos proveedores en el ecosistema IoT que pueden compartir o cruzar información de forma no consentida.
c) Afectación creciente a **datos sensibles**. Si bien desde los orígenes del tratamiento de datos personales se han recogido y utilizado datos sensibles (que el RGPD denomina ahora *categorías especiales de datos personales*), las aplicaciones que ofrece el IoT generan una mayor probabilidad de vulneración a la intimidad y la protección de datos en una doble vertiente. De una parte, son un conjunto de sistemas que automatizan las diferentes instalaciones de una vivienda, mediante el uso de dispositivos inteligentes que permiten registrar información: por ejemplo, cuándo se enciende la luz, cuándo se lava, qué se saca del frigorífico, cuál es la temperatura deseada, cuándo se está en casa, alarmas de humo, cuándo se enciende la televisión y los programas vistos, cámaras que graban movimientos y registran sonidos e interactúan con las personas cuando éstas se encuentran en el hogar, etc. Toda esta información es comunicada a los usuarios pero también a otros actores del sistema IoT. De otra parte, ciertos dispositivos permiten medir rutinas usualmente asociadas a la salud, como, por ejemplo, la cantidad de pasos que una persona camina diariamente, sus patrones de sueño (cuántas veces se despierta, se levanta o duerme profundo), calorías quemadas, ritmo cardíaco o de la respiración, nivel de estrés, entre otros muchos datos sensibles, los

que, tras ser registrados y analizados, son comunicados no solamente al usuario, sino también a uno o más de los actores del ecosistema.

De este modo, el IoT es una tecnología transversal aplicable a cualquier caso de uso, y por tanto puede verse **afectado por multitud de normativa sectorial** (dispositivos médicos, drones, dominio público...). Este rasgo dificulta que pueda contar con una regulación propia y cerrada. Por eso, la regulación jurídico-positiva del Internet de las cosas viene dada por las diversas normas aplicables del Derecho digital que examinamos en esta obra.

V. *BLOCKCHAIN*

1. *Concepto y elementos*

En síntesis, «blockchain» (traducido como cadena de bloques) es **un libro mayor digital criptográfico descentralizado y distribuido** que se utiliza para registrar transacciones. Los principios que subyacen a esta tecnología permiten a las personas que no se conocen o no confían entre sí construir un gran registro digital que hará cumplir el acuerdo de todas las partes implicadas.

De forma más precisa, es más exacto hablar de **tecnologías de registro distribuido** o DLT (*Distributed Ledger Technologies*, en inglés, y TRD en nuestra lengua) *en plural*, de cuyas modalidades la cadena de bloques (o *blockchain* en inglés) es su exponente más significativo. Aquí vamos a utilizar ambos términos como sinónimos, y nos remitimos al libro "*Criptoactivos. Retos y desafíos normativos*" (Ed. Wolters Kluwer, 2021) para una explicación más detallada de sus diferencias.

Blockchain actúa como una **historia coherente de transacciones** en la que todos los nodos de la red finalmente coinciden. Es, esencialmente, una base de datos pública con el potencial de almacenar y transferir activos tangibles (propiedades físicas como automóviles, propiedades inmobiliarias, etc.) y activos intangibles (tales como votos, datos, reputación, intención, información, software e incluso ideas). A diferencia del almacenamiento en la nube, aporta un registro de la información con total garantía de su fecha de registro y de la inalterabilidad de los datos.

En términos sencillos, la tecnología detrás de *blockchain* podría compararse con la de una base de datos, aunque su forma de interacción es diferente en el sentido de que es mantenida y actualizada por una red de ordenadores participantes en lugar de por un único servidor de una empresa u organización. Por esta misma razón, *blockchain* puede considerarse como una **base de datos pública autoritativa** de un nivel de confianza muy elevado.

Esta tecnología es también un **sistema de verificación** que habilita, entre otras cosas, el funcionamiento de criptomonedas como Bitcoin, Ethereum o Ripple, por ejemplo. Por esta razón, los libros de contabilidad distribuidos en forma de *blockchain* prometen ser una tecnología que revolucionará el mundo de los negocios y prácticamente todos los aspectos del mantenimiento o intercambio de registros que tenemos actualmente.

En la actualidad, la plataforma de *blockchain* más usada es Ethereum (40,9 %), seguida de Hyperledger (10 %), mientras que Bitcoin supone el 8,2 % del uso total.

En otras palabras, *blockchain* permite a las partes enviar, recibir y almacenar valor o información a través de una **red distribuida *peer-to-peer*** de varios ordenadores (o nodos). Cada transacción se reparte por toda la red y se registra en un bloque sólo cuando el resto de la red ratifica la validez de la operación, basándose en transacciones pasadas teniendo en cuenta los bloques anteriores. Cada bloque sigue al otro sucesivamente, y esto es lo que crea la cadena de bloques.

Esta tecnología soporta no sólo criptomonedas, sino también **diferentes tipos de aplicaciones, plataformas y sistemas de almacenamiento y distribución de información**. Por ejemplo, a continuación señalaremos una serie de ejemplos acerca de cómo la tecnología de libro mayor distribuido (DLT) en la que se apoya *blockchain* tiene el potencial de disrupcionar varios sectores de la vida social y produce importantes implicaciones para las profesiones jurídicas:

a) Administración pública. Podría utilizarse para supervisar y controlar ciertas funciones públicas, tales como los sistemas de votación, la recaudación de impuestos, la emisión de pasaportes, los registros oficiales u otros servicios públicos.
b) Agricultura y seguridad alimentaria. Los consumidores buscan cada vez más los alimentos ecológicos. Por lo general, es difícil verificar la autenticidad de los productos. Pero un libro mayor distribuido que complemente a la actual cadena de suministro proporcionaría transparencia. También se facilitarían unos sistemas justos de fijación de precios y de pagos rápidos en la cadena alimentaria.

c) Finanzas. La tecnología *blockchain* ha dado origen a una nueva forma de finanzas, las criptofinanzas. En ella, las transacciones encriptadas, que son prácticamente imposibles de romper, aportan confianza al sistema, mientras que la tecnología de libros distribuidos, en el que todos los sistemas tienen la misma copia del libro mayor, evita el problema del doble gasto. De hecho, las características estructurales de la tecnología de la cadena de bloques permiten que las transacciones se realicen sin necesidad de un intermediario financiero tradicional (mercados e intermediarios).

d) Salud y bienestar. La tecnología *blockchain* transformará la atención sanitaria, confiriendo al paciente más control en el ecosistema sanitario al aumentar la seguridad, la privacidad y la interoperabilidad de los datos e historiales médicos.

e) Suministros de energía seguros, limpios y eficientes. Nos enfrentamos a un crecimiento vertiginoso de los recursos energéticos distribuidos. Baste citar, por ejemplo, los tejados solares o los coches eléctricos. Los gobiernos, las empresas del sector energético y otros actores necesitan nuevas formas de regular y gestionar mejor la red eléctrica. *Blockchain* tiene el potencial de ofrecer una solución fiable y de bajo coste para registrar y validar las transacciones financieras u operativas en toda la red distribuida sin un punto central de autoridad.

Como tal, *blockchain* crea más transparencia y permite a las partes que, de otro modo, desconfían mutuamente contratar de forma segura sin intermediarios. Esto se debe a que la naturaleza omnipresente y universal de Internet faculta que el nodo de la red pueda ser respaldado fuera de la organización por un tercero neutral. Por lo tanto, es justo decir que la tecnología *blockchain* en sí misma se convierte en una **tercera parte de confianza distribuida**. Esto también permite que actúe como mediador en situaciones de conflicto.

Ahora bien, también existe una preocupación fundada de que su **seguridad** puede verse afectada por la evolución de las nuevas herramientas. Así, por ejemplo, la aparición de los ordenadores cuánticos o el conocido como ataque del 51 % (situación en la que un tercero pudiera hacerse con el control de la mayoría de los nodos de la red) podrían poner en jaque la supuesta inmutabilidad de *blockchain*.

De la misma manera que Internet descentralizó la información, lo que *blockchain* está tratando esencialmente de lograr es **descentralizar los procesos de intermediación** actuando como una base de datos que contiene registros de cada transacción ejecutada en la red. Es decir, descentralizando la confianza que normalmente se deposita en instituciones intermediarias (bancos, aseguradoras, gobiernos, etc.) y transfiriéndola directamente a la red de nodos que forman parte de una red *blockchain*.

Tomemos por ejemplo una transferencia bancaria. Imaginemos que una persona A quisiera enviar dinero a otra persona B. El procedimiento normal es trasladar el dinero a través de un banco que actúa como intermediario. En este caso, A le pediría a su banco que le transfiriera el dinero a B. La transferencia puede tardar unos minutos o varios días, dependiendo del importe, el banco y el país en el que se realiza la operación. La transacción no necesita realmente una transferencia de dinero, pues se materializa con un simple cambio en el saldo de las cuentas involucradas con el uso de un programa informático. El problema aquí es que ni A ni B tienen ningún control sobre el proceso, ya que sólo los bancos tienen toda la información. Ambos ciudadanos dependen enteramente de esos bancos (y de sus comisiones) para llevar a cabo la transacción.

Lo que *blockchain* posibilita básicamente es eliminar intermediarios y descentralizar todo el sistema de gestión, proporcionando un alto nivel de seguridad e integridad al actuar como una base de datos que contiene registros de cada transacción ejecutada en la red. El control del proceso dependería directamente de los usuarios, no de los bancos como en el ejemplo anterior. En este caso, tanto A como B se convertirían en participantes y administradores de las cartillas de cuentas bancarias. Este ejemplo puede extrapolarse a otros tipos de transacciones y no sólo a las transferencias de dinero. Es por eso por lo que *blockchain* representa un profundo cambio de paradigma en toda la estructura de negocios que utilizamos actualmente.

Por el momento, **no existe una regulación general** en el Derecho digital aplicable a las tecnologías DLT, sino de aspectos particulares vinculados fundamentalmente al sector financiero.

En todo caso, la **utilización de tecnologías DLT es posible con arreglo al ordenamiento jurídico en vigor**: no puede privarse de efecto y de validez jurídica a los contratos celebrados por vía electrónica (art. 9.1 DCE); los contratos celebrados por vía electrónica producen todos los efectos previstos por el ordenamiento jurídico, cuando concurren el consentimiento y los demás requisitos necesarios para su validez (art. 23.1 LSSI); no es necesario el previo acuerdo de las partes sobre la utilización de medios electrónicos para que sea válida la celebración de contratos por vía electrónica (art. 23.3 LSSI); para cumplir con la exigencia de que un contrato o cualquier información relacionada con el mismo conste por escrito basta con que se contenga en un soporte electrónico –que proporcione un registro duradero– (art. 23.3 LSSI); así como las previsiones relativas a las flexibles definiciones de firma electrónica, sello electrónico y sello de tiempo electrónico y sus respectivos efectos (arts. 3.3 3.10, 3.25, 3.33, 25.1, 35.1 y 41.1 del Reglamento eIDAS).

2. *El Reglamento europeo MiCA*

Tras tres años de intensa negociación, finalmente ha sido aprobado el **Reglamento (UE) 2023/1114 del Parlamento Europeo y del Consejo, de 31 de mayo de 2023, relativo a los mercados de criptoactivos y por el que se modifican los Reglamentos (UE) nº 1093/2010 y (UE) nº 1095/2010 y las Directivas 2013/36/UE y (UE) 2019/1937** (habitualmente conocido como Reglamento MiCA por sus siglas inglesas de *Markets in Crypto Assets Regulation*).

Los **objetivos** de la norma son claros. Se busca garantizar la integridad de estos nuevos mercados y proteger a sus inversores. También es evidente la intención de evitar que fenómenos como los de las emisiones de *stablecoins* o *asset reference tokens* (criptomonedas referenciadas a monedas FIAT emitidas por bancos centrales) puedan afectar al control de la política monetaria. Estos objetivos encajan con los valores presentes en la regulación europea y son equiparables a la normativa, por ejemplo, de instrumentos financieros.

Los **fenómenos acaecidos en los mercados de criptoactivos** en los últimos años han puesto aún más de manifiesto la necesidad de imponer principios básicos a la emisión y negociación de estos activos de base tecnológica. Cabe recordar cómo los *tweets* de Elon Mask sobre Bitcoin impactaron su cotización, generando una posible situación de abuso de mercado. El intento de emisión de la *stablecoin* de Facebook/Meta (Libra/Diem) fue percibida como una amenaza para el control de la política monetaria que ejercen actualmente los bancos centrales. Recientemente, hemos presenciado caídas de algunas monedas de base algorítmica y *stablecoins* hasta incluso su desaparición, haciendo evidente la necesidad de proteger a inversores minoristas. El vacío jurídico en esta materia ha llevado a la comercialización en el mercado europeo de criptomonedas sin ofrecer al inversor la suficiente información. Efectivamente, era necesario dotar a este importante nuevo mercado y sus usuarios de una suficiente seguridad jurídica.

Por ello, el objeto del Reglamento MiCA es establecer **requisitos uniformes para la oferta pública y la admisión a negociación** en una plataforma de negociación de criptoactivos distintos de fichas referenciadas a activos y fichas de dinero electrónico, de fichas referenciadas a activos y de fichas de dinero electrónico, así como requisitos para los proveedores de servicios de criptoactivos. Todo ello sin regular la tecnología subyacente.

El Reglamento MiCA define el término **criptoactivo** como «*una representación digital de un valor o de un derecho que puede transferirse y almacenarse electrónicamente, mediante la tecnología de registro distribuido o una tecnología similar*» (art. 3.5). Se ha buscado una definición muy amplia «*a fin de abarcar todos los tipos de criptoactivos que hasta este reglamento quedaban fuera del ámbito de aplicación de la legislación de la Unión en materia de servicios financieros*» (considerando 16 del reglamento).

El **ámbito objetivo y subjetivo** del Reglamento MiCA se describe en sus artículos 1 y 2: establece unos requisitos uniformes para la oferta pública y la admisión a negociación en una plataforma de negociación de criptoactivos distintos de *tokens* («fichas») referenciados a activos y *tokens* de dinero electrónico (título II), de *tokens* referenciados a activos (título III) y de *tokens* de dinero electrónico (título IV), así como el régimen de autorización y condiciones de ejercicio de la actividad de los proveedores de servicios de criptoactivos (título V).

El Reglamento **clasifica los criptoactivos** en tres tipos, sujetos a requisitos diferentes en función de los riesgos que entrañen. La clasificación se basa en si los criptoactivos tratan de estabilizar su valor en relación con otros activos:

a) El primer tipo son los criptoactivos cuyo objetivo es estabilizar su valor haciendo referencia a una sola moneda oficial (*stable tokens*). Su función es muy similar a la del dinero electrónico, tal como se define en la Directiva 2009/110/CE. Al igual que el dinero electrónico, esos criptoactivos son un sustituto electrónico de las monedas y los billetes y se emplean normalmente para efectuar pagos. Esos criptoactivos se definen en el Reglamento MiCA como «fichas de dinero electrónico».
b) El segundo tipo de criptoactivos son las «fichas referenciadas a activos», cuyo objetivo es estabilizar su valor haciendo referencia a otro valor o derecho, o a una combinación de estos, incluidas una o varias monedas oficiales (*utility tokens*). Este segundo tipo abarca todos los demás criptoactivos, distintos de las fichas de dinero electrónico, cuyo valor esté respaldado por activos, a fin de evitar que se eluda la norma y logar que tenga visión de futuro.

c) Por último, el tercer tipo son los criptoactivos que no son ni «fichas referenciadas a activos» ni «fichas de dinero electrónico», y cubre una gran variedad de criptoactivos, incluidas las fichas de consumo.

El Reglamento MiCA no es de aplicación al **Bitcoin**, puesto que carece de emisor, o al menos se ha constatado, por el momento, la imposibilidad de identificar a su introductor en el 2009 en la red *blockchain* (el sistema está programado para alcanzar los veintiún millones de unidades). Por otra parte, no puede considerarse dinero electrónico ni está referenciado a activo alguno como las criptomonedas o *stablecoins.* Sin embargo, los proveedores de servicios sobre el Bitcoin sí quedan sometidos a la nueva norma.

También están excluidos de su ámbito objetivo **aquellos criptoactivos que son únicos y no fungibles** con otros criptoactivos, que no pueden fraccionarse en cuotas o porcentajes de unidad y que sólo son aceptados por el emisor (incluidos los programas de fidelización del cliente, en los que los tradicionales puntos se instrumentan en *tokens*).

El Reglamento MiCA tampoco se aplica a los **criptoactivos que representen derechos de propiedad intelectual o garantías que certifiquen la autenticidad** de un único activo físico o que incorporen o representen cualquier otro derecho no vinculado a aquellos que incorporan los instrumentos financieros y que no están admitidos a negociación en una plataforma o mercado de criptoactivos.

Del mismo modo, el Reglamento MiCA está excluido respecto de los **criptoactivos que incorporen servicios** (*utility tokens*) o activos físicos o digitales que sean únicos, indivisibles o no fungibles, tales como productos personalizados o la propiedad inmobiliaria. Pero, si los *tokens* no fungibles incorporaran derechos para sus tenedores o emisores relacionados con los que otorgan los instrumentes financieros –como por ejemplo, el derecho a las ganancias o beneficios que genere ese criptoactivo–, son susceptibles de ser considerados instrumentos financieros *tokens* o valores negociables representados por criptoactivos.

El Reglamento MiCA supone también un antes y un después en relación con la **custodia de criptoactivos**. Los proveedores de estos servicios deberán cumplir con una estricta normativa para hacer más seguro el uso de las carteras cripto de los consumidores. Su impacto va mucho más allá de los mercados de criptoactivos como medio de inversión. Sin duda, el fenómeno cripto ha crecido exponencialmente en los últimos cinco años. El uso de criptoactivos como medio de inversión se ha popularizado entre los inversores minoristas y los institucionales han entrado también crecientemente en este mercado para dar cabida a la demanda de sus clientes. Pero el valor futuro de estos activos está en su papel como herramienta clave para el desarrollo de aplicaciones *web 3.0* y de los metaversos como nuevos mercados y entornos de transmisión de valor.

En fin, mención especial debe hacerse de la **supervisión pública**. Cierto es que el carácter descentralizado de la mayoría de los criptoactivos hace difícil su regulación y control. El papel de la supervisión en el Reglamento MiCA es absolutamente clave y se plantea como una necesaria colaboración entre las administraciones nacionales y europeas. El peso principal de la protección al inversor y la integridad del mercado queda en manos del supervisor nacional, mientras que la garantía de la estabilidad financiera de la zona euro es responsabilidad del BCE y la EBA. Esta colaboración europea en la supervisión junto con el establecimiento del régimen de pasaporte europeo de emisión ahonda en la creación de un mercado único europeo sobre la base de la coordinación institucional.

3. Derecho español

La Comisión Nacional del Mercado de Valores (CNMV) ha prestado últimamente especial atención al ejercicio de su potestad supervisora respecto a la publicidad de activos financieros a través de Internet. Muestra de ello es la **Circular 1/2022, de 10 de enero, relativa a la publicidad sobre criptoactivos como objeto de inversión**. La nueva Ley 6/2023, de 17 de marzo, de los Mercados de Valores y de los Servicios de Inversión (LMVSI) pretende evitar además la publicidad de los «chiringuitos financieros» a través de este y otros canales.

Para ello, el **artículo 246.3 de la LMVSI** establece que «[l]*os buscadores de internet, redes sociales y medios de comunicación, recabarán información que indique que los anunciantes de instrumentos financieros o servicios de inversión al público general que pretenden anunciarse en sus sistemas cuentan con la correspondiente autorización para prestar servicios de inversión, antes de publicar sus anuncios o de destacar de forma remunerada a dichos anunciantes en los resultados de búsquedas, páginas de internet o redes sociales. Adicionalmente, comprobarán que dichos anunciantes no se encuentran incluidos en la relación de entidades advertidas por la CNMV o por organismos supervisores extranjeros. La CNMV pondrá a disposición de las entidades mencionadas en el párrafo anterior la información necesaria para realizar dichas comprobaciones, en especial la relativa a las entidades advertidas de realizar presuntamente la prestación de servicios de inversión sin tener autorización para ello*». Y tipifica el incumplimiento de esta obligación por las redes sociales, buscadores de Internet y medios de comunicación como infracción administrativa de carácter grave o muy grave en función de que su incumplimiento sea o no «*meramente ocasional o aislado*» (art. 290 LMVSI).

Llama la atención la impresa determinación de los destinatarios de la norma, que incluye el uso de términos que no se definen en la LMVSI, como es el caso de las «redes sociales», ni se corresponden con los que emplean en su articulado los principales instrumentos que imponen obligaciones a ese tipo de destinatarios en relación con la publicidad en entornos digitales. Se trata de instrumentos en los que cabe encontrar ciertas categorías precisas y bien definidas cuyo empleo en este contexto podría haber resultado de gran utilidad. Entre tales instrumentos, hay que citar el Reglamento (UE) 2022/2065 del Parlamento Europeo y del Consejo, de 19 de octubre de 2022, relativo a un mercado único de servicios digitales y por el que se modifica la Directiva 2000/31/CE (Reglamento de Servicios Digitales), la nueva Ley 13/2022, de 7 de julio, General de Comunicación Audiovisual (cuyo art. 125 contempla las comunicaciones comerciales audiovisuales relativas a servicios bancarios y financieros entre las que pueden ser objeto de un régimen específico), la Ley 3/1991, de 10 de enero, de Competencia Desleal (que sí menciona ahora el término «red social» en su artículo 26 pero vinculado al de servicios de la sociedad de la información) o la Ley 34/2002, de 11 de julio, de servicios de la sociedad de la información y de comercio electrónico (la LSSI).

El **Reglamento (UE) 2022/858 del Parlamento Europeo y del Consejo, de 30 de mayo de 2022 sobre un régimen piloto de infraestructuras del mercado basadas en la tecnología de registro descentralizado y por el que se modifican los Reglamentos (UE) nº 600/2014 y (UE) nº 909/2014 y la Directiva 2014/65/UE** ya es de aplicación directa en la Unión Europea. Por eso, los emisores españoles no podían acceder a estos mercados *blockchain* a través de acciones, deuda y participaciones de instituciones de inversión colectiva representadas a través de sistemas basados en estas tecnologías de registro distribuido sin el previo reconocimiento de este tercer modo de representación de los valores negociables en la nueva LMVSI.

Ahora bien, la coordinación de este Reglamento con la LMVSI no ha sido llevada a cabo con buena técnica normativa. Si bien el artículo 6.1 de la LMVSI reconoce con carácter general esta tercera forma de representación de los valores negociables –en sistemas basados en tecnología de registros distribuidos–, el art. 6.2 vincula este nuevo modo de representación a aquellos criptoactivos que serán objeto de negociación en el marco del Reglamento sobre un régimen piloto. Esto es, si bien no se limita la representación de los valores negociables mediante tecnología de registro distribuido en el mercado primario o de emisiones, sí se hace para el mercado secundario (únicamente a los efectos del Reglamento sobre un régimen piloto).

Asimismo, la disposición final tercera de la LMVSI ha modificado el **artículo 517 de la Ley de Enjuiciamiento Civil** para reconocer como títulos que llevan aparejada ejecución a los certificados no caducados expedidos por las «*entidades responsables de la administración de la inscripción y registro respecto de los valores representados mediante sistemas basados en tecnología de registros distribuidos a los que se refiere la Ley del Mercado de Valores siempre que se acompañe copia de la escritura pública de representación de los valores o, en su caso, de la emisión, cuando tal escritura sea necesaria, conforme a la legislación vigente*».

Sin embargo, **se ha perdido la oportunidad de reconocer con carácter general**, como sucede en Francia, Suiza, Luxemburgo o Italia, esta tercera posibilidad de representación de las acciones y las obligaciones, al no modificarse los artículos 92 y 412 del texto refundido de la Ley de Sociedades de Capital, que son los preceptos que establecen con carácter general el modo de representación de las acciones y de las obligaciones. La disposición final quinta de la nueva LMVSI sólo modifica, en el texto refundido de la Ley de Sociedades de Capital, el artículo 23 (en los estatutos de la sociedad anónima, se hará constar si las acciones están representadas por medio de títulos, o por medio de anotaciones en cuenta o mediante sistemas basados en tecnología de registros distribuidos) y el artículo 407 (mención en la escritura de emisión de las obligaciones si éstas se representan por medio de títulos, por medio de anotaciones en cuenta o mediante sistemas basados en tecnología de registros distribuidos).

En fin, la mala técnica normativa ha motivado que en **la nueva LMVSI también se haya coordinado de forma defectuosa con el Reglamento MiCA**. La nueva Ley atribuye a la CNMV la condición de autoridad competente para la supervisión de la emisión, oferta y admisión a negociación de determinados criptoactivos que no sean instrumentos financieros (obviamente para los criptoactivos-instrumentos financieros ya tiene tal condición). Se introduce asimismo el régimen de infracciones y sanciones respecto a estos criptoactivos conforme al Reglamento MiCA con la lógica precisión contenida en la disposición final decimocuarta de vincular la entrada en vigor de estos preceptos sobre criptoactivos que no tienen la condición de instrumentos financieros a la entrada en vigor del Reglamento MiCA (*rectius* a la fecha en la que será directamente aplicable).

Pero la competencia en materia de supervisión, inspección y sanción en relación con las obligaciones que los emisores de fichas de dinero electrónico y de fichas referenciadas a activos a los que se refiere el Reglamento MiCA se atribuye al Banco de España, conforme a la modificación de la Ley 10/2014, de 26 de junio, de ordenación, supervisión y solvencia de entidades de crédito que se realiza por la disposición final sexta de la LMVSI, en donde se recoge también el régimen sancionador para aquellas entidades que no hayan obtenido la preceptiva autorización para el ejercicio de la actividad de emisión de fichas de dinero electrónico y de fichas referenciadas a activos. Una modificación de este calado hubiera sido deseable tramitarla a través de un proyecto de ley independiente, tras la aprobación del referido Reglamento MiCA.

VI. BIBLIOGRAFÍA

BARRIO ANDRÉS, M. (dir.), *Comentarios al Reglamento Europeo de Inteligencia Artificial,* La Ley, Madrid, 2024 (en prensa).

BARRIO ANDRÉS, M. (dir.), *Criptoactivos. Retos y desafíos normativos,* Wolters Kluwer, Madrid, 2021.

BARRIO ANDRÉS, M. (dir.), *Derecho de los Robots,* Wolters Kluwer, Madrid, 2019, 2.ª edición.

BARRIO ANDRÉS, M., *Delitos 2.0. Aspectos penales, procesales y de seguridad de los ciberdelitos,* Wolters Kluwer, Madrid, 2018.

BARRIO ANDRÉS, M., *Fundamentos del Derecho de Internet,* Centro de Estudios Políticos y Constitucionales, Madrid, 2020, 2.ª edición.

BARRIO ANDRÉS, M., *Internet de las Cosas,* Reus, Madrid, 2022, 3.ª edición.

BARRIO ANDRÉS, M., *Manual de Derecho digital,* Tirant lo Blanch, Valencia, 2022, 2.ª edición.

DELGADO MARTÍN. J., «Decálogo para la humanización de la aplicación de la inteligencia artificial (IA) en la justicia», en *Revista LA LEY de Derecho Digital e Innovación,* Nº. 17 (julio-septiembre), 2023.

LLANO ALONSO, F. H. (dir.), *Inteligencia artificial y Filosofía del derecho,* Ediciones Laborum, Murcia, 2022.

MARTÍN DELGADO, I., "La aplicación del principio de transparencia a la actividad administrativa algorítmica", en GAMERO CASADO, E. (dir.), *Inteligencia artificial y sector público. Retos, límites y medios,* Tirant lo Blanch, Valencia, 2023.

MONTERO PASCUAL, J.J., "La actividad administrativa de regulación: definición y régimen jurídico", en *Revista Digital de Derecho Administrativo,* N.º. 12, 2014.

MUÑOZ VELA, J.M., «Avanzando en la regulación de la IA: hacia un equilibrio entre ética, protección de los derechos fundamentales, seguridad, confianza, innovación, desarrollo y competitividad», en *Revista LA LEY Derecho Digital e Innovación,* N.º 14,

2022.

MUÑOZ VELA, J.M., «Inteligencia Artificial y responsabilidad penal», en *Revista LA LEY Derecho Digital e Innovación*, N.º 11, 2022.

NAVAS NAVARRO, S., «Régimen europeo en ciernes en materia de responsabilidad derivada de los Sistemas de Inteligencia Artificial», en *Revista CESCO de Derecho de Consumo*, N.º 44, 2022.

RAMÓN FERNÁNDEZ, F., *Vivienda inteligente: domótica, inteligencia artificial y regulación legal*, Tirant lo Blanch, Valencia, 2022.

Capítulo Sexto

La Administración digital

CARMEN FERNÁNDEZ RODRÍGUEZ

SUMARIO: I. Evolución del panorama legislativo desde la Administración electrónica a la Administración digital. II. Derechos y obligaciones en la Administración electrónica: el estatuto del ciudadano en su relación electrónica con las Administraciones Públicas. III. El documento, la copia y el expediente electrónico. IV. La comunicación y notificación electrónica. V. La sede electrónica. VI. Los registros y archivos electrónicos. VII. El cómputo de plazos en los registros electrónicos. VIII. Los sistemas de identificación y firma electrónicos. IX.- Singularidades del procedimiento administrativo electrónico.

I. EVOLUCIÓN DEL PANORAMA LEGISLATIVO DESDE LA ADMINISTRACIÓN ELECTRÓNICA A LA ADMINISTRACIÓN DIGITAL

La regulación jurídico-administrativa relativa a lo que hoy denominamos Administración Electrónica y, de forma más temprana, Administración Digital o Digitalización administrativa, ha ido paralela a la mejora técnica que, progresivamente, va permitiendo -con más o menos acierto- que la Administración se relacione con los ciudadanos a través de los medios electrónicos. La denominada Administración Electrónica no es otro tipo de Administración diferente a la no electrónica o presencial, ni desde el punto de vista subjetivo -porque se trata de la misma Administración y de los mismos ciudadanos- ni desde el punto de vista objetivo en cuanto que la actividad administrativa que despliega la Administración es la misma. En este sentido denominamos Administración Electrónica al conjunto de herramientas electrónicas o digitales que la Administración Pública utiliza en sus relaciones con los ciudadanos y entre las propias Administraciones. En esas relaciones electrónicas o digitales, la Administración despliega asimismo la actividad de limitación, de servicio público, de fomento o la actividad sancionadora. Evidentemente ello afecta al procedimiento administrativo; a la contratación pública; a la forma de actuación de los órganos colegiados, así como a los principios y derechos administrativos que, bajo la digitalización, revisten notas características, cada una de las cuales tiene su sede pedagógica en el lugar que le corresponde. Desde todas estas perspectivas puede abordarse la Administración Digital, respecto de la cual analizamos los aspectos fundamentales.

Obviamente la Administración ni es ni puede ser ajena a la transformación que supone para sus procedimientos de actuación, la incorporación de determinadas herramientas tecnológicas, entre otros motivos porque esas herramientas le permiten el cumplimiento de sus principios administrativos con mayor eficacia. Sucede así que nuevas tecnologías como son el *Blockchain* o la utilización de medios de pago como la criptomoneda, constituyen para la Administración una oportunidad única para un más eficaz cumplimiento de los principios administrativos propios de su actividad, tales como son la seguridad del tráfico jurídico, la confiabilidad; su carácter inalterable, la privacidad; la transparencia o la eficiencia de costes, constituyendo su incorporación, no ya tanto una alternativa más o menos discrecional, como un imperativo transversal que la propia Administración ha de desplegar, no sólo fomentando la cultura digital y el uso de las nuevas tecnologías por los particulares, sino incorporando esa digitalización en sus relaciones con los ciudadanos y otras Administraciones dentro de la necesaria modernización a la que aspira. La transformación digital ha de estar al servicio de los principios, no siendo estos condicionados por la transformación digital, dado que, en todo caso, esa digitalización es el medio y la herramienta -que no el fín- para el mejor cumplimiento de los principios e intereses públicos a los que ha de servir cualquier Administración Pública.

La LPAC y sus antecedentes normativos en esta materia -Ley 17/2009 sobre el derecho del ciudadano a exigir el medio electrónico en su relación con la Administración Pública; Ley 2/2011 de economía sostenible; Ley 19/2013 de transparencia; Ley 20/2013, de garantía de la unidad de mercado y otras- marcaron en un primer momento el horizonte de implantación progresiva de los medios electrónicos por parte de las Administraciones Públicas.

La realidad de esta implantación se vio obstaculizada por varios factores. En primer lugar, por la tozuda realidad de la que partía nuestra Administración, cuyos medios electrónicos han sido durante décadas ciertamente obsoletos y sin visos de renovación ante la carencia de recursos que permitieran tal renovación. Ante ello, con bastante demagogia, la Exposición de Motivos de la LRJPAC -Ley 30/1992-, parecía ser definitiva respecto de los conocimientos y los medios materiales con los que ya contaban nuestras Administraciones Públicas para este fin. Sin embargo, la LRJPAC simplemente fue un paso más en el largo proceso de implantación de la Administración Electrónica en nuestro país. En segundo lugar, por el hecho de que estos medios electrónicos no se integraron inicialmente en la regulación del procedimiento administrativo ordinario y aparecían en su regulación con deficiencias de integración técnica en el procedimiento ordinario. De otro lado, la dificultad de implantación de estas primeras medidas de Administración Electrónica en el conjunto de las Administraciones Públicas se tropieza con el más exigente ordenamiento comunitario que antes de que se aprobara la actual Ley 39/2015, preveía ya la identificación electrónica y los servicios de confianza en las transacciones electrónicas en el mercado interior de la Unión Europea -Reglamento UE 910/ 2014, de 23 de julio-.

El Reglamento UE 910/2014 garantiza la equivalencia jurídica entre la firma electrónica cualificada y la firma manuscrita, pero permite a los Estados miembros determinar los efectos de las otras firmas electrónicas y de los servicios electrónicos de confianza en general. Por ello, la Ley 6/2020, de 11 de noviembre, reguladora de determinados aspectos de los servicios electrónicos de confianza -que deroga la Ley 59/2003, de 19 de diciembre, de Firma electrónica- modifica la regulación anterior al atribuir a los documentos electrónicos para cuya producción o comunicación se haya utilizado un servicio de confianza cualificado, una ventaja probatoria. A este respecto, se simplifica la prueba, pues basta la mera constatación de la inclusión del citado servicio en la lista de confianza de prestadores cualificados de servicios electrónicos regulada en el artículo 22 del Reglamento UE 910/2014, para que el valor probatorio del documento sea diferente. Con ello, los documentos públicos y administrativos gozan de una presunción de exactitud e integridad que, al ser impugnados obliga a que la parte que los aporta al proceso no tenga que desplegar ninguna actividad probatoria adicional. De manera que, si el documento electrónico es público o administrativo, tiene el mismo valor probatorio que cualquier documento público o administrativo no electrónico, ya que su fuerza probatoria, hoy por hoy, no deriva de la utilización de un servicio electrónico de confianza sino de la condición pública de la autoridad que lo otorga. Por el contrario, los documentos privados carecen de esta presunción, por lo que, si son impugnados, la parte que los presenta debe acreditar su autenticidad a través de cualquier medio de prueba útil o pertinente. La carga de la prueba de los documentos electrónicos privados en los que se ha utilizado un servicio de confianza no cualificado corresponde a quien presenta el documento, mientras que si el documento privado aparece con una firma prestada por un servicio de confianza cualificado, existe la presunción inicial de autenticidad e integridad del documento. Por ello, la carga de la prueba en este último supuesto corresponde a quien lo impugna, siendo preciso tener en cuenta que, en todo caso, el marco de la regulación de las comunicaciones electrónicas que se articulan para la prestación de servicios que suponen comercio de esta misma naturaleza, es objeto de la Directiva 2000/31/CE del Parlamento europeo y del Consejo, de 8 de junio de 2000, relativa a determinados aspectos jurídicos de los servicios de la sociedad de la información, en particular el comercio electrónico en el mercado interior (Directiva sobre el comercio electrónico).

En respuesta a esta situación y, salvando estos obstáculos, la LPAC integra las herramientas propias de la Administración Electrónica dentro de la propia regulación de la actividad y del procedimiento administrativo en un esfuerzo de unificación que, de momento, camina en paralelo al procedimiento y actividad administrativa no electrónicos. En este sentido, la Administración Electrónica, como tal, sin perjuicio de que pueda extraerse en su tratamiento a efectos pedagógicos -como ahora mismo hacemos- no constituye en sí nada cualitativamente distinto de la Administración ordinaria o no electrónica, ni en cuanto a la actividad ni en cuanto al procedimiento administrativo no electrónicos. Lo que le diferencia de ella es el medio técnico electrónico o digital que utiliza como canal.

A pesar no obstante del esfuerzo integrador que nos ofrece la LPAC, a la fecha de su publicación quedan muy diversos cabos sueltos en la regulación de la Administración Electrónica ya que continuaba vigente en parte el Real Decreto 1671/2009, de desarrollo de la Ley 11/2007, de 22 de junio, de acceso electrónico de los ciudadanos a los servicios públicos, a pesar de que esta ley se derogó con su entrada en vigor. Por ello, el Real Decreto 203/2021, de 30 de marzo, por el que se aprueba el Reglamento de actuación y funcionamiento del sector público por medios electrónicos -RAFSPME- trata de consolidar algunas contingencias surgidas a propósito de la regulación prevista en el 2015, una vez que se ha producido una mayor maduración tecnológica y la casuística ha puesto en evidencia los vacíos que necesariamente debían solventarse. El RAFSPME deroga finalmente el Real Decreto 1671/2009 por el que se desarrollaba la Ley 11/2007 y modifica el Real Decreto 4/2010, de 8 de enero, por el que se regula el Esquema Nacional de Interoperabilidad en el ámbito de la Administración Electrónica. Asimismo, modifica el Real Decreto 931/2017, de 27 de octubre por el que se regulaba la Memoria del Análisis del Impacto Normativo, introduciendo los gastos de personal, dotaciones o retribuciones, gastos en medios o servicios de la Administración Digital dentro del impacto presupuestario.

La Administración Electrónica abarca también las relaciones entre Administraciones Públicas. La utilización de la herramienta electrónica no es exclusiva de las relaciones entre la Administración y los ciudadanos, como sucede asimismo en la relación entre particulares. Es por ello que el RAFSPME refiere también los efectos de la relación electrónica entre Administraciones, empezando por establecer la regla general según la cual las Administraciones Públicas, en el ejercicio de sus competencias, están obligadas a relacionarse a través de medios electrónicos entre sí y asimismo, con sus órganos, organismos públicos y entidades vinculados o dependientes -art. 56 del RAFSPME-.

La colaboración entre Administraciones Públicas para la actuación administrativa por medios electrónicos supone la utilización de los medios electrónicos con el fin de comunicarse entre sí, así como la posibilidad de adhesión a las sedes electrónicas y a las sedes electrónicas asociadas disponibles de titularidad de la misma Administración u otra Administración Pública, sin constituirse sede electrónica asociada. Asimismo, supone la posibilidad de integración de las respectivas áreas personalizadas o carpetas de cada Administración en la Carpeta del sector público estatal. Todo ello supone que cuando desde una Administración se solicita a otra un expediente electrónico, la remisión por esta, puesto a disposición de la solicitante, equivale a su remisión cuando se garantiza la integridad del acceso a lo largo del tiempo.

La relación electrónica entre Administraciones Públicas supone asimismo la transferencia y uso compartido de tecnologías entre ellas mediante la reutilización de sistemas y aplicaciones y mediante la adhesión a las plataformas de la Administración General del Estado sin cambio de titularidad -arts. 64 y ss., del Reglamento 203/2021-.

Es previsible que la evolución de la implantación de la Administración Digital sea el de su avance progresivo dado el fomento que desde la Administración abordan las diferentes estrategias públicas. La estrategia transformadora digital que comenzara con la Ley 30/1992, tiene como últimos hitos la Agenda España Digital 2025 que acoge un eje estratégico específico sobre la transformación digital del sector público, dentro del cual se especifica la necesidad de cumplir con toda una serie de medidas, entre las cuales se encuentra la mejora del marco regulatorio de la Administración Digital a lo que responde la aprobación del RAFSPME. Asimismo, el Plan de Recuperación, Transformación y Resiliencia, incluye entre sus políticas de reforma estructural para el crecimiento sostenible e inclusivo, lograr una Administración modernizada a través de la digitalización. Y, finalmente, un último hito se produce con la aprobación del Plan de Digitalización de las Administraciones Públicas 2021-2025 que pretende ser un paso decisivo en la mejora de la eficacia y la eficiencia de la Administración Pública, adoptando como elemento catalizador la innovación tecnológica de todo el sector público.

La Ley General de Presupuestos del Estado para el 2022 -Ley 22/ 28 de diciembre de 2021, Disposición adicional centésima décima séptima- crea la Agencia Estatal de Administración Digital que, de acuerdo con lo previsto en el artículo 91 de la Ley 40/2015, de 1 de octubre, del RJSP es un organismo público con personalidad jurídica pública, patrimonio propios y plena capacidad de obrar. Estará adscrita a la Secretaría de Estado de Digitalización e Inteligencia Artificial del Ministerio de Asuntos Económicos y Transformación Digital. Se regirá por lo establecido en su estatuto orgánico y por lo dispuesto en la Ley 40/2015, de 1 de octubre RJSP.

Los fines de la Agencia Estatal de Administración Digital son:

- La digitalización del sector público, mediante el ejercicio de las funciones de dirección, coordinación y ejecución del proceso de transformación digital e innovación de la Administración a través de las tecnologías de la información y de las comunicaciones.
- La prestación eficiente de los servicios públicos, a través de la adopción de soluciones digitales, en el marco de los Esquemas Nacionales de Seguridad e Interoperabilidad.
- La transformación digital de las Administraciones Públicas a través de la coordinación de la Administración General del Estado y sus organismos públicos y entidades de derecho público vinculados o dependientes, y de la cooperación con las administraciones públicas para la implantación de las estrategias nacionales e internacionales en materia de administración digital.
- La coordinación funcional de la actuación de las unidades TIC de la Administración General del Estado y el apoyo informático a aquellos departamentos ministeriales que lo precisen.

II. DERECHOS Y OBLIGACIONES EN LA ADMINISTRACIÓN ELECTRÓNICA: EL ESTATUTO DEL CIUDADANO EN SU RELACIÓN ELECTRÓNICA CON LAS ADMINISTRACIONES PÚBLICAS

Las obligaciones y deberes de las Administraciones Públicas y el propio estatuto de los ciudadanos no varían por el hecho de que la Administración utilice para relacionarse con sus ciudadanos, los medios electrónicos. Por ello, como expresa la LRJSP que constituye el eje de la ordenación jurídica del sector público, las Administraciones Públicas siempre están obligadas con carácter general a aplicar el principio de proporcionalidad y elegir la medida menos restrictiva; motivar su necesidad para la protección del interés público, así como justificar su adecuación para lograr los fines que se persiguen, sin que en ningún caso se produzcan diferencias de trato discriminatorias. Asimismo, deberán evaluar periódicamente los efectos y resultados obtenidos y, garantizando la protección de datos personales, comprobar, verificar, investigar e inspeccionar los hechos, actos, elementos, actividades, estimaciones y demás circunstancias que fueran necesarias.

No obstante, si bien los principios que orientan la actividad administrativa son en la Administración Electrónica los mismos principios de la Administración no Electrónica: principio de legalidad o de norma previa; principio de igualdad; principio de proporcionalidad y *favor libertatis*; principio de buena fe y de confianza legítima o principio del interés público; el RAFSPME expresa además como principios propios del sector público en sus actuaciones y relaciones electrónicas:

- Los principios de neutralidad tecnológica y de adaptabilidad al progreso de las tecnologías y sistemas de comunicaciones electrónicas que garantizan la independencia en la elección de alternativas tecnológicas y asimismo la libertad para desarrollar e implantar avances tecnológicos en un ámbito de libre mercado.
- El principio de accesibilidad que supone el establecimiento de un conjunto de principios y técnicas que se deben respetar en el diseño, construcción y actualización de los servicios electrónicos con el fin de garantizar la igualdad y la no discriminación en el acceso de los usuarios, en particular respecto de las personas con discapacidad, mayores, vulnerables.
- El principio de facilidad de uso, que supone minimizar el grado de conocimiento necesario para el uso del servicio electrónico.
- El principio de interoperabilidad, que exige que los sistemas de información y de los procedimientos que les dan soporte, permitan compartir datos y posibilitar el intercambio de información entre ellos.
- El principio de proporcionalidad, que, como en el resto de la actuación administrativa, garantiza que las medidas de seguridad que se impongan sean adecuadas a la naturaleza y circunstancias de los distintos trámites y actuaciones electrónicos.
- Finalmente, el principio de personalización y proactividad, que viene a plasmar la capacidad de las Administraciones Públicas para que, dependiendo de los conocimientos de los usuarios, proporcione estos servicios precumplimentados y se anticipe a sus posibles necesidades -art. 2 RAFSPME-.

Desde un punto de vista objetivo, los principios generales de actuación y funcionamiento del sector público son comunes a la actividad administrativa ordinaria y electrónica: el principio de objetividad en el cumplimiento del interés público; principios de eficacia, jerarquía, descentralización, desconcentración y coordinación, principio de legalidad; servicio efectivo a los ciudadanos; simplicidad, claridad y proximidad a los ciudadanos; participación, objetividad y transparencia de la actuación administrativa; racionalización y agilidad de los procedimientos administrativos y de las actividades materiales de gestión; buena fe, confianza legítima y lealtad institucional; responsabilidad por la gestión pública; planificación y dirección por objetivos y control de la gestión y evaluación de los resultados de las políticas públicas; eficacia en el cumplimiento de los objetivos fijados; economía, suficiencia y adecuación estricta de los medios a los fines institucionales; eficiencia en la asignación y utilización de los recursos públicos; cooperación, colaboración y coordinación entre las Administraciones Públicas -art. 3 LRJSP-

La LPAC distingue a los efectos de la relación electrónica con la Administración, entre ciudadanos, según que sean personas físicas o personas jurídicas y así, el principio general es que las personas físicas pueden elegir en todo momento si se comunican con las Administraciones Públicas para el ejercicio de sus derechos y obligaciones a través de medios electrónicos. La excepción es que estén obligadas a relacionarse a través de medios electrónicos con las Administraciones Públicas por las razones expresadas en la propia ley. En cualquier caso, el medio elegido por la persona para comunicarse con las Administraciones Públicas puede ser modificado por aquella en cualquier momento -art. 14-.

De manera que lo que para algunos ciudadanos es una opción, para otros es una obligación y así están obligados a relacionarse a través de medios electrónicos con las Administraciones Públicas, para la realización de cualquier trámite de un procedimiento administrativo, al menos, los siguientes sujetos:

- las personas jurídicas; las entidades sin personalidad jurídica;
- quienes ejerzan una actividad profesional para la que se requiera colegiación obligatoria, para los trámites y actuaciones que realicen con las Administraciones Públicas en ejercicio de dicha actividad profesional. En todo caso, dentro de este colectivo se entenderán incluidos los notarios y registradores de la propiedad y mercantiles;
- quienes representen a un interesado que esté obligado a relacionarse electrónicamente con la Administración;
- los empleados de las Administraciones Públicas para los trámites y actuaciones que realicen con ellas por razón de su condición de em-

pleado público, en la forma en que se determine reglamentariamente por cada Administración y,

- reglamentariamente, las Administraciones podrán establecer además la obligación de relacionarse con ellas a través de medios electrónicos para determinados procedimientos y para ciertos colectivos de personas físicas que, por razón de su capacidad económica, técnica, dedicación profesional u otros motivos quede acreditado que tienen acceso y disponibilidad de los medios electrónicos necesarios. De manera que habrá que estar al procedimiento administrativo específico que reglamentariamente puede establecer la obligación del medio electrónico en la relación con determinados ciudadanos.

La tendencia expansiva a que el medio electrónico sea progresivamente implantado como preferente en la relación con las Administraciones Públicas, va dando lugar a que esta opción por parte de los ciudadanos se convierta reglamentariamente en una exigencia administrativa que se va extendiendo progresivamente a más colectivos. Las reformas legales relativas a determinados colectivos ya prevén dicha exigencia bajo criterios de "regulación razonable", intentándose aprovechar al máximo las posibilidades que en la actualidad ofrece la Administración Electrónica, garantizando el acceso y disponibilidad de los medios tecnológicos precisos, las más altas cotas en lo que concierne a la meta de eficacia administrativa proclamada por el artículo 103 CE (*STS 74/2018, de 17 de enero*).

La STC 111/2006, de 5 de abril -a partir de la cual otras tantas como la STS 74/2018, de 17 de enero- considera que para verificar si el sistema establecido es acorde con los principios constitucionales, se debe examinar si la imposición obligatoria de la notificación electrónica a las personas jurídicas es "necesaria, razonable y proporcionada". Y la respuesta de la Sala es que la legislación respeta dichos principios por las siguientes razones: "a.- La potestad de imponer el uso obligatorio de los medios electrónicos en las comunicaciones es razonable. El establecimiento de una Administración electrónica es absolutamente necesario desde parámetros de modernidad y tiene como objetivo la obtención de una mayor eficacia en la actuación administrativa - art 103CE -. Sin duda alguna, mediante el establecimiento de un sistema obligatorio de notificación se logra el objetivo propuesto de contribuir a una mayor eficacia administrativa y, en especial, de la administración tributaria, esencial para la defensa del interés general - juicio de idoneidad-. El medio utilizado, es adecuado para la obtención del fin buscado -juicio de necesidad-. Y, sobre todo, es proporcional pues mediante su imposición se derivan beneficioso ventajas para el interés general, sin lesión grave de otros bienes jurídicos -juicio de proporcionalidad en sentido estricto-. En efecto, presumir que las personas jurídicas y, en particular, las sociedades mercantiles disponen de medios tecnológicos precisos para ser incluidas en el sistema DEH es razonable. La propia naturaleza de estas personas permite suponer que tienen medios a su disposición o, si se quiere, que pueden buscarlos o incluso apoderara un tercero al efecto. No siendo contrario a la Constitución que el legislador imponga a las personas jurídicas que ejercen actividades económicas mayores cargas como consecuencia de la adopción de forma societaria -de la que se infiere la existencia de medios- y sin que dichas entidades puedan excusarse en su rechazo a la implantación de las nuevas tecnologías o en su comodidad personal, con lesión del interés general"..."por la naturaleza de las cosas las entidades incluidas en el ámbito de aplicación del Reglamento no están afectadas por las limitaciones que la ley prevé sobre "acceso y disponibilidad" de medios tecnológicos, a efectos de imponer la asunción de las notificaciones electrónicas". "Esa "regulación razonable" lógicamente ha de favorecerse con la prestación de asistencia necesaria por parte de las Administraciones Públicas para facilitar el acceso de los interesados a los servicios electrónicos, confirmándose normativamente los canales que el propio devenir y transformación digital han ido imponiendo. De manera que además del canal presencial propio de las oficinas de asistencia, se reconocen los portales de internet y sedes electrónicas; las redes sociales; el canal telefónico; el correo electrónico y cualquier otro canal que pueda establecerse de acuerdo al artículo 12 de la LPAC.".

III. EL DOCUMENTO, LA COPIA Y EL EXPEDIENTE ELECTRÓNICO

1. *El documento administrativo electrónico*

Lo característico de la Administración Electrónica es la utilización de herramientas electrónicas o digitales en la actividad y procedimiento administrativo: documentos y copias electrónicos; notificaciones electrónicas; expedientes electrónicos; comparecencias electrónicas; firmas digitales; sedes y registros electrónicos.

La base documental del procedimiento electrónico la constituye el denominado documento administrativo electrónico que consiste en "la información de cualquier naturaleza en forma electrónica, archivada en un soporte electrónico, según un formato determinado y susceptible de identificación y tratamiento diferenciado admitido en el Esquema Nacional de Interoperabilidad y normativa correspondiente, y que haya sido generada, recibida o incorporada por las Administraciones Pública en el ejercicio de sus funciones sujetas a Derecho administrativo" -art. 46 RAFSPME-. Constituye pues una tipología del documento administrativo al que la LPAC le otorga preferencia de uso respecto de otro tipo de documentos ya que la

Administración, en principio, según el artículo 26.1, "emitirá los documentos administrativos por escrito, a través de medios electrónicos, a menos que su naturaleza exija otra forma más adecuada de expresión y constancia".

En todo caso, para que el documento electrónico sea válido y, por tanto, pueda ser calificado como documento público administrativo, este ha de contar con los requisitos propios de estos:

- Contener información de cualquier naturaleza archivada en un soporte electrónico según un formato determinado susceptible de identificación y tratamiento diferenciado.
- Disponer de los datos de identificación que permitan su individualización, sin perjuicio de su posible incorporación a un expediente electrónico.
- Incorporar una referencia temporal del momento en que han sido emitidos que puede ser una marca de tiempo o un sello electrónico cualificado de tiempo -art. 50 RAFSPME-.
- Incorporar los metadatos mínimos exigidos entendiendo como tales, al conjunto de datos que describen el contenido informativo de un recurso, de archivos o de información de los mismos.
- Incorporar las firmas electrónicas que correspondan de acuerdo con lo previsto en la normativa aplicable.

Y, evidentemente, para que sean considerados válidos a los efectos de ser un documento administrativo, los documentos electrónicos han de ser trasladados a un tercero a través de medios electrónicos, pues en otro caso, no surtirían efectos administrativos de ninguna clase. En este sentido constituye particularidad de los documentos electrónicos emitidos por las Administraciones Públicas, el no requerir de firma electrónica cuando se publiquen con carácter meramente informativo y tampoco aquellos que no formen parte de un expediente administrativo en cuanto constituyen actividad administrativa interna que no concluye en resolución administrativa alguna. en ambos casos, aunque no requieran firma, sí es preciso que en dichos documentos se identifique su origen.

2. *Las copias electrónicas y las copias en soporte papel de documentos electrónicos*

Para que una copia electrónica o en papel sea copia auténtica, dando fe y garantía de la identidad y su contenido, las Administraciones Públicas deben ajustarse a lo previsto en el Esquema Nacional de Interoperabilidad, el Esquema Nacional de Seguridad y sus normas técnicas de desarrollo. Se trata con ello de cumplir con el proceso de digitalización que permite convertir o transformar el documento en soporte papel o en otro soporte no electrónico, en un fichero electrónico que contenga la imagen codificada, fiel e íntegra del documento. De otra forma no daría fe pública del documento del que fuera copia. Dar fe pública, en definitiva, constituye el objetivo principal de la copia en el sentido de que esta esté acreditada como auténtica en relación al documento respecto del que se expide la misma.

> El artículo 156 de la Ley 40/2015 recoge el Esquema Nacional de Interoperabilidad (ENI) que "comprende el conjunto de criterios y recomendaciones en materia de seguridad, conservación y normalización de la información, de los formatos y de las aplicaciones que deberán ser tenidos en cuenta por las Administraciones Públicas para la toma de decisiones tecnológicas que garanticen la interoperabilidad". El ENI fue establecido anteriormente en el artículo 42 de la Ley 11/2007 y se materializa en el Real Decreto 4/2010, de 8 de enero, por el que se regula el Esquema Nacional de Interoperabilidad en el ámbito de la Administración Electrónica. Las normas técnicas de interoperabilidad concretan detalles para facilitar los aspectos más prácticos y operativos de la interoperabilidad entre las Administraciones Públicas y con el ciudadano. Se acompañan de guías de aplicación y de otros documentos complementarios.

Los interesados pueden solicitar, en cualquier momento, la expedición de copias auténticas de los documentos públicos administrativos que hayan sido válidamente emitidos por las Administraciones Públicas. Dicha solicitud de expedición de copias auténticas ha de dirigirse al órgano que emitió el documento original, debiendo expedirse, salvo las excepciones derivadas de la aplicación de la Ley 19/2013, de 9 de diciembre, de transparencia, acceso a la información pública y buen gobierno, en el plazo de quince días a contar desde la recepción de la solicitud en el registro electrónico de la Administración u Organismo competente.

Precisamente para que las copias den fe, acreditando su autenticidad, ya sean o no electrónicas, han de cumplir con toda una serie de reglas:

– Las copias electrónicas de un documento electrónico original o de una copia electrónica auténtica, con o sin cambio de formato, deberán incluir los metadatos que acrediten su condición de copia y que se visualicen al consultar el documento.

- Las copias electrónicas de documentos en soporte papel o en otro soporte no electrónico susceptible de digitalización, requerirán que el documento haya sido digitalizado y deberán incluir los metadatos que acrediten su condición de copia y que se visualicen al consultar el documento -art. 27 de la LPAC-.
- Las copias en soporte papel de documentos electrónicos requerirán que en las mismas figure la condición de copia y contendrán un código generado electrónicamente u otro sistema de verificación, que permitirá contrastar la autenticidad de la copia mediante el acceso a los archivos electrónicos del órgano u Organismo público emisor.
- Las copias en soporte papel de documentos originales emitidos en dicho soporte se proporcionan mediante una copia auténtica en papel del documento electrónico que se encuentre en poder de la Administración o bien mediante una puesta de manifiesto electrónica conteniendo copia auténtica del documento original.

Las Administraciones Públicas están obligadas a expedir copias auténticas electrónicas de cualquier documento en papel que presenten los interesados y que se vaya a incorporar a un expediente administrativo. Cuando las Administraciones Públicas expidan copias auténticas electrónicas, debe quedar expresamente así indicado en el documento de la copia. Eso sí, la expedición de copias auténticas de documentos públicos notariales, registrales y judiciales, así como de los diarios oficiales, se regirá por su legislación específica.

3. *La regla general de los expedientes administrativos en formato electrónico*

El expediente electrónico es un tipo o especie dentro de la categoría del expediente administrativo y, como tal, constituye el conjunto ordenado de documentos y actuaciones que sirven de antecedente y fundamento a la resolución administrativa que se adopte, así como las diligencias encaminadas a ejecutarla.

La regla general que establece la LPAC es que los expedientes han de tener formato electrónico, formándose mediante la agregación ordenada de cuantos documentos, pruebas, dictámenes, informes, acuerdos, notificaciones y demás diligencias deban integrarlos, de carácter digital. Precisamente porque se trata de un conjunto ordenado de documentos, se exige que forme parte del expediente, el índice numerado de todos los documentos que contenga cuando se remita y copia electrónica certificada de la resolución adoptada.

Como garantía de remisión, cuando en virtud de una norma sea preciso remitir el expediente electrónico a un tercero, se ha de hacer de acuerdo con lo previsto en el Esquema Nacional de Interoperabilidad y las correspondientes Normas Técnicas de Interoperabilidad, enviándose por completo, foliado, autentificado y acompañado de un índice, asimismo autentificado, de los documentos que contenga. La autenticación del citado índice tiene por objeto, por un lado, garantizar la integridad e inmutabilidad del expediente electrónico generado desde el momento de su firma y, de otro lado, permite su recuperación siempre que sea preciso, siendo admisible que un mismo documento forme parte de distintos expedientes electrónicos.

En ningún caso forma parte del expediente electrónico -como sucede respecto de cualquier expediente administrativo- la información que tenga carácter auxiliar o de apoyo, como la contenida en aplicaciones, ficheros y bases de datos informáticas, notas, borradores, opiniones, resúmenes, comunicaciones e informes internos o entre órganos o entidades administrativas, así como los juicios de valor emitidos por las Administraciones Públicas, salvo que se trate de informes, preceptivos o facultativos, solicitados antes de la resolución administrativa que ponga fin al procedimiento.

Las Administraciones tienen el deber de hacer públicos, a través de la sede electrónica correspondiente, los códigos seguros de verificación o el sistema de verificación que utilicen -art. 70 LPAC-.

IV. LA COMUNICACIÓN Y NOTIFICACIÓN ELECTRÓNICA

1. *Características de la obligación de la notificación electrónica*

De forma coherente, en la medida en que la ley opta preferentemente por el expediente electrónico, también da preferencia a las notificaciones por medios electrónicos -art. 41.1 LPAC- siendo además obligatoria la notificación electrónica cuando el interesado resulte obligado a relacionarse con la Administración por esta vía.

Como es lógico, dentro de la operativa ordinaria de cualquier Administración, esta puede practicar las notificaciones por medios no electrónicos en algunos supuestos: cuando el interesado o su representante comparece espontáneamente en las oficinas de asistencia en materia de registro, solicitando la comunicación o notificación personal en ese momento o cuando para asegurar la eficacia de la actuación administrativa sea preciso practicar la notificación por entrega directa de un empleado público de la Administración notificante.

Además, hay notificaciones que, por su propia naturaleza, no pueden ser electrónicas, en concreto en las que el acto a notificar se acompañe de elementos que no sean susceptibles de conversión en formato electrónico y las que contengan medios de pago a favor de los obligados, tales como son los cheques.

Los interesados que no están obligados a recibir notificaciones electrónicas pueden decidir y comunicar en cualquier momento a la Administración Pública, mediante los modelos normalizados que se establecen al efecto, que las notificaciones sucesivas se practiquen o dejen de practicarse por medios electrónicos.

Como vimos respecto de los ciudadanos obligados a relacionarse electrónicamente con las Administraciones, reglamentariamente, las Administraciones pueden establecer la obligación de practicar electrónicamente las notificaciones para determinados procedimientos y para ciertos colectivos de personas físicas o jurídicas que, por razón de su capacidad económica, técnica, dedicación profesional u otros motivos quede acreditado que tienen acceso y disponibilidad de los medios electrónicos precisos.

Así, por ejemplo, tienen obligación de recibir por medios electrónicos las comunicaciones y notificaciones que efectúe la Agencia Tributaria en sus actuaciones y procedimientos tributarios, aduaneros y estadísticos de comercio exterior y en la gestión recaudatoria de los recursos de otros Entes y Administraciones Públicas que tiene atribuida o encomendada, las personas y entidades a las que se refiere el art. 14.2 de la Ley 39/2015, así como los representantes aduaneros, las personas físicas inscritas en REDEME y las personas físicas inscritas en el Registro de Grandes Empresas (art. 4 del RD 1363/2010, de 29 de octubre). De acuerdo con ello, están obligados, entre otros:

- Sociedades anónimas y de responsabilidad limitada.

- Personas jurídicas y Entidades sin Personalidad Jurídica (comunidades de bienes, herencias yacentes y comunidades de propietarios).

- Establecimientos permanentes y sucursales de entidades no residentes en territorio español.

- Entidades cuyo NIF empiece por la letra "V" y corresponda con uno de los siguientes tipos: Agrupación de interés económico, Agrupación de interés económico europea, Fondo de Pensiones, Fondo de capital riesgo, Fondo de inversiones, Fondo de titulización de activos, Fondo de regularización del mercado hipotecario, Fondo de titulización hipotecaria, Fondo de garantía de inversiones.

- Uniones temporales de empresas.
- Contribuyentes inscritos en el Registro de grandes empresas.
- Contribuyentes que tributen en el régimen de consolidación fiscal del IS.
- Contribuyentes que tributen en el régimen especial del grupo de entidades del IVA.
- Contribuyentes inscritos en el REDEME.
- Contribuyentes con autorización para la presentación de declaraciones aduaneras mediante el sistema de transmisión electrónica de datos (EDI).

Adicionalmente, el interesado puede identificar un dispositivo electrónico y/o una dirección de correo electrónico con el fin de que le envíen avisos, pero no para la práctica de notificaciones, pues el correo electrónico por sí mismo no da fe de una entrega o una puesta en conocimiento de una notificación administrativa por parte del destinatario de la misma si no va vinculado a una comparecencia electrónica a través del aviso electrónico que permita acreditar el acceso y el conocimiento del contenido de la misma.

En este sentido, para saber si existe o no tal obligación, es preciso acudir al procedimiento administrativo concreto y al análisis del colectivo al que, en su caso, se pertenezca. Y, asimismo, para el establecimiento de la obligación por parte de la Administración, esta no puede imponerla de forma arbitraria a ningún ciudadano, sino que ha de tener en cuenta su capacidad económica y técnica, tal y como establece, entre otras, la STS 74/2018, de 17 de enero.

Cuando en virtud del artículo 14 LPAC, la relación de los interesados con la Administración Pública debe realizarse por medios electrónicos, deben comunicarse a los interesados por el medio digital toda una serie de contenidos mínimos: fecha y hora de inicio del cómputo de plazos; fecha de recepción de la solicitud; necesidad de solicitud de pronunciamiento previo y preceptivo a un órgano de la Unión Europea; posible existencia de un procedimiento no finalizado en el ámbito de la Unión Europea que pueda condicionar directamente el contenido de la resolución; solicitud de informe preceptivo; solicitud de previo pronunciamiento de un órgano jurisdiccional cuando sea indispensable; realización del requerimiento de anulación o revisión de actos entre Administraciones.

Cuando el procedimiento se inicia a instancia del interesado, la notificación administrativa se practica por el medio que el propio interesado elija e indique, si bien deberá ser electrónica si está obligado a relacionarse de esta forma con la Administración. Cuando no es posible realizar la notificación según lo que exprese el ciudadano en su solicitud, la Administración la practicará en cualquier lugar adecuado a tal fin, y por cualquier medio que le permita tener constancia de la recepción. Cuando el procedimiento se inicia de oficio, a los solos efectos de su inicio, se permite que las Administraciones Públicas, para conocer cuál es el domicilio del notificado -electrónicamente o no- recaben mediante consulta a las bases de datos del Instituto Nacional de Estadística, los datos sobre el domicilio del interesado recogidos en el Padrón Municipal, remitidos por las Entidades Locales.

2. *Práctica de la notificación electrónica: la comparecencia en la sede electrónica*

Con independencia del medio utilizado, las notificaciones son válidas siempre que permitan tener constancia de su envío o puesta a disposición; de la recepción o acceso por el interesado o su representante; de sus fechas y horas; del contenido íntegro, y de la identidad fidedigna del remitente y destinatario de la misma.

La acreditación de la notificación efectuada se incorpora al expediente. Sin embargo, es claro que, en la práctica y, sobre todo, a partir del RAFSPME, se viene exigiendo una cierta obligación de comunicación electrónica entre la Administración y los ciudadanos que se traduce muchas veces en una carrera de obstáculos que genera indefensión a los ciudadanos. Por ello la jurisprudencia viene garantizando que la herramienta electrónica no dé lugar a un "formalismo enervante" que, en la práctica, sea una "carrera de obstáculos" que limite las posibilidades de defensa a los interesados, incluso cuando estos no actúan con total diligencia – STSJ Castilla y León 126/2019, de 6 de febrero-.

Cuestión común a las notificaciones electrónicas y no electrónicas es asimismo que, en el supuesto de que el interesado rechace la notificación, se haga constar en el expediente, especificándose las circunstancias del intento de notificación y el medio, dando por efectuado el trámite y siguiéndose el procedimiento.

El aviso de puesta a disposición de la notificación, informa al ciudadano de la puesta a disposición de la notificación, bien en la dirección electrónica única, bien en la sede electrónica o sede electrónica asociada de la

Administración. No obstante, la falta de práctica del aviso no impide que la notificación sea considerada plenamente válida, ya que el aviso tiene naturaleza meramente informativa. A pesar de ello, si la notificación es formalmente válida y no existe aviso, si por ello se genera indefensión, la notificación no surte sus efectos. El interesado es el responsable de comunicar a la Administración cualquier cambio en el dispositivo facilitado para el aviso por tales medios.

> No basta contestar que tales avisos no son preceptivos para la AEAT, pero en justicia se impone un principio de igualdad, de seguridad jurídica en las notificaciones y de confianza legítima y de buena fe en la Administración. De tal manera que, si en idénticos casos y para la misma Administración siempre se han mandado avisos, habrá que respetar el mismo criterio para el resto de notificaciones, máxime cuando se trata de actuaciones del mismo procedimiento de comprobación tributaria. Consta en el expediente que todas las actuaciones del procedimiento de comprobación limitada se pusieron a disposición de la entidad a través del buzón electrónico asociado a la dirección de un correo electrónico. Todas recibieron aviso menos la liquidación tributaria. Si siempre se ha avisado a la entidad de la existencia de notificación en el buzón mediante el envío de correo a la dirección electrónica, es lo que debe hacer siempre; pues en el ciudadano se genera una confianza sobre dicha práctica -STSJ de Cataluña 762/2016, de 16 de noviembre-.
>
> En este sentido es preciso interpretar que en esta materia de la notificación electrónica no es tanto que estemos bajo principios distintos a los principios de la actividad administrativa sino ante un mayor casuismo derivado de las herramientas electrónicas como expresa la STSJ de la Comunidad Valenciana 1928/2020, de 4 de noviembre, según la cual: "En alguna ocasión se ha dicho que la notificación electrónica que ha incorporado nuestro ordenamiento supone un "cambio de paradigma" en la regulación de las comunicaciones formales entre la Administración y los ciudadanos. Sin afirmar ni desmentir tan amplio aserto, decimos nosotros que el advenimiento de una técnica de comunicación renovará su casuismo, y no tanto los principios rectores de las comunicaciones que habiliten la defensa de derechos e intereses legítimos. También en las controversias sobre comunicaciones electrónicas habrán de ponderarse cuidadosamente las particulares circunstancias del caso." (FJ 3º). La STC 6/2019, de 17 de enero confirma la validez del sistema de avisos declarándolo ajustado a la Constitución, aunque en el marco de la normativa procesal y no administrativa, pero los razonamientos utilizados son plenamente extrapolables a las notificaciones en el ámbito del procedimiento administrativo, declarando que se trata de un elemento que facilita el conocimiento de la existencia de la notificación, pero que no la sustituye.

Hay supuestos en los que la Administración lleva a cabo la puesta a disposición de las notificaciones por ambos sistemas: electrónico y no electrónico. En estos casos, para el cómputo de los plazos y el resto de efectos jurídicos se tiene en cuenta la fecha y la hora de acceso al contenido o el rechazo de la notificación por el interesado en la modalidad o sistema en el que dicha notificación haya sucedido en primer lugar, debiéndose sincronizar por parte de la Administración de forma automatizada en ambos sistemas, la información sobre el estado de la notificación con el fin de garantizar la eficacia y seguridad jurídica en la tramitación del procedimiento.

Las notificaciones por medios electrónicos se practican mediante lo que se denomina "comparecencia en la sede electrónica" de la Administración u Organismo actuante, por la cual, el interesado accede al contenido de la notificación a través de la dirección electrónica habilitada única, si bien también puede accederse desde el Punto de Acceso General electrónico de la Administración que funciona como un portal de acceso. La comparecencia ante las oficinas públicas ya sea presencialmente o por medios electrónicos, sólo es obligatoria cuando así esté previsto en una norma con rango de ley. La correspondiente citación debe hacer constar expresamente el lugar, fecha, hora, los medios disponibles y objeto de la comparecencia, así como los efectos de no atenderla. Si el interesado lo solicita, la Administración ha de certificar el hecho de la comparecencia -art. 19-.

Con carácter previo al acceso al contenido de la notificación puesta a disposición del interesado, este debe ser informado por la Administración de que dicho acceso al contenido, el rechazo expreso de la notificación, o bien la presunción de rechazo por haber transcurrido el plazo de diez días naturales desde la puesta a disposición de la notificación sin acceder al contenido de la misma, supone considerar efectuado el trámite de notificación, continuándose con el procedimiento. En este sentido queda constancia en la dirección electrónica habilitada única de la fecha y hora del momento del acceso al contenido de la notificación, del rechazo expreso de la misma o del vencimiento del plazo previsto en el artículo 43.2 de la LPAC.

La obligación de notificar dentro del plazo máximo de duración de los procedimientos, se cumple con carácter general siempre y cuando la notificación contenga, cuando menos, el texto íntegro de la resolución, así como el intento de notificación debidamente acreditado y en el caso de la notificación electrónica esta obligación se entiende cumplida con la puesta a disposición de la notificación en la sede electrónica -arts. 43 y 44 LPAC-.

V. LA SEDE ELECTRÓNICA

El correlativo de la oficina o sede física de una Administración Pública viene a ser en la Administración Electrónica, la sede electrónica que es la dirección electrónica disponible para los ciudadanos a través de redes de telecomunicaciones, cuya titularidad, gestión y administración corresponde a una Administración Pública, órgano o entidad administrativa en el ejercicio de sus competencias. Cada Administración se hace responsable de su integridad, veracidad y de la actualización de la información, así como de los servicios a los que pueda accederse a través de la misma. De manera que en la sede electrónica de acceso a cada registro administrativo figura la relación actualizada de trámites que pueden iniciarse en el mismo.

Además de la sede electrónica propiamente dicha, por motivos organizativos o técnicos se crean las denominadas sedes electrónicas asociadas que son las sedes electrónicas que se vinculan a la sede ya existente de una Administración Pública, organismo público o entidad de derecho público.

La sede es así el punto electrónico de acceso a aquellos servicios de centros directivos que requieren en todo caso la identificación o autenticación por parte de los ciudadanos o de la Administración, debiendo estar dotada de las condiciones especiales de identificación, seguridad y de responsabilidad, garantizando a su vez una información veraz, actualizada y completa.

Toda sede electrónica ha de contener los medios para la formulación de sugerencias y quejas y un registro electrónico, propio o proporcionado por otro organismo, con aplicaciones específicas para el tratamiento de los escritos normalizados de los procedimientos que tramitan, dotado de medios de control de tiempo, plazos y servicios de comunicaciones y notificaciones electrónicas.

Las sedes electrónicas, garantizando el servicio al ciudadano, deben cumplir con los principios de accesibilidad, usabilidad, uso de estándares abiertos, protección de datos personales, confidencialidad, disponibilidad e integridad de las informaciones y comunicaciones que se realicen a través de ellas.

La sede de cada Administración Pública es la que determina y especifica las condiciones e instrumentos de su creación con sujeción a los principios de publicidad oficial, responsabilidad, calidad, seguridad, disponibilidad, accesibilidad, usabilidad, neutralidad e interoperabilidad.

VI. LOS REGISTROS Y ARCHIVOS ELECTRÓNICOS

1. El Registro Electrónico General y los registros electrónicos dependientes

La técnica registral es común al conjunto de la actividad administrativa de limitación pues a través de ella las Administraciones no sólo conocen las solicitudes de los ciudadanos, sino que además comprueban diferentes extremos exigidos a los particulares para el ejercicio de sus derechos, provocando así la seguridad del tráfico jurídico y permitiendo a su vez el otorgamiento de fe pública de determinados hechos, negocios o circunstancias que les afectan.

Registros tradicionales como son el Registro Civil, el Mercantil, el de Propiedad inmobiliaria o de la Propiedad Industrial, son instituciones administrativas que a su vez han emprendido una necesaria reforma digital dado que se requiere su conectividad con el conjunto de registros administrativos que en diferentes Administraciones tienen su objeto específico y que requieren de su colaboración.

En el ámbito de la Administración Electrónica los registros administrativos electrónicos son todos aquellos cuya característica es la utilización por la Administración y los ciudadanos de las herramientas electrónicas. Básicamente son el Registro Electrónico General y los registros a él conectados de los diferentes organismos dependientes; el Registro de apoderamientos y el Registro de funcionarios habilitados. El archivo electrónico, a diferencia de los registros, tiene un alcance cerrado al servir de depósito de los procedimientos administrativos ya finalizados.

Precisamente para evitar la indefensión que genera la falta de conocimiento del formato electrónico, los registros electrónicos admiten tanto documentos electrónicos normalizados conforme a un formato preestablecido, como cualquier solicitud, escrito o comunicación distinta de esos formatos, si bien, en el caso de que se presenten documentos e información cuyo régimen especial establece otra forma de presentación, el órgano administrativo para su tramitación ha de comunicar esta circunstancia al interesado, informándole de los requisitos exigidos por la legislación específica aplicable -art. 37.3 y 4 RAFSPME-.

Toda Administración dispone de un Registro Electrónico General en el que constan los asientos de cada documento que se presenta o se recibe en cualquier órgano administrativo, organismo público o entidad vinculada o dependiente a éstos. En el Registro General asimismo se pueden anotar la salida de los documentos oficiales dirigidos a otros órganos o particulares -art. 16 LPAC-.

De manera que cada organismo público vinculado o dependiente de cada Administración lo habitual es que disponga de su propio registro electrónico plenamente interoperable e interconectado con el Registro Electrónico General de la Administración de la que depende, por lo que el Registro Electrónico General funciona como un portal que permite y facilita el acceso a los registros electrónicos de cada organismo. Todos estos registros han de cumplir con las garantías y medidas de seguridad previstas en la legislación en materia de protección de datos de carácter personal. Además debe publicarse la actualización de la relación de oficinas en las que se presta asistencia para la presentación electrónica de documentos.

Son las disposiciones que crean los registros electrónicos las que especifican el órgano o unidad responsable de su gestión, así como la fecha y hora oficial y los días declarados como inhábiles. Como en cualquier ámbito registral, en este Registro Electrónico General y demás registros conectados a él, los asientos siguen el principio de *prior tempore potior in iure* -esto es, el asiento anterior es preferente en Derecho- por lo que se respeta el orden temporal de recepción o salida de los documentos, debiéndose indicar la fecha del día en que se produzcan. Cuando concluye el trámite de registro, los documentos se tramitan a sus destinatarios y a las unidades administrativas correspondientes desde el registro en que se reciben y no se tienen por presentados aquellos documentos e información cuyo régimen especial establezca otra forma de presentación.

La importancia de la constancia y el otorgamiento de fe pública de los datos temporales de presentación de cualquier documento, obliga a que todos los asientos consten de un número; epígrafe expresivo de su naturaleza; fecha y hora de presentación; identificación del interesado; órgano administrativo remitente, si procede, y persona u órgano administrativo al que se envía, y, en su caso, referencia al contenido del documento que se registra. De manera que cuando se practica el asiento se emite automáticamente un recibo consistente en una copia autenticada del documento de que se trate, incluyendo la fecha y hora de presentación y el número de entrada de registro, así como un recibo acreditativo de otros documentos que, en su caso, lo acompañen, que garantice la integridad y el no repudio de los mismos.

Lo que añade la Administración Electrónica al modo ordinario de presentación de documentos de los interesados a la Administración -bien en oficinas de Correos; representaciones diplomáticas o consulares; oficinas de asistencia de registros- es el hecho de que permite que dichos documentos puedan presentarse con mayor eficacia y eficiencia de recursos por diversos canales en el registro electrónico de la Administración u organismo al que se dirijan. Por ello los registros electrónicos siempre han de cumplir con la garantía de la interoperabilidad porque con ello se garantiza su compatibilidad informática e interconexión, así como la transmisión telemática de los asientos registrales y de los documentos que se presenten en cualquiera de los registros.

La ambición de implantación de la Administración Electrónica, más ágil y conforme a los tiempos, da lugar a que más allá de que los procedimientos se inicien electrónicamente mediante la presentación documental en registros electrónicos, se exija que incluso los documentos presentados de manera presencial ante las Administraciones Públicas, sean digitalizados por la oficina de asistencia en materia de registros en la que hayan sido presentados con el fin de que se incorporen de entrada a un expediente administrativo electrónico. En estos casos se devuelven los originales presentados al interesado a excepción de aquellos supuestos en que la norma obliga a la custodia por la Administración de los documentos presentados físicamente o resulte obligatoria la presentación de objetos o de documentos en un soporte específico no susceptibles de digitalización.

Una de las funciones de las oficinas de asistencia en materia de registros en el ámbito de la Administración General del Estado es, además de todas las previstas en el artículo 40.3 del RAFSPME, la digitalización de las solicitudes, escritos y comunicaciones en papel que se presenten o sean recibidos en la oficina, así como su anotación en el registro electrónico general o en el del organismo correspondiente.

2. *La acreditación electrónica de la representación de los interesados: Los denominados Registros Electrónicos de Apoderamiento*

Toda persona con capacidad de obrar puede actuar ante la Administración por medio de representante, bien sea una persona física o jurídica. Cuando el interesado está obligado a relacionarse electrónicamente con la Administración, su representante también ha de hacerlo. Dicha representación puede acreditarse por cualquier medio válido en derecho, entre otros, mediante apoderamiento *apud acta* efectuado por comparecencia personal, pero también mediante acreditación de su inscripción en el registro electrónico de apoderamientos; mediante un certificado electrónico cualificado de representante -de conformidad al artículo 28 y el Anexo del Reglamento UE 910/2014 del Parlamento Europeo y del Consejo, de 23 de julio de 2014, relativo a la identificación electrónica y los servicios de confianza para las transacciones electrónicas en el mercado interior- o mediante documento público cuya matriz conste en un archivo notarial o de una inscripción practicada en un registro mercantil.

En base a la posibilidad de acreditación de la representación mediante la inscripción del poder en el registro electrónico correspondiente, cada Administración territorial dispone de un registro electrónico general de apoderamientos en el que como mínimo se inscriben los poderes de carácter general otorgados *apud acta*, presencial o electrónicamente, por quien ostenta la condición de interesado en un procedimiento administrativo -poderdante- a favor de representante -apoderado- para actuar en su nombre ante las Administraciones Públicas. En el registro también consta el bastanteo realizado del poder -art. 6-. En el ámbito estatal, este registro de apoderamientos se denomina Registro Electrónico de Apoderamientos de la Administración General del Estado. Además, cada organismo puede disponer de su propio registro electrónico de apoderamientos, inscribiéndose en ellos los poderes otorgados para la realización de trámites específicos.

Con alcance general existen tres tipos de poder que pueden otorgarse y quedarse registrados en estos registros generales o particulares electrónicos de apoderamiento:

- poder general para cualquier actuación administrativa y ante cualquier Administración
- poder para cualquier actuación administrativa ante una Administración u organismo concreto.
- poder únicamente para la realización de determinados trámites especificados en el poder.

Los denominados apoderamientos *apud acta* se otorgan mediante comparecencia electrónica en la sede electrónica correspondiente, haciendo uso de los sistemas de firma electrónica, o bien mediante comparecencia personal en las oficinas de asistencia en materia de registros. Cualquier poder inscrito en el registro tiene una validez determinada máxima de cinco años a contar desde la fecha de inscripción. En todo caso, en cualquier momento, antes de la finalización de dicho plazo el poderdante puede revocarlo o prorrogarlo. Toda solicitud de inscripción del poder, de revocación, de prórroga o de denuncia puede dirigirse a cualquier registro, quedando inscrita esta circunstancia y surtiendo efectos desde la inscripción.

Los registros electrónicos generales y particulares de apoderamientos permiten comprobar válidamente la representación de quienes actúen ante las Administraciones Públicas en nombre de un tercero, mediante la consulta a otros registros administrativos similares, al Registro Mercantil, de la Propiedad, y a los protocolos notariales

Como en las instituciones registrales clásicas, los asientos relativos a los apoderamientos deben contar con toda una serie de datos que vengan a dar seguridad jurídica a la representación de la que se trate: fecha de inscripción, tipo de poder, período por el que se otorga el poder, tipo de facultades que se otorgan, datos del poderdante y del apoderado.

Como cualesquiera registros electrónicos, los registros electrónicos de apoderamiento han de ser plenamente interoperables entre sí, de modo que se garantice su interconexión, compatibilidad informática, así como la transmisión telemática de las solicitudes, escritos y comunicaciones que se incorporen a los mismos. Asimismo, lo han de ser respecto de las instituciones registrales clásicas como son los Registros Mercantiles, de la Propiedad, y de los protocolos notariales que a su vez deben ser interoperables con los registros electrónicos generales y particulares de apoderamientos.

3. El Registro de funcionarios públicos habilitados para la identificación y firma de los ciudadanos

El interés porque todo ciudadano tenga la posibilidad de interactuar electrónicamente con las Administraciones, da lugar a que estas faciliten también los medios humanos para que esto se haga realidad. Por ello las Administraciones territoriales cuentan con este registro en el que constan los funcionarios habilitados para la identificación o firma de determinados ciudadanos cuando estos así lo solicitan. En este registro o sistema equivalente, al menos, constarán además, los funcionarios que presten servicios en las oficinas de asistencia en materia de registros.

Como los demás registros electrónicos estos registros o sistemas deben ser plenamente interoperables y estar interconectados con los de las restantes Administraciones Públicas, a los efectos de comprobar la validez de las citadas habilitaciones. Con ello las Administraciones Públicas facilitan y fomentan el uso de medios electrónicos a los interesados no obligados, especialmente en lo referente a la identificación y firma electrónica, presentación de solicitudes a través del registro electrónico general y obtención de copias auténticas -art. 12 LPAC-. Pensemos que la denominada “brecha digital" es especialmente profunda en determinados sectores sociales como la tercera edad, discapacitados y vulnerables sociales.

4. El Archivo electrónico Único

Frente al carácter dinámico de los registros administrativos que van recibiendo o enviando los diferentes documentos electrónicos, los archivos tienen un carácter estático en cuanto que contienen los procedimientos administrativos ya finalizados en cada Administración, integrando todos los documentos electrónicos que corresponden a dicho procedimiento. El deber de la Administración Pública de conservar en soporte electrónico todos los documentos que forman parte de un expediente administrativo, así como de todos aquellos documentos con valor probatorio creados al margen de un procedimiento, da lugar a la figura del archivo electrónico. En concreto, el archivo electrónico único de cada Administración constituye el conjunto de sistemas y servicios que sustenta la gestión, custodia y recuperación de los documentos y expedientes electrónicos, así como de otras agrupaciones documentales o de información una vez finalizado el procedimiento administrativo.

Los documentos electrónicos se conservan en el archivo en un formato que permite a largo plazo garantizar la autenticidad, la integridad, la confidencialidad, la calidad, protección y conservación del documento, así como su consulta con independencia del tiempo transcurrido desde su emisión. En este sentido se debe asegurar la identificación de los usuarios y el control de accesos, así como el cumplimiento de las garantías previstas en la legislación de protección de datos.

Los medios o soportes en que se almacenan los documentos deben contar con medidas de seguridad, de acuerdo con lo previsto en el Esquema Nacional de Seguridad. Como el dinamismo del progreso digital es de tal calado se pretende garantizar el traslado de los datos a otros formatos y soportes que permitan el acceso desde diferentes aplicaciones. La eliminación de cualquiera de estos documentos se debe autorizar conforme a la normativa aplicable -art. 17 LPAC-.

El archivo de los documentos correspondientes a procedimientos administrativos ya iniciados antes de la entrada en vigor de la LPAC, se rige por lo dispuesto en la normativa anterior, pero siempre que sea posible, los documentos en papel asociados a procedimientos administrativos finalizados antes de la entrada en vigor de la LPAC, deben digitalizarse de acuerdo con los requisitos establecidos en la normativa reguladora aplicable.

VII. EL CÓMPUTO DE PLAZOS EN LOS REGISTROS ELECTRÓNICOS

La naturaleza de los registros electrónicos como herramientas que posibilitan el acceso a la Administración ilimitado en el tiempo obliga a la concreción de unas normas sobre el sistema de cómputo de los plazos administrativos. Ello da lugar a que cada Administración tenga que publicar los días y el horario en el que permanecen abiertas las oficinas que prestan asistencia para la presentación electrónica de documentos, garantizando el derecho de los interesados a ser asistidos en el uso de medios electrónicos.

Los registros electrónicos de cada Administración se rigen a efectos de cómputo de los plazos, por la fecha y hora oficial de la sede electrónica de acceso, que deberá contar con las medidas de seguridad necesarias para garantizar su integridad y figurar de modo accesible y visible.

El funcionamiento del registro electrónico a estos efectos se rige por las siguientes reglas específicas en contraste con los registros presenciales:

- Permite la presentación de documentos todos los días del año durante las veinticuatro horas.
- A los efectos del cómputo de plazo fijado en días hábiles, y en lo que se refiere al cumplimiento de plazos por los interesados, la presentación en un día inhábil se entiende realizada en la primera hora del primer día hábil siguiente salvo que una norma permita expresamente la recepción en día inhábil.
- Los documentos se considerarán presentados por el orden de hora efectiva en el que lo fueron en el día inhábil. Los documentos presentados en el día inhábil se reputarán anteriores, según el mismo orden, a los que lo fueran el primer día hábil posterior.
- El inicio del cómputo de los plazos que hayan de cumplir las Administraciones Públicas vendrá determinado por la fecha y hora de presentación en el registro electrónico de cada Administración. En todo caso, la fecha y hora efectiva de inicio del cómputo de plazos deberá ser comunicada a quien presentó el documento.

La sede electrónica del registro de cada Administración estipula los días que se consideran inhábiles, siendo este el único calendario de días inhábiles que se aplica a efectos del cómputo de plazos en los registros electrónicos y, por tanto, no siendo de aplicación a los mismos lo dispuesto en el artículo 30.6 LPAC: "cuando un día fuese hábil en el Municipio o Comunidad Autónoma en que residiese el interesado, e inhábil en la sede del órgano administrativo, o a la inversa, se considerará inhábil en todo caso".

VIII. LOS SISTEMAS DE IDENTIFICACIÓN Y FIRMA ELECTRÓNICOS

Con carácter general -y no exclusivamente como consecuencia del obrar electrónico- las Administraciones Públicas están obligadas a verificar la identidad de los interesados y asimismo la autenticidad de la expresión de su voluntad. En principio, la identificación puede realizarse electrónicamente a través de cualquier sistema que cuente con un registro previo como usuario que permita garantizar la identidad.

La Ley 6/2020, de 11 de noviembre, reguladora de determinados aspectos de los servicios electrónicos de confianza, regula determinados aspectos de interés respecto de los servicios electrónicos de confianza relativos a certificados y firma digitales, como complemento del Reglamento (UE) 910/2014 del Parlamento Europeo y del Consejo, de 23 de julio de 2014, relativo a la identificación electrónica y los servicios de confianza para las transacciones electrónicas en el mercado interior y por el que se derogaba la Directiva 1999/93/CE. Entre estos aspectos contempla las obligaciones y responsabilidad de los prestadores de los servicios de confianza digitales, así como la atribución de las potestades de supervisión y control de estos servicios por parte del Ministerio de Asuntos económicos y Transformación digital, formalización de listas de confianza y todo un sistema de tipificación de infracciones y sanciones en la materia y su correspondiente procedimiento sancionador.

El Reglamento (UE) N° 910/2014 del Parlamento Europeo y del Consejo de 23 de julio de 2014, relativo a la identificación electrónica y los servicios de confianza para las transacciones electrónicas en el mercado interior y por la que se deroga la Directiva 1999/93/CE establece que existen dos tipos de prestador de servicios de confianza, cualificados y no cualificados. Las definiciones del artículo 3 aplicadas en el Reglamento relativas a los prestadores de servicios son las siguientes:

– "servicio de confianza", el servicio electrónico prestado habitualmente a cambio de una remuneración, consistente en la creación, verificación y validación de firmas electrónicas, sellos electrónicos o sellos de tiempo electrónicos, servicios de entrega electrónica certificada y certificados relativos a estos servicios, o la creación, verificación y validación de certificados para la autenticación de sitios web, o la preservación de firmas, sellos o certificados electrónicos relativos a estos servicios;

- "servicio de confianza cualificado", un servicio de confianza que cumple los requisitos aplicables establecidos en el presente Reglamento;
- "prestador de servicios de confianza", una persona física o jurídica que presta uno o más servicios de confianza, bien como prestador cualificado o como prestador no cualificado de servicios de confianza.
- "prestador cualificado de servicios de confianza", un prestador de servicios de confianza que presta uno o varios servicios de confianza cualificados y al que el organismo de supervisión ha concedido la cualificación.

En España, los prestadores de servicios de confianza, además de la Fábrica Nacional de Moneda y Timbre, son empresas con requerimientos específicos en la materia de confianza digital según el Ministerio de Asuntos Económicos y Transformación Digital: DEH Notificación Electrónica Habilitada S.L.

La STJUE 671/ 2021, de 2 se septiembre -sala cuarta-, relativa a las obligaciones y responsabilidad de los proveedores de los servicios de pago -servicios electrónicos de confianza- en el mercado interior, en relación a los usuarios y fiadores - Directiva 2007/64/CE, arts. 58 y 60- corrobora el régimen de responsabilidad y obligaciones de la Ley española 6/2020, expresando que el régimen de responsabilidad del proveedor de servicios de pago en caso de pago no autorizado está supeditado a la notificación por parte del usuario de esos servicios de cualquier operación no autorizada a dicho proveedor. Por ello, el usuario "que no haya notificado a su prestador de servicios de pago una operación no autorizada, a los trece meses de su adeudo, no podrá exigir la responsabilidad de dicho prestador, tampoco con arreglo al Derecho común, y, por lo tanto, no podrá obtener el reembolso de dicha operación no autorizada.". El régimen de responsabilidad de los proveedores de servicios de pago previsto en el artículo 60, apartado 1, de la Directiva 2007/64 y en los artículos 58 y 59 de esta Directiva, al haber sido objeto de una armonización total, no permite que los Estados miembros puedan mantener un régimen de responsabilidad paralelo por el mismo hecho causante.

Es el RAFSPME, sin embargo, el que enumera, por un lado, los medios que las Administraciones Públicas pueden utilizar para su identificación electrónica, garantizando el origen e integridad de los documentos electrónicos:

- Sistemas de identificación de las sedes electrónicas y, sedes electrónicas asociadas.
- Sello electrónico basado en un certificado electrónico cualificado y que reúna los requisitos exigidos por la legislación de firma electrónica.
- Sistema de firma electrónica para la actuación administrativa automatizada
- Firma electrónica del personal al servicio de las Administraciones Públicas.
- Intercambio electrónico de datos en entornos cerrados de comunicación conforme acuerden las partes.

Y, por otro lado, los medios que las personas interesadas pueden utilizar para la identificación y firma electrónica en sus relaciones electrónicas con las Administraciones Públicas, que son:

- Sistemas basados en certificados electrónicos cualificados de firma electrónica expedidos por prestadores incluidos en la "Lista de confianza de prestadores de servicios de certificación".
- Sistemas basados en certificados electrónicos cualificados de sello electrónico
- Sistemas de clave concertada y cualquier otro sistema que las Administraciones consideren válido.

Cada Administración Pública puede determinar si sólo admite alguno de estos sistemas para realizar determinados trámites o procedimientos, si bien la admisión de alguno de los sistemas de identificación de clave concertada o cualquier otro sistema considerado válido, conlleva la admisión de los sistemas de firma y de sello. La Plataforma de verificación de certificados electrónicos y de otros sistemas de identificación permiten conocer la vigencia y el contenido de los certificados.

IX. SINGULARIDADES DEL PROCEDIMIENTO ADMINISTRATIVO ELECTRÓNICO

La integración de la herramienta electrónica o digital en la común actuación administrativa obliga a identificar las singularidades de estas dado que su utilización condiciona en ciertos casos, no sólo el procedimiento de actuación de la Administración y de los ciudadanos, sino también los propios efectos que se generan por su utilización. El fomento que se ha querido provocar para la mayor utilización de estas herramientas por los ciudadanos ha provocado que los efectos de su utilización en algunos trámites administrativos se produzcan en particular beneficio de los ciudadanos.

Son ejemplo de ello los siguientes supuestos:

Entre los derechos del interesado en el ámbito del procedimiento administrativo, además de los previstos en la ley, los interesados tienen el derecho a consultar la información en el punto de acceso -art. 53. 1 a) de la LPAC - y a cumplir las obligaciones de pago a través de los medios electrónicos previstos en el artículo 98.2 de la LPAC -art. 53. 1 h)-.

El derecho de los interesados a iniciar el procedimiento administrativo en defensa de sus intereses también tiene una traducción en la Administración Electrónica permitiendo su iniciación por esta vía -art. 66. 1, 3-. De modo que la solicitud debe contener, entre otros requisitos, el medio electrónico en que se desea que se practique la notificación y adicionalmente los interesados pueden aportar su dirección de correo electrónico y/o dispositivo electrónico con el fin de que las Administraciones Públicas les avisen del envío o puesta a disposición de la notificación.

Las oficinas de asistencia en materia de registros están obligadas a facilitar a los interesados el código de identificación si el interesado lo desconoce. Asimismo, las Administraciones Públicas deberán mantener y actualizar en la sede electrónica correspondiente un listado con los códigos de identificación vigentes.

De las solicitudes, comunicaciones y escritos que presenten los interesados electrónicamente o en las oficinas de asistencia en materia de registros, podrán éstos exigir el correspondiente recibo que acredite la fecha y hora de presentación.

Ya en el ámbito de la propia ordenación electrónica del procedimiento, en concreto, de su instrucción, hay que tener en cuenta la obligación de que los informes sean emitidos a través de medios electrónicos y de acuerdo con los requisitos que señala el artículo 26 de la LPAC, en el plazo de diez días, salvo que una disposición o el cumplimiento del resto de los plazos del procedimiento permita o exija otro plazo mayor o menor -art. 80.2 LPAC-.

El interesado que se relaciona a través de medios electrónicos por propia voluntad o de forma obligatoria, debe utilizar los medios electrónicos para relacionarse con la Administración y, en el caso de que no sea así, la documentación aportada en papel se digitaliza por la Administración con el fin de registrarla e incorporarla al expediente electrónico.

En cuanto al trámite de audiencia, en el procedimiento electrónico se puede dar vista del expediente electrónico al interesado mediante su puesta a disposición en el punto de acceso general electrónico de la Administración instructora o en su sede electrónica. El acceso al expediente electrónico -que deberá contener un índice autentificado- en principio debe realizarse por medios electrónicos salvo que el interesado no haya optado por utilizar estos medios, en cuyo caso se ha de poner a su disposición en una oficina de asistencia en materia de registros.

En cuanto al trámite de la finalización del procedimiento administrativo, el artículo 88.4 de la LPAC, obliga a que se dicte electrónicamente, garantizando la identidad del órgano competente, así como la autenticidad e integridad del documento que se formalice mediante el empleo de alguno de los instrumentos previstos en la Ley.

Es propio y singular de la ejecución de la resolución en el procedimiento electrónico, el efecto suspensivo si transcurrido un mes desde que la solicitud de suspensión haya tenido entrada en el registro electrónico de la Administración u Organismo competente para decidir sobre la misma, el órgano a quien competa resolver el recurso no ha dictado y notificado resolución expresa al respecto. En estos casos, no será de aplicación lo establecido en el artículo 21.4 segundo párrafo, de esta Ley – art 117.3 LPAC-.

La publicación de las normas en sede electrónica tiene los mismos efectos que los atribuidos a su edición impresa. La publicación del «Boletín Oficial del Estado» en la sede electrónica del Organismo competente tiene el mismo carácter oficial y auténtico en las condiciones y con las garantías que se determinen reglamentariamente, derivándose de dicha publicación los efectos previstos en el título preliminar del Código Civil y en las restantes normas aplicables.

Finalmente es preciso tener en cuenta que, por razón de la materia, ciertos procedimientos se regulan en leyes especiales que serán las que se apliquen también respecto de la regulación de los efectos de las herramientas electrónicas. Así, hay toda una serie de actuaciones y procedimientos que se rigen por su normativa específica y supletoriamente por lo dispuesto en la LPAC:

- Las actuaciones y procedimientos de aplicación de los tributos en materia tributaria y aduanera, así como su revisión en vía administrativa
- Las actuaciones y procedimientos de gestión, inspección, liquidación, recaudación, impugnación y revisión en materia de Seguridad Social y desempleo.
- Las actuaciones y procedimientos sancionadores en materia tributaria y aduanera, en el orden social, en materia de tráfico y seguridad vial y en materia de extranjería.
- Las actuaciones y procedimientos en materia de extranjería y asilo.
- Asimismo, la Agencia Estatal de Administración Tributaria se rige por su legislación específica (cesión, comunicación de información de naturaleza tributaria) y, únicamente de forma supletoria y en tanto resulte compatible con su legislación específica, por lo previsto en la LRJSP.

X. BIBLIOGRAFÍA

AAVV. La Administración Digital. CERRILLO I MARTINEZ, A. (Dir.). Madrid, 2022.

ARANA GARCÍA, E., CASTILLO BLANCO, F.A., TORRES LÓPEZ, M.A. y VILLALBA PÉREZ, F.L. (Dirs.). Conceptos para el Estudio de Derecho Administrativo I para el Grado. Madrid, 2021.

BANACLOCHE PALAO, J. "Valor probatorio e impugnación de los documentos electrónicos públicos y privados a la luz de la nueva Ley 6/2020, de servicios electrónicos de confianza". El Notario del siglo XXI. Núm. 94. Noviembre-diciembre, 2020.

GAMERO CASADO, E., y FERNÁNDEZ RAMOS, S. Manual básico de Derecho Administrativo. Madrid, 2021.

GÓMEZ JIMÉNEZ, M.L. Automatización procedimental y sesgo electrónico: el procedimiento administrativo electrónico desde la inteligencia artificial. Cizur Menor. Navarra, 2021.

REBOLLO PUIG, M., VERA JURADO, D.J. Derecho Administrativo. Tomo II: Régimen Jurídico Básico y control de la Administración. Madrid, 2018.

RECUERDA GIRELA, M.A. (Dir.). Lecciones de Derecho Administrativo con ejemplos. Madrid, 2018.

RODRIGUEZ AYUSO, JF. (coord.) Nuevos retos en materia de derechos digitales en un contexto de pandemia: Perspectiva multidisciplinar. Cizur Menor, 2022.

TARDIO PATO, J.A. (Coord). La digitalización en los procedimientos administrativos y en los procedimientos contencioso-administrativos.

Capítulo Séptimo

Los sistemas tributarios ante el nuevo paradigma digitalizado

YOHAN ANDRÉS CAMPOS MARTÍNEZ

SUMARIO: I. Los desafíos tributarios en la economía digital. II. El enfoque sobre cuatro puntos clave. III. La tributación indirecta. IV. La tributación directa. V. Conclusiones: Las perspectivas de futuro.

I. LOS DESAFÍOS TRIBUTARIOS EN LA ECONOMÍA DIGITAL

Es evidente que el cambio de paradigma económico derivado de la revolución tecnológica presenta una serie de ventajas para los actores que han sabido aprovechar las características del nuevo modelo. Pero también, este proceso, nos ofrece una serie de consecuencias indeseables, como el surgimiento de nuevos modelos de negocios que tienden hacia el monopolio u oligopolio, que generan distorsión en la competencia, especialmente para las compañías locales que tienen que luchar en condiciones de desigualdad debido a la gestión del entorno tecnológico y el control de la opinión pública a través del manejo de datos y su procesamiento con fines comerciales y/o publicitarios; o, específicamente y directamente, efectos potencialmente relevantes desde una perspectiva tributaria, tal y como son el uso de esas ventajas para evitar la presión fiscal mediante comportamientos asociados a la planificación y estructuración de los negocios para buscar una maximización del ahorro fiscal.

Debemos recordar que los sistemas tributarios tradicionales han evolucionado con fundamento en reglas de sujeción y expresiones de capacidad económica muy vinculada a elementos materiales y tangibles. Así, bajo las **reglas de sujeción** es fundamental el vínculo territorial del obligado tributario con una determinada jurisdicción, ya sea bajo el concepto de **residencia fiscal** (permanencia para las personas físicas o constitución y/o localización del centro económico o de las actividades principales en el caso de las personas jurídicas), o ya sea por el **vínculo** del elemento patrimonial y económico **con el territorio** en donde se evidencia la **capacidad económica** (lugar en donde radica un bien inmueble o el lugar en donde un bien o servicio es consumido). Ahora, en cuanto a la calificación y las formas en que se deben gravar esas expresiones de capacidad económica, la mayoría de los sistemas entiende que han de gravar aquellas manifestaciones de riqueza reales, efectivas y cuantificables. Debiendo valorarse según reglas que reflejaban el valor de mercado de un bien o servicio que, en la mayoría de los casos, tenían (y tienen) su expresión en elementos materiales y tangibles que permitían calcular un valor estimable.

En ese sentido, gracias a la desmaterialización de las transacciones comerciales, de los activos y de los mismos sujetos económicos, encontramos como **reto tributario principal**, la tendencia hacia una **menor recaudación** de impuestos generada por la deslocalización de los actores económicos, que pueden establecer su residencia en diversos territorios desde donde se supone pueden operar, disfrutando de múltiples beneficios en sus obligaciones tributarias. No obstante, los desafíos trascienden a la ubicación geográfica del sujeto, y alcanzan a la proliferación de nuevos modelos de negocio y la creación de nuevos activos que hasta la fecha no se habían considerado como tales por las reglas tradicionales del sistema y que ofrecen gran dificultad en la **valoración y cuantificación de las capacidades económicas**.

Todo lo anterior se viene desarrollando dentro de un marco legal que se evidencia como insuficiente, ya que se torna inviable determinar la existencia, el valor del negocio, el nexo de sujeción con un determinado territorio, la caracterización de los ingresos y la cuantificación de las capacidades económicas que surgen dentro de la atmosfera tributaria creada por la economía digital, los cuales son elementos que se han convertido en conceptos fundamentales a nivel de la tributación internacional para tratar de gravar aquella riqueza que parece escapar al radar de los sistemas tributarios tradicionales.

Esta problemática no es precisamente nueva, ya que desde hace más de una década se viene desarrollando una ardua discusión política y académica sobre cómo se puede reformar la tributación internacional para proporcionar un sistema razonable y estable que permita sujetar y gravar las ganancias de los actores en esta nueva era sin afectar el desarrollo económico y tecnológico. Así, desde el mismo momento en que se empezaron a desarrollar actividades económicas a través de internet, tanto las organizaciones internacionales como las jurisdicciones y la doctrina, eran conocedoras de las consecuencias de la evolución del nuevo paradigma económico y su impacto sobre los sistemas tributarios.

Por ello, inicialmente el esfuerzo estuvo enfocado en analizar las características de los nuevos modelos de negocio y se sopesaron **tres posibi-**

lidades para confrontar los retos derivados de la economía digital. De un lado, se planteó **adaptar los sistemas tributarios tradicionales**, de otro lado, **crear tributos específicos** sobre actividades consideradas disruptivas y, por último, **dejar libre de imposición la actividad** económica digital con el objetivo de permitir el libre desarrollo del mercado, en donde se compensaría la ausencia de recaudo con el crecimiento económico y la generación de riqueza.

No obstante, de las tres, la más aceptada fue la de sujetar dichas actividades derivadas de la economía digital, en el mismo sentido que los negocios tradicionales. La decisión tomada fue conservadora, ya que se planteó el uso de tributos, principios y conceptos fiscales tradicionales, para respetar las bases en que se constituían los sistemas tributarios, en especial, los de generalidad, suficiencia, neutralidad y simplicidad. Dejando la puerta abierta a implantar ciertos ajustes vinculados a la tributación del consumo en el lugar de destino y a la adecuación del concepto de residencia fiscal y establecimiento permanente (EP), que son fundamentales para la sujeción de las operaciones dentro de la jurisdicción en donde se crea valor.

Ahora, con ocasión a la evolución de los mismos sistemas tecnológicos y la caja de pandora que se abrió con el nuevo paradigma de la economía digital, aquellos problemas iniciales, que se creían controlables con las herramientas existentes, empezaron a agravarse conforme a las notables deficiencias a la hora de garantizar el efectivo cumplimiento de las obligaciones fiscales. Precisamente, estas deficiencias en las regulaciones internacionales, que terminaron afectando los ingresos tributarios, fueron el principal motivo por el cual la comunidad internacional se apresuró a tomar medidas al respecto, siempre por la necesidad de redefinir cómo se establecen los impuestos en una economía digitalizada y en aplicación de reglas de recaudación que no afecten los principios de consistencia, neutralidad, eficiencia, certeza y simplicidad, efectividad y legitimidad, flexibilidad, compatibilidad y consenso, que rigen la gran mayoría de sistemas tributarios tradicionales.

Una de las organizaciones internacionales que han venido trabajando arduamente en la búsqueda de alternativas para afrontar los desafíos tributarios que la economía digital plantea, es la Organización para la Cooperación y el Desarrollo de los Estados (***OCDE***). Esta organización, decidió presentar en 2013, una de las principales medidas que dieron un vuelco inicial a los sistemas tributarios a nivel internacional. El proyecto llamado **"Plan de Acción *BEPS*"** (en inglés "*Base Erosion and Profit Shifting*", en español "Erosión de la base imponible y traslado de beneficios") se desarrolló como la principal iniciativa internacional para la toma de medidas en la lucha contra la evasión y elusión fiscal.

El Plan *BEPS* desarrolla 15 acciones estratégicas de trabajo, que tienen como objetivo proponer reformas en el campo de la tributación internacional y los precios de transferencia. Para ello, su actividad se centra en ofrecer medidas que permitan alcanzar un alto grado de coherencia en las regulaciones nacionales que afectan las actividades transfronterizas, reforzar los requisitos sustantivos en los estándares tributarios internacionales existentes y la mejora de la transparencia fiscal y la seguridad jurídica. Dentro de esos 15 puntos podemos encontrar el marco general que pretende regular la economía digital. En primer lugar, a través de la acción 1, que se enfoca e los desafíos de la economía digital en el campo de la tributación, pero también, y en segundo lugar, a través de otro grupo de acciones que la complementan, tal y como son la Acción 7, centrada en el concepto de establecimiento permanente, y la Acción 12, en busca de evitar una planificación fiscal agresiva que merme la recaudación de las jurisdicciones, siendo necesario para su eficiencia el establecimiento de mecanismos de intercambio de información entre jurisdicciones.

En ese sentido, **la Acción 1** Plan BEPS, planteaba un doble enfoque para afrontar los retos tributarios dentro de la economía digital. En un primer enfoque, recoge problemas afines a la erosión de bases imponibles y traslado de beneficios que se presentan de manera común en las actividades económicas tradicionales, pero que, se exacerban o potencian por el cambio de paradigma económico y tecnológico. En ese sentido, las medidas buscaban controlar aquellos actores económicos que se aprovechaban de las interacciones entre los sistemas tributarios de diferentes Estados para reducir al mínimo la presión fiscal a lo largo de la cadena de valor de su actividad. Situación que se podía presentar tanto con gigantes tecnológicos, pero también con actores tradicionales menos digitalizados. Aunque es de remarcar que dichas conductas pueden ser más reiterativas y complejas en los actores altamente digitalizados, sobre los cuales existe una gran dificultad para determinar la jurisdicción en la que se crea valor, con ocasión al aprovechamiento máximo de sus activos intangibles, el uso masivo de datos y la adecuación de los modelos empresariales multilaterales y de escala para generar valor sin contraprestación aparente.

De otro lado, se planteaba un segundo grupo de retos fiscales más amplios que se dan específicamente en las empresas y modelos de negocio altamente digitalizados, los cuales no están vinculados exclusivamente a estrategias de planificación fiscal agresiva, sino que se producen debido a las ventajas ofrecidas por la falta de adecuación de los ordenamientos tributarios a nivel internacional a la misma economía digital. Tal y como hemos señalado, los sistemas tributarios se han desarrollado para una economía industrializada y por ende, no son capaces de sujetar y gravar las operaciones económicas en este nuevo paradigma al no contar con las herramientas legales adecuadas para vincular la capacidad económica a una determinada jurisdicción (nexo) sin que concurra una presencia física, que permita caracterizar o encuadrar dentro de un determinado hecho imponible los flujos económicos de estos actores, para concretar como se debería gravar el aprovechamiento de los datos y facilite determinar cómo habrán de sujetarse las operaciones de consumo de bienes intangibles sin una presencia física dentro del territorio, para el caso del Impuesto sobre el Valor Añadido (IVA).

Dicha Acción 1 fue objeto de un informe final por parte de la OCDE en 2015, en donde se reconoció que, más allá del plan BEPS, la digitalización planteaba una serie de desafíos tributarios directos más amplios, relacionados con la forma en que deberían asignarse entre los países los derechos tributarios sobre los ingresos generados por las actividades económicas transfronterizas total o ampliamente desmaterializadas. Por ende, se analizó la posibilidad de ampliar el concepto de EP para empezar a integrar un nuevo nexo soportado en el concepto de **presencia económica significativa**, el uso de mecanismos de **retención en la fuente** para estas actividades y la implementación de **gravámenes de equiparación**, como principales medidas.

Por su parte, la Unión Europea (UE) había empezado a tomar medidas en el mismo sentido. Ya desde el 2012 encontrábamos el plan de acción para fortalecer la lucha contra el fraude y la evasión fiscal presentado por la Comisión Europea (COM 2012 722 final). Este plan incluía medidas distribuidas en tres planos generales: 1) la intensificación de la cooperación fiscal mediante mecanismos de asistencia mutua, con especial atención a la mejora del intercambio automático de información; 2) Combatir la competencia fiscal perjudicial dentro y fuera del territorio de la UE con base en las normas comunitarias y, 3) la articulación de medidas coordinadas a nivel internacional y nacional para enfrentar una planificación fiscal agresiva.

No obstante, un documento clave sería el Informe del Comité de Tributación de la Economía Digital del Grupo de Expertos de la UE, con fecha de mayo de 2014. En este informe, el grupo independiente abracaba un estudio sobre muchos aspectos de la tributación relacionados con el mundo de la economía digital en un sentido más amplio, tanto en impuestos indirectos (IVA) como en impuestos directos (Renta). Dicho documento concluyó que el Plan BPES de la OCDE/G20 sería fundamental en el proceso y enfatizó que las áreas prioritarias para la UE vinculadas a BEPS habrían de ser la lucha contra la **competencia fiscal perjudicial**, la mejora de las reglas de **precios de transferencia** y la revisión de conceptos para definir y aplicar una **presencia imponible (nexo),** dejando otras reformas radicales del sistema tributario para tener en cuenta a más largo plazo.

A pesar de ello, la OCDE y muchos de los Estados que la integran entendieron en su momento que la economía digital no necesitaba medidas particulares y dejaron en pausa las herramientas exploradas en la Acción 1, pretendiendo controlar los efectos nocivos generados por la digitalización de la economía bajo las otras 14 acciones del Plan BEPS. Desafortunadamente dicha postura dejó en evidencia que la problemática, en lugar de atenuarse, se recrudecía y los escándalos que afectaron a las empresas digitales internacionales por la falta de adecuación de los sistemas tributarios tradicionales y sus prácticas agresivas de planificación fiscal no cesaban. Así, la búsqueda de una solución a nivel internacional naufragaba ante las dificultades técnico-jurídicas de las medidas contenidas en la Acción 1, que generaba a su vez muchas inquietudes que alimentaban la falta de consenso político a nivel internacional.

Por ello, a partir de 2016, los **Estados de manera individual** empezaron a buscar **soluciones alternativas,** explorando medidas tributarias novedosas que parecían alejarse de lo pretendido por la OCDE en cuanto a una solución multilateral y armonizada. Así, proliferaron medidas, tales como, los impuesto sobre servicios digitales o similares que se han venido implementando por diversos Estados y que, incluso, fue propuesto dentro de la UE (Sin ánimo de ser exhaustivos, Turquía e Israel [2016], Eslovaquia [2017], Kuwait, Arabia Saudita, Italia, Reino Unido, Francia, España [2019] y Austria, Nueva Zelandia, República Checa, Polonia, México, Australia y Portugal, los cuales han querido implementar figuras tributarias similares de manera directa o indirecta), el impuesto de las utilidades desviadas (*DPT* por sus siglas en inglés) en el Reino Unido y Francia, los *withholding tax* implementados en la India bajo la denominación de *equalization levy* o aplicados en Latinoamérica recientemente para el caso de los servicios digitales prestados sin presencia física. Todas ellas tendentes a determinar los requisitos concretos para entender cuando una empresa tiene una presencia económica digital significativa en un territorio determinado que la sujete a la presión fiscal del mismo.

Con el surgimiento de todas estas medidas unilaterales que se planteaban como soluciones temporales a la problemática, pero que amenazaban con afectar el marco del comercio transnacional y los flujos de riqueza en un mercado globalizado, ya que podían generar distorsiones de competencia y causar doble imposición internacional, la OCDE, desde 2019, se apresuró a reactivar las propuestas surgidas de los informes de la Acción 1 del Plan BEPS.

Desde entonces, contra el tiempo, la OCDE viene promoviendo una **solución internacional armonizada** basada en dos pilares (Pilares 1 y 2), que se supone, crearía un marco uniforme a nivel internacional, permitiendo controlar los efectos nocivos de la planificación fiscal agresiva y los propios de la economía digital. Mientras que, de manera alternativa, la ONU también han querido intervenir tratando de afrontar los retos asociados a los desafíos fiscales de la digitalización de la economía, tanto en el informe del Comité de Expertos en Cooperación Internacional, como en la actualización del Manual Práctico de la ONU sobre precios de transferencia, e incluso en la actualización de su Modelo Convenio para evitar la Doble Imposición (CDI) mediante el cual se incluye un nuevo artículo 12B, con el objetivo de gravar rentas en el fuente para ciertos servicios digitales.

Todas estas medidas, las analizaremos en apartados posteriores, donde dejaremos en evidencia que, pese a los avances, seguimos lejos de encontrar una solución que nos permita afrontar eficazmente los retos tributarios de la economía digital.

II. EL ENFOQUE SOBRE CUATRO PUNTOS CLAVE

Debido al constante aumento en el potencial de las tecnologías digitales, la digitalización de productos, la creación de nuevos modelos y la valoración de nuevos intangibles, la desmaterialización del negocio y la universalidad en la interacción entre los participantes de este nuevo modelo económico, la UE, la OCDE, la ONU y todos los informes, estudios, congresos, cursos y otros escenarios de discusión académica y científica coincidían en señalar que los principales objetivos a enfrentar en la economía digital se centran en **cuatro desafíos** generales:

1. **Nexo**: Dentro de este nuevo modelo económico, en muchos casos, no se requiere una presencia física sustancial para el desarrollo de la actividad que refleje una capacidad económica de interés para el ámbito tributario. Ello ha generado muchas dudas sobre las reglas de sujeción a aplicar y la

forma cómo se determina el lugar en donde se deben satisfacerse las obligaciones tributarias en la economía digital. Lo anterior, ha puesto en tela de juicio la necesidad de plantear un nuevo nexo en la jurisdicción donde se supone se crea el valor dentro de este nuevo paradigma económico.

2. **Tratamiento fiscal de los datos**: Gracias a la sofisticación de las tecnologías de la información y la digitalización, los datos se presentan como un nuevo intangible que aún no se comprende ni conceptualiza a nivel tributario dentro de las regulaciones legales a nivel internacional. Lo anterior sugiere preguntas sobre cómo atribuir el valor creado por la generación de datos a través de productos y servicios digitales, y sobre el tratamiento fiscal del valor de los datos proporcionados por una persona o entidad en una transacción específica, como la entrega de un artículo gratis, una operación económica onerosa o cualquier otra forma de intercambio.

3. **Caracterización de los ingresos derivados de los nuevos modelos de negocio**: La aparición de nuevos productos y servicios digitales genera la misma incertidumbre para la calificación adecuada de los pagos realizados en el contexto de los nuevos modelos de negocios y especialmente en relación con aquellos que se han convertido en nuevos intangibles sobre los cuales no hay consenso sobre cómo gravar los ingresos derivados de estas nuevas formas de generar riqueza. Más específicamente, surgen preguntas con respecto a las transacciones económicas en las que está involucrado el software como servicio (*SaaS*), la plataforma como servicio (*PaaS*) o las infraestructuras de servicio (*IaaS*). Aquí, la discusión se enfoca sobre si estos ingresos deben tratarse como servicios, siendo los pagos caracterizados, bien como ganancias de la actividad económica, o bien como alquileres de espacio en los servidores del proveedor de servicios en la nube; o si dichos ingresos se caracterizan como cánones, en donde se incluyen los alquileres de equipo comercial, industrial o científico de acuerdo con los fines de los tratados.

4. **Recaudación en el Impuesto sobre el Valor Añadido** (IVA): Este modelo ha permitido un mayor comercio transfronterizo de bienes y servicios, facilitando que los consumidores los adquieran a través de proveedores ubicados en cualquier parte del mundo. Esto ha llevado a una serie de nuevos desafíos para los sistemas tributarios y el manejo del IVA como el principal mecanismo de tributación en este tipo de transacción. La digitalización de la economía y la ausencia de un marco legal internacional efectivo que permita a los operadores económicos, en particular a las pequeñas y medianas empresas, registrar y gestionar los pagos ante un gran número de autoridades fiscales, así como la necesidad de gestionar los pa-

sivos fiscales generados por un alto volumen de transacciones de bajo valor, ha terminado generando una carga administrativa que afecta los ingresos marginales y, por lo tanto, promueve un comportamiento evasivo o elusivo en este impuesto indirecto. Por ende, se ha hecho necesario establecer un sistema de IVA más accesible que permita que las operaciones se graven en las jurisdicciones en donde ocurre el consumo de manera efectiva, sin que la carga operativa de control y gestión se agrave, tanto para la administración como para el contribuyente.

En su momento, el esbozo de estos cuatro desafíos se criticó duramente porque eran planteados como descriptivos y abstractos, demandándose una mayor precisión para determinar el tratamiento fiscal de todas las transacciones de orden digital y transnacional. Sin embargo, y aunque todavía hay mucho que discutir sobre el nexo, la caracterización y el IVA, en estos tres temas se han realizado progresos significativos en la búsqueda de medidas para enfrentar los desafíos que presenta la economía digital.

Por ejemplo, el desarrollo de conceptos como establecimiento permanente virtual y la necesaria presencia económica significativa (PES) relacionados con el nexo que permitiría gravar ciertas rentas en la jurisdicción de mercado; o la definición entre ganancias empresariales o cánones en la calificación de algunas rentas problemáticas en la economía digital, la caracterización en los pagos realizado con criptomonedas, la tributación en la economía colaborativa; o la tendencia a aplicar siempre el criterio de destino en el IVA y la creación de mecanismos de comunicación más eficiente entre administraciones tributarias y entre éstas y los contribuyentes, son medidas que se vienen discutiendo e implementando para enfrentar los mencionados retos.

Precisamente, para abordar los elementos antes descritos y concretar como hemos avanzado en la consecución de los mecanismos e instrumentos necesarios para confrontar los retos tributarios derivados de este nuevo paradigma económico, habremos de analizar las medidas propuestas y su nivel de aplicación desde una de las clasificaciones más tradicionales que delimita los tributos en directos e indirectos.

Así, de un lado, analizaremos cuales son las medidas aplicadas desde el punto de vista de los **tributos indirectos**, en especial aquellos que pretenden gravar el consumo de bienes y servicios que cada vez son más inmateriales. Allí estudiaremos cuáles son los principales instrumentos con los que se quiere actualizar a la era digital un sistema de IVA transitorio y "armonizado" a nivel de la UE. De igual manera, abordaremos un tributo disruptivo muy controvertido que se le ha denominado popularmente como la "*Tasa Google*" y que tiene por nombre **Impuesto sobre Determinados Servicios Digitales (*IDSD*)**, el cual nace como una de esas medidas alternativas tomadas unilateralmente por los Estados con el objetivo de gravar ciertos servicios que escapan del radar de los sistemas tributarios tradicionales, mientras se llega a un consenso internacional sobre el mecanismo más idóneo para ello.

Ahora, de otro lado, estudiaremos los instrumentos propuestos para gravar las nuevas formas de expresión de la capacidad económica en la economía digital desde el punto de vista de los **tributos directos**, es decir, aquellos que pretenden gravar la generación de riqueza o la titularidad de un patrimonio, como expresiones de riqueza que se alejan cada vez más de los elementos materiales en que se soportaban durante la economía industrial. Allí, analizaremos los dos grandes bloques sobre los que se vienen trabajando.

Uno, la necesidad de **calificar las expresiones de renta propias de la economía digital**, en donde, ante la lenta reacción legislativa, se ha optado por hacer una interpretación extensiva y amplia de las reglas del sistema tributario tradicional, adecuándolas a estas operaciones disruptivas. Para ello, habremos de hacer referencia, por una parte, a la calificación de operaciones muy afines al comercio electrónico y, por otra, a la calificación de otras operaciones consideradas como disruptivas, ya que van más allá del comercio electrónico.

Y, otro, la necesidad de establecer un **nuevo nexo con la jurisdicción de mercado,** en donde analizaremos una problemática que se ha convertido en el eje central a través del cual se pretende confrontar los retos tributarios del nuevo modelo económico. Para ello, haremos una revisión de los dos pilares propuestos por la OCDE y de la propuesta alternativa de la ONU, tendente a introducir un nuevo artículo 12B en su modelo de convenio para evitar la doble imposición.

III. LA TRIBUTACIÓN INDIRECTA

1. *El IVA en la era digital*

Dentro de un mercado globalizado y cada vez más inmaterial, en donde los intercambios comerciales y profesionales trascienden más allá del ámbito de aplicación territorial de los tributos, los sistemas de IVA han tenido que evolucionar adecuando sus normas a los retos que representan los flujos económicos y operaciones que tengan incidencia nacional, supranacional y de índole internacional. Es por ello por lo que, en el desarrollo de la Comunidad de Derecho hoy en día reconocida como Unión Europea, el IVA habría de ser el primer impuesto armonizado en la UE (1977).

Así, siguiendo los lineamientos supranacionales, los Estados miembros de la UE, con ocasión a un cierto grado de autonomía que aún conservan, han desarrollado sus sistemas de IVA en tres grandes bloques que recogen normas particulares según el tipo de operación y su trascendencia a nivel territorial. De un lado, se regulan las operaciones internas, es decir, aquellas realizadas por sujetos residentes o establecidos en el territorio en las que la localización y devengo de la exacción se entienden ocurridas dentro del territorio de aplicación del impuesto (**operaciones interiores**); de otro lado, se regula las operaciones con trascendencia a nivel del mercado único europeo, es decir, aquellas en las que los oferentes del bien o servicio se ubican en un Estado miembro de la UE y los adquirentes (sujetos pasivos de la exacción y/o consumidores finales) están localizados o establecidos en otro Estado miembro (**operaciones intracomunitarias**) y; por último, se regula las operaciones de índole internacional, es decir, de exportación/importación, en donde el intercambio se realiza con sujetos localizados fuera del mercado único europeo (**operaciones internacionales**).

Dicho esquema de las operaciones sujetas a IVA con trascendencia para el ámbito europeo se ha fundado en técnicas de sujeción, exención y localización según se consideren como entregas de bienes o prestación de servicios, si las mismas se realizan entre empresarios sujetos pasivos de IVA (*B2B*), si son realizadas entre empresario y consumidores finales (*B2C*), y según el tipo de bien o servicio prestado que por su calidad ha requerido el desarrollo de reglas especiales. Todo lo anterior, nos ofrecen una gran complejidad en los diversos criterios que debemos considerar para el cumplimiento de las obligaciones tributarias derivadas del IVA en la UE.

Sin embargo, la desmaterialización en la forma de interacción de los actores económicos y la forma en que los bienes y servicios se entregan/prestan a otros operadores y a los consumidores finales dentro de este nuevo paradigma digital ha dejado en evidencia grandes retos para el sistema transitorio del IVA en la UE. Primero, porque el denominado comercio electrónico escapaba a la regla establecida en el artículo 14.1 *DIVA*, según la cual las entregas de bienes y las importaciones tienen como exclusivo objeto bienes corporales, que hoy en día tienden a desmaterializarse; y, segundo, porque, aunque para la prestación de servicios se establecían algunas reglas que facilitaban el recaudo de IVA según fuera la relación entre empresarios (*B2B*) o entre éstos y los consumidores (*B2C*), las modalidades en que se prestan los productos digitales son cada vez más inmateriales y vinculadas a actividades desarrolladas desde plataformas, lo que permite ciertos intercambios económicos que deberían considerarse sujetos al IVA. Así, se ha hecho evidente la necesidad de **replantear las reglas de localización, la integración de operaciones y sujetos pasivos hasta ahora no considerados como tales y las formas en que se deberían cumplir y controlar las obligaciones tributarias**.

En cuanto a la **integración de operaciones y sujetos pasivos que no se consideraban vinculados al IVA**, podemos tomar como ejemplo la tributación indirecta de las criptomonedas. En donde, si el actor económico realiza operaciones de minado como actividad empresarial, económica o profesional, se ha considerado que no hay sujeción al IVA, ya que adicional a la existencia del ejercicio de la actividad económica por parte del minero, la sujeción al IVA requiere que estemos ante una entrega de bienes o prestaciones de servicios que se realicen a título oneroso. En este caso, se interpretó que el requisito no concurre debido a la especialidad de la operación, ya que no existe una relación directa entre el proveedor del servicio y el destinatario de este, y la remuneración obtenida por el minero no provienen de las personas que transmiten la moneda virtual, sino que son generadas automáticamente por la red (Ver, Consulta DGT V3625-2016).

Por el contrario, sí se consideran sujetas pero exentas, las operaciones de transmisión de monedas virtuales a cambio de divisas, la compra y venta de criptomonedas con clientes en un mercado extrabursátil o no organizado (*over the counter*) y el *staking*. En estos supuestos el fundamento de la exención ha pasado de una etapa donde se consideraban estas operaciones como si fueran efectos comerciales (Ver, Consulta DGT V1028-2015 y V1029-2015, de 30 de marzo, y V2846/2015, de 1 de octubre), a otra etapa en donde, acogiendo lo señalado por la Sentencia del TJUE de 22 de octubre de 2015 (David Hedqvist, asunto C-264/14), la exención se viene aplicando al considerarlas como operaciones financieras con divisas, las cuales quedarán exentas conforme al art. 20.Uno.18°. LIVA (Ver, Consulta DGT V1748-2018, de 18 de junio, y V2034-2018, de 9 de julio). Por su parte, la custodia de criptomonedas no conectada a internet (*cold wallet*) o cualquier otra operación vinculada a una actividad cripto que derive en un servicio supletorio de suscripción de un *smart contract* para que se pueda realizar algunas operaciones con otros usuarios de forma fiable y segura sin la necesidad de recurrir a intermediarios, se ha considerado que quedarán sujetas y no exentas por ser servicios ajenos a la actividad financiera.

Ahora, es importante aclarar que si bien, algunas operaciones quedan sujetas pero exentas, **lo anterior no exime a sus titulares de tener que cumplir con la mayoría de las obligaciones formales establecidas por el art. 164 LIVA**, las cuales pasan por solicitar a la Administración el *NIF* y comunicarlo y acreditarlo en los supuestos que se establezcan; presentar declaraciones relativas al comienzo, modificación y cese de las actividades que determinen su sujeción al impuesto; expedir y entregar factura de todas sus operaciones, ajustada a lo que se determine reglamentariamente; llevar la contabilidad y los registros que se establezcan en la forma definida reglamentariamente, sin perjuicio de lo dispuesto en el Código de Comercio y demás normas contables; presentar periódicamente o a requerimiento de la Administración, información relativa a sus operaciones económicas con terceras personas; nombrar a un representante a efectos del cumplimiento de las obligaciones impuestas en la LIVA cuando se trate de sujetos pasivos no establecidos en la Comunidad, salvo que se encuentren establecidos en Canarias, Ceuta o Melilla.

Por otra parte, en cuanto a las **reglas de localización y el surgimiento de otras obligaciones de control**, tal y como hemos visto con las criptomonedas, el primer gran cambio paradigmático se dio con la modificación de la localización en las operaciones *B2C* para los servicios de telecomunicaciones cuando el proveedor se encontrase fuera de la UE. En este caso se consideró que la ubicación de la operación a efectos del IVA habría de ser el lugar en donde se realiza el consumo efectivo. Dicha modificación se extendería rápidamente a los servicios de radiodifusión, televisión, algunos servicios prestados por vía electrónica y al comercio electrónico de bienes (ventas a distancia). Así, aquellos proveedores de bienes y servicios digitales y a distancia, habrían de cumplir con sus obligaciones tributarias en el **lugar donde se encuentre el destinatario** cuando estos fueren prestados a **consumidores finales,** independientemente de la localización del prestador. Para ello, surge la obligación de registrarse en alguno de los Estados miembros de la UE para poder cumplir con sus obligaciones y actuar mediante el sistema de ventanilla única.

Sin lugar a duda, habremos de reconocer la importancia de la evolución del sistema de **ventanilla única** como uno de los pilares para afrontar los retos de la economía digital en el IVA, pues, este régimen que se aplicaba inicialmente a las prestaciones de servicios y las ventas a distancia de bienes a consumidores finales, podría terminar aplicándose con carácter general a todos los operadores que desarrollen actividades en otros Estados miembros de la UE, estén o no localizados dentro del mercado único.

Así, a partir del 1 de julio de 2021, el nuevo sistema de Ventanilla Única (*OSS* por sus siglas en inglés), integra tres modalidades o regímenes especiales que pretender abarcar los diversos supuestos. Un régimen exterior a la Unión (***EUOSS***), que se aplica a sujetos pasivos no establecidos en la UE y acoge a todas las prestaciones de servicios de empresas a consumidores en la UE; un régimen de la Unión (***UOSS***), en donde se vinculan como sujetos pasivos a aquellos sólo establecidos en la UE, dentro y fuera de la UE y las interfaces electrónicas establecidas dentro y fuera de la UE; y, un régimen de importación (***IOSS***), para ventas a distancia de bienes importados en envíos menores o iguales 150 EUR, que vincula a proveedor/plataforma electrónica por todas las operaciones de pequeños envíos con destino final a consumidores en cualquier Estado miembro de la UE.

A través de estos sistemas, se permite que los operadores económicos establecidos fuera o dentro de la UE y que realicen operaciones de prestación de servicios y entrega de bienes en diferentes Estados miembros de la UE, puedan aplicar el IVA del Estado miembro donde ocurre el consumo efectivo, presentando una **única declaración del IVA,** con un único pago desde el Estado miembro en donde se hayan registrado (no europeos) o en donde estén establecidos (europeos) y a través de las modalidades OSS que le correspondan. Siempre con el apoyo y asistencia de mecanismos electrónicos de información locales o europeos que les permite verificar tipos impositivos y reglas de localización.

Ahora, el segundo gran cambio paradigmático se viene dando desde que la Comisión se comprometió en su Plan de Acción Fiscal 2021 a presentar medidas para modernizar las obligaciones de declaración del IVA, reforzar la capacidad de los Estados miembros para realizar un seguimiento de las transacciones transfronterizas, avanzar hacia un registro único del IVA en la UE para las empresas y actualizar Reglas de IVA para la economía de plataforma. Conforme a ello, la Comisión europea presentó el paso 8 de diciembre de 2022, el **Plan *ViDA* (VAT in Digital Age)**, a través del cual pretende dar ese salto cualitativo y cuantitativo en el sistema de IVA en la UE, que nos lleve a una tributación efectiva en el lugar donde el bien o servicio es efectivamente consumido.

La propuesta pretende fortalecer los elementos tecnológicos y digitales que ya se usaban en algunos casos por la UE y los mismos Estados miembros a nivel interno, con el objetivo de seguir luchando contra la brecha de IVA. De allí que, se calcule que este plan permitiría recuperara los Estados miembros, alrededor de 18.000 millones EUR cada año durante los próximos diez años, que no se recaudan debido a las deficiencias del sistema, generando a su vez, un ahorro de casi 5.000 millones EUR en costes de cumplimiento a los actores económicos, ya que se integran medidas que facilitarán el cumplimiento tributario a las empresas de la UE, especialmente a las *PYME*. La hoja de ruta de este ambicioso plan se centra en 3 grandes medidas:

A) La generación de informes digitales en tiempo real basados en la facturación electrónica

Conforme al sistema de IVA actual, los actores económicos estaban obligados en la mayoría de los casos a presentar informes recapitulativos de las operaciones de IVA intracomunitario máximo cuatro veces al año. Ello, aunque fundamental para el control del cumplimiento de las obligaciones, producía un flujo de información muy lento para el nivel de operaciones a controlar, lo que terminaba impidiendo una reacción adecuada por parte de las autoridades ante transacciones sospechosas o fraudulentas.

Con ocasión a lo anterior, muchos Estados miembros, como solución, vienen implementando nuevas obligaciones de interacción por medios digitales y la presentación de informes digitales en tiempo real para poder controlar sus transacciones nacionales con gran acierto. Al no ser una solución conjunta, su implementación ha generado disparidades que ocasionaban una gran carga procedimental a los actores económicos y, en algunos casos, se erigían como un obstáculo a la libre circulación de bienes y servicios en el mercado único.

Por ello, dentro de las medidas del Plan *ViDA* encontramos este primer ítem de la hoja de ruta hacia un sistema de IVA definitivo en la UE. Esta propuesta tiene como objetivo que los sistemas de información digital del IVA desarrollados por los Estados miembros converjan en toda la UE y faciliten el flujo de información. Así, se pretende introducir un **Sistema Información Digital en Tiempo Real** (**DDR** por sus siglas en inglés) basado en la facturación electrónica que proporcionará a los Estados miembros información valiosa y necesaria para intensificar la lucha contra el fraude del IVA. Pero que, también, será fundamental para la asistencia a los obligados con el objetivo de mejorar su cumplimiento fiscal, ya que permitirá la generación de pre-declaraciones por parte de las administraciones tributarias e incluso, en un futuro no muy lejano, quitando un peso operativo, eliminar la presentación de las declaraciones informativas y las mismas autoliquidaciones por parte de los obligados, ya que las administraciones contarían con mejor información contrastada sobre la realidad de las operaciones sujetas a IVA en tiempo real.

En este régimen, que pretende entrar a funcionar a partir de 2028, todos los actores económicos sujetos pasivos del IVA estarían obligados a poder emitir y recibir facturas electrónicas a través de sistemas estructurados (XML; UBL; PDF/A3, etc.) y no en PDF como se viene haciendo ahora. En ellas se tendría que integrar otros datos, tales como, el número IBAN (u otro identificador) de la cuenta del proveedor que recibirá el pago, la fecha de vencimiento del pago y si la factura es rectificativa de otra previamente emitida.

Por último, es necesario resaltar que, la vigilancia de las operaciones se pretende realizará a través del **Controles Continuos de Transacciones** (*CTC* por sus siglas en inglés) o informes basados en transacciones. Para ello, se incluirían informes digitales de suministros intracomunitarios (*ICS* por sus siglas inglés), que afectarán a todos los actores económicos sujetos al IVA, incluidos a los no residentes. Aunque hasta la fecha no hay una delimitación concreta de elementos técnicos, la idea es que la información se envíe a las autoridades fiscales nacionales para consolidarse en una base de datos centralizada de la UE, en donde se incluirá no sólo información general sobre los contribuyentes, incluido su NIF IVA válido para operar en el mercado único, sino que también, se tendría acceso a información sobre las transacciones registradas en el *DDR*.

B) La actualización de las reglas para la economía de plataforma (transporte de pasajeros y alojamiento de corta duración)

El auge de las plataformas en línea que actúan como **intermediarios** entre los proveedores de ciertos servicios y los consumidores siempre ha estado en el punto de mira desde que se entendió que la economía digital iba más allá del comercio electrónico. Esta situación, en especial a nivel de transporte de pasajeros y alojamiento de corta duración, presenta ciertas asimetrías en el cumplimiento tributario derivado del IVA, ya que los operadores digitales compiten directamente con los proveedores tradicionales (ej. hoteles y empresas de transporte privado) sin que se vean directamente afectados por las cargas tributarias, aunque parecen prestar el mismo servicio. Debido a lo anterior, estas empresas digitales han pasado de ser consideradas como intermediarios a ser reconocidas como verdaderas empresas multinacionales que realizan actividades finales en la jurisdicción de mercado.

Según las normas actuales del IVA, los obligados a recaudar y remitir el IVA a las autoridades fiscales serían los proveedores subyacentes de servicios (ej. individuo que cede en arrendamiento un lugar para hospedaje). Con esta modificación, los operadores de la economía de **plataforma serían responsables de recaudar y remitir el IVA** a las autoridades fiscales **cuando los proveedores de servicios no lo hagan.** Así, el IVA simplemente se agrega automáticamente al precio que se muestra en la plataforma, ya que será la plataforma quien lo recaudaría del cliente y lo remitirá a las autoridades fiscales sin que afecte a los proveedores subyacentes. En caso de que las plataformas no se encuentren localizadas en territorio europeo, al igual que otras empresas que prestan servicios transfronterizos, será necesario que se registren en un Estado miembro, desde el cual operarán a través de *OSS*, o, en caso de no residir en ningún Estado miembro, deberían nombrar un representante fiscal dentro de cualquier Estado miembro de su elección, el cual actuaría como intermediario y responsable el cumplimiento de las obligaciones derivadas del IVA en la UE a través de la operativa del *IOSS*.

No obstante, para implementar estas mediadas es necesario contar con un suministro de información adecuado. Por ello, se pretende introducir un modelo de información en donde se indique el servicio de facilitación que se ha realizado, con el objetivo de aplicar reglas uniformes de localización y permitir contabilizar el IVA sobre el suministro subyacente donde el proveedor no cobra IVA, asegurando así la igualdad de trato entre los sectores tradicional y el digital. Allí entra en juego la denominada *DAC 7*, cuyo objetivo es incorporar nuevas obligaciones de información para los agentes económicos que operen mediante plataformas e interfaces digitales que ofrezcan una foto transversal de la operación y, que permita su control aplicando normas y procedimientos de diligencia sobre aquellos operadores. Estas obligaciones para las plataformas entrarán en vigor a partir del 1 de enero de 2023, siendo el primer informe a 31 de enero de 2024, en donde, el incumplimiento de estas nuevas obligaciones dará lugar a sanciones importantes.

C) La implementación de un registro único de operadores IVA en la UE

Tal y como hemos visto, el enfoque del cumplimiento tributario en el IVA europeo se está centrando en la generación de informes digitales en tiempo real basados en la facturación electrónica, lo que implica el fortalecimiento de las obligaciones formales de suministro de información ya existentes y el surgimiento de otras nuevas para los actores económicos que operan a través de las fronteras en la UE. Para lograr dicho objetivo, el primer paso es mejorar la identificación y registro de los obligados tributarios que actúen como sujetos pasivos en el IVA europeo, lo cual está muy avanzado, especialmente porque se han dado dos pasos fundamentales en los últimos años.

El primer paso dado se presentó en las operaciones *B2B* con ocasión a las "*Quick Fixes*", a través de las cuales se venía fortaleciendo la obligación de ser poseedor de NIF IVA válido y registrado a nivel europeo. Así, de un lado, se viene exigiendo que el actor económico que opere dentro del mercado único debe estar **registrado como sujeto pasivo del IVA ante la correspondiente Administración Tributaria de localización o establecimiento**, lo que permitiría contar un **NIF IVA** que no sólo sirva para actuar en el tráfico mercantil interno, sino que también sirva a nivel europeo, ya que dicho número de identificación habría de reportarse por el adquirente al operador económico que suministra el bien o servicio con el objetivo de que se pueda aplicar la exención en origen y se consolide la inversión del sujeto pasivo. Mientras que, de otro lado, la misma consideración de que el NIF IVA sea válido supone el cumplimiento de una serie de requisitos establecidos por cada Estado miembro para su concesión y su registro en el *VAT Information Exchange System* (*VIES*), en donde constarán los datos relativos a los citados números de identificación, a los titulares de estos y, en un futuro no muy lejano, la información sobre las transacciones realizadas con la plenitud de datos que las identifiquen.

Ahora, todo lo anterior, sumado a la implementación del régimen de "ventanilla única" (*OSS*) en sus tres modalidades, permitiría cumplir el objetivo de configurar el IVA como un "**impuesto global sobre el tráfico internacional de bienes y servicios**", ya que se fija la ocurrencia del hecho imponible del IVA en el Estado de residencia del consumidor final. De este modo se respetarán las reglas del principio de neutralidad fiscal de los tributos indirectos en el comercio internacional a la vez que se sigue la tendencia que rige a nivel de la fiscalidad internacional de establecer el "nuevo nexo" en las jurisdicciones de mercado por ser el lugar en donde se evidencia la capacidad económica conforme al principio de destino.

2. *El Impuesto sobre Determinados Servicios Digitales*

Ante la falta de consenso internacional en las medidas tomadas para enfrentar los retos de la tributación en la economía digital, tanto en el seno de la OCDE como en el interior de la UE, en donde se trató infructuosamente de establecer su propio DST, dado a conocer por la propuesta de

Directiva 148/2018, de 21 de marzo, relativa al sistema común del Impuesto sobre los Servicios Digitales, diversos Estados sucumbieron a la toma de medidas tributarias unilaterales con el objetivo de poder ejercer presión fiscal sobre una serie de capacidades económicas que parecían escapar al control de las jurisdicciones en donde se supone se estaba creando valor.

España fue una de ellas, y tomando como base la propuesta de Directiva europea procedió a regular el Impuesto sobre Determinados Servicios Digitales (IDSD) mediante la ley 4/2020, de 15 de octubre (LIDSD), que entró en vigor el pasado 16 de enero de 2021. Dicha norma sería completada por el Real Decreto 400/2021 de 8 de junio por el que se desarrollan las reglas de localización de los dispositivos de los usuarios y las obligaciones formales del Impuesto sobre Determinados Servicios Digitales, y se modifica el Reglamento General de las actuaciones y los procedimientos de gestión e inspección tributaria y de desarrollo de las normas comunes de los procedimientos de aplicación de los tributos, aprobado por el Real Decreto 1065/2007, de 27 de julio (RIDSD) .

Dicho tributo, que se autocalifica como **indirecto** (calificación que no está exenta de controversia), pretende **gravar las prestaciones de determinados servicios digitales en los que exista intervención de los usuarios situados en territorio de aplicación del Impuesto** (art. 5 LIDSD). La particularidad del impuesto, más allá a su "innovadora" técnica tributaria, es que recoge tres hechos imponibles vinculados al usuario como eje central de la generación de valor, en los cuales se regulan sus propias normas de sujeción, así:

1. **Servicios de publicidad en línea**: Por la generación de ingresos realizados por la presentación de servicio de publicidad digital dirigida a los usuarios a través cualquier tipo de programa informático, incluidos los sitios web o parte de estos y las aplicaciones (incluidas las móviles), o cualquier otro medio accesible a los usuarios (interfaz digital). Dentro de esta, podríamos encontrar las actividades de publicidad dirigida a usuarios de plataformas como *Facebook-Meta, Instagram, YouTube, Google-Alphabet,* etc.
2. **Servicios de intermediación en línea**: Por la generación de ingresos por plataformas digitales que pongan a disposición de los usuarios de una interfaz digital multifacética que les permita localizar a otros usuarios e interactuar con ellos, y que pueda facilitar asimismo las entregas de bienes o las prestaciones de servicios subyacentes directamente entre los usuarios. Aquí podemos encontrar operadores tales como *Amazon, Booking, HomeExchange, Airbnb,* etc.

3. **Servicio de transmisión de datos**: Por la generación de ingresos a la hora de transmitir los datos recopilados acerca de los usuarios que hayan sido generados por actividades desarrolladas por estos últimos en las interfaces digitales. Es decir, no grava la recolección y uso de los datos a nivel interno por ciertas plataformas, ni su cesión a título "gratuito", sino que grava la transmisión onerosa de los mismos. Dentro de estos se pueden identificar ciertos servicios que ofrecen las plataformas tradicionales como *Facebook, Amazon, Google*, que transmiten o ceden el uso de los datos recopilados en su intermediación a ciertos clientes para, entre otros, el posicionamiento de productos, estrategias de marketing o estudios de mercado.

Para dar más claridad a la delimitación del hecho imponible, se recogen una serie de **supuestos de no sujeción** (art. 6 LIDSD) que incluyen: 1) Las ventas de bienes o servicios contratados en línea a través del sitio web del proveedor de esos bienes o servicios, en las que el proveedor no actúa en calidad de intermediario (comercio electrónico tradicional); 2) Las operaciones subyacentes, entendiendo por tales las entregas de bienes o prestaciones de servicios entre los usuarios que sean el objeto del servicio de intermediación en línea; 3) Los servicios de intermediación en línea, cuando la única o principal finalidad de esos servicios prestados por la entidad que lleve a cabo la puesta a disposición de una interfaz digital sea el suministro de "contenidos digitales" a los usuarios, o la prestación de servicios de comunicación o servicios de pago; 4) Las prestaciones de servicios financieros regulados, así como los servicios de transmisión de datos cuando se realicen por entidades financieras reguladas; 5) Los servicios intragrupo, entendiendo por tales las prestaciones de servicios digitales cuando sean realizadas entre entidades que formen parte de un grupo con una participación, directa o indirecta, del 100% y; 6) El transporte de señales de comunicación a que se refiere la Ley General de Telecomunicaciones.

En ese sentido, si bien se realza la aportación a la creación de valor por parte de los usuarios, estos no son considerados como contribuyentes del impuesto. Conforme a lo anterior, el IDSD consideran como **contribuyentes** a cualquier persona jurídica o entidad sin personalidad jurídica que constituya una unidad económica o patrimonio separado susceptible de imposición (comunidad de bienes, herencia yacente) siempre que se cumplan, de forma individual o de manera acumulada junto el resto de entidades que pertenezcan a su grupo, los siguientes umbrales: a) Un importe neto de **cifra de negocios** en el año natural anterior superior a los 750 millones de euros; b) Un importe total de los **ingresos** derivados de sus prestaciones de servicios digitales cubiertos por el impuesto, resultado de aplicar las reglas de cálculo de la base imponible, que supere los 3 millones de euros (art. 8 LIDSD).

De lo anterior, habremos de rescatar dos cuestiones. En primer lugar, el establecimiento de estos umbrales cuantitativos encuentra su justificación en la conveniencia de minimizar la carga administrativa derivada del impuesto y de excluir a las pequeñas y medianas empresas de su alcance, dentro de un enfoque tradicional del principio de neutralidad. Y, en segundo lugar, la existencia de estos umbrales parece indicar que el tributo terminaría afectando en mayor medida a grandes empresas multinacionales digitales que se aprovechen de los usuarios ubicados en territorio español para la generación de valor dentro de sus actividades económicas que encajen en los tres supuestos que integran el hecho imponible.

Ahora, la cuantificación de las cuotas tributarias pasa por la determinación de la **base imponible**, la cual estará constituida por los ingresos obtenidos según la modalidad del hecho imponible. Así, en los servicios de publicidad en línea, la base imponible se determina por los ingresos totales obtenidos conforme a la proporción que represente el número de veces que aparezca la publicidad en dispositivos que se encuentren en el territorio de aplicación respecto del número total de veces que aparezca dicha publicidad en cualquier dispositivo, cualquiera que sea el lugar en que estos se encuentren. En los servicios de intermediación en línea, se determina por los ingresos totales obtenidos conforme a la proporción que represente el número de usuarios situados en el territorio de aplicación del impuesto respecto del número total de usuarios que intervengan en ese servicio, cualquiera que sea el lugar en que estén situados. Y, en los servicios de transmisión de datos, se estima por los ingresos totales obtenidos conforme a la proporción se aplicará a los ingresos totales obtenidos la proporción que represente el número de usuarios que han generado dichos datos que estén situados en el territorio de aplicación del impuesto respecto del número total de usuarios que hayan generado dichos datos, cualquiera que sea el lugar en que estén situados.

De todas maneras, si el importe de la base imponible no pudiera establecerse durante el período de liquidación, el contribuyente podrá fijarlo provisionalmente aplicando criterios fundados. Debiendo realizar una regularización de dicha cuantificación tentativa en un plazo máximo de cuatro años.

Sobre esas bases imponibles, se exigirá un **tipo del 3 %** (art. 11 LIDSD), que podría modificarse al alza o la baja, mediante la Ley de Presupuestos Generales (ex. Disposición Final Tercera de la LIDSD). Su período de liquidación coincide con el trimestre natural, por lo cual, el contribuyente deberá presentar las correspondientes autoliquidaciones, a través del Modelo 420, e ingresar la deuda durante el mes siguiente al correspondiente período trimestral del año natural, tal y como se prevé en la Orden del *IDSD*.

Tal y como podemos ver, el *IDSD* ha surgido en un escenario muy convulso en el que se vienen desarrollando las diversas medidas que quieren adecuar los sistemas tributarios a los retos que ofrece la economía digital. Esto ha llevado a que esta innovadora figura se considere **controvertida,** pues, aunque trata de sujetar en nuestro sistema tributario figuras, modelos de negocio, activos intangibles propios de la economía digital, no parece encajar del todo con los principios, fundamentos y normas tributarias tradicionales, menos aún con la necesidad de buscar una resolución internacional concertada.

Por lo anterior, surgen dudas sobre la pervivencia de este tributo en el tiempo, ya que podría llegar a desparecer ante los grandes pasos dados a nivel internacional con los Pilares 1 y 2 desarrollados dentro del Marco Inclusivo de la OCDE. Así, en el marco de los acuerdos alcanzados hasta la fecha, los Estados firmantes quedaron comprometidos a eliminar este tipo de medidas tributarias unilaterales para el 2024. No obstante, tal y como veremos en el siguiente apartado, la incertidumbre generada por los términos específicos y la implementación técnica de los Pilares, los cuales no demuestra la solidez suficiente para garantizar su efectiva aplicación, nos llevaría a considerar que los denominados DST están condenados a permanecer mucho más tiempo de lo pronosticado, siendo más factible, desde nuestro punto de vista, que este tributo evolucione y se empiece a implementar a nivel europeo.

IV. LA TRIBUTACIÓN DIRECTA

Las bases sobres las que se cimentaron las reglas de los diversos sistemas tributarios y las figuras impositivas que pretenden sujetar la generación de rentas como muestra de capacidad económica, vienen mostrándose como insuficientes para confrontar los retos derivados del cambio de paradigma económico. Hoy en día, con la evolución de los modelos de negocio digitalizado (plataformas digitales, economía colaborativa, economía *gig*, etc.), la aparición de nuevos intangibles (algoritmos, software, datos, criptoactivos, etc.) y el surgimiento de nuevas formas de generación de riqueza (Creadores de contenido, *influencers*, *gamers*, etc.), **las normas de los sistemas**

tributarios tradicionales que evolucionaron junto al modelo económico industrializado y que delimitan los elementos esenciales que constituyen los hechos imponibles, al igual que los obligados tributarios, **parecen no adecuarse a los retos que se plantean en este nuevo escenario**.

Por ello, desde hace más de dos décadas, todo el esfuerzo se ha centrado en la búsqueda de esa "piedra filosofal" que nos ayude a resolver los problemas que surgen a la hora de sujetar aquellas rentas obtenidas dentro del nuevo modelo económico digitalizado que se escapan al radar de los sistemas tributarios tradicionales. No obstante, hasta la fecha y a pesar de las diversas medidas que se vienen explorando no ha sido posible hallar este "santo grial tributario" ante las grandes dificultades que hemos tenido que enfrentar a nivel técnico, operativo, legislativo y de política fiscal, tanto en el orden nacional, al igual que en el internacional.

En ese sentido, y ante la lenta transformación de nuestros sistemas tributarios, ese esfuerzo ha terminado centrándose en dos grandes vertientes. De un lado, a través de la figura de la **calificación de las rentas**, en donde se hace uso de las normas recogidas para los tributos tradicionales mediante una interpretación extensiva y adecuada a cada operación disruptiva, con el objetivo de determinar qué tipo actividad se desarrolla, qué tipo de renta genera, cómo cuantificarla y así poder sujetarla a la presión fiscal de cada jurisdicción. Y, de otro lado, a través del establecimiento de un **nuevo criterio de sujeción (nexo)** que permita ejercer presión fiscal sobre aquellos actores que demuestran una capacidad económica vinculada a una determinada jurisdicción sin tener una conexión física reconocida dentro del mismo, pues con ocasión a la desmaterialización de muchas actividades, activos y sujetos, cada vez es más común poder generar riqueza u obtener beneficios económicos dentro de un determinado territorio sin tener presencia física reconocida o una conexión territorial con este, lo que impide que la jurisdicción de mercado, en donde se genera dicho valor, pueda someter a gravamen esas rentas.

Así, será sobre estas dos vertientes que habremos de presentar estas notas introductorias a los grandes retos que debe enfrentar la tributación directa en la evolución del nuevo modelo económico digitalizado.

1. *La calificación de las operaciones y sus rentas en la economía digital*

Los problemas de calificación de las expresiones de capacidad económica derivada de la obtención de rentas y la tenencia patrimonial en este entorno disruptivo, encuentran su fundamento en la aparición de **nuevas**

formas de obtener ingresos por parte de **cualquier sujeto** (ya sea a nivel particular o empresarial) a través de plataformas digitales de múltiples caras, en la operativa con bienes y servicios cada vez más **desmaterializados** y en la explotación de nuevos **intangibles** que son de ágil monetización en este entorno. Estas tres cuestiones, que a veces se plantean como ventajas derivadas de la digitalización del entorno económico, generan interrogantes sobre cómo estas nuevas formas de expresión de capacidad económica encajan en la delimitación de los elementos esenciales de los hechos imponibles tradicionales que pretenden gravar la generación de rentas.

Así, ante las dificultades que se presentan para confrontar los retos tributarios derivados de la economía digital, que nos llevó a asumir una postura conservadora frente a la necesidad de buscar medidas tributarias innovadoras, los Estados, a nivel global, han tenido que buscar la forma aplicar las herramientas tributarias tradicionales a supuestos disruptivos sin generar cambios significativos en su ordenamiento jurídico. Para ello, de un lado, se viene realizando un análisis sobre el nivel de **compatibilidad** que puede haber en el tratamiento dado a operaciones tradicionales que se pueden considerar análogas a las realizadas dentro de la economía digital; mientras que, de otro, se viene realizando una **interpretación amplia y extensiva de las normas**, definiciones y delimitación de los elementos esenciales de los tributos tradicionales, con el objetivo de que las operaciones sobre las cuales se quiera ejercer presión fiscal puedan someterse a gravamen dentro de cada jurisdicción.

Lo anterior, encuentra su explicación por cuanto, no todas las operaciones son disruptivas a nivel tributario dentro del modelo económico digitalizado, en especial, cuando versan sobre activos patrimoniales, elementos materiales o servicios profesionales tradicionales que se adquieren a través de los sistemas tecnológicos. En estos supuestos, lo único especial es el uso de la Red como herramienta que permite el acceso y operativa de manera ágil, por lo cual, las rentas y expresiones de capacidad económica patrimonial se gravarán de manera general conforme a las reglas tradicionales recogidas en la normativa general del impuesto sobre sociedades (IS), al impuesto sobre la renta de las personas físicas (IRPF) o al impuesto sobre la renta de no residentes (IRNR). Ahora, en aquellas capacidades económicas que se salen del molde de la economía industrializada, porque el elemento patrimonial, el bien o servicio o el activo es o se ha convertido en inmaterial, es donde vamos a encontrar la mayor parte de la problemática sobre la calificación.

Con finés académicos, podemos resumir los conflictos en la calificación en dos grandes bloques. De un lado, aquellos que surgen en operaciones empresariales, económicas o profesionales disruptivas vinculadas al comercio electrónico y, de otro lado, aquellos que surgen con ocasión a la monetización en actividades que no encajarían propiamente en el comercio electrónico.

A) Calificación de las rentas vinculadas al comercio electrónico

Podemos empezar a dimensionar el problema de la calificación para aquellos que desarrollen actividades empresariales, económicas o profesionales de carácter disruptivo, si comparamos la forma en que se distribuían a través de una tienda tradicional las películas, la música y los libros, con los medios que hay en la actualidad de adquirir o hacer uso de los mismos a través de un dispositivo electrónico mediante una descarga como archivo digital o la adquisición del derecho de acceso, reproducción o distribución sin necesidad de que se materialicen. Allí, lo que era la entrega de un bien, ya que venían soportados en un medio físico (CD/DVD/Papel), deja de serlo y se convierte en una especie de servicio que se puede prestar a distancia (sin presencia física en el territorio en donde se adquiere).

En este caso, la calificación de la renta obtenida por la operación va a ser importante no sólo por su naturaleza como renta de una actividad empresarial, económica, o profesional que, dependiendo de la condición del sujeto que la realice, estará **sujeta al IS, al IRPF o al IRNR**, sino que también, para determinar el **nivel de presión fiscal** a ejercer y su **sujeción a una jurisdicción** determinada. Esto último es relevante ya que, en muchas ocasiones, estamos ante fenómenos transfronterizos en donde la actividad económica se realiza de manera remota, sin una presencia física en la jurisdicción del usuario o cliente, y puede haber conflictos de doble imposición o desimposición, que se pueden llegar a eliminar dependiendo de su calificación entre rentas empresariales o cánones.

Así, como punto de partida para calificarlos, habremos de acudir a las reglas de *soft law* que se han erigido como fundamentales a la hora de regular la fiscalidad de los productos digitales, especialmente, la doctrina emanada de la OCDE a través del Modelo de Convenio para evitar la Doble Imposición (MC OCDE) y sus comentarios, así como del informe titulado *Tax treaty Characterisation issues arising from e-commerce.* En ellos, el debate sobre la calificación de estas rentas se centra en determinar si la operación versa sobre una cesión total, parcial o comercial de una propiedad industrial o intelectual vinculada al intangible o servicio.

Lo primer que hay que tener en cuenta es que, conforme a los apartados 12 a 17 de los comentarios al art. 12 del MC OCDE, **la** calificación de estas rentas pivota sobre el concepto de canon como una contraprestación por el uso, la concesión de uso, de derechos de propiedad intelectual, industrial o de *know how*, en donde su calificación dependerá precisamente de la **naturaleza de los derechos** que se concedan al usuario/cliente **sobre el producto digital**. Así, si la renta se genera por la cesión de los derechos de propiedad intelectual o industrial de un producto digital con el objetivo de explotarla económicamente, la calificación conforme al Convenio sería la de cánones.

Ahora, es válida la aclaración para aquellos casos en que los derechos se ceden para el uso simple del producto digital, aunque este pueda descargarse en un dispositivo electrónico o disco duro, en donde la renta se calificará como beneficio empresarial. Dicha calificación estaría acorde con la realizada por la OCDE en el informe anteriormente mencionado (en donde se recogen 28 tipos de operaciones y se delimita la calificación para estas operaciones), ya que el motivo esencial del pago es la adquisición o acceso a una copia digital de un producto estandarizado, sin que haya una transmisión de esa propiedad industrial o intelectual para ser objeto de explotación o haya una adaptación singular del producto a las necesidades del usuario/cliente con ocasión a la especialidad operativa requerida, casos, en donde los pagos pueden llegar a ser considerado como cánones.

Para ofrecer mayor claridad, es necesario entender que, en este nuevo paradigma económico, encontramos tres tipos de modelo de servicios disruptivos que nos servirán para delimitar la calificación de las rentas obtenidas: 1) ***SaaS***: La operación consiste en dar acceso a un cliente a una gama de servicios desplegados y almacenados en los servidores propios a la infraestructura de la nube (entre otras, *Netflix, Amazon prime video, Spotyfy o Google Drive,* etc.); 2) ***PaaS***: La operación consiste en una plataforma, sistema operativo, lenguaje programación, etc., para que ellos desarrollen dentro de estos sus propias aplicaciones y manejen su propia información (entre otras, *Google App Engine, Microsoft Azure App Service, Heroku,* etc.); 3) ***IaaS***: La operación es el suministro de equipos informáticos, recursos de computación, almacenamiento y conexión de equipos en red, para que ellos ejerzan control sobre estos sin gestionar la red subyacente proporcionada (entre otras, *AWS, IBM Cloud, Google Cloud,* etc.).

Aquí, la clave para la calificación de la renta vendrá dada por el **nivel de control y permisos** que se negocien en favor del usuario/cliente. Así, si en estas operaciones el usuario/cliente no tiene control alguno sobre la infraestructura subyacente de la nube, ni sobre los servicios desplegados, teniendo sólo acceso al contenido o funcionalidad de un servicio, una aplicación o una infraestructura determinada, nos encontraremos con rentas empresariales. Sin embargo, si, por el contrario, se le concede acceso a propiedad industrial o intelectual con fines de explotación económica o se le permite le control de la infraestructura subyacente (nube o servidores), podríamos estar hablando de cánones.

Lo anterior lo podemos ejemplificar en supuestos relacionados con el suministro de software con descarga o sin descarga o la computación en la nube. Así, en casos como las *application hosting*, en donde el cliente/usuario puede acceder mediante licencia a un software cargado en los servidores del proveedor, operando en este de manera remota, o en las *data warehousing*, en donde el servicio consiste en ofrecer posibilidades de almacenamiento de información, estaremos ante rentas empresariales, ya que no se conceden al cliente/usuario prerrogativas sobre el control de la infraestructura subyacente y lo que se presta es un servicio estandarizado, y la gestión de los equipos desde el cual se presta el servicio sigue siendo competencia del proveedor.

No obstante, hay operaciones en donde surge una cierta sombra de duda. Aquí, encontramos por ejemplo, los servicios de asesoría técnica online, *los tailor-made software* y las impresiones 3D. En el primero de ellos, la calificación dependerá del alcance que pueda tener la información técnica divulgada y si ésta se puede considerar parte de un *know how*, caso en el cual, los pagos se podrían considerar como cánones. En el segundo y tercero, el eje central del debate versa en la "customización" del producto ofrecido, es decir, si el producto ofrecido como contraprestación al pago se ha adaptado a las necesidades o exigencias del cliente/usuario, se le permite modificar ciertos elementos de este o, se le cede parte o toda la infraestructura para su adaptación, los pagos se podrían calificar como cánones (Ver. Consulta DGT V2039-15).

En el caso de obtener rentas empresariales, económicas o profesionales, los problemas de calificación pueden acrecentarse según los servicios prestados sean más complejos, lo que es la regla general en ciertas operaciones disruptivas donde encontraremos que se ofrecen **conjuntamente diversos servicios**, siendo necesario descomponer las prestaciones y sus rentas para calificar cada una de manera individual. No obstante, también será necesario analizar la verdadera esencia de la operación, deslindando las prestaciones principales de las accesorias, ya que si es posible delimitar la existencia de una prestación que prime de manera significativa sobre las otras, es factible aplicar el principio general que invita a que la calificación de la renta de toda la operación mixta vendría determinada por la suerte de la prestación principal, sin que haya necesidad de individualizar cada una de ellas.

Al final, el problema de la calificación ha terminado girando entorno a la interpretación que se haga dentro de cada ordenamiento jurídico y en los CDI firmados sobre lo que se considera como canon y el alcance que se le quiera dar conforme a las consideraciones realizadas por la doctrina mediante las herramientas de *soft law* a nivel internacional. Tal y como hemos señalado, la necesidad de delimitar esta calificación de las rentas puede generar que ciertos actores económicos estructuren sus operaciones con el objetivo de buscar un ahorro fiscal.

Lo anterior ocurrirá porque en el reparto de las cargas tributarias de muchos CDI firmados se establece la posibilidad de que las rentas calificadas como cánones se puedan **gravar de manera compartida** (residencia y fuente), concediéndole la facultad de gravarlas en la fuente con límites, mientras que las rentas empresariales se gravan solo en la jurisdicción de residencia del proveedor. Ello genera que se traten de estructurar las operaciones en uno u otro sentido, dependiendo de dónde se puede producir el ahorro fiscal y de la vinculación entre las partes, pues, es importante entender que los pagos por cánones se consideran un gasto deducible para el adquirente, lo que podrían provocar situaciones de desimposición en aquellos casos en que se presente una inadecuada calificación de las rentas.

B) La calificación de las rentas no vinculadas propiamente el comercio electrónico

Las ventajas generadas por la digitalización de la economía nos han llevado a entender que los retos no derivan exclusivamente del comercio electrónico, sino que trascienden a todas las expresiones de riqueza que ya están a la mano de cualquier actor económico, ya sea empresarial o particular.

Por ello, también podemos dimensionar el alcance de la problemática en la calificación de las nuevas formas de generación de renta dentro de las características ofrecidas por la monetización en la creación de contenidos a través de plataformas digitales (entre otras, como *YouTube, Twitch, Insta-*

gram, Tiktok, etc.), la generación de ingresos mediante las "ventajas" que ofrece la denominada *Gig and Share Economy* (*GSE*) (entre otras, *Uber, Airbnb, Glovo, TaskRabbit, Zolvers, Streetpotr*, etc.) y las nuevas formas de obtención de rentas a través de inversión en nuevos "activos" digitales propios de la denominada tokenización (entre otras, criptomonedas, *stablecoins, security tokens, NFT, utility tokens*, etc.), en donde será relevante la **calificación** al considerar las mismas como rentas empresariales para las entidades sujetas al IS o IRNR con EP o sin EP, del trabajo, derivadas de una actividad económica, como ganancia patrimonial o de capital para las personas sujetas al IRPF o IRNR con o sin EP.

En ese sentido, lo primero que hay que delimitar es que, por muy disruptiva que sea la forma de generar rentas, si las mismas se originan por una entidad o persona física que desarrolla actividades económicas dentro del territorio español siendo residente o sin serlo bajo una conexión objetiva territorial dentro del mismo, las rentas deberán gravarse conforme a las reglas y a la calificación del IS/IRPF o del IRNR con EP (en el cual se tributa conforme a ciertas reglas del IS) o sin EP, es decir, como rentas de la actividad económica /empresariales o cánones, según hemos visto.

Así, por ejemplo, encontramos la monetización de operaciones relacionadas con criptoactivos por parte de estos actores. Donde, sin importar si las rentas las genera el minado de monedas virtuales para venderlas a un tercero, o si su origen se relaciona con la compraventa o intercambio de monedas como actividad principal o si las rentas afloran de su tenencia como medio de pago o activo de inversión (no vinculadas a su actividad principal), las rentas se considerarán empresariales. Siendo el único elemento a tener en cuenta, su contabilización a través de las normas de registro y valoración conforme al Plan General Contable (PGC), ya que podrían contabilizase como existencias (si la actividad con los criptoactivos es principal), caso en el cual se valorarán conforme al valor neto realizable de acuerdo con el valor de referencias; como inmovilizado o activo intangible (si la actividad no es principal), en donde regirá el valor recuperable según la menor cantidad entre el valor razonable y el valor en uso; o como permuta (si se reciben como medio de pago o se intercambian), en donde se habrá de registrar contablemente por el valor razonable, pero se valorará con fines fiscales conforme al valor de mercado.

Ahora, las cuestiones más significativas en la calificación de actividades de monetización en este nuevo paradigma económico digitalizado, no relacionadas propiamente con el comercio electrónico, las podemos encontrar en las **rentas generadas por personas físicas mediante la monetización**

de actividades tales como, la generación de contenido online, las propias de la GSE y el aprovechamiento de los critptoactivos. En estos supuestos más paradigmáticos, debemos calificar el tipo de renta empezando por concretar si estamos ante rentas de actividades económicas, profesionales o rentas del trabajo, o si se considerarán como una ganancia patrimonial o de capital, para luego plantear los problemas particulares a resolver.

Es importante recordar que una **persona física** que obtenga rendimientos, ya sea derivados del trabajo personal y del capital conjuntamente, o de uno solo de estos factores, en donde suponga por parte del contribuyente una ordenación por cuenta propia de medios de producción y de recursos humanos o de uno de ambos, con la finalidad de intervenir en la producción o distribución de bienes o servicios (art. 27.1 LIRPF), **estará desarrollando una actividad económica** y, por ende, nacen obligaciones formales relacionadas con el Impuesto sobre Actividades Económicas (IAE) de acuerdo con los art. 78 y 79 del Real Decreto Legislativo 2/2004, de 5 de marzo, por el que se aprueba el texto refundido de la Ley Reguladora de las Haciendas Locales (TRLRHL) que, aunque por regla general no tenga relevancia en términos cuantitativos por la exención consagrada 82.1.C TRLRHL, sí que es importante para los efectos que analizaremos en el IRPF.

En ese sentido, tanto los creadores de contenido (*youtubers, streamers, instagramers, tiktokers, twitchers, influencers,* etc.), como aquellos que desarrollen actividades *GSE* (especialmente los denominados "*Riders*", desarrolladores de apps, *dropshippers,* operadores de plataformas como *Wallapop, Vibbo, e-bay, milanunucios*) y los que operen con criptomonedas (mineros, *traders,* vendedores de *NFTs*) con independencia de que generen o no un rendimiento económico derivado de su operativa, estarán realizando una actividad económica en los términos del IAE y del IRPF, si ordenan por su cuenta medios y recursos tanto humanos como técnicos y la actividad la realizan con la intención de intervenir en la producción o distribución de bienes y servicios.

Siendo aplicable a cualquiera de los modelos mencionados, podemos tomar como ejemplo el caso de los creadores de contenido. En donde, el primer requisito lo encontramos en la disposición de diversos medios necesarios, desde su trabajo personal para la creación, edición, producción, difusión de contenidos en las redes sociales, hasta elementos técnicos, tales como smartphones, ordenadores, webcams, software de edición de vídeos y fotografías, micrófonos, cámaras y resto de equipos necesarios para desarrollar su actividad. Mientras que, el segundo requisito lo determina un evidente propósito de intervenir y participar en el mercado de consumo audiovisual y del entretenimiento a través de su actividad en las redes sociales (Ver. Consultas DGT V0992-16 de 14 de marzo, V3078-17 de 23 de noviembre, V0177-19 de 18 de enero y V2608-19 de 24 de septiembre, entre otras).

En este supuesto, planteamos una primera cuestión problemática y es el debate sobre la realización de estas actividades de forma ocasional, puntual o por simple diversión, pues se reconocen como una salvedad a la consideración de las rentas como actividad económica (Ver. Consulta DGT V1417-20, de 14 de mayo).

Evidentemente, el tipo de actividad y el factor volitivo expresado en la intencionalidad de participar en la producción o distribución de bienes y servicios va a ser fundamental, pues podemos encontrar actividades en que ese factor se sobreentiende, por ejemplo, en el caso del *dropshiping*, de los *Riders*, creadores de contenido que firmen algún tipo de acuerdo con las plataformas para poder monetizar sus creaciones (*youtubers*), acepten algún acuerdo publicitario a integrar en su contenido (*instagramers*) o distribuyan una app de su creación a través de una plataforma (desarrolladores). Allí, sería indudable que hay intención de monetizar y explotar económicamente la actividad, aunque sea de una manera aislada. Empero, también podemos encontrar **actividades en donde esa intención no sea tan evidente** y por ende no podamos enmarcarla como ingresos por actividades económicas, debiendo adecuarlas en las **otras categorías de rentas**, por ejemplo, una persona que realice por entretenimiento un vídeo o *reel* único haciendo uso de su móvil u ordenador personal, sin mayores intenciones de monetizar, pero que se hace viral reportando grandes beneficios económicos, o, la venta de un app por una sola vez cediendo la totalidad de derechos a una plataforma o distribuidor, o, la venta de cualquier producto a través de Wallapop.

Partiendo de lo anterior, surgen otras cuestiones problemáticas vinculadas a las posibilidades de calificar las rentas derivadas de monetizar estas actividades bajo **otras categorías diferentes** a las actividades económicas/ profesionales. Aquí, la cuestión se centra en concretar si estaríamos ante rentas de capital mobiliario, rentas del trabajo o ganancias patrimoniales y su integración en la base imponible general o del ahorro.

En el primero de los casos, que es la calificación más excepcional, estaríamos ante **rentas de capital mobiliario** cuando estas procedan de la cesión del derecho a la explotación de la propiedad industrial o intelectual, cuando el contribuyente no sea el autor o de la imagen o del consentimiento o autorización para su utilización, salvo que dicha cesión tenga lugar en el ámbito de una actividad económica (art. 25.4. a y d LIRPF). En el caso de los creadores de contenido, los podríamos encontrar en alguna relación especial para *youtubers* o *instagramers* cuando en las condiciones contractuales que se firmen con las plataformas o en campañas de marketing, se determine la cesión plena o limitada del derecho a la explotación de su imagen o, al menos, la autorización para su uso.

No obstante, hay un caso particular vinculado a las actividades con criptoactivos, en especial en el denominado *cloud mining*, que se da cuando un sujeto persona física compra poder de minado de un pool de minería a cambio de recibir un porcentaje del beneficio que han obtenido los mineros, en proporción al poder de minado que ha comprado, o en el caso del *forging* o *staking*, que consistente en bloquear monedas virtuales en un monedero virtual o *wallet* por un período de tiempo específico con la finalidad de recibir monedas virtuales adicionales a modo de ganancias o recompensas por actuar como validador. Supuestos en donde puede adecuarse la calificación como renta de capital mobiliario por cesión de capitales propios (art. 25.2 LIRPF), ya que en la operativa podría asimilarse a los contratos de cuenta en participación, ya que el generador de la renta carecería de una organización mínima para su desarrollo (Ver. Consulta DGT V1788-22, de 26 de junio).

En este punto, la línea de debate se abre hacia la posibilidad de considerar algunas rentas disruptivas como **rendimientos del trabajo**, en especial por dos cuestiones. De un lado, cuando hablamos de la monetización generada por impartir cursos, conferencias, coloquios, seminarios y similares, así mismo, por la elaboración de obras literarias, artísticas o científicas que sean cedidas para su explotación (art. 17.2 LIRPF) y, de otro lado, por el problema de la existencia de "falsos" autónomos que se cuestiona en las diversas relaciones *propias de* las actividades GSE.

En la primera de las cuestiones, el art. 17.2 LIRPF otorga expresamente la consideración de rentas del trabajo a estos supuestos salvo que sean desarrollados dentro de una actividad económica. Así, el eje central de la consideración de rentas del trabajo parece pasar por que la monetización está vinculada y subordinada o es complemento de una actividad laboral, es decir, contando con una vinculación previa por cuenta ajena. El ejemplo más paradigmático lo encontramos en las rentas obtenidas por profesores universitarios al ser contratados para dictar un seminario (que ahora puede ser online) sin que participe en la disposición de los elementos necesarios para impartirlo, o en el caso de las rentas derivadas de sus publicaciones por cesión de las mismas. En ese sentido, imaginemos que ese profesor adicional a su labor docente tradicional crea un canal divulgativo en una plataforma digital (*YouTube, Twitch, TikTok*), en donde la monetización podría ser considerada como rendimientos del trabajo encajables en el mencionado art. 17.2.d) LIRPF.

Frente a la segunda cuestión, el conflicto trasciende al ámbito tributario y se origina de la manera en que se viene operando en la economía *gig* y colaborativa, en donde las plataformas parecen actuar como meros intermediarios entre quien presta un determinado servicio y quien lo necesita (*Uber, Glovo, freelancers, Workana,* entre otras). En este caso, tenemos a **particulares desarrollando actividades que antes se ejecutaban a nivel empresarial**. Debido a lo anterior, lo normal es que estemos ante sujetos que realizan una actividad económica y que para poder operar deben estar dados de alta como autónomos y en el IAE, quedando sujetas sus rentas al IRPF como rendimientos de actividades económicas.

No obstante, el problema se origina en el momento en que la gran mayoría de estas plataformas han pasado de ser reconocidas como actores económicos intermediarios a ser consideradas verdaderas empresas multinacionales que realizan actividades finales en la jurisdicción de mercado, es decir, en el lugar en donde prestan el servicio final (STJUE de 20 de diciembre de 2017, Uber Systems Spain, As. C-434/15). Dicha interpretación, ha llevado incluso a considerar que muchos de estos trabajadores, que desarrollaban actividades por cuenta propia (en especial, los de reparto a domicilio), tenían una **relación laboral** con dichas plataformas y, por ende, eran considerados falsos autónomos (STS 2924/2020, de 25 de septiembre, RJ. 4746/2019). De igual manera, y como consecuencia de lo anterior, se han acometido reformas legislativas con el objetivo de aclarar el panorama de estos operadores (Ley 12/2021, de 28 de septiembre, "Ley *Rider*").

Así, aunque a la fecha nada parece haber cambiado, porque hay movimientos muy fuertes que critican la forma cómo se pretenden regular estas actividades y las mismas plataformas no adecuan del todo sus actividades a lo requerido, el impacto a nivel tributario es evidente, ya que debemos analizar según cada caso concreto si la calificación de las rentas obtenidas por estas actividades son rendimientos de actividades económicas o rendimientos del trabajo.

Por último, encontraremos la posibilidad de encuadrar muchas de estas rentas en lo que comúnmente se denomina como el cajón de sastre en la calificación de las rentas, es decir, como **ganancias o pérdidas patrimonia-**

les (arts. 33 a 39 LIRPF), que se deberá incorporar en la base imponible del ahorro (art. 49 LIRPF). En estos supuestos, la clave la encontraremos en la generación de circunstancial de ciertas rentas o por la consideración del bien intangible del cual se derivan como un elemento patrimonial, sin que tengan como origen una relación laboral o devengan de actividades empresariales o profesionales.

Este es el caso de muchas actividades derivadas de la economía *gig* y colaborativa que no tienen tanto impacto como las ya vistas. Por ejemplo, contraprestaciones recibidas por realizar reseñas, encuestas, sondeos de opinión y similares a través de una página web. Así mismo, rentas percibidas por actividades que pueden rayar en lo que sería una actividad empresarial o profesional, tal y como sucede con un gran número de apps (entre muchas otras, *Field Agent, Pact App, BrandMe, Gigwalk*) en donde el usuario tiene que realizar tareas o cumplir retos, que pueden ser desde estudios de mercado, participación de encuestas, testeo de productos tradicionales o digitales, o simplemente ceder ciertos datos personales, recibiendo a cambio premios, bonos, descuentos o pagos en efectivo, a cambio de permitir el flujo de los datos derivados de dicha actividad. En este supuesto, aunque puede ser controvertido considerar la actividad como algo ocasional, su calificación sería como ganancias patrimoniales (Ver. Consulta DGT V3065-17, de 23 de noviembre)

Dentro de esta calificación de rentas, también podríamos encontrar las tradicionales ventas de artículos de segunda mano a través de las plataformas más tradicionales (*Wallapop, Vibbo, e-bay,* entre otras), en donde, si el precio de venta del bien es superior al precio en que se adquirió, estaremos ante una ganancia patrimonial y, en donde, no se podrá aplicar la pérdida si se vende por debajo del precio de adquisición, por cuanto se considera una depreciación por el uso y por el paso del tiempo. Esto puede aplicarse a quien vende una aplicación a una plataforma para que ella la explote económicamente, pues no podríamos entender que existe una actividad empresarial o profesional, ni mucho menos una relación laboral.

Habremos de terminar este apartado haciendo mención a las operaciones con **criptoactivos**, en donde, si las rentas percibidas son por la transmisión de monedas virtuales o *NFTs* a cambio de euros, o si se estamos ante supuestos que constituyen permuta o swaps (el intercambio del criptoactivo no se realiza en moneda de curso legal, sino con otro criptoactivo) y que es ajeno a una actividad económica o, incluso, laboral (pago en especie), estaríamos ante ganancias o pérdidas patrimoniales a integrar en la base del ahorro del IRPF del contribuyente que los transmite. Aquí, los problemas pueden originarse de la cuantificación de la renta, ya que dependerán en unos casos de la diferencia entre el valor de adquisición y transmisión (supuesto de transmisiones onerosas o lucrativas) o del valor de mercado de los elementos patrimoniales o partes proporcionales (supuestos restantes). Debiendo tener en cuenta, en todo caso, a la hora de determinar el valor para tener en cuenta como renta, las comisiones o fees que cobran las *exchanges house* o casas de cambio por la compraventa o permuta de las monedas virtuales y que son satisfechas por los contribuyentes.

Para concluir este apartado, habremos de señalar que **la calificación** adquiere importancia a nivel tributaria no sólo por la aplicación técnica de las reglas de tributación que se demarcan en cada uno de los tributos del sistema, tal como lo hemos visto, sino que también lleva aparejadas grandes implicaciones para la **atribución de la potestad tributaria**. Esto es así, por cuanto, muchos de los operadores económicos (particulares/empresarios) pueden obtener rentas interactuando significativamente con los clientes/usuarios de cualquier otro Estado sin tener una presencia física en él que pueda llegarse a considerarse como una renta obtenida a través de un EP. Es por ello por lo que, más allá de la calificación, los problemas de la tributación directa en la economía digital también se habrán de enfocar en crear un nuevo nexo, que permita gravar esas expresiones de capacidad económica en la jurisdicción en donde se está creando valor, ya que se entendería la existencia de una presencia económica significativa virtual en él, en ausencia de la presencia física o del EP.

2. *La búsqueda del "nuevo" nexo en la jurisdicción de mercado*

La mayor parte del trabajo realizado para lograr una solución a la problemática de la tributación en la economía digital se centra en descubrir una figura que nos ayude a determinar si es posible **gravar, en el país de la fuente, una renta obtenida por un actor económico no residente que obtiene flujos económicos de forma remota, sin que exista presencia física en la misma.** Es decir, el debate sobre las soluciones a la problemática derivada de la economía digital a nivel de la tributación directa está enfocado hacía concretar un nuevo "nexo" en la jurisdicción en donde se crea valor.

Sin lugar a dudas, la insuficiencia del concepto de EP dentro de un nuevo contexto tributario digitalizado, en donde los actores económicos pueden operar a nivel global, obteniendo rentas en diversas jurisdicciones sin contar con una presencia física, ni contando con agentes dependientes en dichos territorios, ha generado que los criterios tradicionales que sujetan las obligaciones tributarias a un punto de conexión determinado por una presencia física o asimilada devenga obsoleto, ya que los nuevos modelos de negocio digitalizado pueden generar sus rentas de manera remota con ocasión a la explotación de activos desmaterializados o nuevos intangibles. Lo anterior, contraviene y no se adecua al concepto tradicional de EP, permitiendo que dichas ganancias se deslocalicen a territorios de baja o nula tributación, eludiendo con ello la presión fiscal y generando efectos indeseados sobre los principios económicos que rigen el sistema.

Debido a ello, se requería plantear alternativas que nos permitieran adaptar principios, conceptos y fundamentos tributarios al nuevo paradigma económico. Pero ese proceso viene siendo lento y poco coordinado, especialmente, porque el enfoque de la mayoría de las medidas no se había canalizado en la búsqueda de soluciones a los retos que plantea la tributación de la economía digital, sino en la lucha contra la elusión y evasión fiscal.

Lo anterior, nos ha llevado a la toma de medidas muy dispares a nivel internacional como son los intentos de modificación del concepto de EP en el Modelo CDI de la OCDE 2017 y dentro del Instrumento Multilateral (*MLI*) mediante la recomendación final sobre la Acción 7 BEPS, o la generación de medidas tributarias novedosas que mencionamos en un apartado inicial de este documento (*DST, DPT, Equalization Levy*) y, por último, los Pilares 1 y 2 de la OCDE y las modificaciones al modelo de CDI de la ONU, los cuales dejan un panorama con grandes avances conceptuales, pero de gran incertidumbre frente a la aplicabilidad y factibilidad de las medidas.

En uno u otro caso, la tributación en la fuente viene siendo justificada por un elemento fundamental, la **regla de "*value creation*"**, que se venía trabajando en la Acción 1 del Plan BEPS, según el cual, los actores económicos deben **tributar allí donde crean valor**, más allá de los nexos territoriales y de residencia. Todas las anteriores propuestas tienen una serie de características muy similares, por ejemplo, plantean una delimitación material asociada a ciertas actividades digitalizadas y establecen una serie de umbrales de facturación para delimitar a los contribuyentes del impuesto, unos asociados a la facturación global y otros asociados a la facturación generada dentro cada jurisdicción. Sin embargo, la mayor similitud está en la justificación y fundamento ideológico de la figura, la necesidad de reconocer la existencia de una presencia económica digital significativa, por parte de esos actores económicos transnacionales, que generan beneficios en un territorio sin contar con una presencia física en él y en provecho de una serie de elementos propios de la digitalización, concediendo así potestades a esas jurisdicciones de aplicar una presión fiscal sobre dichas rentas.

Ahora, aunque no queremos describir exhaustivamente las medidas desplegadas por la OCDE con sus dos pilares (ni profundizaremos en cómo la UE viene introduciendo el Pilar 2), ni la medida propuesta por la ONU con la modificación del MCDI ONU, si entendemos necesario dar un repaso sobre los elementos fundamentales de estos, ya que nos pueden dejar algunas notas que serán fundamentales para estar al día frente a los grandes cambios que se avecinan dentro de nuestros sistemas tributarios.

A) Los pilares de la OCDE

La presión política generada por la apresurada toma de medidas unilaterales de los Estados ha llevado a que la OCDE, junto con el G20, como organismo que pretende agrupar la mayor parte de jurisdicciones entorno al consenso tributario internacional, reconsidere una serie de posturas que hasta ahora no habían tenido los efectos pretendidos. Con ocasión a ello, en los últimos años se ha venido trabajando para buscar un consenso frente a dos pilares propuestos por dicha organización, mediante los cuales se pretenden agrupar una serie de propuestas en la búsqueda de una solución consensuadas. De un lado, mediante medidas que confronten los retos de la tributación en la economía digital (Pilar 1) y, de otro lado, desplegando herramientas orientadas a confrontar los problemas persistentes en la erosión de bases imponibles y traslados de beneficios a través de una tributación mínima global (Pilar 2).

En ese sentido, el **Pilar 1** nos ofrece el eje central para el reconocimiento de un nuevo nexo. En él se abre la puerta a explorar y desarrollar el concepto de **presencia imponible remota**, al igual que un nuevo conjunto de estándares para identificar cuándo estamos ante la misma. Este concepto es acompañado por la necesidad de delimitar la existencia de una serie de nuevos ingresos que deberán estar sujetos a impuestos en la jurisdicción de la fuente, los cuales no estarían limitados por los requisitos de presencia física que demarcan la asignación tradicional de derechos fiscales.

Por ello, se pretende asignar más derechos fiscales a las jurisdicciones donde el valor lo crea una actividad comercial, ya sea mediante la participación del usuario o por el uso de intangibles determinados. Esta propuesta plantea el desarrollo de este nuevo nexo de manera simultánea con la asignación tributaria de beneficios, con el objetivo de evitar la incertidumbre y la concurrencia de un eventual aumento probable en la conflictividad que afecte la eficacia pretendida.

Desde un punto de vista general, las soluciones del pilar 1 se perfilan desde cuatro grandes premisas.

En primer lugar, sobre el alcance de la propuesta, las medidas a tomar habría de cubrir modelos de negocios altamente digitales y negocios orientados al consumidor, dejando a un lado los servicios financieros, actividades extractivas, construcción, venta o renta de propiedades residenciales, transporte aéreo internacional ni paquetería. Así, se viene planteando que las reglas resultarán aplicables a aquellas multinacionales con ingresos superiores a los EUR 20.000 millones y utilidades mayores a 10%. Con la publicación de este nuevo umbral, se prevé que resulte aplicable a un conjunto de 100 multinacionales

En segundo lugar, en cuanto al nuevo nexo, sería necesario establecer umbrales de ventas específicos de cada país, requiriendo la implementación de una nueva disposición autónoma del tratado. Para ello, se plantea asignar un importe a una jurisdicción de mercado, cuando la multinacional incluida en el ámbito de aplicación obtenga al menos 1 millón de euros de ingresos en esa jurisdicción. En caso de jurisdicciones más pequeñas con un PIB inferior a 40.000 millones de euros, el nexo se fijaría en 250.000 euros

En tercer lugar, frente a las nuevas reglas de asignación de utilidades, se plantaba su aplicación independientemente de que los sujetos tengan presencia de comercialización o distribución en el país. En ese sentido y respecto a las Entidades Multinacionales incluidas en el ámbito de aplicación, el 25% de los beneficios residuales, definidos como los beneficios que superan el 10% de los ingresos, se asignarán a las jurisdicciones de mercado con nexo, utilizando un factor de asignación basado en los ingresos.

Y, en cuarto lugar, se propone un sistema de asignación de beneficios que generaría mayor certeza fiscal a través de un mecanismo de tres niveles (montos A, B y C). En donde, en el primer monto (A), se recoge una parte de la ganancia residual atribuida a jurisdicciones de mercado utilizando un enfoque de formulario, que se podría calcular potencialmente sobre la base de una línea de negocio dentro del grupo Multinacional, siendo necesaria la segmentación de los ingresos del grupo en cuestión; en el segundo monto (B), se establece una remuneración fija para las funciones de comercialización y distribución de referencia en la jurisdicción del mercado; y, en el monto (C), se desarrollaba una serie de mecanismos vinculantes de prevención y resolución de disputas relacionados con todos los elementos de la propuesta, incluida cualquier ganancia adicional cuando las funciones en el país excedan la actividad de referencia compensada bajo el Monto B, contemplando la posibilidad de aplicar un *safe harbor* para limitar el importe del "Monto A" en las jurisdicciones que ya gravan el beneficio del grupo.

Si tuviéramos que resumir este primer Pilar, podríamos señalar que este ofrece a las jurisdicciones de mercado **nuevos derechos de imposición sobre las multinacionales, tengan o no presencia física en su territorio**, pudiendo obtener la reasignación del 25% de los beneficios de las multinacionales más grandes y rentables, por el hecho de tener usuarios y clientes dentro del territorio, siempre y cuando, superen un margen determinado de beneficios residuales (Monto A). De igual manera, se dispone la aplicación simplificada y ágil del principio de plena competencia a las actividades de comercialización y distribución en el país (Monto B). Y plantea garantías para la prevención y resolución de controversias para evitar cualquier riesgo de doble imposición, previendo además un mecanismo optativo para algunos países con poca capacidad. La materialización de todo lo anterior, implica la supresión y paralización de los Impuestos sobre Servicios Digitales (*ISD*) y otras medidas similares que hayan asumido los Estados de manera unilateral, en aras de evitar perjudiciales controversias comerciales

Empero, aunque se han dado avances significativos en lo relativo a Pilar 1, aún resta mucho trabajo antes de su implementación, pues no ha habido un consenso internacional sobre el establecimiento de los umbrales de escala, el perfeccionamiento de los mecanismos para evitar la doble tributación, la definición de mejores reglas para ciertas operativas, el procedimiento para resolver diferencias de criterio entre las autoridades fiscales y, especialmente, el impacto que pueda generar sobre las economías en vías de desarrollo.

Ahora, frente al **Pilar 2**, sin estar precisamente enfocado a la tributación de la economía digital, habremos de demarcar unas pocas notas al respecto debido al impacto que evidentemente generará en los sistemas tributarios a nivel internacional alcanzado a los actores económicos más digitalizados y transnacionales. Así, lo que se pretende con estas reglas es desarrollar un nuevo enfoque para el diseño de herramientas denominadas "*Global Anti-Base Erosion*" (*GloBE*), las cuales servirían para confrontar el riesgo continuo de transferencia de ganancias a las entidades ubicadas en jurisdicciones de nula o baja tributación.

Las características clave de diseño del Pilar 2 se centra en 3 reglas principales, que habrá de implementarse mediante un enfoque común conforme al acuerdo alcanzado en el seno de la OCDE/G-20 y dentro del marco del Acuerdo Multilateral (MLI). Así, tendremos, de un lado, una **Regla de inclusión de ingresos (*IIR*)**, a través del cual se permite someter a imposición del impuesto mínimo los ingresos de las sucursales y entidades controladas extranjeras; de otro lado, una **Regla de pagos a jurisdicciones de baja imposición (*UTPR*)**, la cual funciona como una regla secundaria a la *IIR* en los casos en que la tasa efectiva de una jurisdicción este por debajo del 15% y no se haya aplicado la *IIR* en su totalidad, asignando los derechos a una jurisdicción según los empleados y activos dispuestos allí; de igual manera, se procede a negar las deducciones o establecer reglas de retención en la fuente de los ingresos relacionados con jurisdicciones de baja o nula tributación; y por último, una **Regla de tasa efectiva (*STTR*)**, que pretende que las medidas propuestas se apliquen a aquellas multinacionales que operen en jurisdicciones con una tasa efectiva inferior al 15%, tasa que se estimará dividiendo el impuesto corriente de los Estados Financieros de cada entidad entre las utilidades de los mismos estados financieros, realizando algunos ajustes específicos determinados por el Pilar.

En ese sentido, se pretende dotar a las jurisdicciones de la potestad para gravar aquellos ingresos que otras jurisdicciones hayan decidido no gravar o gravar con tasas impositivas bajas o preferenciales. Así, el ámbito de aplicación las reglas *GloBE* se aplicaría a las multinacionales que alcancen el umbral de 750 millones de euros, aunque se establece una exclusión de minimis para aquellas jurisdicciones en las que la EMN tenga ingresos inferiores a 10 millones de euros y unos beneficios inferiores a 1 millón de euros. Así, se ha acordado que la tasa del impuesto mínimo global sea de 15%.

En términos generales y, en resumen, este Pilar establece un **impuesto mínimo global de tasa 15%, aplicable a empresas multinacionales cuyos ingresos anuales en los estados financieros consolidados de sus entidades matrices alcancen los €750 millones. Este impuesto lo paga la matriz en el país en que esté incorporada y será deducible en la sede de la entidad matriz última, restándose del impuesto complementario a pagar por el grupo**.

Estas medidas han sido objeto de un acuerdo firmado en julio de 2021 en el marco de la OCDE/G-20, en el que han participado 137 países y jurisdicciones, que representan más del 90% del PIB mundial, los cuales se han unido al enfoque de dos pilares, que establecer un nuevo marco de fiscalidad internacional a través de un Plan de Acción Detallado que prevé la aplicación de las nuevas normas a partir de 2023.

En ese sentido, la UE ha acogido los progresos realizados en los debates del G20/OCDE sobre la reforma fiscal mundial (Pilar 1 y 2) y desde mayo de 2021, venía trabajando en un paquete de medidas sobre la fiscalidad empresarial para el Siglo XXI, dentro de las cuales se integraba el denominado *Business in Europe: Framework for Income Taxation* (*BEFIT*). Dicho impulso fue materializado el pasado 23 de diciembre de 2022 y se procedió a promulgar la Directiva que establece un umbral de tributación mínima global para grandes empresas en la UE (Directiva (UE) 2022/2523 del Consejo), a través del cual, se permitiría la reasignación de ganancias imponibles a través del establecimiento de una base imponible común consolidada y la asignación de los beneficios entre los Estados miembros a partir de una fórmula de reparto, que se basa factores como las ventas en destino, los sueldos de los empleados y los activos (incluyendo intangibles) que se consideren vinculados a una determinada jurisdicción.

Ello implicaría que dichas ganancias reasignadas quedarían sujetas al tipo de gravamen del impuesto de sociedades de cada uno de los Estados Miembros de la UE en donde se crea el valor y no se tributa. Tipo que se supondría no debería ser inferior al 15% conforme al Pilar 2. En teoría, este marco normativo pretende eliminar, de un lado, los obstáculos fiscales indebidos dentro del mercado único europeo y, de otro, las discrepancias generadas por 27 sistemas de imposición a las rentas societarias, mientras que asegurar una aplicación de reglas uniformes sin que se menoscabe la capacidad de los Estados miembros de recaudar ingresos para financiar las prioridades de gasto nacionales.

Si bien, el mencionado acuerdo se presenta como un gran paso en la modificación definitiva de los sistemas tributarios a nivel global, las medidas y compromisos integrados dentro de los dos Pilares plantea un difícil camino lleno de incertidumbre general y mucha complejidad técnica y operativa que provocaría grandes controversias y problemas que alcanzarán tanto, a las autoridades fiscales que tienen que administrarlas, como a los obligados tributarios, quienes se verán sometidos a toda la nueva gama de requerimientos formales e informativos.

B) La propuesta de la ONU

Ante las dificultades para implementar los dos pilares propuestos por la OCDE, según la naturaleza de los países miembros y las diferencias entre economías desarrolladas y emergentes, la mayoría de las voces críticas señalan que la solución planteada por la OCDE peca de una complejidad extrema, la cual iría mucho más allá de las capacidades humanas y tecnológicas de las Administraciones Tributarias. De allí, se viene planteando una solución más pragmática, enfocada a establecer una medida tributaria enfocada en aplicar una retención en la fuente a una renta líquida presunta fijada por ley. Este sistema de presunción se interpreta como lo suficientemente justo para reconocer que la creación de valor también depende de otros factores ubicados fuera de la jurisdicción del mercado, y permitiría, al proveedor no residente, compensar dicha retención efectiva en su país de origen, siempre y cuando se logre adecuar los ordenamientos para conciliar los sistemas de exención o imputación.

En ese sentido, el 6 de agosto de 2020, el Comité de Expertos de Naciones Unidas publicó su *Update of the UN Model Double Taxation Convention between Developed and Developing Countries* y en abril de 2021, la Subcomisión de Asuntos Tributarios relacionados con la Digitalización de la Economía del Comité de expertos, publicó el informe en donde se plantean los avances y perfeccionamiento de una nueva propuesta que pretende ser afín a los países en vías de desarrollo.

Así, acudiendo a la mecánica de reparto de los derechos de gravamen que caracteriza a los CDI, se plantea una propuesta de integrar en el Modelo CDI ONU, un nuevo artículo 12B. Dicho artículo, conforme a la orientación que rige el mencionado modelo de preservar mayores derechos fiscales para el país fuente cuando se producen ingresos vinculados con el territorio, pretende **sujetar a gravamen de una manera "simple" en la jurisdicción de mercado la prestación de una serie de servicios digitales automáticos (*ADS*) por actores económicos sin presencia física en el territorio**. De allí que, este artículo no se aplicará cuando el beneficiario efectivo realice en el estado donde obtiene los ingresos una verdadera actividad económica relacionada con servicios digitales mediante establecimiento permanente convencional o mediando un servicio personal independiente. Caso en el cual se aplicarán las reglas de tributación propias de estas categorías de rentas.

La propuesta establece el reparto de derechos de gravamen de manera conjunta para la residencia y la fuente, requiriendo que los proveedores extranjeros de servicios digitales automatizados paguen el impuesto sobre la renta en la fuente mediante, bien, una retención sobre los ingresos brutos cuyo tipo será acordada por las partes en el CDI, o bien, sobre ingresos netos conforme a una fórmula de prorrateo de ganancias cualificadas, equiparables al 30% del monto resultante de aplicar el índice de rentabilidad del beneficiario efectivo o el índice de rentabilidad de su segmento de negocio digital automatizado a los ingresos brutos anuales de los servicios digitales obtenidos en el estado de la fuente, pudiendo el proveedor extranjero de los servicios, elegir entre impuestos sobre la base bruta o sobre la renta neta. El sistema se centraría en delimitar la prestación de un *ADS* dentro de la jurisdicción de mercado, controlando que el pago por el mismo tenga origen dentro del territorio, para así aplicar el sistema de retención respectiva.

Es necesario resaltar que una de las diferencias fundamentales con la propuesta de la OCDE es que, tal y como se recoge en el punto 7 de los Comentarios del Comité de Expertos de la ONU, el artículo 12B no requiere ningún umbral (por ejemplo, una facturación mínima en un estado contratante) como condición para que se active la tributación de los ingresos de los servicios digitales automatizados en la fuente. Es decir, no se plantea ningún fundamento sobre la creación de valor, ni se establece algún requisito vinculado a los conceptos de presencia económica o digital significativa en la fuente, mucho menos, tendría en cuenta diferencias rendimientos residuales y rutinarios. No obstante, los mismos puntos 14 y 45 de los comentarios referenciados, advierten que, puede ser necesario que los países consideren la inclusión de algún umbral (tamaño del contribuyente o grupo o ingresos) para la aplicación de pagos pequeños y las operaciones B2C, con el fin minimizar la carga administrativa, reducir el impacto coste beneficio de la medida y permitir que los actores que empiezan en la actividad no se vean sobrepasado por esta nueva obligación.

Esta solución parecería más ventajosa que la ofrecida por la OCDE, pues, al estar integrada en un CDI, ofrece una protección frente a la inseguridad jurídica derivada de la incertidumbre de las medidas y, al ser medidas convencionales, no generaría ninguna reacción por parte de países (Ej. USA) que ha mostrado su conformidad para la asignación de derechos de gravamen a las jurisdicciones del mercado, siempre y cuando las medidas unilaterales de los impuestos sobre servicios digitales y similares desaparezcan.

No obstante, cierto es que, la aplicación eficaz de esta medida exige la renegociación bilateral de los CDI, lo cual no deja de ser problemático, pues, aunque pueda parecer que ello garantiza su aplicación más sencilla a corto plazo, las divergencia que se pueden generar por el enfoque que se le dé al artículo 12B ente los países desarrollados y los estados en vías de desarrollo, deja en evidencia un eterno desequilibrio que se contrapone a la verdad intención de la propuesta de favorecer en alguna medida a los segundos.

Ahora, esta propuesta que pretende una **reasignación del poder tributario a favor de las jurisdicciones de mercado,** las cuales, percibirían una **tributación fija sobre ingresos brutos derivados de pagos por ciertos *ADS* realizados en su territorio**, también tiene sus puntos conflictivos. En primer lugar, porque puede dar lugar a una imposición excesiva o doble. Y, aunque esa posibilidad se puede atenuar debido a la aplicación de los métodos para eliminar la doble imposición recogidos en el artículo 23 del propio Modelo, los problemas podrían venir de la deducibilidad de la retención en transacciones con partes relacionadas sujetas a impuestos en un grupo multinacional.

En segundo lugar, porque las tasas impositivas de retención pueden llegar a ser muy altas al dar libertad de negociarlas entre los países firmantes del CDI. Ello, terminaría afectando el monto del crédito fiscal a deducir por el pago de estos impuestos en residencia, así como también acrecentaría el riesgo de que esta presión fiscal pueda llegar a ser trasladada finalmente al consumidor a través del precio del servicio.

En tercer lugar, se cuestiona la delimitación de los actores económicos sobre los cual habrán de recaer las medidas tributarias, pues los servicios que recoge la propuesta como afectados terminaría cobijando no sólo a los pagadores, sino que también a los intermediarios e instituciones financieras, incluso generando una obligación de registro al contribuyente no residente para que presente su declaración de impuestos. Lo anterior, provocaría una conjugación conflictiva a nivel técnico, conceptual y de calificación de las operaciones, en especial porque, de acuerdo con la redacción del nuevo artículo 12B, la retención terminaría aplicándose tanto a las operaciones *B2B* como a *B2C*, siendo en este segundo caso, muy difícil de cumplir y hacer cumplir la obligación de retención.

V. CONCLUSIONES: LAS PERSPECTIVAS DE FUTURO

Si bien es cierto que la economía digital permite a los actores económicos operar a nivel global de una manera más fácil, las autoridades reguladoras han entendido que es necesario adoptar medidas que mantengan el equilibrio, fortalezcan la competencia leal y permitan regular la presión fiscal efectiva sobre esas capacidades económicas, ya que están surgiendo nuevos tipos de activos y canales de distribución, en los que la regulación actual sobre impuestos directos o indirectos parece difícil de aplicar. Es por ello por lo que las distintas jurisdicciones y organismos internacionales vienen trabajando incansablemente en la transformación de nuestros sistemas tributarios con el objetivo de adecuarlos a los retos que ofrece el nuevo paradigma económico.

Por ahora, los esfuerzos realizados hasta la fecha parecen tener como punto de partida la modificación en las reglas de nexo, mediante la cual se le asignan derechos impositivos a las jurisdicciones de la fuente por considerar que el mismo mercado y los usuarios son determinantes en la creación de valor, elevándose como una especie de tercer punto de conexión, más allá de los tradicionales de la residencia y el territorio. Esto lo hemos podido comprobar en las medidas que se vienen tomando en el sistema de IVA armonizado a nivel europeo, en donde viene primando la importancia de que la operación sujeta a la exacción sea gravada en la jurisdicción en donde se realice efectivamente el consumo de un bien o servicio, sin importar su nivel de digitalización. Así mismo, es el eje central de las propuestas que se vienen trabajando a nivel internacional desde la OCDE y la ONU, en donde se pretenden conceder mayores potestades a las jurisdicciones en donde se crea valor por la participación de los usuarios/clientes/consumidores como eje central del nuevo concepto de mercado.

Sobre el resto de las cuestiones derivadas de la sujeción o exención de ciertas actividades, la calificación de las rentas, la asignación de beneficios, el tipo de gravamen, las medidas para eliminar la doble imposición internacional, la discusión sigue abierta. Pues sobre estos, seguimos tratando de aplicar las reglas tradicionales de nuestros sistemas tributarios, haciendo una interpretación amplia y extensiva de estas a las nuevas realidades disruptivas, al menos mientras se logra el consenso internacional.

Así, a pesar de que cada vez existe un consenso más generalizado de que es necesario tomar medidas para confrontar los retos tributarios de la economía digital, **las propuestas para gravar a las diversas situaciones derivadas de este cambio de paradigma no terminan de consolidarse, bajo tres premisas**.

En primer lugar, esa imposibilidad puede encontrar su origen en la gran dificultad que hemos encontrado para **alcanzar una definición común sobre lo que abarca la economía digital**, generando con ello, una serie de distorsiones a la hora de calificar, cuantificar o valorar de manera uniforme los elementos relevantes en las cadenas de valor digitales y poder establecer las reglas de sujeción coherentes y equitativas.

En segundo lugar, ante la propia complejidad del nuevo modelo económico, el problema se centra en los grandes conflictos técnicos y operativos que encontramos en las nuevas medidas y propuestas, las cuales están dotadas de una **complejidad criticable**. Lo anterior genera que se venga trasladando a los contribuyentes una gran carga operativa y de obligaciones formales con el objetivo de facilitar de alguna manera la administrabilidad de las nuevas medidas tributarias por parte de las administraciones, que también habrán de sufrir su implementación.

Y, en tercer lugar, la consolidación de las medidas y propuestas pasa por entender que la soluciones deben tener como base un gran **consenso a nivel tributario internacional, que hasta la fecha parece estar lleno de incertidumbres**. Es evidente que las medidas que se vienen implementando difieren ampliamente unas con otras, al punto de que pueden llegar a ser incompatibles con los principios internacionales de neutralidad, certeza, imparcialidad y eficiencia, enervando los problemas de doble imposición internacional y fiscalidad agresiva, los cuales son el eje central sobre el cual se deberán mover los sistemas tributarios para su actualización.

Así, a pesar de que todas las propuestas y medidas a implementar parecen carecer de un eje central conceptual que nos ofrezca un punto de partida a través del cual se puedan construir políticas tributarias sólidas y que generen ese consenso a nivel internacional que se evidencia lejano, habremos de valorar positivamente los esfuerzos realizados en la búsqueda de soluciones a los retos tributarios de la economía digital pues, de ellos, es que hasta ahora empezamos a entender y advertir los problemas reales y sus posibles soluciones. Lo que nos llevará indefectiblemente a una transformación total de los sistemas fiscales tradicionales en niveles que aún no dimensionamos y que hemos querido dejar plasmados en este documento a pesar de su complejidad.

VI. BIBLIOGRAFÍA

BÁEZ MORENO, A., "Because not always B comes after A: Critical Reflections on the new Article 12B of the UN Model Tax Convention on Automated Digital Services", *World Tax Journal*, nº. 4, vol. 13, octubre, 2021.

BÁEZ MORENO, A. y BRAUNER, Y., "Withholding Taxes in the Service of BEPS Action 1: Address the Tax Challenges of the Digital Economy", *IBFD White Papers*, No. 14, 2015.

CALVO VÉRGEZ, J., "La nueva fiscalidad del comercio electrónico en el IVA", *Revista Quincena Fiscal*, No. 1-2, Aranzadi, 2021.

CAMPOS MARTÍNEZ Y.A., *La tributación de los datos. ¿La última distopía tributaria?*, Aranzadi, 2023.

CAMPOS MARTÍNEZ, Y.A., "Larga ViDA al IVA en la UE: Los significativos pasos a un sistema definitivo de IVA en la UE", *Revista Quincena Fiscal*, No. 9, Aranzadi, 2023.

CAMPOS MARTÍNEZ, Y.A., "La presencia económica digital significativa como solución a los retos de la tributación directa en la economía digital", *Revista Quincena fiscal*, No. 21, Aranzadi, 2021.

COLEX, *Nueva fiscalidad del comercio electrónico. Paso a* paso, COLEX, A Coruña, 2021.

EDICOM, "VAT in the Digital Age – conclusiones del estudio de la Comisión Europea sobre los DDR", *Edicomgroup blog*, 21 de octubre, 2022.

EUROPEAN COMMISSION, CASE, PONIATOWSKI, G., BONCH-OSMOLOVSKIY, M., ŚMIETANKA, A., PECHCIŃSKA, A., *VAT gap in the EU – Report 2022*, Publications Office of the European Union, Luxembourg, 2022.

GARCÍA NOVOA, C., "IVA y economía digital", *Taxlandia, Blog fiscal y de opinión tributaria*, 24 de enero, 2023.

OLBERT, M., y SPENGEL, C., "Taxation in the Digital Economy—Recent Policy Developments and the Question of Value Creation", *Discussion Paper*, No. 19-010, ZEW - Centre for European Economic Research, 2019.

PARADA, L., "La propuesta de un impuesto mínimo global: Una mirada crítica", *Transformación Digital y Justicia Tributaria*, GARCÍA PRATS, A. (ed), Tirant lo Blanch, septiembre, 2021.

ROMERO FLOR, L. M., "Tributación y control de las monedas virtuales", *Revista de fiscalidad internacional y negocios transnacionales*, Aranzadi, en prensa, 2023.

ROMERO FLOR, L. M. y CAMPOS MARTÍNEZ, Y. A., "Evolución del tradicional concepto de establecimiento permanente hacia una presencia económica y digital significativa", *Monográfico 2019 de la Revista Nueva Fiscalidad*, Dykinson, 2019.

SÁNCHEZ-ARCHIDONA HIDALGO, G., "El Derecho tributario en la búsqueda de soluciones para los retos que plantean la robótica y la inteligencia artificial en la sociedad", *Revista de Derecho UNED*, No. 27, UNED, 2021.

TEIJEIRO, G., "Direct Taxation of the Digitalized Economy: Towards a Simplified Income Tax Model for Market Economies", *Thinker, Teacher, Traveler: Reimagining International Tax. Essays in Honor of H. David Rosenbloom*, KOFLER G., MASON, R. Y RUST, A. (Coord.), IBDF, septiembre, 2021.

VVAA., *La tributación del comercio electrónico. Modelos de negocio altamente digitalizados*, Sánchez-Archidona Hidalgo, G. (Coord.), La Ley, 1. ed., Wolters Kluwer, junio, 2023.

VVAA., *Nuevas tecnologías disruptivas y tributación*, Moreno González, S. (Dir.), Thomson Reuters – Aranzadi, 2021.

VVAA, *La tributación de la economía digital*, Collado Yurrita M.Á. y Romero Flor L.M. (Dirs.), Atelier, 2020.

VVAA., *Tendencias y desafíos fiscales de la economía digital*, Moreno González, S. (Dir.), Thomson Reuters- Aranzadi, 2017.

Capítulo Octavo

Algoritmos e inteligencia artificial en el entorno laboral

ANTONIO ALOISI

SUMARIO: I. Introducción: cableado del mercado laboral. II. Las funciones de los directivos y el fin (los fines) de la relación laboral. III. Una breve taxonomía de las tecnologías innovadoras en el lugar de trabajo. IV. Poderes y límites: el papel de la protección de datos y la ley para la igualdad como complemento de la legislación laboral. V. Comentarios finales.

I. INTRODUCCIÓN: CABLEADO DEL MERCADO LABORAL

A diferencia de lo que dicen las previsiones alarmistas sobre un posible "futuro sin trabajo", las tecnologías modernas no están haciendo que el trabajo humano se convierta en algo superfluo. En todo caso, si bien es cierto que las innovaciones actuales están hallando formas asombrosas de sustituir tareas peligrosas, repetitivas y tediosas, las tecnologías hacen que muchos trabajos se vuelvan menos agradables al ejercer una presión considerable sobre su contenido, valor y disponibilidad. Esta realidad debería hacer que tanto los investigadores como los responsables políticos amplíen sus perspectivas y analicen la dimensión cualitativa, y no la cuantitativa, de la revolución digital en el lugar de trabajo.

La transformación continua cuestiona las normas y límites que regulan el ejercicio de las facultades del empleador, diseñadas en momentos anteriores al advenimiento de los algoritmos, uno de los nuevos vectores que están remodelando rápidamente el lugar de trabajo (ESTLUND 2021). De hecho, las herramientas basadas en datos están sirviendo para intensificar la posición de autoridad que conservan los gerentes, a la vez que limitan gravemente la autonomía de los trabajadores mediante la introducción de desincentivos implícitos y directrices claras que configuran comportamientos y obligan al cumplimiento de forma opaca. Como resultado de ello, los trabajadores se ven obligados a operar en un entorno acotado en el que se desalientan las aportaciones críticas en favor del cumplimiento de las normas (VELIZ 2022).

Durante la última década, se ha vertido mucha tinta sobre la correcta clasificación de los trabajadores de plataformas, con debates sobre si son empleados o trabajadores autónomos, y a qué tipo de protección tienen derecho. Varios estudios han presentado un resumen exhaustivo de los múltiples retos jurídicos que se ven agravados por la aparición de plataformas laborales tanto a nivel individual como colectivo. Aunque las instituciones de la Unión Europea (la UE) han decidido emprender un ambicioso intento de mejorar las condiciones laborales de los trabajadores de plataformas digitales o *gig workers* (Propuesta de Directiva relativa a la mejora de las condiciones laborales en el trabajo de plataforma), aún tardarán algún tiempo en abordar los problemas actuales. Al mismo tiempo, distintos tribunales de países de toda Europa han declarado que la dominación clásica también se puede aplicar mediante herramientas tecnológicas, es decir, que la inteligencia artificial (IA) y los algoritmos se han reconocido como mecanismos que pueden imponer las facultades de empleador sobre los trabajadores.

Si bien la jurisprudencia depende especialmente de los hechos, y aunque no todas las plataformas son iguales, debe reconocerse que el legado principal del "*gig work*" puede describirse como una "mutación" y un "aumento" de la autoridad directiva, que se ha logrado gracias a diversas técnicas digitales y características de diseño. En este caso, podemos tener en cuenta los comentarios de los clientes que se utilizan para evaluar el rendimiento de los trabajadores, los acelerómetros de los smartphones que se están adoptando para supervisar el comportamiento cuando conducen, las capturas de pantalla aleatorias o periódicas que se realizan para verificar el cumplimiento por parte de los clientes de las instrucciones emitidas o las aplicaciones de seguimiento temporal que se utilizan para medir el número de horas trabajadas y evitar la navegación por Internet para uso privado (*cyberslacking*) (IVANOVA et al. 2018).

En resumen, el trabajo en plataformas probablemente se recordará como un banco de prueba de tecnologías y prácticas que actualmente se están extendiendo por todo el mercado laboral en sectores tanto ordinarios como innovadores (FERNÁNDEZ ET AL 2023). La pandemia del COVID-19, a su vez, ha dado lugar a un efecto generalizado de plataformización entre muchos trabajadores, tanto manuales como de oficina, que para acceder a los edificios ahora tienen que pasar por escáneres de reconocimiento facial, informar el tiempo empleado en cada proyecto a efectos de facturación, compartir datos relacionados con la salud con aplicaciones de terceros y recurrir al uso de plataformas colaborativas para trabajar con compañeros externos.

El volumen, la variedad y el alcance del movimiento tectónico actual hacia la datificación y el cableado del lugar de trabajo exigen que los abogados laboralistas revalúen el concepto de facultades del empleador y su pesada carga teórica. La aparición de prácticas de gestión algorítmica, es decir, la delegación de funciones de recursos humanos (RR. HH.) a dispositivos que operan con IA y algoritmos, está presionando a los marcos normativos existentes, que fueron diseñados para entornos profesionales en los que la autoridad gestora se ejercía de forma directa, abierta e inmediata. En lugar de ver la transformación digital desde la perspectiva del pleito sobre la clasificación de los trabajadores, este capítulo pretende examinar la alteración tanto en la dinámica del poder como en el desequilibrio de la información (ZUBOFF 2019).

Desde el punto de vista jurídico, cabe preguntarse si la autoridad actual es la misma que la del pasado. A decir verdad, el desequilibrio actual no es algo totalmente novedoso. En el siguiente apartado se presentará la existencia de prerrogativas de gestión como justificación del contrato laboral. Las jerarquías siempre han sido una característica de los contextos profesionales (MUEHLBERGER 2005). No obstante, en los lugares de trabajo contemporáneos, las asimetrías de información se inclinan cada vez más y sin precedente a favor de los propietarios de los datos y en contra de los interesados. Los datos recopilados y tratados por tecnologías ubicuas o incluso comunicados personalmente por los trabajadores permiten a los gerentes diseñar nuevas estrategias organizativas en lo que respecta a los anuncios de empleo, la contratación de nuevos empleados, la fijación de salarios, la concesión de promociones, la evaluación de la productividad e incluso el despido de los trabajadores. Dichos cambios se han visto acompañados del crecimiento imparable de los sistemas automatizados de toma de decisiones (ADMS, por sus siglas en inglés), que ahora se encargan de la gestión de procesos administrativos públicos y privados (ROGERS 2020).

¿Es adecuado el marco jurídico existente para los jefes algorítmicos? ¿Qué pasa si la tecnología acaba trastocando los límites tradicionales del ejercicio legítimo de las facultades de gestión? Para responder a estas preguntas, resulta crucial revaluar los cimientos de la pirámide de jefe-trabajadores. Gracias a un progreso dinámico, hace tiempo que la combinación diversa de instrumentos del derecho laboral y de recursos derivados de otros ámbitos jurídicos próximos ha suavizado el riesgo de que las prerrogativas de gestión vayan más allá de lo que se considera aceptable en las sociedades liberales. El Estatuto de los Trabajadores y otras leyes especiales se diseñaron principalmente con este fin (TULLINI 2021). Además, la autonomía colectiva ha contribuido al establecimiento de límites que los empleadores y los jefes no pueden superar (BAVARO 2021).

Este documento tiene como objetivo general determinar si la automatización digital, que puede entenderse como la adopción de instrumentos y soluciones digitalizados en el lugar de trabajo, ha dado lugar al aumento de las prerrogativas organizativas, de control y disciplinarias de los empleadores, directivos y supervisores. Antes de validar la hipótesis de la magnificación de sus facultades, que da lugar a lo que hemos denominado jefe ex machina, vale la pena examinar el espectacular derroche del contrato de trabajo. De hecho, este modelo jurídico tiene la tarea de facilitar funcionalmente a una organización a que una parte privada pueda "mandar y controlar" a la otra, estando esta última sujeta a dicha autoridad inicial a cambio de seguridad económica y estabilidad laboral.

En las sociedades modernas, este acuerdo se ha tolerado por considerarse un medio eficaz para mantener la eficiencia, al mismo tiempo que se han mitigado sus excesos para aplicar los principios de dignidad humana, igualdad, buena fe, garantías procesales, proporcionalidad y razonabilidad. Si se analiza a través de la óptica del poder, la relación laboral es estructuralmente ambivalente (SUPIOT 1994) porque posibilita una situación de supremacía para el empleador y la suaviza mediante disposiciones obligatorias, restricciones basadas en procesos y contrapesos negociados colectivamente. Actualmente, todo este sistema de "factores de control" está experimentando una tensión constante. Lo que difiere notablemente del pasado es el hecho de que el poder puede manejarse sin las limitaciones inherentes a los jefes humanos, cuya autoridad tradicional había de ejercerse con limitaciones inevitables.

Usando un lenguaje llano, este capítulo adopta un enfoque analítico-descriptivo y, tras estas observaciones introductorias, se estructura en cuatro apartados. El apartado 2 reflexiona sobre los objetivos evidentes de la relación laboral al desentrañar el significado de la posición dominante de los empleadores. Partiendo de esto, el apartado 3 cataloga las tecnologías más extendidas que actualmente están invadiendo el lugar de trabajo y sostiene que, a pesar de sus usos heterogéneos, el denominador común es la posibilidad de captar y elaborar información que pueda utilizarse para ayudar a los gerentes a tomar decisiones ejecutivas. El apartado 4 establece los riesgos de que se disparen las prerrogativas de gestión gracias a la adopción de ADMS. Con un enfoque multidimensional, también presenta posibles soluciones de los ámbitos adyacentes de la legislación sobre protección de datos y de no discriminación que podrían analizarse junto con la legislación laboral para domar a estos desenfrenados jefes algorítmicos. El apartado 5 resume el capítulo y ofrece algunas observaciones finales.

II. LAS FUNCIONES DE LOS DIRECTIVOS Y EL FIN (LOS FINES) DE LA RELACIÓN LABORAL

La continua transformación digital está alterando la estructura de las relaciones laborales, en lugar de repercutir directamente en el recuento general de puestos de trabajo. Aunque muchos economistas especializados en el ámbito del empleo han rebatido de forma convincente la hipótesis de que pronto se acabará el trabajo (OCDE 2019), merece la pena examinar el fin, o los objetivos, de esta institución jurídica en un momento en el que supuestamente la relación laboral pudiera queda obsoleta por el crecimiento de un entorno empresarial poco ortodoxo que privilegia la contratación externa sobre el empleo directo y perjudica la asunción de responsabilidades laborales al tiempo que mantienes una actitud dominante.

Este apartado presenta una visión general de las tareas técnicas y económicas de los empleadores y los directivos. Aunque parezca paradójico, una parte significativa de la plantilla está experimentando ahora unas formas de poder jerárquico "más suaves" al poder organizar sus horarios y llevar a cabo sus funciones de forma remota e independiente (DEL PUNTA 2018). Por el contrario, otra parte de los trabajadores se enfrenta a la intensificación de las prerrogativas de los gerentes por la necesidad de obedecer a nuevos jefes ocultos bajo el barniz de la innovación (FALSONE 2021). Los contratistas independientes están cada vez más sujetos a un grado de autoridad que solía estar reservado para los empleados (COUNTOURIS 2018). Por lo tanto, la clásica dicotomía entre el trabajo por cuenta propia y por cuenta ajena ya no ofrece un criterio infalible para definir el alcance de las facultades del empleador.

Si bien la noción y los límites del contrato o de la relación laborales han captado una atención significativa y han generado un debate generalizado en los últimos años, principalmente debido a la intensa estrategia de pleitos que siguen los trabajadores (mal clasificados) de la economía de plataformas, se han explorado en mucho menor medida las justificaciones y objetivos de este formato contractual. Al cambiar la perspectiva, podemos considerar esta cuestión analizando el poder que ejercen los empresarios sobre el personal (utilizo indistintamente las palabras "empresario" y "empleador". Lo mismo ocurre con "gerente" y "jefe"). Sin lugar a duda, como ilustran los análisis dogmáticos, la sujeción de los trabajadores al dominio de los empleadores supone el sello distintivo de la relación laboral, junto con los deberes de obediencia, lealtad y cooperación, que conforman un acuerdo poco común entre partes privadas (COLLINS 1986).

Entonces, ¿qué hacen los jefes? Al gozar de una gran libertad para emitir órdenes, supervisar el cumplimiento y castigar comportamientos recalcitrantes o anormales por parte de los trabajadores, los jefes son los que mandan en el lugar de trabajo. En casi todas las jurisdicciones, una parte del contrato laboral tiene derecho legítimo a ejercer autoridad unilateral sobre la otra parte contratante con el fin de alcanzar eficientemente los objetivos organizativos. Hace casi un siglo, Coase observó que, en una empresa, las interminables operaciones del mercado son sustituidas por "el empresario-coordinador, que dirige la producción" (COASE 1937). De manera similar, Edwards aclaró cómo se rigen los lugares de trabajo desde arriba hacia abajo porque las jerarquías se consideran más rentables que los acuerdos efímeros del mercado (EDWARDS 1982). Si nos fijamos con mayor atención vemos que el aumento de los costes organizativos relacionados con el empleo directo se compensa con la posibilidad de ejercer una plena autoridad directiva (ALOISI ET AL 2020).

En resumen, la relación laboral se ha visto tradicionalmente como una estructura de gobierno privado que presenta una división clara entre los diseñadores de las tareas y los ejecutores de estas (COLLINS 1986). Para comprender las funciones socioeconómicas esenciales de la relación debe tenerse en cuenta que se otorga una autoridad excepcional a la persona del empleador, quien puede ejercer una amplia discreción en términos de toma de decisiones sobre cuestiones que no se acordaron en el momento en que se formalizó el contrato. Como resultado de ello, en términos contractuales, el deudor (es decir, el trabajador) está obligado a sufrir cualquier cambio en los términos sin posibilidad de dar o denegar su consentimiento, una excepción a los principios jurídicos generales que postulan que cualquier alteración realizada a un contrato es nula salvo que lo acuerden ambas partes.

Un contrato laboral se considera "incompleto" por defecto porque se espera que dure un cierto periodo de tiempo. Así pues, alcanzar acuerdos continuos sobre todos los aspectos del contrato en vista de las necesidades cambiantes del empleador no resultaría rentable. Al mismo tiempo, probablemente resultaría imposible detallar todas las contingencias posibles por adelantado (WILLIAMSON 1985). Dada esta situación, el empleado acuerda seguir las órdenes de los gerentes, dando así un consentimiento genérico. Por tanto, los costes de operación, es decir, los costes en que se incurre para adquirir información, negociar condiciones y hacer cumplir las disposiciones de los acuerdos, se reducen dentro de la empresa porque los poderes formales y hegemónicos sustituyen tanto a las tediosas negociaciones como a la gobernanza del mecanismo de fijación de precios.

Desde una perspectiva organizativa, la consecuencia de todo esto es la creación de un entorno de flexibilidad interna, que en general se considera la piedra angular de la relación laboral, gracias a la cual los gerentes pueden ajustar los procesos para adaptarse a las necesidades de producción. La autoridad permite lograr la cooperación entre las partes usando un único esquema que consolida un conjunto de condiciones evolutivas. Curiosamente, a menudo se pasa por alto que dicho acuerdo estimula la productividad laboral al fomentar un entorno de colaboración que defiende el rendimiento individual y corporativo y aumenta la competitividad (DEAKIN ET AL. 2014). Cuando se analiza desde esta perspectiva, la subordinación es el resultado del contrato laboral, siendo su función socioeconómica que se alcancen los intereses económicos del empleador. Una consecuencia fundamental de ello es que el contrato de trabajo permite la existencia de la empresa moderna (PERSIANI 1966).

Dicha interpretación de los fines previstos del contrato de trabajo refuta parcialmente o, incluso mejor, contrarresta la premisa básica de que la finalidad principal (si no exclusiva) de la normativa laboral es proteger a los trabajadores, quienes se reconoce que están en una posición de negociación inferior. Esta es una obviedad en la mayoría de los casos, especialmente por el hecho de que determinadas condiciones estructurales, como la naturaleza monopsonista del mercado laboral (DASKALOVA 2018), en la que los compradores (empleadores) superan en número a los vendedores (trabajadores) y, por tanto, pueden establecer unas condiciones que maximicen su beneficio económico. Así pues, reforzar la posición negociadora de los trabajadores tanto en el mercado como en la relación con sus empleadores representa un objetivo claro de la protección social moderna. No obstante, esta función correctiva del contrato laboral dice muy poco sobre la condición de supremacía que se reserva a los empleadores en todas las jurisdicciones, un determinante legal que solía suponer una característica distintiva entre el empleo por cuenta propia y por cuenta ajena.

Se ha pedido a distintos tribunales, incluido el Tribunal de Justicia de la UE, que verifiquen la presencia e intensidad de dicho poder para demostrar la existencia de una relación laboral en aquellos casos en los que la etiqueta del contrato no cuadrara con las circunstancias reales de la ejecución del contrato a la luz del principio de "primacía de los hechos" (DE STEFANO 2021). En los últimos años, los casos relacionados con la economía de plataformas han dejado claro de nuevo que la situación laboral suele rechazarse para evitar las obligaciones y costes que esta conlleva, mientras que sus principales ventajas se replican con mecanismos extralegales que permiten al empleador ocupar una posición de dominio (TOMASSETTI 2016).

Aun así, la principal fuente de autoridad es el marco legal. En aras de la simplicidad, las prerrogativas de gestión se pueden agrupar convencionalmente en tres funciones complementarias y que se refuerzan mutuamente, es decir: el poder de dirigir, supervisar y disciplinar al personal (ALOISI 2022). La dirección tiene que ver con determinar qué debe hacerse, en qué orden y en qué plazo, dando instrucciones de forma jerárquica, mientras que la supervisión implica controlar y evaluar el desempeño de los trabajadores para verificar que las órdenes emitidas y su aplicación real se correspondan. Además, la disciplina define el sistema de sanciones y recompensas que tiene como fin fomentar la colaboración y exigir el cumplimiento de las obligaciones. Independientemente de los medios empleados para conseguirlo, estas facultades funcionan conjuntamente y su objetivo es coordinar los factores económicos.

Un malentendido habitual tiene que ver con considerar estas facultades como compartimentos estancos. Muy al contrario, todas ellas forman un continuo y están vinculadas funcionalmente. Pese a determinadas especificidades nacionales, se puede encontrar un modelo relativamente uniforme a este respecto en las jurisdicciones de los sistemas de derecho civil y consuetudinario. No existe duda alguna sobre la asignación de poderes. Como ya se ha argumentado en otra parte (ALOISI 2022), los empleadores pueden supervisar y redistribuir las tareas de trabajo constantemente y pueden hacerlo con cualquier acción. Los trabajadores pueden ser transferidos a otros lugares y se les pueden asignar funciones diferentes a aquellas para las que fueron contratados. También se les puede evaluar antes y después de la contratación, amonestar por razones correctivas e incluso despedir en determinadas circunstancias y siguiendo un procedimiento específico (PERULLI 2022).

El empleador es el titular de esta facultad multiforme y puede delegar su ejercicio en sus gerentes y supervisores. Estos, aunque siguen estando sujetos a su autoridad, pueden dominar a sus compañeros en nombre del empleador. En España, el ámbito personal de aplicación del Estatuto de los Trabajadores se define de la siguiente manera: "los trabajadores que voluntariamente presten sus servicios retribuidos por cuenta ajena y dentro del ámbito de organización y dirección de otra persona, física o jurídica, denominada empleador o empresario" (Real Decreto Legislativo 2/2015). En relación con ello, el artículo 5, letra c), establece que "los trabajadores tienen como deberes básicos [...] Cumplir las órdenes e instrucciones del empresario en el ejercicio regular de sus facultades directivas". Los empleadores tienen facultades discrecionales amplias, aunque no totalmente ilimitadas o arbitrarias. Este acuerdo se basa tanto en la adaptabilidad como en la versatilidad, y garantiza así la capacidad de respuesta a las características siempre cambiantes de los contextos socioeconómicos (RÖMMAR 2006).

Pero no se equivoque: este poder no es ilimitado (MARAZZA 2012). Más concretamente, si nos atenemos a la noción tridimensional de autoridad, la dirección debe ejecutarse de acuerdo con la profesionalidad de los trabajadores y sin dar lugar a prácticas de degradación laboral. En varios países, debe consultarse a los representantes de los trabajadores antes de instalar herramientas de supervisión y estos pueden también vetar su adopción (ALOISI ET AL 2019). Los datos que se recopilen infringiendo este paradigma de codeterminación o de forma que incumpla las disposiciones de protección de datos no podrán utilizarse como instrumento probatorio durante un procedimiento disciplinario (OTTO 2016). En función de la gravedad de la infracción, el incumplimiento de las obligaciones de fidelidad y obediencia puede dar lugar a la aplicación de sanciones disciplinarias, la más grave de las cuales es el despido. Es posible despedir legalmente a los empleados en todas las jurisdicciones de la UE, y las reformas recientes incluso han simplificado los recursos para el despido ilegal, aunque aún deben cumplirse las normas procesales y sustantivas (COLLINS 2021).

En la peculiar relación existente entre empleadores y trabajadores, algunos elementos jerárquicos prevalecen en un sentido unidireccional. Sin embargo, varias instituciones, principalmente las especificadas por la normativa laboral, han contrarrestado históricamente la posición hegemónica de los empleadores y supervisores con una serie de garantías individuales y colectivas. En resumen, se pueden desplegar varios tipos de instrumentos legales para reducir el nivel de toma de decisiones unilaterales. Estos límites intrínsecos tienen dos fines. En primer lugar, hacer que la autoridad sea coherente con los principios constitucionales consagrados en las democracias modernas. En segundo lugar, diseñar un proceso que sea predecible, transparente y cuestionable. Así debería conseguirse que el ejercicio del poder sea responsable, razonable y racional para quienes están sujetos a este y, en general, desde la perspectiva de personas y entidades que tienen un interés legítimo en su ejercicio.

La gestión algorítmica está lista para alterar este modelo, pues permite a los empleadores esquivar normas legales destinadas a limitar el alcance de las prerrogativas de gestión. La cara "autoritaria" de la relación laboral, que ahora se enfrenta al escrutinio de los órganos judiciales y académicos (ANDERSON 2017), se agravará aún más si no se activan rápidamente contramedidas adaptadas a un tipo de autoridad que sea mucho menos sofisticado, intrusivo y omnisciente que los jefes basados en datos. Esto plantea una pregunta de investigación muy intrigante: ¿cómo se pueden adaptar los factores de control basados en una forma de autoridad más analógica a unos jefes algorítmicos?

Una conclusión preliminar es que el poder está mudando de piel y experimentando una "variación genética" en su forma y alcance. Además, se ha producido un movimiento nada insignificante de la toma centralizada de decisiones hacia centros de poder dispersos y subcontratados, que a menudo implican a compañeros e incluso a clientes (ROSENBLAT ET AL 2016 y LEVY ET AL 2018). Además, dada esta transformación, la activación de restricciones a la toma de decisiones caprichosas no resultará sencilla, ya que los límites de los poderes humanos se pueden eludir fácilmente mediante dispositivos técnicos que puedan convertir el poder de mando y control en espacios íntimos, en horario no laboral y con tareas no profesionales. Por lo tanto, vale la pena explorar si las normas obligatorias y negociadas colectivamente que se han calibrado con respecto al ejercicio del poder por parte del ser humano son lo suficientemente resistentes como para proporcionar una primera línea de defensa contra los abusos derivados de los ADMS.

III. UNA BREVE TAXONOMÍA DE LAS TECNOLOGÍAS INNOVADORAS EN EL LUGAR DE TRABAJO

En la actualidad, la IA y los algoritmos están por todos los lados. Por ejemplo, manejan tu carpeta de correo basura, seleccionan películas "recomendadas" en plataformas de streaming y te presentan las mejores ofertas de comercio electrónico disponibles. Cada vez es más frecuente que, gracias a la ubicuidad de las tecnologías y a la gran potencia informática, se utilicen la IA y las herramientas basadas en algoritmos para completar acciones que solíamos realizar los humanos. Dichos instrumentos se implantan en gran medida en la administración pública, en programas de bienestar, admisiones universitarias, así como en la justicia penal y la policía predictiva. Sin embargo, el lugar de trabajo es el ámbito donde el auge de lo que los abogados laboralistas denominan los "jefes algorítmicos" está revelando su cara más controvertida (ADAMS ET AL 2019).

Casi todas las elecciones corporativas relacionadas con la gestión van respaldadas por instrumentos basados en datos. ¿Cómo pueden distribuirse las bonificaciones por rendimiento de forma competitiva? ¿Cómo pueden asignarse a los trabajadores las tareas para las que son más competentes? ¿Cómo se pueden comparar equipos diversos y equilibrados que combinan destrezas heterogéneas para garantizar que se logren buenos resultados? En el caso de un proceso de restructuración, ¿cómo se puede garantizar que los trabajadores más comprometidos permanezcan en la empresa? Los gerentes se están esforzando por aprender cuáles son las soluciones a estos dilemas cotidianos, y la IA y los algoritmos pudieran tener respuestas (aunque no necesariamente las adecuadas).

La IA y los algoritmos se pueden definir como instrucciones para lograr un objetivo programado partiendo de unas premisas dadas usando evaluaciones probabilísticas de series de datos. Pueden ser más o menos complejas en función de las variables que se les den, y a menudo carecen de voluntad porque no hacen sino perseguir un objetivo que los programadores, proveedores o usuarios finales les han "enseñado". En otros casos, gracias a las características de aprendizaje automático, los algoritmos pueden seleccionar resultados significativos con cierto grado de autonomía y una supervisión humana mínima al detectar patrones en los datos existentes para crear modelos que prevean resultados futuros. Las herramientas de AA pueden modificar la conducta en situaciones cambiantes (LEE 2015). Sin embargo, contrariamente a lo que suele creerse erróneamente, siempre hay seres humanos detrás de los algoritmos y no se les absuelve de responsabilidad en caso de que se produzcan resultados ilícitos, vulneraciones de la privacidad o impactos discriminatorios, ni siquiera en el caso de técnicas de AA (YEUNG 2017).

Desde la perspectiva del derecho laboral, la actividad clave realizada tanto por IA como por los algoritmos, al menos de momento, implica ayudar a los humanos en la toma de decisiones o a tomar decisiones en nombre de los humanos en un número limitado de casos. El término general de "gestión algorítmica" (DAGNINO 2017) se puede utilizar para hacer referencia a nuevas prácticas de RR. HH. que aprovechan diversos elementos de equipo y técnicas de trabajo respaldadas por IA para ayudar a gestionar, evaluar y disciplinar a los trabajadores. Dichas funciones no serían posibles sin el proceso casi constante y general de recopilación y tratamiento de datos que supone el punto de partida para la analítica inferencial, es decir, la capacidad de deducir los rasgos de la plantilla, por ejemplo, probando hipótesis y derivando cálculos (KELLOG ET AL 2020).

La "ayuda" o "sustitución" por modos algorítmicos de gobierno se produce durante todo el ciclo de interacciones en el trabajo. Para ello, los datos constituyen una infraestructura subyacente esencial para el funcionamiento de este nuevo modelo de gobierno en el lugar de trabajo (ANEESH 2009). Los datos personales se recopilan usando innumerables dispositivos y luego se analizan y reutilizan para una amplia gama de funciones, lo que permite tomar decisiones automatizadas o semiautomatizadas. Además, la difuminación cada vez más vertiginosa de la vida personal y privada brinda la oportunidad de combinar información profesional con datos sensibles, de modo que los empleadores pueden observar, inferir y disuadir comportamientos humanos hasta un grado sin precedentes, como si estuviéramos en una pecera.

También se ha observado otro cambio fundamental. Para que los algoritmos funcionen de la manera más eficiente, "los datos deben recopilarse de fuentes diferentes, lo que implica que casi todas las actividades de cada trabajador están, en principio, sujetas a supervisión y seguimiento" (DE STEFANO ET AL 2021). Los límites temporales y espaciales a la captura de datos se están desmoronando cada vez más, pues ahora es técnicamente posible leer correos electrónicos personales y supervisar la geolocalización de los trabajadores gracias a las herramientas que van equipadas con el Sistema Global de Posicionamiento (GPS) de la empresa. Además, los rastreadores de idoneidad o relojes inteligentes y los dispositivos de supervisión del sueño pueden obtener información muy sensible y compartirla con los empleadores en el contexto de programas corporativos de bienestar o de planes de seguro que fomenten estilos de vida saludables. Este conocimiento granular confiere una perspectiva casi divina a los empleadores, que pueden usar software para medir la productividad, el compromiso y la participación de los trabajadores.

Este apartado presenta un catálogo de herramientas físicas o no (plataformas de contratación, tarjetas sociométricas portátiles, paneles autoinformativos, entornos de colaboración y diversos dispositivos de supervisión, etc.) que pueden considerarse una condición previa para el ejercicio del poder en los lugares de trabajo actuales. Su impacto sobre los trabajadores es doble. En primer lugar, cambian y rediseñan directamente las tareas que están desempeñando los empleados. En segundo lugar, aumentan la demanda de mano de obra en puestos de trabajo e industrias más avanzados desde el punto de vista tecnológico (PETROPOULOS 2018).

En casi todos los casos, estas herramientas parecen inocuas, aunque están surgiendo nuevos riesgos.

La adopción de herramientas algorítmicas se puede describir en orden cronológico analizando todas las fases de las relaciones laborales MATEESCU ET AL 2019). Se integran varias herramientas que pueden hacer predicciones durante todo el proceso de contratación (automatizado) con el fin de racionalizarlo, especialmente cuando es probable que se presenten cientos de candidatos (AGRAWAL ET AL 2018). Los empleadores empiezan atrayendo posibles candidatos al puesto vacante con anuncios específicos, ofertas de empleo y actividades de divulgación individual. Luego, pueden cribar fácilmente por los currículos, gestionar los pasos posteriores del proceso de solicitud, hacer verificaciones de antecedentes y realizar entrevistas remotas. Como resultado, el entero "embudo" de la contratación se puede subcontratar a plataformas que sustituyan a los gerentes de RR. HH. para que realicen esta tarea de importancia crítica BOGEN ET AL 2018).

Tradicionalmente se ha examinado a los trabajadores antes de su contratación para evaluar sus actitudes y garantizar que sean adecuados para la comunidad profesional a la que pueden estar a punto de incorporarse. Además, al combinar información sobre destrezas con los datos disponibles sobre solicitantes anteriores que consiguieron el puesto, los trabajadores se seleccionan en función de su conformidad con los grupos anteriores (AJUNWA 2019). Durante la segunda fase, los candidatos pueden pasar por entrevistas remotas destinadas a captar y tratar sus expresiones faciales, tono de voz, uso de palabras específicas, duración de las oraciones y velocidad al hablar. En este caso, el salto cuantitativo radica en la posibilidad de analizar una gran cantidad de datos para inferir rasgos de personalidad que no son visibles (Empresas como HireVue, con sede en Estados Unidos, analizan el tono que usan los candidatos y sus expresiones faciales porque les graban cuando responden a preguntas similares (MANOKHA 2021).

Si tuviéramos que redactar una breve historia de los RR. HH. digitales, comentaríamos que los sistemas de programación automatizados aparecieron por primera vez en sectores como los de servicios domésticos, comercio y consultoría para optimizar la asignación de turnos. Ahora, los datos agrupados se procesan para redactar calendarios con poca antelación y según preferencias en tiempo real. Desde el punto de vista del derecho laboral, se espera también que este sistema tácito de penalización y recompensa imponga el cumplimiento, de modo que se reconfiguran sutilmente las interacciones. Por tanto, la elección de los trabajadores se ve gravemente entorpecida por herramientas prescriptivas que, aunque de forma sofisticada, limitan su libertad. Esta cuestión ha resultado fundamental para demostrar la existencia de una relación laboral en los pleitos sobre el trabajo en plataformas, aunque ya es una característica común de segmentos más grandes del mercado laboral.

En sectores industriales, la robótica avanzada permite realizar tareas de forma casi independiente, con más flexibilidad y precisión que con los robots tradicionales gracias a sus sensores y un nivel muy alto de programación dinámica (EUROFOUND 2018). No solo pueden reprogramarse con facilidad, sino que también interactuarán y responderán de forma autónoma si se producen cambios en su entorno. Además, estos robots se fabrican de modo que puedan adaptarse y colaborar con los humanos, lo que significa que pueden realizar una actividad física más pesada y que los humanos puedan centrarse en los aspectos basados en el conocimiento si no están ocupados reparando máquinas que funcionan mal o eliminando problemas.

Los "robots conectados" y los dispositivos conectados al Internet de las Cosas (IoT, siglas en inglés) se basan en sensores para recopilar información (HILDEBRANDT 2015) y conectan la configuración de fabricación al mundo digital. Así pueden recopilarse datos relativos al proceso de producción para que sea más eficiente y se eviten cuellos de botella y residuos. Otras herramientas emergentes incluyen dispositivos portátiles que tienen distintos tipos de aplicaciones tanto en fabricación como en servicios (EUROFOUND 2020). Por ejemplo, estos dispositivos pueden "potenciar" las capacidades humanas, superar limitaciones físicas y aumentar tanto la seguridad como la productividad. Permiten detectar de antemano posibles riesgos para la seguridad y problemas de salud. En fábricas grandes se han introducido distintivos inteligentes y algunos incluso llegan a informar a los gerentes si un empleado parece distraído.

Dicho esto, todas las tareas relacionadas con el trabajo se basan en dispositivos digitales y se completan a través de una infraestructura que crea "registros temporales" de actividades, que combinan el historial web con tasa de productividad o comportamientos en la red con tendencias de colaboración (BALES ET AL 2020). Las huellas digitales se pueden rastrear desde una amplia gama de cuentas de redes sociales, mientras que las fotografías de vacaciones, las fiestas de cumpleaños, las declaraciones negativas en línea, las afiliaciones políticas, así como las condiciones de salud y económicas están a solo un clic y se pueden filtrar para ayudar a ajustar la toma de decisiones. Nada pasa desapercibido.

La supervisión es la actividad más sobresaliente cuando hablamos de herramientas basadas en datos. Se puede llevar a cabo para mejorar los procesos laborales de los empleados, aunque también puede dar lugar a prácticas intrusivas. Cada vez más, las empresas utilizan distintos tipos de tecnologías para supervisar los correos electrónicos, las llamadas telefónicas, los historiales de navegación y los movimientos corporales de sus empleados mediante GPS u otros sensores. El software también puede grabar pantallazos de los ordenadores de los empleados. En muchos casos, las actividades de supervisión y evaluación se subcontratan a los clientes finales, que pueden influir en la reputación virtual de los trabajadores con sus calificaciones y comentarios. Si bien la vigilancia tecnológica ofrece muchas ventajas, como la rapidez y la eficacia, puede ejercer una enorme presión sobre los trabajadores, que se encuentran en una situación de panóptico.

De forma tangible, la pandemia del COVID-19 ha brindado la oportunidad de desarrollar y desplegar nuevas prácticas de supervisión, al aprovechar la situación de emergencia para diseñar equipos cada vez más intrusivos bajo el pretexto, por ejemplo, de garantizar el cumplimiento de los nuevos protocolos de seguridad y salud (ALOISI ET AL 2022). Aunque la mayoría de las prácticas debían durar solo un tiempo limitado, muchas de estas disposiciones de emergencia ya se han convertido en estructurales. Por ejemplo, en el caso de acuerdos de trabajo remoto que se adoptaron a regañadientes con el fin de limitar el riesgo de contagio, se han desplegado varias herramientas de supervisión, como dispositivos de rastreo temporal y cámaras ocultas, para satisfacer la manía de control de jefes impacientes. Además, los equipos dispersos recurrieron al uso de plataformas colaborativas basadas en la nube para la administración de proyectos, mientras que las entrevistas de trabajo y los eventos de trabajo en red pasaron a realizarse en línea por las restricciones a los desplazamientos relacionadas con la pandemia.

Los trabajadores esenciales de hospitales, tiendas y nodos logísticos recibían dispositivos vestibles, o wearables. Las compañías introdujeron alertas para informar a los empleados sobre turnos de higiene en todo momento, aplicaciones con GPS integrado para seguir el paradero de los empleados o aplicar directrices de higiene, identificación de radiofrecuencias (RFID) para optimizar las tasas de ocupación (software de programación para medir la asistencia al tiempo y garantizar la rotación del grupo) y notificaciones para fomentar el cumplimiento de las mejores prácticas higiénicas. La pandemia ha normalizado una exhaustiva supervisión en el lugar de trabajo en muchos casos, incluso llevándola al siguiente nivel.

Todos los trabajadores están ahora expuestos a algún tipo de supervisión omnipresente, en tiempo real e implacable que no se limita al lugar y tiempo de trabajo. De hecho, se ha producido un cambio significativo en el locus y el alcance temporal del control (KATSABIAN 2020). Gracias a los análisis de big data, se pueden descubrir fácilmente la dinámica del equipo, los flujos de colaboración y las preferencias de los clientes. La supervisión es fundamental para gestionar a los trabajadores de la manera más eficiente posible, por lo que las tecnologías en el lugar de trabajo se utilizan con fines organizativos. Al utilizar dichas herramientas, las empresas pueden estar mejor preparadas para tomar decisiones informadas cuando se trata de planificar incentivos, redefinir flujos internos y fases, crear mecanismos de promoción y proporcionar retroalimentación instantánea.

No obstante, al replicar los resultados en forma de bucle, la IA y los algoritmos pueden consolidar prejuicios humanos y sesgos discriminatorios. Y esto podría agravar las desigualdades sociales (NOBLE 2018) y provocar disturbios políticos. Lo que es peor, dada su naturaleza oscura, dichos modelos pueden limitar la comprensión de las estrategias de los empresarios, lo que tiene un efecto aterrador en la participación de los empleados. También pueden dejar a los trabajadores en la incertidumbre y, por tanto, evitar acciones colectivas. Pese a ello, gracias a la disponibilidad generalizada de información que se ve reforzada por los derechos de notificación y acceso establecidos en diversos instrumentos de protección de datos, se puede cuestionar la toma de decisiones algorítmicas para exponer y subsanar sus deficiencias. Existe una gran cantidad de recursos jurídicos de múltiples fuentes que pueden movilizarse de forma preventiva a nivel profesional y en los juzgados y tribunales para garantizar la transparencia, la responsabilidad y la seguridad.

IV. PODERES Y LÍMITES: EL PAPEL DE LA PROTECCIÓN DE DATOS Y LA LEY PARA LA IGUALDAD COMO COMPLEMENTO DE LA LEGISLACIÓN LABORAL

Antes de ofrecer seguridad económica y contractual a los trabajadores, la normativa laboral autoriza importantes facultades a los directivos (DE STEFANO 2020). Al mismo tiempo, las instituciones legales están diseñadas para eliminar las imperfecciones típicas de los jefes humanos. En el apartado anterior se presentaban ejemplos cotidianos del proceso de aumento de las prerrogativas de gestión, como lo demuestra la adopción generalizada de modelos decisionales probabilísticos, que hacen que la autoridad parezca menos intensa, pero más distribuida y engañosa. La gestión algorítmica es un claro ejemplo de las nuevas dificultades asociadas a limitar el entusiasmo de los empleadores. A primera vista, estas tecnologías modernas desplazan e interrumpen profundamente el conjunto actual de contrapesos.

En último término, las relaciones paradigmáticas entre el empresario y los trabajadores se reconfiguran tanto dentro como entre las organizaciones. Los trabajadores están presenciando una intensificación anómala de los poderes de los empleadores y la reducción paralela de su autodeterminación, es decir, la capacidad de definir un objetivo y alcanzarlo de forma independiente, lo que tiene efectos en la satisfacción laboral. Las instrucciones automatizadas son indudablemente más persuasivas, mientras que la amenaza constante de medidas disciplinarias desalienta las iniciativas no previstas. Tales limitaciones pueden resultar en que los empleados se quemen y en un aumento de la rotación del personal, lo que hace que las organizaciones pierdan los conocimientos y habilidades acumulados que se desarrollan con el tiempo.

Quizás ingenuamente, este aspecto de la transformación digital a menudo se presenta como una oportunidad para reducir la arbitrariedad, superar las desigualdades y mejorar la objetividad. Sin embargo, existen pruebas claras de que los nuevos modelos organizativos impulsados por las tecnologías se traducen en que se agraven, y no en que se eviten, las principales deficiencias que normalmente se incluyen en la toma de decisiones humanas. De hecho, ni siquiera está claro que estos modelos puedan aumentar significativamente la productividad, ya que en muchos casos los datos pueden resultar erróneos y generar resultados no deseados o una resistencia silenciosa. Además, mientras que el paradigma actual ha tratado deliberadamente de lograr un equilibrio entre empoderar a la autoridad y prevenir los abusos del dominio de los gerentes, el salto cuántico en curso pudiera acabar con los límites canónicos de los poderes del empleador.

Cuando un artefacto tecnológico sustituye a los jefes humanos en todas sus funciones críticas, tanto las protecciones sustantivas como las procedimentales se ven desplazadas porque, a primera vista, están mal equipadas para hacer frente a las fuentes modernas de autoridad jerárquica. Se pueden detectar al menos tres riesgos principales al analizar este distorsionado desequilibrio de poder. En primer lugar, la intensificación de la supervisión y del dominio de la gerencia puede aumentar gravemente el ritmo al que se completan las tareas, lo que cuestiona las normas de seguridad y salud, incluidos aspectos relacionados con las implicaciones físicas y psicosociales (TODOLÍ SIGNES 2021). En segundo, los trabajadores rara vez pueden comprender y corregir los resultados decisionales si no saben que existen, cómo funcionan los sistemas tecnocráticos y qué métricas se tienen en cuenta.

En tercero, la falta de transparencia pone en peligro los principios de equidad y responsabilidad en relación con la atribución competitiva de derechos en el lugar de trabajo, incluidas las franjas horarias, promociones, incentivos y bonificaciones. Por tanto, los impactos discriminatorios se agravan profundamente (ACEMOGLU 2021). Tras una inspección más exhaustiva, los algoritmos carecen tanto de flexibilidad como de la responsabilidad asociada a los encargados de tomar decisiones. De hecho, las características inherentes de los sistemas de gestión basados en códigos los hacen demasiado rígidos para desviarse de soluciones estandarizadas y precargadas (YEUNG 2019). Además, la supuesta precisión de los algoritmos da lugar a una reproducción interminable de fallos, sesgos y desigualdades ocultos sin posibilidad de detener la espiral a la baja (DIGNUM 2021).

Dada la magnitud de estos retos, una estrategia basada en recursos jurídicos compartimentalizados está abocada al fracaso. Por el contrario, resulta esencial adoptar un enfoque multidimensional que combine los controles y contrapesos de distintos ámbitos. La jurisprudencia a nivel nacional ha confirmado recientemente que los juzgados, los tribunales laborales y las Autoridades de Protección de Datos (APD) están intercambiando conocimientos y técnicas en un esfuerzo por mejorar su capacidad para contrarrestar el incremento del poder algorítmico (ALOISI 2021). De hecho, los últimos meses se han caracterizado por un activismo judicial combinado con pleitos estratégicos liderados por sindicatos que han contribuido a perforar el velo de la opacidad de la gestión basada en datos. Una serie de victorias preliminares y, en términos más generales, una mayor concienciación sobre cómo funcionan los ADMS debería proporcionar el impulso necesario para lograr nuevos avances.

En Italia, un juez de Bolonia consideró que un algoritmo de programación diseñado por Deliveroo, una importante empresa de entrega de alimentos, era discriminatorio de forma indirecta. Pese a la viabilidad técnica de excluir ciertos parámetros, una sanción automatizada (una práctica aparentemente neutra sin justificación sólida, por usar la jerga de la ley para la igualdad) pone a los trabajadores con una característica protegida en una desventaja particular. El sistema supuestamente "ciego" no logró tratar de forma diferente casos diferentes, por lo que terminó castigando a los trabajadores que no se presentaron a trabajar porque estaban en huelga (o porque estaban enfermos, tenían discapacidad o tenían que ayudar a una persona con discapacidad o a un menor enfermo, etc.) (Tribunal de Bolonia, Orden n.º 2949/2019, de 31.12.2020, p. 19). Estos trabajadores fueron degradados de categoría a la hora de reservar puestos de trabajo mejor remunerados. Como resultado, sus oportunidades de acceso a tareas y pedidos se redujeron drásticamente. En este caso, la aplicación uniforme del modelo sancionador implícito tuvo un efecto marginado sobre ciertos trabajadores que ejercían derechos protegidos constitucionalmente (BARBERA 2021).

En 2021, trabajadores apoyados por un sindicato presentaron demandas que afirmaban haber sido "robodespedidos" por un ADMS (Tribunal de Distrito de Ámsterdam, C/13/687315/HA RK 20-207 de 11.03.2021). Sus historias coparon titulares. En 2023, el Tribunal de Apelación de Ámsterdam falló a favor de los trabajadores y contra Uber y Ola Cabs y acordó que se les había denegado el acceso a información relevante sobre los algoritmos de conformidad con el Artículo 15 del Reglamento General de Protección de Datos (RGPD) (GELLERT ET AL 2021). El tribunal estimó que la limitada intervención humana en las decisiones automatizadas de Uber relativas a resolver las cuentas de los trabajadores no era "mucho más que un acto puramente simbólico". Otros demandantes lograron demostrar que se había adoptado un modelo automatizado de cálculo de deducciones salariales. Además, los trabajadores lograron hacer valer su derecho a conocer los motivos subyacentes a la evaluación, así como los criterios de peso específicos utilizados en el modelo, de acuerdo con la disposición clave del RGPD (ALOISI 2024). Se ordenó a las empresas implicadas a divulgar información sobre las decisiones adoptadas, los datos analizados y las hipótesis que justificaban la decisión final para que los trabajadores pudieran verificar tanto la exactitud como la legalidad del tratamiento (KELLY ET AL 2022). Esta estrategia pionera ofrece una visión de los puntos fuertes del RGPD cuando se moviliza en los tribunales contra los abusos algorítmicos.

Al mismo tiempo, las APD han demostrado que es posible combinar elementos de diferentes áreas temáticas para desplegar medidas que puedan abordar este nuevo tipo de poder. El Garante italiano emitió dos órdenes contra las plataformas de entrega de alimentos Glovo y Deliveroo (Autoridad Italiana de Protección de Datos, Ordinanza ingiunzione nei confronti di Foodinho s.r.l., 10.06.2021 [9675440]; Ordinanza ingiunzione nei confronti di Deliveroo Italy s.r.l., 22.07.2021 [9685994]). Al utilizar argumentos desarrollados por los tribunales laborales, la APD impuso multas a las sociedades por su incumplimiento de las disposiciones del RGPD. Y aún más importante, al leer los principios de protección de datos junto con la legislación laboral, la APD consideró que el incumplimiento de las normas establecidas en el Estatuto de los Trabajadores nacional, que aplica un sistema más protector que el marco del RGPD, vulneraba los principios del RGPD en materia de legalidad y tratamiento en el contexto del empleo. Más concretamente, se ha interpretado que el Artículo 88 del RGPD hace referencia a requisitos nacionales relacionados con el empleo que exigen la participación de los representantes de los trabajadores u los órganos administrativos como condición previa para la introducción de tecnologías de supervisión, reforzando así los derechos de codeterminación (Art. 4 Estatuto de los Trabajadores de Italia, Ley 300/1970).

Sin embargo, aunque la legislación laboral nacional es fundamental para permitir unos requisitos de autorización previa y, por tanto, evitar que los trabajadores sean sometidos a herramientas de supervisión que recopilen y evalúen datos subrepticiamente, esto pudiera resultar insuficiente dada la adopción masiva de atajos algorítmicos. Los tres casos que se han analizado brevemente más arriba aclaran que las deficiencias de los ADMS pueden contrarrestarse con estrategias holísticas. Esto supone que, en lugar de considerar las funciones de los jefes algorítmicos de forma aislada, los abogados deben abordar las prerrogativas de gestión aumentadas en bloc. Por suerte, se pueden adoptar varias técnicas de respuesta.

El RGPD puede aplicarse de modo que los procesos automatizados de toma de decisiones sean manifiestos, razonables, legibles y evaluables. Aunque la prohibición de tomar decisiones automatizadas establecida en el Artículo 22 del RGPD no se aplica cuando este tipo de tratamiento "es necesaria para la celebración o la ejecución de un contrato entre el interesado y un responsable del tratamiento", existen normas vinculantes sobre información, divulgación y explicación de la lógica subyacente de algoritmos que no pueden pasarse por alto. Los derechos establecidos en la Sección 3 del Artículo 22 del RGPD ("el responsable del tratamiento adoptará las medidas adecuadas para salvaguardar los derechos y libertades y los intereses legítimos del interesado, como mínimo el derecho a obtener intervención humana por parte del responsable, a expresar su punto de vista y a impugnar la decisión" cuando existan ADMS) serán cada vez más importantes, tal y como confirma el Expositivo 71 del RGPD, en el que se hace referencia explícita al derecho "a recibir una explicación de la decisión tomada después de tal evaluación y a impugnar la decisión".

Además, los Artículos 13(2)(f) y 14(2)(g) del RGPD establecen la obligación de notificar al interesado que está implicado en "decisiones automatizas, incluida la elaboración de perfiles, a que se refiere el artículo 22, apartados 1 y 4" y de ofrecer "información significativa sobre la lógica aplicada, así como la importancia y las consecuencias previstas de dicho tratamiento para el interesado". Asimismo, el Artículo 15(1) consagra el derecho individual de acceso al mismo conjunto de datos. La disposición ofrece un canal fiable para examinar la legalidad del tratamiento e invocar recursos jurídicos. Igualmente, este conjunto de normas vinculantes puede considerarse un procedimiento *prius* para definir prácticas laborales sin prejuicios y para erradicar la discriminación (KAMINSKI 2019).

Adicionalmente, la legislación contra la discriminación es especialmente idónea para captar las nuevas formas de discriminación basada en algoritmos y ofrecer soluciones eficaces a la hora de eliminar sus efectos (KULLMANN 2018). Desde una perspectiva estratégica, gracias al procedimiento probatorio simplificado, es posible omitir el examen del contenido interno del sistema de gestión algorítmica. Sin necesidad de abrir la "caja negra" (PASQUALE 2015), las presuntas víctimas pueden limitarse a presentar hechos de los que se pueda inferir que se ha producido o es probable que no se cumplan las normas de igualdad de trato. Como demuestra el caso italiano ya mencionado, la discriminación indirecta (es decir, una práctica aparentemente neutra que ponga a las personas con una característica protegida en desventaja en comparación con otras) puede desempeñar un papel crucial en un futuro próximo.

A pesar de la posibilidad de justificar el uso de una disposición algorítmica neutra como medio para satisfacer una necesidad profesional adecuada y necesaria, los empleadores no quedan aislados de responsabilidad en el caso de medidas que supongan una desventaja especial para un titular característico protegido (KIM 2017). Los sistemas de tratamiento de datos pueden elaborar sin esfuerzo información como la relativa a las horas medias de trabajo, antecedentes educativos, coherencia profesional y perspectivas de retención que puedan asociarse con motivos protegidos. La jurisprudencia del Tribunal de Justicia de la UE ya ha desarrollado modelos para abordar la discriminación tanto por poderes como por asociación (CJEU, 17 de julio de 2008, C-303/06, *Coleman v Attridge Law and Steve Law*; 16 de julio de 2015, C-83/14, *CHEZ Razpredelenie Bulgaria AD v Komisia za zashtita ot diskriminatsia,* XENIDIS ET AL 2020). En el futuro, este enfoque resultará crucial, especialmente cuando se trate de contrarrestar las inferencias derivadas de características que no sean motivos protegidos (KIM ET AL 2021).

Es precisamente en la encrucijada entre la protección de datos y la legislación sobre igualdad que está surgiendo un nuevo flujo de investigación y pleitos. Los derechos de notificación, acceso y explicación incluidos en el RGPD pueden utilizarse para obtener información sobre la lógica subyacente y las métricas de la gestión algorítmica. Gracias a estos datos y a documentos como la evaluación del impacto de la protección de datos (DPIA, siglas en inglés) que se exige en virtud del Artículo 35 del RGPD, que deben compartirse con los trabajadores y sus representantes (MANTELERO 2018), resulta aún más fácil llevar un caso prima facie de discriminación basado en la indicación de una herramienta algorítmica como fuente de sesgo (HACKER 2018). En tal caso, la carga de la prueba se invierte o, al menos, se comparte con el demandado, que se espera que demuestre que no se ha incumplido el principio de igualdad de trato desacreditando el vínculo causal entre el daño, la conducta y la característica protegida o, de otro modo, presentar una justificación válida que supere las pruebas pertinentes de idoneidad y necesidad.

No se pretende que estas contrapartidas sean únicamente punitivas. Por el contrario, deben implantarse para comunicar prácticas corporativas que sean conformes y que no se incluyan entre las obsesiones centradas en los datos, fomentando así un entorno basado en la confianza. De hecho, la rutinización de todas las funciones de gestión supone un desafío para las organizaciones, especialmente aquellas que tengan complejas cadenas de mando. Paradójicamente, la complejidad que conlleva documentar los procesos de toma de decisiones amplifica la vulnerabilidad de la posición jurídica de los jefes, especialmente en situaciones en las que las presunciones y la reversión de la carga de la prueba pueden estar vigentes en los tribunales de acuerdo con las normas nacionales (GAUDIO 2022).

A este respecto, el uso de instrumentos de protección de datos para obtener información explicativa sobre la lógica subyacente de la gestión algorítmica resulta fundamental en dos sentidos. En primer lugar, corresponde a la entidad empleadora desplegar procesos que no solo sean eficientes desde el punto de vista organizativo, sino también razonables y notificables. En segundo lugar, proporciona un conjunto de derechos que pueden utilizarse tanto para impugnar y cambiar la decisión final como para preparar el terreno para una reclamación basada en la legislación sobre no discriminación. Este modelo refuerza la importancia de una legislación basada en procedimientos en el lugar de trabajo con el fin de democratizar decisiones que de otro modo serían autoritarias (COLLINS 2018). En último término, se espera que las obligaciones de "protección de datos desde el diseño" sirvan de base para un modelo de buena conducta que procedimente las facultades de los responsables del tratamiento MUNDLAK 2014).

La reciente propuesta de Directiva de la UE sobre la mejora de las condiciones laborales en los trabajos en plataforma da pasos en esta dirección, ya que impone obligaciones de información a las plataformas digitales que cuenten con "sistemas automatizados de supervisión —que se utilizan para controlar, supervisar o evaluar la ejecución del trabajo realizado por los trabajadores de plataformas por medios electrónicos— y los sistemas automatizados de toma de decisiones —que se utilizan para tomar o apoyar decisiones que afecten significativamente a las condiciones de trabajo de los trabajadores de plataformas". En este caso, se debe informar a los trabajadores sobre las categorías de decisiones adoptadas, los parámetros considerados y sus ponderaciones relativas, así como la motivación de cualquier decisión de "restringir, suspender o cancelar la cuenta del trabajador de plataforma, de denegar la remuneración por el trabajo realizado por el trabajador de plataforma [...], o sobre la situación contractual del trabajador de plataforma o que tenga efectos similares" (Art. 6.2). Aunque su alcance personal y sectorial es limitado, la propuesta incluye disposiciones de evaluación y mitigación de riesgos que son coherentes con un planteamiento de "persona al mando" por el que los humanos estén a cargo de las tecnologías y no sea al revés.

El texto llega incluso a reforzar la regla de oro establecida por el RGPD. Establece explícitamente el derecho a que se den explicaciones sobre una decisión adoptada (hasta si tan solo se respalda), por sistemas automatizados que afecten significativamente condiciones laborales tales como el acceso a tareas, ingresos, seguridad y salud en el trabajo, tiempo de trabajo, oportunidades de promoción, suspensión o despido. Todas las opciones decisionales respaldadas por instrumentos basados en datos tendrían que presentarse de forma accesible para que los trabajadores puedan impugnarlas (ALOISI ET AL 2022). Además, la propuesta exige también que las plataformas laborales informen y consulten a los representantes de los trabajadores sobre la gestión algorítmica al considerar la posibilidad de adoptar o modificar sistemas automatizados de supervisión o toma de decisiones.

Partiendo de estos avances recientes, podemos predecir que la negociación de los datos en el trabajo pronto ocupará la pista central (DAGNINO ET AL 2020). Esta medida resultará beneficiosa tanto para los trabajadores, que podrán recuperar el margen de maniobra relacionado con la toma de decisiones, como para las empresas, que podrán diseñar ADMS menos disfuncionales que tengan en cuenta la perspectiva de quienes están expuestos a ellos (LEE 2021). El diálogo social y la negociación colectiva seguirán siendo esenciales. Una cosa es segura: los sindicatos y las empresas tienen ante sí una tremenda oportunidad de relacionarse con nuevos temas de negociación, como son las políticas de RR. HH. codificadas por medios tecnológicos y la generalizada vigilancia electrónica del rendimiento en el lugar de trabajo, así como con sus repercusiones en la seguridad y salud en el trabajo, la legislación sobre igualdad y la protección de datos. La codeterminación supone un medio valioso para mejorar la representación de los trabajadores y generar confianza en las comunidades profesionales.

V. COMENTARIOS FINALES

Dado su potencial para abrir nuevas oportunidades, cabe acoger con satisfacción la verdadera innovación, especialmente cuando facilite la autonomía, promueva la inclusión y alivie los obstáculos existentes. Sin embargo, cuando las formas digitales de gobierno en el lugar de trabajo tienen un margen excesivo pueden erosionar los derechos de una amplia gama de áreas legales y frustrar la productividad. Si se deja sin supervisión, es probable que la gestión basada en pruebas promueva un trato injusto y amplíe la brecha de poder en el trabajo. En el apartado anterior se analizaban tanto las normas antiguas como las más modernas que podían movilizarse para reducir el poder de los jefes ex machina, que están invadiendo ámbitos de trabajo de todo el mundo, al carecerse de estrategias de gestión prospectivas.

En general, este resumen corrobora el argumento de que la normativa laboral debería considerarse como un péndulo que oscila constantemente entre habilitar la autoridad y prevenir sus abusos. Su tarea es doble, pues permite y también limita la creación de normas autónomas por parte de los empresarios para defender los intereses de la empresa sin sesgos ni consideraciones caprichosas. En particular, se espera que tanto la ley como los representantes de los trabajadores regulen, apoyen y limiten el poder de la gerencia. Tras una inspección más exhaustiva, este modelo tiene como objetivo evitar los daños derivados de la prerrogativa de gestión mediante la racionalización del poder para salvaguardar la dignidad y la autonomía humanas (YOUNG 1963). No obstante, queda profundamente alterado por las nuevas tecnologías.

En consecuencia, el rápido auge de los jefes algorítmicos brinda a los abogados laboralistas la oportunidad de probar la idoneidad de las disposiciones de una serie de campos, desde la protección de datos hasta la no discriminación. Todas las soluciones jurídicas y técnicas han de ser sistémicas e incluir herramientas complementarias adoptadas sobre la base del uso final de los algoritmos en el lugar de trabajo. Primero, al recurrir a las disposiciones del RGPD, los trabajadores pueden impugnar los ADMS y abogar por la transparencia, la verificabilidad y la competitividad de las prácticas en el lugar de trabajo. Las APD son bastante pragmáticas en su aplicación de los principios clave del RGPD, al adoptar normas de supervisión relacionadas con el empleo como un faro para la legalidad en relación con la vigilancia digital y la gestión automatizada. En segundo lugar, la legislación contra la discriminación se ha visto reforzada en los tribunales para cuestionar la falta de equidad de las políticas corporativas que resultan en la atribución de franjas horarias, tareas o simplemente la asignación de puestos dentro del ranking interno (XENIDIS 2020). Hasta la fecha se han facilitado sin problemas ciertos logros concretos.

Si el cambio hacia un lugar de trabajo cada vez más digitalizado es imparable, el reto principal para los abogados consiste en permitir un contexto en el que se implementen tecnologías innovadoras de modo que sean más las personas que se beneficien que las que se vean perjudicadas. Este esfuerzo requiere un enfoque de múltiples capas que combine la aplicación de la legislación laboral, estrategias colectivas en las que estén implicados los trabajadores y sus representantes y la adquisición o el fortalecimiento de destrezas de alfabetización digital. En este momento, la transformación digital no se está produciendo en todos los sitios por igual. Los trabajadores altamente cualificados parecen ser los más beneficiados de la innovación en términos de reducción de las actividades de menor importancia pero que toman mucho tiempo, mientras que los trabajadores con salarios más bajos están cada vez más expuestos a condiciones tiránicas. Como ya se ha comentado, esta discrepancia solamente podrá subsanarse activando recursos de un vasto arsenal jurídico para conseguir que la gestión algorítmica asuma su responsabilidad y quede libre de sesgos.

Este texto fue publicado originalmente en LO FARO A. (ed.) (2023), *New technologies and labour law. Selected topics* (Las nuevas tecnologías y el derecho laboral: temas seleccionados) (Giappichelli). El autor está agradecido con Joaquín González por sus generosos comentarios sobre el proyecto anterior de este texto.

VI. BIBLIOGRAFÍA

ACEMOGLU D. (2021), *Harms of AI* (Los daños de la IA), National Bureau of Economic Research, Serie de Documentos de trabajo 29247.

ADAMS-PRASSL J. (2019), *What if your boss was an algorithm? Economic incentives, legal challenges, and the rise of artificial intelligence at work* (¿Qué pasa si tu jefe es un algoritmo? Incentivos económicos, retos legales y el ascenso de la inteligencia artificial en el trabajo), en *Comparative Labor Law and Policy Journal,* 1, p. 123.

AGRAWAL A. *et al.* (2018), *Prediction Machines: The Simple Economics of Artificial Intelligence* (Máquinas de predicción: la economía sencilla de la inteligencia artificial), Harvard Business Review Press.

AJUNWA I., *Beware of Automated Hiring* (Cuidado con la contratación automática) (2019), The New York Times, 8 de octubre de 2019.

ALOISI A. (2021), *Demystifying flexibility, exposing the algorithmic boss: a note on the first Italian case classifying a (food-delivery) platform worker as an employee* (Desmitificando la flexibilidad, exponiendo al jefe algorítmico: una nota sobre el primer caso italiano que clasifica a un trabajador de una plataforma (de entrega de alimentos) como empleado), in *Comparative Labor Law & Policy Journal, Dispatches,* n.º 35.

ALOISI A. (2022), *Automation, autonomy, augmentation: labour regulation and the technological transformation of managerial prerogatives* (Automatización, autonomía, aumento: regulación laboral y la transformación tecnológica de las prerrogativas de gestión), en T. Gyulavári-E. Menegatti (ed), *Decent Work in the Digital Age: European and Comparative Perspectives* (Trabajo digno en la era digital: perspectivas europeas y comparativas), Hart Publishing.

ALOISI A. (2024), *Regulating algorithmic management at work in the EU: data protection, non-discrimination and collective rights* (Regulación de la gestión algorítmica en el trabajo en la UE: protección de datos, no discriminación y derechos colectivos), en *International Journal of Comparative Labour Law and Industrial Relations,* 40, 1, p. 1.

ALOISI A.-DE STEFANO V. (2020), *Regulation and the future of work. The employment relationship as an "innovation facilitator* (La regulación y el futuro del trabajo: la relación laboral como "facilitador de innovación"), en *International Labour Review,* 159, p. 47.

ALOISI A.-DE STEFANO V. (2022), *Essential jobs, remote work and digital surveillance. Addressing the COVID-19 pandemic panopticon* (Trabajos esenciales, teletrabajo y vigilancia digital: abordando el panóptico de la pandemia del COVID-19), en *International Labour Review,* 161, 2, p. 89.

ALOISI A.-DE STEFANO V. (2022a), *Your Boss Is an Algorithm, Artificial Intelligence, Platform Work and Labour* (Su jefe es un algoritmo, inteligencia artificial, trabajo en plataformas y empleo), Hart Publishing.

ALOISI A.-GRAMANO E. (2019), *Artificial intelligence is watching you at work. Digital surveillance, employee monitoring and regulatory issues in the EU context* (La inteligencia artificial te vigila en el trabajo: supervisión digital, control de empleados y asuntos normativos en el contexto de la UE), en *Comparative Labor Law and Policy Journal,* 41, p. 95.

ANDERSON E. (2017), *Private Government: How Employers Rule Our Lives (and Why We Don't Talk about It)* (El gobierno privado: cómo rigen nuestras vidas las empresas (y por qué no hablamos sobre ello)), Princeton University Press.

ANEESH A. (2009), *Global labor: Algocratic modes of organization* (El trabajo global: modos algocráticos de organización), en *Sociological Theory*, 27, 4, p. 347.

Autoridad italiana de Protección de Datos, Ordinanza ingiunzione nei confronti di Foodinho s.r.l., 10.06.2021 [9675440]; Ordinanza ingiunzione nei confronti di Deliveroo Italy s.r.l., 22.07.2021 [9685994].

BALES R.A.-STONE K.V.W. (2020), *The invisible web at work: artificial intelligence and electronic surveillance in the workplace* (La web invisible en el trabajo: inteligencia artificial y vigilancia electrónica en el lugar de trabajo) en *Berkeley Journal of Employment & Labor Law*, 41, p. 1.

BARBERA M. (2021), *Discriminazioni algoritmiche e forme di discriminazione*, en *Labour & Law Issues*, 7, I, p. 3.

BAROCAS S.-SELBST A.D. (2016), *Big data's disparate impact* (Impacto dispar del big data), en *California Law Review*, 104, p. 671.

BAVARO V. (2021), *Appunti sul diritto del potere collettivo del lavoro*, en *Lavoro e diritto*, 3-4, p. 563.

BOGEN M.-RIEKE A. (2018), *Help Wanted: An Examination of Hiring Algorithms, Equity, and Bias* (Anuncios de empleo: un examen de algoritmos de contratación, patrimonio y sesgo), Upturn

COASE R.H. (1937), *The nature of the firm* (La naturaleza de la empresa), en *Economica*, 16, p. 388.

COLLINS H. (1986), *Market power, bureaucratic power, and the contract of employment* (El poder del mercado, el poder burocrático y el contrato laboral), en *Industrial Law Journal*, 15, p. 1.

COLLINS H. (2018), *Is the contract of employment illiberal?* (¿Es iliberal el contrato de trabajo?), en H. Collins-G. Lester-V. Mantouvalou (ed.), *Philosophical Foundations of Labour Law* (Fundamentos filosóficos del derecho laboral), Oxford University Press.

COLLINS P. (2021), *Automated Dismissal Decisions, Data Protection and The Law of Unfair Dismissal* (Las decisiones de despido automatizado, la protección de datos y la ley sobre el despido improcedente), en *UK Labour Law Blog*, 19 de octubre de 2021.

COUNTOURIS N. (2018), *The concept of "worker" in European labour law: fragmentation, autonomy and scope* (El concepto de "trabajador" en el derecho laboral europeo: fragmentación, autonomía y alcance), en *Industrial Law Journal*, 47, p. 192.

DAGNINO E. (2017), *People Analytics: lavoro e tutele al tempo del management tramite big data*, en *Labour & Law Issues*, 3, p. 1.

DAGNINO E.-ARMAROLI I. (2020), *A Seat at the Table: Negotiating Data Processing in the Workplace* (Un asiento a la mesa: cómo negociar el tratamiento de datos en el lugar de trabajo), en *Comparative Labor Law & Policy Journal*, 41, 1, p. 173.

DASKALOVA V. (2018), *Regulating the new self-employed in the Uber economy: what role for EU competition law?* (Regulación de los nuevos trabajadores por cuenta propia en la economía de Uber: ¿qué papel desempeña ahora legislación sobre la competencia de la UE?), en *German Law Journal*, 19, p. 461.

DE STEFANO V. (2020), *"Master and servers": Collective labour rights and private gover-*

nment in the contemporary world of work, ("Jefe y servidores": los derechos laborales colectivos y el gobierno privado en el mundo laboral contemporáneo), en *International Journal of Comparative Labour Law and Industrial Relations,* 4, 36, p. 425.

DE STEFANO V. *et al.* (2021), *Platform Work and the Employment Relationship* (El trabajo en plataformas y la relación laboral), Organización Internacional del Trabajo. Dictamen del Abogado General Szpunar del 11.05.2017, *Asociación Profesional Elite Taxi v Uber Systems Spain* - Solicitud de decisión preliminar del Juzgado Mercantil de Barcelona, párrafo 52.

DE STEFANO V.-TAES S. (2021), *Algorithmic management and collective rights* (Gestión algorítmica y derechos colectivos), Notas de Perspectivas del ETUI, 10/2021 en 3.

DEAKIN S.-FENWICK C.-SARKAR P. (2014), *Labour law and inclusive development: the economic effects of industrial relations laws in middle income countries* (El derecho laboral y el desarrollo inclusivo: los efectos económicos de las leyes sobre relaciones industriales en países con ingresos medios), en M. Schmiegelow-H. Schmiegelow (ed.), *Institutional Competition between Common Law and Civil Law: Theory and Policy* (Competencia institucional entre el derecho común y el civil: teoría y política), Springer.

DEAKIN S.-WILKINSON F. (2005), *The Law of the Labour Market: Industrialization, Employment, and Legal Evolution* (La ley del mercado laboral: industrialización, empleo y evolución jurídica), Oxford University Press.

DEL PUNTA R. (2018), *Un diritto per il lavoro 4.0,* en A. Cipriani-A. Gramolati-G. Mari (eds), *Il lavoro 4.0,* Firenze University Press.

DIGNUM V. (2021), *The myth of complete AI-fairness* (El mito de la equidad total de la IA), en *International Conference on Artificial Intelligence in Medicine* (Congreso internacional sobre inteligencia artificial en la medicina), Springer International Publishing, p. 3.

EDWARDS R. (1982), *Contested Terrain: The Transformation of the Workplace in the Twentieth Century* (Terreno cuestionado: la transformación del lugar de trabajo en el siglo XX), Basic Books.

ESTLUND C. (2021), *Automation Anxiety. Why and How to Save Work* (La angustia de la automatización: por qué y cómo ahorrar trabajo), Oxford University Press.

EUROFOUND (2018), *Game Changing Technologies: Exploring the Impact on Production Processes and Work* (Tecnologías innovadoras: explorando el impacto en los procesos de producción y el trabajo), Oficina de Publicaciones de la Unión Europea.

EUROFOUND (2020), *Game Changing Technologies: Exploring the Impact on Production Processes and Work* (Tecnologías innovadoras: explorando el impacto en los procesos de producción y el trabajo), Oficina de Publicaciones de la Unión Europea.

FALSONE M. (2021), *Nothing new under the digital platform revolution? The first Italian decision declaring the employment status of a rider* (¿Nada nuevo bajo la revolución de las plataformas digitales? El primer fallo de Italia que declara el estado laboral de un rider), en *The Italian Law Journal,* 7, 1, p. 253

FERNÁNDEZ MACÍAS, E., URZI BRANCATI, M.C., WRIGHT, S. Y PESOLE, A., *The platformisation of work* (La plataformización del trabajo), Oficina de Publicaciones de la Unión Europea, Luxemburgo, 2023.

GAUDIO G. (2022), *Algorithmic bosses can't lie! How to foster transparency and limit abuses of the new algorithmic managers* (¡Los jefes algorítmicos no pueden mentir! Cómo fomentar la transparencia y limitar los abusos de los nuevos gerentes algorítmicos), en *Comparative Labor Law & Policy Journal*, 42, 3. p. 707.

GELLERT R.-VAN BEKKUM M.-ZUIDERVEEN BORGESIUS F. (2021), *The Ola & Uber judgments: for the first time a court recognises a GDPR right to an explanation for algorithmic decision-making* (Los fallos de Ola & Uber: por vez primera, un tribunal reconoce el derecho del RGPD a una explicación para la toma de decisiones algorítmicas), EU Law Analysis, 28.04.2021.

GROZDANOVSKI L. (2021), *In search of effectiveness and fairness in proving algorithmic discrimination in EU law* (En busca de eficacia y equidad para probar la discriminación algorítmica en el derecho de la UE), in *Common Market Law Review*, 1, p. 99.

HACKER P. (2018), *Teaching fairness to artificial intelligence: existing and novel strategies against algorithmic discrimination under EU law* (Enseñar equidad a la inteligencia artificial: estrategias existentes y novedosas contra la discriminación algorítmica bajo el derecho de la UE), en *Common Market Law Review*, 4, p. 1143.

HILDEBRANDT M. (2015), *Smart Technologies and the End(s) of Law: Novel Entanglements of Law and Technology* (Tecnologías inteligentes y el fin de la ley: conflictos novedosos de derecho y tecnología), Edward Elgar Publishing.

IVANOVA M.-BRONOWICKA J.-KOCHER E.-DEGNER A. (2018), *The app as a boss? Control and autonomy in application-based management* (¿La aplicación como jefe? Control y autonomía en la gestión basada en aplicaciones), Europa-Universität Viadrina Frankfurt ArbeitGrenze-Fluss, 2/2018.

KAMINSKI M.E. (2019), *The right to explanation, explained* (El derecho a una explicación, explicado), en *Berkeley Technology Law Journal*, 34, p. 190.

KATSABIAN T. (2020), *The Telework Virus: How the COVID-19 Pandemic Has Affected Telework and Exposed Its Implications for Privacy and Equality* (El virus del teletrabajo: cómo la pandemia del COVID-19 ha afectado al teletrabajo y ha expuesto sus implicaciones para la privacidad y la igualdad)

KELLOGG K.C.-VALENTINE M.A.-CHRISTIN A. (2020), *Algorithms at work: the new contested terrain of control* (Los algoritmos en el trabajo: el nuevo ámbito cuestionado del control), en *Academy of Management Annals*, 14, p. 366.

KELLY-LYTH A.-ADAMS-PRASSL J. (2022), *The EU's Proposed Platform Work Directive: A Promising Step* (La propuesta de directiva europea de trabajo en plataformas: un paso prometedor), VerfBlog, 14 de diciembre de 2021 (https://verfassungsblog.de/work-directive, consultado el 04.02.2023).

KIM P.-BODIE M.T. (2021), *Artificial intelligence and the challenges of workplace discrimination and privacy* (Inteligencia artificial y los retos de la discriminación y la privacidad en el lugar de trabajo), en *Journal of Labor and Employment Law*, 35, 2, p. 289.

KIM P.T. (2017), *Auditing algorithms for discrimination* (Auditando algoritmos en busca de discriminación), en *University of Pennsylvania Law Review*, 166, p. 189.

KULLMANN M. (2018), *Platform work, algorithmic decision-making, and EU gender equality law* (Trabajos en plataformas, toma algorítmica de decisiones y legislación sobre igualdad de género de la UE), en *International Journal of Comparative Labour Law and Industrial Relations*, 34, p. 1;

LEE M.K. *et al.* (2015), *Working with machines: the impact of algorithmic and data-driven management on human workers* (El trabajo con máquinas: impacto de la gestión algorítmica y basada en datos sobre los trabajadores humanos), en *Proceedings of the 33rd Annual ACM Conference on Human Factors in Computing Systems,* p. 1603.

LEE M.K. *et al.* (2021), *Participatory Algorithmic Management: Elicitation Methods for Worker Well-Being Models* (Gestión algorítmica participativa: métodos de obtención para los modelos de bienestar de los trabajadores), Congreso de AAAI/ACM sobre IA.

LEVY K.-BAROCAS S. (2018), *Refractive surveillance: monitoring customers to manage workers* (Vigilancia refractiva: vigilando a los clientes para gestionar a los trabajadores), en *International Journal of Communication,* 12, p. 23.

MANTELERO A. (2018), *AI and big data: a blueprint for a human rights, social and ethical impact assessment* (IA y *big data*: un modelo para una evaluación de impacto social, ético y en materia de derechos humanos), en *Computer Law & Security Review,* 34, 4, p. 754;

KAMINSKI M.E.-MALGIERI G. (2020), *Algorithmic impact assessments under the GDPR: producing multi-layered explanations* (Evaluaciones de impacto algorítmico bajo el RGPD: elaboración de explicaciones multicapa), en *International Data Privacy Law,* 2, p. 19.

MARAZZA M. (2012), *Limiti e tecniche di controllo sui poteri di organizzazione del datore di lavoro,* en M. Persiani-F. Carinci (ed.), *Contratto di lavoro e organizzazione, Volume quarto, Tomo secondo, Trattato di diritto del lavoro,* Cedam.

MATEESCU A.-NGUYEN A. (2019), *Explainer: algorithmic management in the workplace,* in *Data and Society* (El explicador: gestión algorítmica en el lugar de trabajo).

MUEHLBERGER U. (2005), *Hierarchies, Relational Contracts and New Forms of Outsourcing* (Jerarquías, contratos relacionales y nuevas formas de subcontratación), Documento de trabajo n.º 22/2005 del ICER.

MUNDLAK G. (2014), *Workplace–democracy: reclaiming the effort to foster public and private isomorphism* (Lugar de trabajo–democracia: reclamando el esfuerzo para fomentar el isomorfismo público y privado), en *Theoretical Inquiries in Law,* 15, 1, p. 159.

NOBLE S.U. (2018), *Algorithms of Oppression* (Algoritmos de opresión), New York University Press.

OCDE (2019), *Perspectivas de empleo 2019: El futuro del trabajo,* Publicaciones de la OCDE.

OTTO M. (2016), *The Right to Privacy in Employment: A Comparative Analysis* (El derecho a la privacidad en el empleo: un análisis comparativo), Hart Publishing.

PASQUALE F. (2015), *The Black Box Society: The Secret Algorithms that Control Money and Information* (La sociedad de la caja negra: los algoritmos secretos que controlan el dinero y la información), Harvard University Press.

PERSIANI M. (1966), *Contratto di lavoro e organizzazione,* Giuffrè; Williamson O.E. (1981), *The economics of organization: the transaction cost approach* (La economía de la organización: planteamiento del coste transacional), en *American Journal of Sociology,* 87, 3, p. 548.

PERULLI A. (2002), *Il potere direttivo dell'imprenditore. Funzioni e limiti,* in *Lavoro e diritto,* 3, p. 397.

PETROPOULOS G. (2018), *Work in the Digital Age: The Impact of Artificial Intelligence on Employment* (El trabajo en la era digital: Impacto de la inteligencia artificial en el empleo), Policy Network.

ROGERS B. (2020), *The law and political economy of workplace technological change* (La ley y la economía política del cambio tecnológico en el lugar de trabajo), en *Harvard Civil Rights-Civil Liberties Law Review*, 55, p. 531.

RÖNNMAR M. (2006), *The managerial prerogative and the employee's obligation to work: comparative perspectives on functional flexibility* (La prerrogativa de gestión y la obligación del empleado de trabajar: perspectivas comparativas sobre flexibilidad funcional), en *Industrial Law Journal*, 35, p. 56.

ROSENBLAT A.-STARK L. (2016), *Algorithmic labor and information asymmetries: a case study of Uber's drivers* (El trabajo algorítmico y las asimetrías de la información: un estudio de los conductores de Uber), en *International Journal of Communication*, 10, p. 3758

SUPIOT A. (1994), *Critique du droit du travail*, Presses Universitaires de France.

TODOLÍ SIGNES A. (2021), *Making algorithms safe for workers: occupational risks associated with work managed by artificial intelligence* (Hacer que los algoritmos sean seguros para los trabajadores: riesgos laborales asociados al trabajo gestionado por inteligencia artificial), en *Transfer: European Review of Labour and Research*, 4, p. 433.

TOMASSETTI, J. (2016), *Does Uber redefine the firm? The postindustrial corporation and advanced information technology* (¿Redefine Uber lo que es una empresa? La corporación posindustrial y las tecnologías avanzadas de la información), en *The Hofstra Labor & Employment Law Journal*, 34, 1, p. 1.

TULLINI P. (2021), *La questione del potere nell'impresa. Una retrospettiva lunga mezzo secolo*, en *Lavoro e diritto*, 3-4, p. 429.

VÉLIZ C. (2022) *AI Is Predicting Your Future, Are You Still Free?* (La IA está prediciendo su futuro, ¿sigue siendo libre?), Wired, 27 de diciembre de 2021.

WILLIAMSON O.E. (1985), *The Economic Institutions of Capitalism: Firms, Markets, Relational Contracting* (Las instituciones económicas del capitalismo: empresas, mercados, contratación relacional), Free Press.

WOOD A.J. (2021), *Algorithmic Management: Consequences for Work Organisation and Working Conditions*, (Gestión algorítmica: consecuencias para la organización del trabajo y las condiciones laborales) Comisión Europea, JRC Serie de Documentos de Trabajo sobre Empleo, Educación y Tecnología, 2021/07.

WORKER INFO EXCHANGE (2023), *Historic digital rights win for WIE and the ADCU over Uber and Ola at Amsterdam Court of Appeal* (Los derechos digitales históricos ganan para WIE y ADCU sobre Uber y Ola en el Tribunal de Apelaciones de Ámsterdam), 04.04.2023.

XENIDIS R. (2020), *Tuning EU equality law to algorithmic discrimination: three pathways to resilience* (Convirtiendo la legislación de igualdad de la UE en discriminación algorítmica: tres vías hacia la resiliencia), en *Maastricht Journal of European and Comparative Law*, 6, p. 736.

XENIDIS R.-SENDEN L. (2020), *EU non-discrimination law in the era of artificial intelligence: Mapping the challenges of algorithmic discrimination* (Legislación contra la discriminación de la UE en la era de la inteligencia artificial: cómo mapear los retos de la discriminación algorítmica), en U. BERNITZ *et al.* (ed.), *General Principles of EU Law and the EU Digital Order* (Principios generales del derecho de la UE y el orden digital de la UE), Kluwer Law International.

YEUNG K. (2017), *'Hypernudge': big data as a mode of regulation by design* ("Hiperimpulso: el big data como modo de regulación por diseño"), en *Information, Communication & Society*, 20, p. 118.

YEUNG K. (2019), *Why worry about decision-making by machine?* (¿Por qué preocuparse por la toma de decisiones de las máquinas?), en K. Yeung-M. Lodge (ed.) *Algorithmic Regulation,* Oxford University Press.

YOUNG S. (1963), *The question of managerial prerogatives* (La cuestión de las prerrogativas de gestión), en *Industrial and Labor Relations Review*, 16, p. 240.

ZUBOFF S. (2019), *The Age of Surveillance Capitalism: The Fight for a Human Future at the New Frontier of Power* (La era del capitalismo de vigilancia: la lucha por un futuro humano en la nueva frontera del poder), PublicAffairs.